Zu diesem Buch

Nicht nur Rahel Varnhagen, Henriette Herz, Else Lasker-Schüler, Lise Meitner, Hannah Arendt oder Elisabeth Bergner haben bedeutende Beiträge zu Wissenschaft und Kunst, Politik und Pädagogik geleistet. Viele andere jüdische Frauen sind zu Unrecht vergessen. Nachschlagewerk und Lesebuch in einem, erinnert dieses Lexikon an Leben und Werk von 185 Frauen. Bibliographien, Werkverzeichnisse und Angaben zu Quellen oder Nachlässen sollen zu weiterführender Arbeit anregen.

Hinweise auf Herausgeberinnen, Autorinnen und Autoren finden sich auf Seite 413.

Eine Publikation des Moses Mendelssohn-Zentrums für europäisch-jüdische Geschichte, Potsdam, und des Ludwig Steinheim-Instituts für deutsch-jüdische Geschichte, Duisburg.

Jutta Dick,
Marina Sassenberg (Hg.)

Jüdische Frauen im 19. und 20. Jahrhundert

Lexikon zu Leben
und Werk

rororo

Rowohlt

Redaktion im Verlag Wolfgang Müller
Umschlaggestaltung Barbara Hanke

Für die Rechte an den Abbildungen
verweisen wir auf den Quellennachweis der
Abbildungen Seite 415

Originalausgabe
Veröffentlicht im Rowohlt Taschenbuch Verlag GmbH,
Reinbek bei Hamburg, Oktober 1993

Lithographie Graphische Werkstatt Christian Kreher,
Hoisdorf
Satz Goudy Old Style PostScript Linotype Library, PM 4.2
bei Langosch Grafik & DTP, Hamburg
Druck und Bindung Clausen & Bosse, Leck
Printed in Germany
2290-ISBN 3 499 16344 6

Register der Artikel und der Verweise

Einleitung

Rosa Luxemburg, Vicki Baum, Elisabeth Bergner, Gisèle Freund, Käte Hamburger, Fritzi Massary, Lise Meitner – ihre Namen sind geläufig, ihre Lebensgeschichten hingegen sind unbekannt. Doppelt verschwiegen als Frauen und als Jüdinnen, kommen ihre Biographien in den meisten Nachschlagewerken, auch in denen zur deutsch-jüdischen Geschichte, nicht vor. Dies gab den Anstoß, ein Lexikon zu Leben und Werk jüdischer Frauen im 19. und 20. Jahrhundert herauszugeben. Der vorliegende Band porträtiert Frauen aus den verschiedensten Bereichen des öffentlichen Lebens, aus Literatur, Politik, Kunst und Musik, Schauspiel, Fotografie und Psychoanalyse, Sozialwesen, Naturwissenschaften sowie Sport und Wirtschaft. Sie stammen aus dem deutschsprachigen Kulturkreis, einschließlich der Bukowina, dem Kreis der Deutsch sprechenden Juden in Prag, der deutschsprachigen Schweiz und Österreich. Diese Eingrenzung wurde bei solchen Frauen durchbrochen, die Opfer der nationalsozialistischen Verfolgung wurden und emigrieren mußten, so daß sie den größten Teil ihres Lebens im Exil in den USA, in England und Frankreich oder in Israel verbrachten. Zeitlich setzt das Lexikon mit der ersten Generation von Frauen ein, die um 1800 mit literarischen Arbeiten an die Öffentlichkeit traten, es reicht bis in die Gegenwart.

Der Zugriff auf Quellenmaterial ist in der Regel umständlich und mühevoll. Die Ursachen dafür sind vielfältig: Der Nationalsozialismus und der von ihm begonnene Krieg haben nicht nur Menschen vernichtet, sondern auch die Zeugnisse ihrer Existenz. Ein Großteil der Dokumente, der Werke und Nachlässe existiert nicht mehr. Darüber hinaus haben die politischen Folgen des Zweiten Weltkriegs vier Jahrzehnte lang den Zugang zu Archiven in der DDR, Sowjetunion und in anderen Ostblockstaaten versperrt. So galt bis in die siebziger Jahre die Sammlung Varnhagen der Handschriftenabteilung der Preußischen Staatsbibliothek, eine unersetzliche Quelle für das 18. und 19. Jahrhundert, als in den Kriegswirren verschollen. Erst dann wurde bekannt, daß sie sich in Polen befindet; seit 1980 ist sie in Krakau in der Biblioteka Jagiellonska zugänglich. Den Grundstock dieses Quellen-

materials bilden die Briefsammlung und die Aufzeichnungen Rahel Varnhagens und ihres Mannes Karl August Varnhagen von Ense; dieser Grundstock wurde später von dessen Nichte Ludmilla Assing erweitert. Die Sammlung Varnhagen gibt nicht nur Auskunft über Rahel Varnhagen, sondern auch über deren Freundinnen und Verwandte sowie weitere jüdische Frauen, die Rahel für so bedeutend hielt, daß sie sich um deren Korrespondenz bemühte. Es handelt sich neben anderen um Lucie Domeier (= Esther Gad), Sophie von Grotthuß, Fanny Lewald, Ottilie Assing, Mariane Saaling.
Eine wesentliche Quelle für die jüngste Neuzeit ist das Archiv des Leo Baeck Institute, New York, in dem u. a. Nachlässe deutsch-jüdischer Persönlichkeiten und Familien gesammelt werden. Hier findet sich zum Beispiel der Nachlaß Bertha Pappenheims. Ebenso bedeutend sind die Sammlungen in Archiven Israels, wie die Handschriftenabteilung der Jewish National & University Library, Jerusalem, und die Central Archives for the History of the Jewish People (CAHJP), Jerusalem.
In der Regel wurde versucht, die in diesem Band versammelten 183 Artikel mit Hinweisen auf die zahlreichen in den unterschiedlichsten Archiven oder in Privatbesitz verwahrten Quellen zu ergänzen. Jedoch werden Lücken bleiben, insbesondere hinsichtlich der Veröffentlichungen und der Kunstwerke, die unwiederbringlich durch die Nationalsozialisten vernichtet sind. So muß das Archiv der frühen Werke der Fotografin Lucia Moholy als verschollen betrachtet werden, auch die ersten historischen Arbeiten von Selma Stern und Hannah Arendt konnten nur zum Teil gerettet werden.

Als weitere Erschwernis bei der Vorbereitung des Lexikons erwies sich, daß die Recherchen den Lebensgeschichten von Frauen galten. Informationen über Frauen finden sich in den bislang erschienenen Lexika zur deutsch-jüdischen Geschichte kaum; in Adolf Kohuts zweibändigem Lexikon «Berühmte israelitische Männer und Frauen» zum Beispiel umfassen die Beiträge zu Frauen etwa 50 Druckseiten. Auch solche Frauen, die im öffentlichen Leben hervorgetreten sind, werden häufig als Ehefrauen im Anhang der Biographien ihrer Männer erwähnt.
Dabei taucht bei Frauen ein zusätzliches Problem auf: Ihre Namen verschwinden nach der Heirat häufig für immer. Auch versuchten manche durch die Wahl eines Pseudonyms der (männlichen) Vorverurteilung ihres Werks zu entgehen, andere wiederum erhielten einzig unter

den Namen ihrer Väter oder Ehemänner die Möglichkeit, an die Öffentlichkeit zu treten, wie Vicki Baum oder Emmy Noether. Geburtsnamen, angenommene Namen sowie Pseudonyme werden in den Artikeln daher gleichermaßen genannt; im Vordergrund – und entscheidend für die Wahl des Stichworts – stand für die Herausgeberinnen der Name, unter dem die Person und ihr Werk der Öffentlichkeit bekannt geworden sind. Soweit die Frauen selbst andere Namen benutzten, werden diese in den Artikeln genannt.

Einer der Gründe für das Verschweigen von Frauen liegt darin, daß sie häufig in Bereichen tätig waren und sind, die nicht eindeutig mit den jeweiligen zeitgenössischen Werturteilen über Tätigkeiten zu fassen sind. Sie konnten nicht in respektable Rubriken wie «Wissenschaft», «Medizin», «Politik» eingeordnet werden. Eine Ausnahme bildeten hier die zahlreichen Schauspielerinnen und Sängerinnen, die allein schon die «Jüdische Nationalbiographie» verzeichnet. Theater und Oper boten insbesondere im 19. Jahrhundert Frauen die Möglichkeit, aus dem vorgegebenen Lebensraster auszubrechen.

Im Judentum besitzt die Wohltätigkeit einen hohen Stellenwert, so erscheint es nahezu zwingend, daß sich jüdische Frauen diesem Tätigkeitsfeld zuwandten. Einen qualitativen Sprung bedeutet die Professionalisierung der Sozialarbeit, wie sie Ende des 19. Jahrhunderts durch Bertha Pappenheim geleistet wurde. Die Tochter einer orthodox jüdischen Familie in Wien brach aus dem ihr vorbestimmten Lebensmuster aus und machte die Fürsorge für gesellschaftlich benachteiligte jüdische Mädchen und deren Erziehung zu ihrer Lebensaufgabe. Sie wandte sich gegen die ihr vorbestimmte Frauenrolle, blieb jedoch dem Judentum verbunden und suchte innerhalb des jüdischen Denkens die Position der Frau und ihre Bestimmung neu zu begründen. Jedoch muß Bertha Pappenheim als eine Ausnahme gesehen werden, denn häufig bedeutet die Abwendung von der traditionalen Rolle der Frau im Judentum zugleich die Abwendung vom Judentum. Die Ärztin und orthodoxe Jüdin Rahel Straus reflektiert 1961 in ihren Erinnerungen diesen «Regel»fall mit Trauer, wenn sie von der deutschen Frauentagung 1927 berichtet, daß Paula Ollendorf als Vertreterin des von Bertha Pappenheim 1904 begründeten «Jüdischen Frauenbundes» (JFB) in ihrem Vortrag als bedeutendste deutsche Jüdin Rahel Varnhagen vorstellte, eine Konvertitin.

Rahel Varnhagen (1771–1833) steht für die Bruchstelle in der deutsch-

jüdischen Geschichte, als mit der Öffnung der Gettos das tradierte Wertesystem der jüdischen Welt zerbrach. Die Jüdin fand keinen Ort mehr in der traditionalen Welt und erlebte in der christlichen Gesellschaft Ausgrenzung.
Die Historikerin Selma Stern beschrieb 1925 den Wissensdurst der Jüdinnen der Romantik, ihr Berauschen an der Ideenwelt des antiken Griechenland, an den Gedankengebäuden Schellings, Fichtes, Schillers und Kants: «Ein Zug von Bacchantinnen, so stürmen die Frauen jener Übergangszeit dahin, in ihrem kühnen Willen zum Leben, ihrem Hoffnungsrausch, ihrer Siegeszuversicht.» Die Salons der Rahel Varnhagen, Henriette Herz oder Fanny von Arnstein waren insbesondere bei Männern der Wissenschaft und der Politik angesehen und die Zugehörigkeit war begehrt, aber nur, solange sie ein Ort des Fremden blieben und die jüdischen Salonièren keinen Anspruch auf Eintritt in die christliche Gesellschaft stellten. Alexander von Humboldt, Gast bei allen drei Frauen und Vorreiter der Emanzipation der Juden, äußerte sich anläßlich der Hochzeit Rahel Levins mit Karl August Varnhagen von Ense 1814 und ihrer damit verbundenen Konversion gegenüber seiner Frau Caroline, einer ehemals engen Freundin Rahels, abfällig über die «Judenmamsell», den «Stamm Levy» und die «Bundeslade». Rahel Varnhagen hatte die unsichtbaren Grenzen überschritten. Auch Friedrich von Gentz, mit Rahel befreundet, bei Fanny von Arnstein in Wien zu Gast, schätzte deren Intellekt und Witz, ging jedoch unvermittelt auf Distanz, weil ihm «das Jüdische» unangenehm war.
Die Grenzen wurden immer wieder erlebt, und sie bestimmen die Eigenwahrnehmung, wenn Rahel Varnhagen 1817 schreibt: «Ich war Jüdin, nicht hübsch, ignorant, ohne grâce, sans talents et sans instruction: ah ma sœur, c'est fini; c'est fini avant la fin réelle. Nichts hätte ich anders machen können.» Hannah Arendt machte dies «Pariadasein» zum Thema ihrer in den dreißiger Jahren begonnenen und in den fünfziger Jahren fertiggestellten Rahel-Biographie.
Aus dem Vorangegangenen darf jedoch nicht geschlossen werden, die Genannten hätten andauernd offenen Antisemitismus erlebt oder thematisiert, es ist vielmehr ein Unbehagen, ein unbestimmtes Gefühl, das ihre Briefe und Aufzeichnungen durchzieht. Rahel Varnhagen schrieb 1809: «Was mir ist? daß ich noch nie gefehlt habe; noch nie leichtsinnig oder eigennützig handelte, und mich doch aus dem immer sich fort und neuentwickelnden Unglück meiner falschen Geburt nicht hervorzuwälzen vermag.»

Die Zeit um 1800, die Zeit der Emanzipation der Juden, verlangte für das Attribut «Jüdin» eine neue Definition, da die Lebensmuster beispielsweise einer Madame Kaulla mit der neuen Orientierung am Wertesystem der christlichen Gesellschaft nicht mehr vereinbar waren. Erschwerend ist, daß zur selben Zeit in der christlichen Gesellschaft die Frau als «das Andere» wahrgenommen wurde, ein Prozeß, der auch das Entstehen der bürgerlichen Frauenbewegung einleitete. Die Auflösung überkommener Vorstellungen bot Raum für Zuschreibungen und Phantasien, es entstand der Topos der «schönen Jüdin», der Verlokkung und Bedrohung bedeutet, für den synonym die Namen Henriette Herz, Fanny von Arnstein, Cecilie Eskeles stehen. So war Rahel Varnhagen durch ihre geistige Potenz anziehend und abschreckend zugleich.
Die folgende Generation von Jüdinnen in der Mitte des 19. Jahrhunderts ging einen Schritt weiter, sie suchte ihren Platz in der christlichen Gesellschaft zu behaupten, sei es durch Akkulturation oder durch Eintritt in den Dialog zwischen Judentum und Christentum. Fanny Lewald (1811–1889) stellte in ihren Romanen und theoretischen Schriften die Frage nach der Frauenrolle in Gesellschaft und Ehe für die deutsch-christliche Gesellschaft. In ihren Erinnerungen bezog sie sich jedoch auf eigene Erfahrungen und wandte sich uneingeschränkt gegen die Tradition der Ehevermittlung durch die Familie, die sie mit ihrem Vater erlebt hatte.
Die Hamburgerin Johanna Goldschmidt (1806–1884) veröffentlicht 1847 «Rebekka und Amalie. Briefwechsel zwischen einer Israelitin und einer Adeligen über Zeit- und Lebensfragen» – das übrigens nicht mehr in Bibliotheken aufzufinden ist – und gründet 1848 einen überkonfessionellen «Frauenverein zur Bekämpfung und Ausgleichung religiöser Vorurteile in Deutschland», der 1849 zum «Allgemeinen Bildungsverein deutscher Frauen» wurde. Im «Briefwechsel» erklärt Rebekka ihrer christlichen Freundin jüdische Sitten und Riten, Strukturen des jüdischen Familienlebens, ihr Frauenleben. Die Ausgrenzung von Jüdinnen ist Thema, wenn auch nur Rebekka, die Jüdin, nach Erklärungsmustern sucht und die Grenzen zwischen den beiden Frauen selbst die um Verständigung bemühte Schrift durchziehen.
In dieser Zeit traten jüdische Frauen aktiv in der bürgerlichen Frauenbewegung auf, vor allem in den Bereichen Bildung und Sozialarbeit. Die schon oben erwähnte Johanna Goldschmidt begründete mit Adolf Diesterweg und Friedrich Fröbel die «Hamburger Hochschule für das

weibliche Geschlecht», um die berufliche Qualifikation von Kindergärtnerinnen zu fördern. In Leipzig kämpfte Henriette Goldschmidt (1825–1920), die Begründerin des «Leipziger Frauenbildungsvereins», dessen Aktivitäten zur Gründung des «Allgemeinen Deutschen Frauenvereins» (ADV) führten, ebenfalls für die Ziele Fröbels, und in Berlin war Lina Morgenstern (1830–1909) aktiv. Ziel ihrer Arbeit war es, soziale Gegensätze durch die Vermittlung von Bildung und bürgerlichen Werten auszugleichen.

Ende des 19. Jahrhunderts wurden die Bestrebungen, ein regelrechtes Universitätsstudium zu absolvieren, immer stärker. Die Zahl von Jüdinnen, die sich um Sondergenehmigungen zum Universitätsstudium bemühten, lag prozentual erheblich über dem Durchschnitt der Frauen im gesamten deutschsprachigen Raum. Dies spiegelt sich in den Biographien wider, in denen immer wieder der Satz auftaucht «als erste Frau im Fach xy an der Universität xy promoviert». Wie aus den in diesem Lexikon versammelten Biographien zu ersehen ist, fanden viele Frauen Unterstützung bei ihren Vätern, die häufig ehemalige 48er Revolutionäre waren und in ihren Töchtern Verbündete zur Verwirklichung ihrer demokratischen Ideen sahen. Jedoch ebenso stark war, wie schon angesprochen, die Tendenz, sich in Bereichen zu etablieren und diese zu professionalisieren, die keinen vorgegebenen akademischen Werdegang bzw. keine reguläre Berufsausbildung erforderten. Neben der Sozialarbeit kann hier die Psychoanalyse genannt werden, die zum einen den traditionellen Vorstellungen von den Aufgaben einer Frau entgegenkam, zum anderen die Etablierung im medizinischen Umfeld ermöglichte, ohne ein Studium absolvieren zu müssen. Neben Anna Freud konnten sich zum Beispiel Helene Deutsch und Hertha Nathorff einen Namen machen.

Als Focus all dieser Motive und Bestrebungen kann die politische Arbeit gesehen werden, denn sie erlaubt, sowohl traditionalen Geboten, wie dem der Wohltätigkeit, Folge zu leisten, als auch für die Emanzipation der Juden wie für die der Frau zu kämpfen. Im wesentlichen bot die sozialistische Bewegung den Rahmen, innerhalb dessen Jüdinnen aktiv werden konnten. Hier ist natürlich vor allem an Rosa Luxemburg zu denken, aber vor und neben ihr gab es zahlreiche Jüdinnen, die nicht als Theoretikerinnen hervorgetreten sind, sondern durch ihre aktive Parteiarbeit das Bild der sozialistischen Parteien Deutschlands und Österreichs geprägt haben. Zu nennen sind hier Emma Adler, Käthe Leichter, Therese Schlesinger, Tony Sender und Rosi Wolfstein.

Sie stehen als Beispiele dafür, daß die Bestrebungen der Jüdinnen, die sich um die Jahrhundertwende auf Gleichberechtigung, Universitätsstudium, Berufstätigkeit usw. richteten, *innerhalb* der deutschen Gesellschaft gedacht und erkämpft wurden. Vielen bedeutete das Judentum nur mehr Erinnerung an traditionelle Festlichkeiten, sie sahen es als eine Bürde an, der sie sich im Zuge der Akkulturation und Integrationsbestrebungen durch Taufe oder «Dissidententum» zu entledigen suchten. Trotzdem mußten sie häufig die Erfahrung machen, daß ihnen Vorurteile entgegengebracht wurden und ihnen letztlich der Eintritt in die Gesellschaft verwehrt blieb.

Die revolutionären Veränderungen nach dem Ersten Weltkrieg ermöglichten den Frauen de jure ein reguläres Studium, Karrieren in Verwaltung und Politik, gaben ihnen das Wahlrecht. Jedoch war durch das Erleben des Krieges und der nachfolgenden Revolution die Brüchigkeit sowohl der festgefügt scheinenden bürgerlichen Welt als auch die Unwägbarkeit utopischer Ideen bewußt geworden. Rosa Luxemburg wurde ermordet. Die Philosophinnen Hannah Arendt und Margarete Susman spiegelten den Zeitgeist wider, sie widmeten sich den Bruchstellen der Geschichte und gingen ihren Ursprüngen nach. Hilde Spiel beschreibt in ihren Memoiren die rastlose Suche nach einer neuen Orientierung in einer zeitgeschichtlichen Situation, die große Offenheit bedeutet, aber ebenso Unruhe und Unsicherheit. Vor einem solchen Hintergrund konnten sich Persönlichkeiten wie die Schriftstellerinnen Claire Goll und Else Lasker-Schüler entfalten. Elisabeth Bergner erschien als die Personifikation der modernen, nervösen, androgynen Frau. Ellen Auerbach, Marianne Breslauer, Gisèle Freund, Lucia Moholy eroberten das Medium Fotografie, sie dokumentierten das Zeitgeschehen und die moderne Architektur und porträtierten Menschen. Hilde Holger in Wien und Valeska Gert in Berlin suchten im Tanz neue Ausdrucksmöglichkeiten.
Hier brach der Nationalsozialismus ein und schrieb ihnen, seiner Rassenideologie folgend, das Judentum in einem Moment zu, als es für viele kaum noch eine Rolle spielte, die Akkulturation beinahe vollkommen war. Er beendete gewaltsam die Geschichte der Jüdinnen in Deutschland. Vor diesem Hintergrund mag es merkwürdig erscheinen, Frauen, die sich von ihrem Judentum gelöst hatten, wieder in diesen Kontext einzubeziehen. Jedoch will dieses Lexikon dem Prozeß entgegenwirken, gewissermaßen auf einer dritten Ebene des Vergessens,

nämlich den Vernichtungen des Nationalsozialismus folgend, die Biographien der Frauen für die deutsche Geschichte verloren zu geben. Im Zuge der Aufarbeitung des Nationalsozialismus fanden jüdische Frauen zwar wieder Aufmerksamkeit und wurden als Opfer der Verfolgung registriert. Die Auseinandersetzung mit ihrer Geschichte blieb indessen bis heute aus. Sie wurden als Teil der Gruppe verfolgter Juden wahrgenommen und innerhalb dieser Gruppe als Ehefrauen, als Familienmitglieder. Eine systematische Aufarbeitung ihrer Existenz als Frauen und Jüdinnen wurde auch hier nicht geleistet. Das vorliegende Lexikon will also neugierig machen und zur weiteren Auseinandersetzung mit diesem Teil der deutsch-jüdischen Geschichte auffordern.

Wir danken allen, die zum Gelingen des vorliegenden Bandes beigetragen haben. Zahlreiche Institutionen, Archive und Bibliotheken stellten Material und Informationen zur Verfügung. Dr. Elfi Pracht vom Gidal-Bildarchiv danken wir für ihre unermüdliche Recherche. Zu denen, die uns mit ihrer Sachkompetenz zur Seite standen, zählen vor allem: die Mitarbeiter des Österreichischen Biographischen Lexikons, Wien, insbesondere Hubert Reitterer und Elisabeth Lebensaft sowie Frau Papatheodoru; Dr. Wolfgang Maderthaner, Archiv der Österreichischen Arbeiterbewegung, Wien; Haris Balic, Österreichisches Theatermuseum, Wien; Dr. Angelika Ander und Christa Wille, Österreichische Nationalbibliothek, Wien; Prof. Dr. Ralf Courths, Duisburg, sowie Gisela Züllich, Essen, die bibliographischen Fragen mit viel Geduld nachging.
Andreas Niederberger, Werner Ripkens und Esther Steinbrink danken wir für die Mithilfe beim Bibliographieren und Korrekturlesen.

Jutta Dick, Marina Sassenberg

Um die bibliographischen Angaben zu entlasten, wurde das «Biographische Handbuch der deutschsprachigen Emigration nach 1933» nur als Kurztitel aufgenommen. Der vollständige Titel lautet: Biographisches Handbuch der deutschsprachigen Emigration nach 1933 (= International Biographical Dictionary of Central European Emigrés 1933–1945). Hg. vom Institut für Zeitgeschichte und der Foundation of Jewish Immigration. Gesamtleitung: Werner Röder und Herbert A. Strauss. München u. a. 1980 (Bd. I), 1983 (Bde. II und III).

Adler, Emma

Übersetzerin, Schriftstellerin, Sozialistin

20. 5. 1858, Debreczin – 23. 2. 1935, Zürich

Emma Adler, geb. Braun, steht bis heute im Schatten ihrer Brüder Heinrich und Adolf Braun, Sozialist und Begründer der «Neuen Zeit» der eine, Redakteur des Berliner «Vorwärts» und der Wiener «Arbeiter-Zeitung» der andere, sowie ihres Mannes Victor Adler, 1888/89 Gründer der Sozialdemokratischen Partei Österreichs.

Als einziges Mädchen wird Emma Adler von ihren fünf Brüdern umsorgt und verwöhnt. Ihr ältester Bruder Heinrich fühlt sich selbst für die Wahl eines geeigneten Ehemanns für die heiratsfähige Schwester verantwortlich. Seine Favoriten heißen Friedrich Nietzsche und Victor Adler. Tatsächlich heiratet Emma 1878 den jungen Arzt aus großbürgerlichem Haus und zieht mit ihm in das Palais seines Vaters.

Durch ihre Brüder und den Ehemann lernt Emma Adler sozialistische Ideen kennen, von denen sie schließlich so überzeugt ist, daß sie sich ab 1886 verstärkt für die sozialdemokratische Bewegung einsetzt. 1887 erscheint ihre erste Veröffentlichung, allerdings noch eine Reminiszenz an Goethe, ihre lebenslange Liebe. Victor Adlers publizistische Tätigkeit sowie das engagierte Eintreten des Ehepaars für politisch Verfolgte endet in finanziellen Streitigkeiten mit der Familie. Emma und Victor Adler sind gezwungen, innerhalb kürzester Zeit in eine kleine Wohnung im vierten Stock einer Wiener Mietskaserne zu ziehen.

Diese Situation sowie den zunehmenden politischen Druck, der in Hausdurchsuchungen und in der Verhaftung ihres Mannes gipfelt, verkraftet Emma Adler nicht. Sie erleidet nach 1889 einen psychischen

Zusammenbruch, von dem sie sich erst nach dreijähriger Krankheit erholt.
Es folgt eine Phase intensiver Tätigkeit. Sie übersetzt aus vier Sprachen, darunter «Germinie Lacerteux», einen Dienstmädchenroman aus dem Französischen, aus dem Russischen das «Gnadenbrot» von Nikolai Turgenew (1897). Im Arbeiterbildungsverein gibt sie Sprachunterricht und richtet den Schwerpunkt ihrer Tätigkeit auf die Bildung der Arbeiterjugend (u. a. redigiert sie von 1909 bis 1917 die Jugendbeilage der «Arbeiterinnen-Zeitung»). Ihr Hauptwerk, «Die berühmten Frauen der französischen Revolution», erscheint 1906. Den Tod ihres Mannes 1918 bewältigt sie nur langsam. Ihr letztes Werk, eine Biographie Victor Adlers, kann jedoch nicht wie geplant zu dessen 15. Todestag 1933, sondern erst 1968, 33 Jahre nach dem Tod von Emma Adler, erscheinen.

Quellen. Verein für Geschichte der Arbeiterbewegung, Wien
Veröffentlichungen. Goethe und Frau v. Stein. Leipzig, Wien 1887; (Hg.:) Buch der Jugend. Für die Kinder des Proletariats. Berlin 1895; (Hg.:) Feierabend. Ein Buch für die Jugend. Wien 1902; Die berühmten Frauen der französischen Revolution 1789 bis 1795. Wien 1906; Jane Welsh Carlyle. Wien 1907; Neues Buch der Jugend. Wien 1912; Kochschule. Wien 1915; Victor Adler im Spiegel seiner Zeitgenossen. Wien 1968; Memoiren (unveröff. Manuskript). Verein für Geschichte der Arbeiterbewegung Wien, Adler-Archiv
Literatur (Auswahl). Adelheid Popp: Zu Emma Adlers siebzigstem Geburtstag. In: Arbeiter-Zeitung, 20. 5. 1928; Emma Adler zum Gedächtnis. In: Der Sonntag, 9. 3. 1935; Martha Tausk: Emma Adler. In: Arbeiter-Zeitung, 16. 5. 1948; Alfred Magaziner: Emma Adler – Victor Adlers Lebensgefährtin. In: Rentner und Pensionist, Dezember 1985, S. 15

Marina Sassenberg

Aichinger, Ilse **Schriftstellerin**

1. 11. 1921, Wien

Ilse und Helga Aichinger werden als Zwillingsgeschwister in Wien geboren. Die Mutter ist jüdischer Herkunft, aber die Töchter werden katholisch getauft und erzogen. Die Eltern trennen sich, als Ilse und Helga Aichinger fünf Jahre alt sind, die Geschwister wachsen bei ihrer Mutter in Wien auf. Ilse Aichingers zweites Zuhause ist bei der Großmutter. 1942 wird die Großmutter von der Gestapo geholt, und Ilse Aichinger sieht sie, als sie auf einem Lastwagen abtransportiert wird.

Ilse Aichinger.
Foto: Erica Loos, Pforzheim

Ihre Mutter ist durch ein Gesetz geschützt, dem zufolge jüdische Frauen, die «Mischlingskinder» haben, von der Deportation ausgenommen sind. Aber sie ist als Schulärztin entlassen und arbeitet in einer Fabrik. Zu dieser Zeit ist Ilse Aichinger als Schreibkraft in einer Apotheke angestellt, einen Studienplatz bekommt sie als «Halbjüdin» nicht. Die Emigration nach England gelingt nur der Zwillingsschwester Helga; Ilse und die Mutter werden vom Kriegsausbruch überrascht, zudem darf die Mutter wegen ihres Berufes nicht einreisen, da Konkurrenz gefürchtet ist. Nach Kriegsende beginnt Ilse Aichinger ein Medizinstudium, bricht dies aber nach fünf Semestern ab, um den Roman «Die größere Hoffnung» zu schreiben. Sie versucht darin, die Traumata der NS- und Kriegszeit zu verarbeiten, den Verlust der Großmutter, das Schuldgefühl, überlebt zu haben. «Alle Leute müssen Sterne tragen», sagt eines der jüdischen Mädchen in ihrem Roman. «Ich nicht», antwortet ein anderes, «ich darf ihn nicht tragen! Zwei falsche Großeltern zuwenig. Und sie sagen, ich gehöre nicht dazu.» (Werke, Bd. 1, 1991, S. 116 f.) Der Roman erscheint 1948 beim Bermann Fischer-Verlag und macht sie bekannt; ihr wird dafür der Österreichische Staatspreis verliehen. 1949/50 ist Ilse Aichinger als Lektorin beim S. Fischer Verlag in Frankfurt a. M. tätig und erfährt dort auch Förderung als Schriftstellerin. 1951 wird sie von Inge Scholl, der Schwester Sophie Scholls, nach Ulm geholt, um am Aufbau der Hochschule für Gestaltung mitzuarbeiten. Durch Inge Scholl wird Hans Werner Richter auf Ilse Aichinger aufmerksam und lädt sie 1952 zur fünften Tagung der «Gruppe 47» in Bad Dürkheim ein. Ilse Aichinger liest die Erzählung «Der Gefesselte». Sie lernt dort Günther Eich kennen; sie heiraten 1953. 1954 wird der Sohn Clemens geboren, 1957 die Tochter Mirjam. Die Texte Ilse Aichingers – Erzählungen, Gedichte, Dialoge und Hörspiele – verweigern alle gewohnten Sehweisen. Aus dem betrachtenden Schweigen erwächst eine neue Intensität und Genauigkeit. «Das Schweigen gehört für mich zum Wichtigsten auf der Welt, weil es nicht etwas Leeres, sondern etwas Erfülltes ist. Es hängt eng mit dem Tod zusammen, mit einem erfüllten Tod. Es hat auch mit dem Schreiben sehr viel zu tun. Jeder Satz, den man schreibt, muß durch ungeheuer viel ungeschriebene Sätze gedeckt sein, weil er sonst gar nicht dasteht.» (Interview, in: Moser 1990, S. 50) Sind ihre Texte zunächst bemüht, eine Sprache zu konstituieren, die die Sprachregelungen der Nationalsozialisten zerstört, werden sie zunehmend radikaler und verwerfen die bestehende Gesellschaft. In den Vordergrund tritt die Identifikation mit den Unterliegenden, mit den Außenseitern. Trotzdem steht die «Hoffnung» für Ilse Aichinger seit ihrem Erstlingsroman 1948 im Zentrum ihres Denkens: «Das heißt, auf der geduldigen, aber niemals einzuschläfernden Suche bleiben, die Freude immer erhoffen, aber diese Hoffnung nie bestechlich werden lassen.» (Rede an die Jugend, 1988 in: Moser 1988, S. 20)

Nach dem Tod Günter Eichs 1972 hat Ilse Aichinger einige Zeit in Frankfurt a. M. gewohnt, lebt heute jedoch wieder in Wien.

Veröffentlichungen (Auswahl). Die größere Hoffnung. Amsterdam 1948; Rede unter dem Galgen. Wien 1952; Zu keiner Stunde. Szenen und Dialoge. Frankfurt a. M. 1957; Ein Besuch im Pfarrhaus. Ein Hörspiel und drei Dialoge. Frankfurt a. M. 1961; Knöpfe. Hörspiel. In: Hörspiele. Hg. von E. Schnabel. Frankfurt a. M. 1961; Wo ich wohne. Erzählungen, Gedichte, Dialoge. Frankfurt a. M. 1963; Eliza Eliza. Erzählungen. Frankfurt a. M. 1965; Auckland. Vier Hörspiele. Frankfurt a. M. 1969; Nachricht vom Tag. Erzählungen. Frankfurt a. M. 1970; Dialoge. Erzählungen. Gedichte. Hg. und mit einem Nachwort versehen von Heinz F. Schafroth. Stuttgart 1971; Der letzte Tag. Hörspiel. Geschrieben 1955 zusammen mit Günter Eich. In: Günter Eich: Gesammelte Werke, Bd. III. Frankfurt a. M. 1973, S. 851 ff.; Schlechte Wörter. Erzählungen, Kurzprosa und ein Hörspiel. Mit einem Nachwort von Heinz Schafroth. Frankfurt a. M. 1976; Verschenkter Rat. Gedichte. Frankfurt a. M. 1978; Meine Sprache und ich. Erzählungen. Frankfurt a. M. 1978; Spiegelgeschichte. Erzählungen und Dialoge. Weimar 1979; Kleist, Moos, Fasane. Kurzprosa, Erzählungen, Erinnerungen, Aufzeichnungen 1950–1985. Frankfurt a. M. 1987; Ilse Aichinger. Werke. Hg. von Richard Reichensperger. Frankfurt a. M. 1991

Literatur. Carine Kleiber: Ilse Aichinger. Leben und Werk. Bern 1984; Dagmar C. Lorenz: Ilse Aichinger. Königstein/Ts. 1981; Ilse Aichinger. Materialien zu Leben und Werk. Hg. v. Samuel Moser. Frankfurt a. M. 1990 (enthält eine ausführliche Bibliographie)

Jutta Dick

Apolant, Jenny

Sozialarbeiterin, Kommunalpolitikerin

5. 4. 1874, Berlin –
5. 6. 1925, Frankfurt a. M.
Vater: Albert Rathenau, 1834–1891;
Mutter: Johanna, geb. Baswitz, 1847–1912

In Berlin geboren und zusammen mit ihrem Bruder Walter Rathenau aufgewachsen, lebt Jenny Apolant seit 1905 in Frankfurt am Main, wo ihr Ehemann, Prof. Dr. Hugo Apolant (1866–1915), am Institut für experimentelle Therapie in der Krebsforschung arbeitet. Dort übernimmt sie 1907 den Aufbau und die Leitung der vom «Allgemeinen Deutschen Frauenverein» initiierten «Zentralstelle/Auskunftsstelle für Gemeindeämter der Frau». In diesem Zusammenhang verfaßt sie zahlreiche Gutachten, Statistiken und Informationsschriften. Ihre Studie «Stellung und Mitarbeit der Frau in der Gemeinde», ein «bequemes Nachschlagewerk», gibt detailliert Aufschluß über die Mitarbeit von Frauen in der kommunalen Wohlfahrtspflege der einzelnen Städte und Bundesstaaten des Reiches. Die Studie zeigt, inwieweit diese Mitarbeit, die vom «Frauenverein» seit 1868 gefordert wird und sich seit 1896 langsam durchsetzt, in der Praxis realisiert wird. Im «Frauenverein» wirkt Jenny Apolant von 1910 bis 1925 als Vorstandsmitglied. In Frankfurt, wo sie von 1919 bis 1924 demokratische Stadtverordnete ist, gründet sie neuartige, später von anderen Großgemeinden nachgeahmte kommunale Einrichtungen, wie zum Beispiel die soziale Krankenfürsorge, alkoholfreie Speisewirtschaften sowie in der Inflationszeit eine «Verkaufsvermittlungsstelle für Wertgegenstände aus Privatbesitz», eine «Gesundheitshilfe» und die «Winternot». 1922 richtet sie die «Politische Arbeitsgemeinschaft» ein, deren Ziel vor allem die politische Schulung von Frauen ist.

Der Frankfurter Rabbiner Georg Salzberger zählt in seinen Memoiren «die entzückende Jenny Apolant, Gründerin der Krankenhausfürsorge», zu den «bedeutenden Frauen» seiner damaligen Gemeinde.

Ihr Verhältnis zum Judentum beschreibt Jenny Apolant, die Mitglied des «Central-Vereins deutscher Staatsbürger jüdischen Glaubens» (CV) ist, so: «Ich besitze das Schönste, was der Mensch haben kann, ich bin Deutsche, und ich bin Jüdin.» (CV-Zeitung, 14. 8. 1925, S. 355) Dies bestätigt auch die Vorsitzende des «Allgemeinen Deut-

schen Frauenvereins», Dorothee von Velsen: «Das deutsche Kulturleben, mit dem sie auf's innigste verwachsen war, ihre Vaterlands- und Gemeinschaftsliebe standen in voller Harmonie mit dem stolzen und herben Glauben ihrer Väter.» (Ebenda)

Quellen. Der Nachlaß befindet sich im Stadtarchiv Frankfurt a. M.
Veröffentlichungen (Auswahl). Stellung und Mitarbeit der Frau in der Gemeinde.

Leipzig, Berlin 1910; Das kommunale Wahlrecht der Frau in den deutschen Bundesstaaten. Leipzig, Berlin 1918

Literatur (Auswahl). CV-Zeitung, 14. August 1925; Dorothee von Velsen (Hg.): Jenny Apolant zum Gedächtnis. 1926; Salomon Wininger: Große Jüdische National-Biographie, Bd. 6. Czernowitz 1935, S. 422; Ernst G. Löwenthal: Juden in Preußen. Berlin 1981, S. 16; Paul Arnsberg: Die Geschichte der Frankfurter Juden, Bd. 3. Darmstadt 1983, S. 21; Georg Salzberger: Leben und Lehre. Frankfurt a. M. 1982, S. 63; Arno Lustiger (Hg.): Jüdische Stiftungen in Frankfurt a. M. Frankfurt a. M. 1988, S. 290–297; Joseph Walk: Kurzbiographien zur Geschichte der Juden. München 1988, S. 9; Annegret Wennagel: Jenny Apolant. In: Frankfurter Frauenblatt, Jan./Febr. 1990, S. 17–21

Bettina Kratz-Ritter

Arendt, Hannah

Philosophin, Politikwissenschaftlerin

14. 10. 1906, Linden bei Hannover – 4. 12. 1975, New York
Vater: Paul Arendt, 1873–1913, Ingenieur; Mutter: Martha, geb. Cohn, 1874–1948

Die frühe Kindheit Hannah Arendts wird vom Siechtum des Vaters und dessen frühem Tod überschattet. Die Schülerin zeichnet sich früh durch ihre intellektuellen Fähigkeiten, ihren ausgeprägten Willen und Mut aus, der sie den Konflikt mit den Lehrern nicht scheuen läßt. 1924 macht sie – als Externe – das Abitur und geht nach Marburg, um bei Martin Heidegger Philosophie, aber auch Theologie bei Rudolf Bultmann zu studieren. Von Heideggers Denken, der zu dieser Zeit zu Problemen von «Sein und Zeit» (1925) liest, geht eine Faszination aus, der auch Hannah Arendt erliegt. 1925 wechselt sie, um der unglücklichen Liebesbeziehung zu Heidegger zu entgehen, nach Freiburg zu Edmund Husserl. Hier lernt sie den Zionisten Kurt Blumenfeld und Karl Jaspers kennen, bei dem sie mit einer Arbeit über den «Liebesbegriff bei Augustin» (1929) promoviert. Danach beschäftigt sich Hannah Arendt, zusammen mit ihrem ersten Ehemann Günther Stern (Pseudonym: Anders) in Berlin lebend, mit der Studie über «Rahel Varnhagen. Lebensgeschichte einer deutschen Jüdin aus der Romantik» (1958; dt. München 1959). Hier entwickelt Hannah Arendt das Begriffspaar des im Bewußtsein des Ausgestoßenseins sein Judentum

Hannah Arendt, 1963. Foto: Jerry Bauer

akzeptierenden Paria und des nach völliger Assimilation und Selbstaufgabe strebenden Parvenü. Nach der durch die Nationalsozialisten erzwungenen Emigration arbeitet Hannah Arendt in Paris für die französische «Jugend-Alija» (zusammen mit → Recha Freier) und für die Jewish Agency. 1940 wird sie als feindliche Ausländerin im Lager Gurs interniert, von wo ihr mit der Mutter und dem zweiten Ehemann Heinrich Blücher (1899–1970) die Ausreise in die USA gelingt. Von Mai 1941 bis zu ihrem Tode lebt Hannah Arendt in New York. Als Kolumnistin des «Aufbau» setzt sie sich für eine jüdische Armee zum Kampf gegen die Nazis ein und tritt, als die Gründung des Staates Israel bevorsteht, zusammen mit der Gruppe um Judah Magnes für eine binationale Lösung ein. Ihre Arbeit für den Schocken-Verlag macht sie

u. a. mit Hermann Broch, T. S. Eliot und Randell Jarell bekannt. Als Geschäftsführerin der «Jewish Cultural Reconstruction» (1948–1952) bereist Hannah Arendt 1949 Europa, um die Verschleppung jüdischen Kulturguts durch die Nazis zu rekonstruieren, und trifft ihre Lehrer Karl Jaspers und Martin Heidegger wieder.

Hannah Arendts theoretische Arbeit gilt der Auseinandersetzung mit drei zentralen Phänomenen der Moderne, dem Antisemitismus im Angesicht der Vernichtung der europäischen Juden, dem Imperialismus und der totalen Herrschaft (Elemente und Ursprünge totaler Herrschaft. Frankfurt a. M. 1955). Ihre historisch-phänomenologische Analyse zeigt den modernen Antisemitismus als Schattenseite des Gleichheitsanspruchs der Aufklärung, dem alle Menschen ohne Schutz durch Gruppen und Stände ausgesetzt sind. In ihrer Imperialismusanalyse, die in Gesprächen mit Heinrich Blücher und an der Theorie → Rosa Luxemburgs Gestalt gewann, kristallisiert Hannah Arendt anhand der Herrschaft der Buren in Südafrika den Begriff des «Mobs» (überflüssiger Reichtum und überflüssige Arbeitskraft als «Abfallprodukte» des Kapitalismus) heraus mit den dazugehörenden Ideologien des völkischen Nationalismus/Rassismus und der totalitären «Bewegungs-Ideologie» als «einziger Organisationsform moderner Massen». In diesen Phänomenen sieht Hannah Arendt Verfallsformen des Politischen. In dem Buch «Vita activa» (Stuttgart 1960) konstruiert sie die Bedingungen des Politischen aus den Kategorien der griechischen Antike und hebt gegenüber den in der Moderne hoch bewerteten Begriffen des Herstellens und Arbeitens den Begriff des Handelns als einzig Gemeinwesen und Freiheit konstituierenden Begriff hervor. Die freiheitliche Konstituierung eines Gemeinwesens und seine dauerhafte Institutionalisierung sind auch Thema ihres Bandes «Über die Revolution» (München 1963), einer Analyse der amerikanischen und der französischen Revolution. 1961 reist Hannah Arendt im Auftrag des «New Yorker» nach Jerusalem, um über den Eichmann-Prozeß zu berichten. Angesichts der banalen Erscheinung Eichmanns kommt sie zu dem Schluß, daß die Ungeheuerlichkeit dieses Massenmörders gerade in seiner Banalität, in seiner freiwilligen «Aufgabe der Denk- und Erfahrungsfähigkeit» zu suchen sei (Eichmann in Jerusalem. Ein Bericht über die Banalität des Bösen. München 1964). Das Buch löst wegen seiner Bewertung der Judenräte eine heftige Kontroverse aus. Hannah Arendt gewinnt, wo immer sie lehrt oder vorträgt, viele Zuhörer; so an der Universität von Chicago (1963–67), dann an

der New School for Social Research, New York (1967–75). Der an Eichmann diagnostizierte Verlust an Individualität, der dem Menschen von totalitären Regimen, aber auch von modernen Massengesellschaften droht, führt Hannah Arendt an ihre philosophischen Anfänge zurück.
Eingeladen von der Universität Aberdeen, Schottland, spricht sie über die anthropologischen Vermögen des Denkens, Wollens und Urteilens (Vom Leben des Geistes. München 1979). Beim Ausarbeiten des dritten Teiles erleidet Hannah Arendt einen Herzinfarkt und stirbt am 4. Dezember 1975.

Quellen. Nachlaß, ausführlich in: John M. Spalek: Guide to the Archival Materials of the German-Speaking Emigration to the United States after 1933. Charlottesville 1978, S. 22–27; Library of Congress, Washington, Manuscript Division; Leo Baeck Institute, New York

Veröffentlichungen. (Hg.:) Bernard Lazare: Die verborgene Tradition. Frankfurt a. M. 1976; (Hg.:) Hermann Broch: Dichten und Erkennen. Essays. Zürich 1955; Die ungarische Revolution und der totalitäre Imperialismus. München 1958; Menschen in finsteren Zeiten. München 1989; (Hg.:) Walter Benjamin: Illuminationen. New York 1968; Wahrheit und Lüge in der Politik. München 1972; Zur Zeit. Hg. von Marie Louise Knott. Berlin 1986; Essays und Kommentare. Hg. von E. Geisel und K. Bittermann, 2 Bde. Berlin 1986; Briefwechsel mit Karl Jaspers. München 1985

Literatur. Wolfgang Heuer: Hannah Arendt. Reinbek bei Hamburg 1987 (mit ausführl. Bibliographie); Elisabeth Young-Bruehl: Leben, Werk und Zeit. Frankfurt a. M. 1986; Adalbert Reif (Hg.): Hannah Arendt. Materialien zu ihrem Werk. Wien 1979; Manfred Reist: Die Praxis der Freiheit. Hannah Arendts Anthropologie des Politischen. Würzburg 1990.

Hanna Delf

Arnstein, Fanny (Franziska) von

Salonière

29. 11. 1758, Berlin – 8. 6. 1818, Wien
Vater: Daniel Itzig, 1723–1799, Hof- und Finanzjude Friedrichs des Großen; Mutter: Mariane (Mirjam), geb. Wulff

«Eine hohe schlanke Gestalt, strahlend von Schönheit und Anmuth, vornehmen Tons und Betragens, lebhaften, feurigen Ausdrucks, scharfen Verstand und Witz mit fröhlicher Laune vereinend, nicht ohne Belesenheit, und fremder Sprachen wie der eigenen mit Meisterschaft kundig.» So erinnert sich Karl August Varnhagen von Ense 1843 in

Fanny von Arnstein. Mezzotinto, 1804

seinen «Denkwürdigkeiten» an Fanny von Arnstein. Er hat sie in Wien erlebt, wo sie seit ihrer Verheiratung, 1776, mit dem Bankier und nachmaligen Freiherrn Nathan von Arnstein ihren Salon führt. Über Fanny von Arnstein gibt es zahlreiche Berichte, die Besucher ihres Salons, aber ebenso die Geheimpolizei, die das freigeistige Haus Arnstein im Auge hält, verfaßt haben. Von ihrer eigenen Hand ist beinahe nichts überliefert, es sind kaum Briefe erhalten. Ihr Bild existiert nur im Spiegel ihrer Zeitgenossen.

Fanny von Arnstein verkörpert im k. u. k. Wien die Ideale Bildung und Esprit, die die adelige Welt nicht mehr aufbieten kann, und dies als Jüdin. Hilde Spiel interpretiert in ihrer Biographie Fanny von Arnsteins Rolle dergestalt, daß ihr die Reverenz der Großen der Welt erwiesen werde, die dem jüdischen Volk versagt geblieben sei. Meyer Kayserling sieht sie als Bahnbrecherin für die Emanzipation der Juden in Wien. Diese Annahme bestätigen Anekdoten, die die Bewunderung Kaiser Josephs II. für Fanny von Arnstein zum Thema haben.

Aus Berlin stammend, dort im Geiste der Aufklärung aufgewachsen, bleibt sie Preußen ihr Leben lang verbunden, und der Bericht der Geheimpolizei über die Gesellschaft im Hause Arnstein lautet 1813: «En un mot, ces dames sont scandaleusement prussiennes.» (Fanny von Arnstein 1962, S. 433): Zu den Damen zählt auch Fannys Schwester Cecilie (Zipora) (1760–1836), die in zweiter Ehe mit Nathan von Arnsteins Bank-Mitinhaber Bernhard Freiherr von Eskeles verheiratet ist. Im gleichen Jahr führt Fanny von Arnstein den aus Berlin vertrauten, in Wien bis dahin unbekannten Weihnachtsbaum ein. Während der Napoleonischen Kriege exponiert sich Fanny von Arnstein durch Äußerungen ihres unversöhnlichen Franzosenhasses, während sie die Siege von 1813/14 begeistern. Sie spendet für Verwundete und Hilfsbedürftige; als 1811 in Baden bei Wien ein Krankenhaus begründet wird, kann Fanny von Arnstein 7000 Gulden dazu beitragen, die sie in jüdi-

schen Kreisen gesammelt hat. Während des Wiener Kongresses im Winter 1814/15 erlebt ihr Salon im Stadthaus am hohen Markt seinen Höhepunkt. Bei den Festlichkeiten, die sie in den Räumen ihres Palais veranstaltet und an denen auch Kaiser Alexander II. von Rußland teilnimmt, wird Politik gemacht. Zu den Gästen gehören der Herzog von Wellington, die Lords Steward und Auckland, die Brüder Humboldt und Fürst von Hardenberg, die Prinzen von Hessen-Homburg, die Grafen Metternich und Khevenhüller, die Fürsten Radziwill und Ypsilanti. Es kommen auch der Kardinal Consalvi, der mit großem Vergnügen mit der Nichte Fanny von Arnsteins, Mariane Saaling, plaudert, und der Nuntius Severoli. Die Brüder Friedrich August und Wilhelm Schlegel, Varnhagen von Ense, Justinus Kerner, Karoline Pichler, Theodor Körner, Giacomo Meyerbeer sind ebenfalls zu Gast.
Nach dem Tod Fanny von Arnsteins fällt ihr Privatvermögen zu gleichen Teilen der katholischen und der jüdischen Armenfürsorge zu.
Die Gesellschaft der Musikfreunde in Wien, deren Mitbegründerin sie war, ehrt ihr Andenken durch ihr Bild in der Bildergalerie des Vereins.

Literatur. Karl August Varnhagen von Ense: Denkwürdigkeiten des eigenen Lebens, Bd. I–V, VII, VIII. Leipzig 1843; ders.: Fanny von Arnstein. In: Ausgewählte Schriften, Bd. XVII. Leipzig 1875; Hilde Spiel, Fanny von Arnstein oder Die Emanzipation. Ein Frauenleben an der Zeitwende 1758–1818. Frankfurt a. M. 1962 (mit Bibliographie)

Jutta Dick

Assing, (Rosa) Ludmilla

Publizistin, Schriftstellerin

(Pseudonyme: Achim Lothar, Talora)

22. 2. 1821, Hamburg – 25. 3. 1880, Florenz
Vater: Assur David Assing, 1787–1842, Arzt und Schriftsteller;
Mutter: Rosa Maria Antoinette Paulina, geb. Varnhagen, 1783–1840, Erzieherin, Schriftstellerin

Nur durch eine demokratische Gesellschaftsordnung kann nach Überzeugung Ludmilla Assings die Emanzipation der Menschheit und somit die Emanzipation der Frau erreicht werden. Für ihre Verwirklichung zu leben, zu streiten und zu schreiben, darin sieht sie zeitlebens ihre Bestimmung.
Aufgewachsen in Hamburger Schriftsteller- und Gelehrtenkreisen, be-

ginnt sie, seit 1842, nach dem frühen Tod ihrer Eltern bei ihrem Onkel Karl August Varnhagen von Ense in Berlin lebend, ihre schriftstellerische Tätigkeit mit Novellen romantischer Prägung. Erste Anerkennung erfährt sie mit den Biographien «Gräfin Elisa von Ahlefeldt, die Gattin Adolphs von Lützow» (Berlin 1857) und «Sophie von La Roche, die Freundin Wielands» (Berlin 1859). Nach dem Tod Varnhagens (1858), mit dem sie bis dahin den zweiten Salon Rahel Varnhagens weiterführte, wird die Edition seiner Tagebücher, Schriften und Briefe zu ihrer zentralen Aufgabe. Die Veröffentlichung von Band 1 und 2 der Tagebücher bringt Ludmilla Assing eine Klage und Verurteilung wegen «Majestätsbeleidigung» ein. Um dem Vollzug der Gefängnisstrafe zu entgehen, kehrt sie im Jahr 1862 von einer Italienreise nicht nach Deutschland zurück. Enttäuscht von den reaktionären Entwicklungen in Deutschland, läßt sie sich in Florenz nieder und wendet sich der italienischen revolutionären Bewegung zu. Mit ihren Übersetzungen der politischen Schriften Giuseppe Mazzinis und Piero Cironis ins Deutsche macht sie sich zum Sprachrohr des Risorgimento. Mit ihrer Tätigkeit als Italienkorrespondentin der «Frankfurter Zeitung» in den Jahren 1869 bis 1876 versucht sie italienische Kultur- und Zeitgeschichte einem deutschen Publikum näherzubringen.

Ludmilla Assings Bestreben, Erfüllung in der Ehe und als Mutter zu finden, scheitert. Das Ende ihrer Liebesbeziehung zu Piero Cironi durch dessen Tod im Jahr 1862, der Verlust ihres einzigen Sohnes, der drei Monate nach der Geburt stirbt, ihre gescheiterte Ehe mit dem italienischen Offizier Cino Grimelli, die nach zwei Jahren wieder geschieden wird, läßt sie resignieren. Durch Reisen in Italien, nach Frankreich, England und in die Schweiz versucht sie, ihrer inneren Einsamkeit zu entgehen.

Gesellschaftlich pflegt sie regen Kontakt zu Schriftstellern, Künstlern

und Politikern unterschiedlichster Herkunft und Nationalität, darunter Emma Herwegh, Ferdinand Lassalle, Michail Bakunin. Ihr Haus ist in den Jahren 1868 bis 1879 begehrter Treffpunkt der Montagabendgesellschaften und des von ihr gegründeten Literaturzirkels.
Ludmilla Assing stirbt an den Folgen einer Hirnhautentzündung. Ihr Grab findet man heute auf dem protestantischen Friedhof Agli Allori (Unter den Lorbeeren) auf halbem Weg zwischen Florenz und Certosa. Ihren Nachlaß und den Varnhagens ließ sie nach Berlin zurückführen – als Ausdruck ihrer geistigen Verbundenheit zu Deutschland.

Quellen. Sammlung Varnhagen, Biblioteka Jagiellonska, Krakau; Deutsche Staatsbibliothek, Berlin; Schiller-Nationalmuseum und Deutsches Literaturarchiv Marbach am Neckar; Dichtermuseum Herwegh-Archiv, Liestal/Schweiz
Veröffentlichungen (Auswahl). La posizione sociale della donna. Mailand 1866; Piero Cironi. Ein Beitrag zur Geschichte der Revolution in Italien. Leipzig 1867. Die Editionen aus dem Nachlaß Varnhagens von Ense umfassen 60 Bände, u. a.: Briefe von Alexander von Humboldt an Varnhagen von Ense aus den Jahren 1827–1858. Leipzig 1860; Briefe des jungen Börne an Henriette Herz. Leipzig 1871; Tagebücher von Karl August Varnhagen von Ense, 14 Bde. Leipzig, Zürich, Hamburg 1861–1871; Blätter aus der preußischen Geschichte, 5 Bde. 1868/69; Aus Rahels Herzensleben. Briefe und Tagebücher. Leipzig 1877.
Literatur. Marion Müller (Brandt): Vermittlungsversuche zwischen deutscher und italienischer Kultur. Ludmilla Assing in Florenz (1862–1880). In: Deutsch-jüdische Geschichte im 19. und 20. Jahrhundert. Hg. von Ludger Heid und Joachim H. Knoll. Stuttgart, Bonn 1992, S. 451–461. Eine Dissertation über Ludmilla Assing (Marion Brandt, Duisburg/Potsdam) ist in Vorbereitung

Marion Brandt

Assing, Ottilie **Erzieherin, Journalistin**

11. 2. 1819, Hamburg – 1884, Paris
Vater: David Assing, vormals Assur David, 1787–1842, Arzt und Schriftsteller; Mutter: Rosa Maria Antoinette Paulina, geb. Varnhagen, 1783–1840, Erzieherin, Dichterin

Ottilie Assings Kindheit ist geprägt von dem Bemühen der Eltern, die Idee der romantischen Geselligkeit, wie sie sie selbst aus dem Kreis um Ludwig Uhland und Justinus Kerner kennen, auch in den Zeiten der Restauration zu leben. In ihrem Haus an der Poolstraße in Hamburg treffen sich Friedrich Hebbel, Amalie Schoppe und Heinrich Heine, der gelegentlich seiner Hamburg-Besuche vorspricht. In späteren Jahren kommen auch die Vertreter des «Jungen Deutschland», allen voran Karl Gutzkow und mit ihm Mitglieder des Hamburger Theaters. Wie Rosa Maria Assing in ihrem Tagebuch aufzeichnet, äußert Ottilie Assing schon als Vierjährige den Wunsch, lesen und schreiben zu lernen, und die Mutter beobachtet mit Freude, wie rasch sie sich die Kulturtechniken aneignet. Als Fünfjährige erlebt sie den ersten Theaterbesuch, der sie begeistert. Das Theater soll sie noch ganz in seinen Bann ziehen. 1840 stirbt ihre Mutter Rosa Maria und mit ihr das gesellige Leben des Hauses; der Vater stirbt wenig später, 1842. Ottilie Assing und ihre jüngere Schwester Ludmilla werden von ihrem Onkel Karl August Varnhagen von Ense nach Berlin geholt. Zwischen Ottilie Assing und Varnhagen kommt es zum Bruch, darüber hinaus eskalieren die Konflikte zwischen den Schwestern. Schon 1843 ist Ottilie Assing wieder in Hamburg und arbeitet als Erzieherin. Aber ihre Leidenschaft gilt dem Hamburger Schauspielhaus, und um es zu retten, soll sie sogar dem Schauspielhausdirektor Jean Baptiste Baison einen Teil ihres ererbten Vermögens zur Verfügung gestellt haben. Ihre Hoffnungen sind zerschlagen, als Baison 1849 überraschend stirbt. Als Hommage verfaßt sie anonym die Biographie des bewunderten Schauspielers. 1852 beginnt sie in der Nachfolge der Jugendschriftstellerin Amalia Schoppe, Artikel für das «Cotta'sche Morgenblatt für gebildete Leser» zu schreiben; ihr Thema ist die Kulturlosigkeit der Hamburger «Pfeffersäcke». Im Herbst 1853 wandert sie nach Amerika aus. Sie lebt vorwiegend in New York und sendet in den folgenden Jahren an das «Cotta'sche Morgenblatt» 124 Korrespondenzberichte. Ihre Beiträge, die sich anfangs auf Impressionen von amerikanischen Landschaften und dem American way of life beschränken, gewinnen zunehmend politisches Profil. Sie berichtet über soziale Mißstände und setzt sich für die Sklavenbefreiungsbewegung ein. Mehr als zwanzig Jahre ist Ottilie Assing mit dem ehemaligen Sklaven und Anführer der Abolitionistenbewegung, Frederick Douglass, befreundet, und sie beeinflußt dessen Denken nachhaltig. 1860 erscheint in Deutschland Ottilie Assings Übersetzung seiner Memoiren. Darüber hinaus hat sie für die Berliner «Jahreszeiten» und die deutsch-amerikanische Zeitschrift «Atlantis» geschrieben. 1880 kehrt Ottilie Assing nach dem Tod ihrer Schwester Ludmilla nach Europa zurück. Die Rückkehr bringt viele Enttäuschungen mit sich: Das erwartete Erbe trifft nicht ein, Douglass kommt nach dem Tod seiner Frau nicht nach Europa, sondern verheiratet sich neu in Amerika. Hinzu kommt ein unheilbares «Brustleiden». Im Pariser Bois de Boulogne setzt Ottilie Assing 1884 ihrem Leben ein Ende.

Quellen. Sammlung Varnhagen, Biblioteka Jagiellonska, Krakau; Schiller-Nationalmuseum und Deutsches Literaturarchiv Marbach am Neckar, Cotta-Archiv
Veröffentlichungen. Jean Baptiste Baison. Ein Lebensbild. Hg. von einem Schauspieler. Hamburg 1851; (Übersetzung:) Frederick Douglass: Sclaverei und Freiheit. Autobiographie. Hamburg 1860
Literatur. Jutta Dick: Eine geistreiche Plauderin. Ottilie Assing. In: Ludger Heid, Joachim H. Knoll (Hg.): Deutsch-Jüdische Geschichte. Stuttgart, Bonn 1992, S. 463–486; dies.: Ottilie Assings Aufbruch in die neue Welt. In: Jutta Dick, Barbara Hahn (Hg.): Von einer Welt in die andere. Jüdinnen im 19. und 20. Jahrhundert. Wien 1993, S. 126–140

Jutta Dick

Auerbach, Charlotte **Genetikerin**

14. 5. 1899, Krefeld
Vater: Friedrich Auerbach, Dr. phil., Chemiker, Oberregierungsrat;
Mutter: Selma, geb. Sachs

Die heute in Edinburgh lebende Charlotte Auerbach ist das Kind einer alteingesessenen deutsch-jüdischen Gelehrtenfamilie – ihr Großvater Leopold Auerbach (1828–1897), seit 1872 Professor an der Universität Breslau, ist bekannt durch seine Entdeckung des «Auerbach Plexus» im menschlichen Darm.
Charlotte Auerbach studiert Zoologie und Botanik in Berlin, Würzburg und Freiburg und lehrt nach Abschluß des Studiums 1924 und zweitem Staatsexamen einige Jahre an Gymnasien in Berlin. Ein kleines Stipendium reicht nicht, ihre 1931 am Kaiser-Wilhelm-Institut für Biologie unter Otto Mangold begonnene Dissertation abzuschließen. Am 1. April 1933 wird sie wie alle jüdischen Lehrer entlassen und emigriert nach Schottland.
Mit Hilfe eines Flüchtlingsstipendiums promoviert sie am Institute of Animal Genetics in Edinburgh über ein entwicklungsbiologisches Thema und arbeitet sich gleichzeitig in die Genetik ein. 1935 erwirbt sie den Grad des Ph. D. Angeregt durch den amerikanischen Genetiker und späteren Nobelpreisträger Hermann J. Muller, mit dem sie eine lebenslange Freundschaft verbindet, beginnt sie 1938 mit der For-

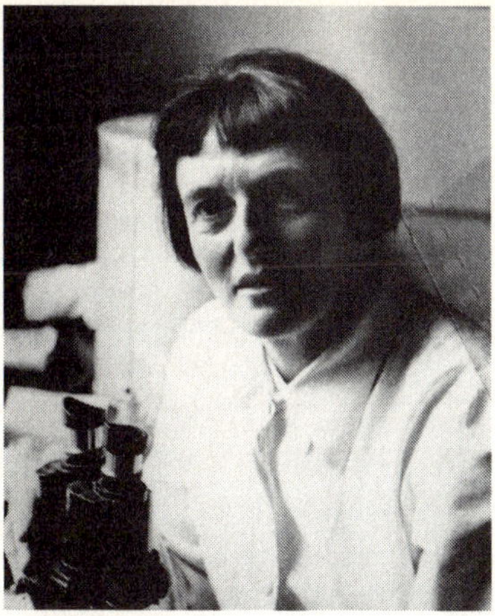

schung über Ursache und Natur von Mutationen. Zusammen mit dem Pharmakologen J. M. Robson gelingt ihr 1941 an Drosophila der Nachweis der mutagenen Wirkung von Senfgas, dessen Veröffentlichung, kriegsbedingt, erst 1946 in der Zeitschrift «Nature» erscheint. Durch diese Experimente entdeckt Charlotte Auerbach die mutagene Wirkung von Chemikalien, um deren Nachweis sich Genetiker seit Mullers Entdeckung der mutagenen Wirkung von Röntgenstrahlen 1927 bemühten. Die charakteristischen Merkmale dieser Mutagenese, zum Beispiel die Ursache der verzögerten Effekte, Fragen der stadienspezifischen Sensivität, der Genlocus- und Mutagenspezifität sowie der Dosis-Wirkung-Beziehungen analysiert sie zunächst an Drosophila und seit ca. 1951 an Mikroorganismen wie Hefe und Neurospora. In dem damit erschlossenen neuen genetischen Forschungsgebiet – der chemischen Mutagenese – bleibt sie zeit ihres Lebens eine Pionierin.

Nach jahrelangen untergeordneten Positionen am Institute of Animal Genetics wird sie 1947 dort Lecturer, 1957 Reader und 1967 Professor. Von 1959 bis 1969 leitet sie die Abteilung für Mutationsforschung des Medizinischen Forschungsrates. Unter zahlreichen wissenschaftlichen Ehrungen sind vor allem ihre Mitgliedschaft in der National Academy of Sciences USA, ihre Wahl zum Mitglied der Royal Society in Edinburgh und in London sowie der Personal Chair der Universität Edinburgh hervorzuheben. Die Zeitschrift «Mutation Research» widmete ihr 1969 anläßlich ihrer Emeritierung eine Festschrift.

Quellen. Persönliche Mitteilungen Dr. Charlotte Auerbach, Dr. Brian J. Kilbey, Edinburgh

Veröffentlichungen. Genetics in the Atomic Age. Edinburgh 1956, 1965; The Science of Genetics. New York, London 1962, 1969; Mutation Research: Problems, Results and Perspectives. 1976; zahlreiche Artikel in Zeitschriften, darunter «Nature», «Journal of Genetics», «Mutation Research»

Literatur. Fritz H. Sobels: Charlotte Auerbach and chemical mutagenesis. In: Mutation Research 29 (1975), S. 171–180

Ute Deichmann

Auerbach, Ella Georgine

Juristin, Sozialarbeiterin

15. 1. 1900, Frankfurt a. M.
Vater: Ernst Levi, Richter;
Mutter: Martha, geb. Heidenheimer, Geigerin

Ella Auerbach zählt zu den ersten Juristinnen Deutschlands. Zusammen mit ihren zwei jüngeren Geschwistern (Margarethe, geb. 1902, und Bernhard, geb. 1914) wächst sie in einem bürgerlich-liberalen, weltoffenen und der Kunst zugewandten Elternhaus im Frankfurter Westend auf. Die Mutter ist Konzertmeisterin der Frankfurter Bach-Gemeinde und spielt regelmäßig in einem Frauen-Streichquartett. Religion bedeutet in dem assimilierten Elternhaus Ella Auerbachs wenig. Doch während zum großen Bekanntenkreis viele nichtjüdische Personen gehören, sind die intimen Freunde der Familie jüdisch.

Ella Auerbach besucht das Frankfurter Schiller-Gymnasium; sie ist im Jahre 1917 von den nationalsozialistischen Ausbrüchen des Direktors aber so angeekelt, daß sie während einer Schulfeier als einzige Schülerin die Aula unter Protest verläßt. Fortan besucht sie die Odenwaldschule, deren Direktor Paul Geheeb mit seinen fortschrittlichen Erziehungsidealen ihr wichtige Impulse für ihr weiteres Leben vermittelt. Sie ist die erste Schülerin dieses Internats, die (extern) ihr Abitur in Darmstadt ablegen kann. Auf die Vorbilder ihres Vaters, der Jugendrichter am Vormundschaftsgericht ist, und ihres Großvaters Bernhard Levi, von dem in der Familie berichtet wird, er sei der erste jüdische Rechtsanwalt in Hessen gewesen, bezieht sich Ella Auerbach, als sie sich im Jahre 1919 trotz großer Bedenken ihres Vaters entschließt, Jura zu studieren.

Ihr Studium absolviert sie in Frankfurt, Heidelberg und Berlin. Nur kurz unterbricht Ella Auerbach ihre Referendarinnenzeit, als 1926 ihre Tochter Brigitte geboren wird. 1928 legt sie ihre Assessorenprüfung in Berlin ab und wird als eine der ersten Frauen Rechtsanwältin am Berliner Kammergericht.

1925 heiratet sie Richard Auerbach (1892–1980), wie sie Rechtsanwalt und Jurist und gleichzeitig Vorstandsmitglied der jüdischen Studentenverbindung «Kartell Convent». 1929 wird ihr Sohn Robert geboren.

Sofort nach Hitlers Machtantritt wird Ella Auerbach aus der Anwalts-

kammer ausgeschlossen. Von nun an hilft sie ihrem Mann, der noch bis 1935 praktizieren kann, in dessen Rechtsanwaltspraxis. Von der Notwendigkeit zu emigrieren kann sie ihren Mann noch nicht überzeugen. Erst nachdem dieser in der Pogromnacht vom 9. auf den 10. November 1938 nur knapp seiner Verhaftung entgeht und sich wochenlang verstecken muß, emigriert die Familie im Januar 1939 nach England, wo sie bis September 1940 auf ihre Einwanderungsvisa für die USA wartet. Wohl wissend, daß sie als Juristin in den USA wegen des unterschiedlichen Rechtssystems denkbar schlechte Voraussetzungen hat, lernt Ella Auerbach englische Stenographie und Maschinenschreiben.
In New York angekommen, sichert ihr dies durch Kontakte zu Paul Tillich und Fred Weißmann sofort eine Stelle als Sekretärin und Übersetzerin. An ein Studium, das notwendig wäre, um wieder als Juristin zu arbeiten, ist nicht zu denken; sie ist diejenige, die das Geld verdient, während sich ihr Mann zum Wirtschaftsprüfer umschulen läßt.
Im Dezember 1940 beginnt Ella Auerbach ihre langjährige Tätigkeit bei der von deutschsprachigen Emigranten, darunter auch Paul Tillich, in New York gegründeten Selbsthilfeorganisation «Selfhelp of Emigrees from Central Europe», zu deren Vorstand sie später gehört. Von 1950 bis 1953 absolviert sie in Abendkursen an der Columbia University eine Ausbildung zur Sozialarbeiterin. 1968 wird sie Präsidentin der «Sisterhood» der Gemeinde Habonim; außerdem gehört sie viele Jahre zur Frauengruppe des Leo Baeck Institute in New York. Sie ist Mitglied der «American Federation of Jews from Central Europe».

Quellen. Interview in der Oral History Collection der Research Foundation for Jewish Immigration, New York; Interviews vom 17. 3. und 23. 3. 1988, Privatbesitz Sibylle Quack, Bonn

Literatur. Dorothee von Unger: Emanzipation und Emigration. Aus dem bewegten Leben der Ella Auerbach. In: Aufbau, 9. Oktober 1987, S. 22 f.; Christine Backhaus-Lautenschläger: … und standen ihre Frau. Das Schicksal deutschsprachiger Emigrantinnen in den USA nach 1933. Pfaffenweiler 1991, S. 54–56; Ernst Stiefel, Frank Mecklenburg: Deutsche Juristen im amerikanischen Exil (1933–1950). Tübingen 1991, S. 74, S. 76; Herbert A. Strauss (Hg.): Jewish Immigrants of the Nazi Period in the USA, Bd. 3/1: Oral History, bearb. von Joan C. Lessing. New York u. a. 1982, S. 10

Sibylle Quack

Auerbach, Ellen

Fotografin

20. 5. 1906, Karlsruhe
Vater: Max Rosenberg;
Mutter: Melanie Rosenberg

Ellen Auerbach. Foto: Barbara Klemm, Frankfurt a.M.

Ellen Auerbach studiert von 1924 bis 1927 Bildhauerei und Zeichnung bei den Professoren Speck und Hubbuch an der Kunstakademie ihrer Heimatstadt. Da sie jedoch die Möglichkeit, sich als Künstlerin unabhängig zu machen, eher in der Fotografie als in der Bildhauerei sieht, geht sie 1929 zu Walter Peterhans nach Berlin in die Ausbildung. Zusammen mit seiner zweiten Privatschülerin → Grete Stern führt Peterhans sie in das Handwerk und die Kunst der Fotografie ein. Peterhans hat eine Fotografie zum Ziel, die das Natürliche bewahrt, indem das Gesehene mit dem Abbild in nuancierten Grautönen genau zur Deckung gebracht wird. Als Peterhans im selben Jahr als Leiter der fotografischen Abteilung ans Bauhaus Dessau berufen wird, gründen Ellen Auerbach und Grete Stern das Fotostudio Ringl & Pit in Berlin-Steglitz. Auf der Basis der von Peterhans vermittelten Lehren entstehen Werbefotografien, in denen die Stilmerkmale der zeitgenössischen Reklamefotografie zu erkennen sind. In führenden Fachzeitschriften wie «Gebrauchsgrafik» und «Cahiers d'Art» erscheinen anerkennende Artikel über ihre Arbeiten. 1933 erhalten sie für die Werbefotografie des Haartöners «Komol» den ersten Preis bei der Deuxième Exposition Internationale de la Fotografie et du Cinéma in Brüssel. Im selben Jahr beschließt Ellen Auerbach, nach Palästina zu emigrieren. Hier dreht sie einen 16-mm-Film über Tel Aviv (Filmexperimente machte Ellen Auerbach bereits in Berlin mit den 16-mm-Kurzfilmen «Gretchen hat Ausgang» und

Ellen Auerbach: Dancing Trees. Mallorca, 1950

«Heiterer Tag auf Rügen»). Mit einer Freundin und ihrem zukünftigen Mann Walter Auerbach eröffnet sie das Studio Ishon für Kinderfotografie. Dies bedeutet einen Wendepunkt in ihrer fotografischen Arbeit. Da Kinder ständig in Bewegung sind, muß sie sehr schnell aus der Hand fotografieren. So werden die Bilder im Gegensatz zu den Lehren Peterhans' gelegentlich unscharf, aber aufgrund der Spontaneität sehr lebendig und für Kinder charakteristisch. Ellen Auerbach nennt die

Übertragung des Wesenhaften der Dinge und Menschen in eine Abbildung: mit dem «dritten Auge» fotografieren. Während eines Kurzaufenthaltes 1936 in London entstehen humorvolle Werbeaufnahmen nach englischem Muster. Im gleichen Jahr heiratet sie Walter Auerbach und geht mit ihm nach Philadelphia, USA. Aufnahmen, die auf der hier neu erlernten Carbro-Drucktechnik basieren, weisen oftmals surrealistische Züge auf.
1944 siedelt Ellen Auerbach nach New York über und arbeitet als freie Mitarbeiterin für «Time Magazine» und «Columbia Masterworks». Bei ihren Reisen nach Griechenland, Argentinien, Mallorca, Deutschland und Österreich liegt ihr fotografischer Schwerpunkt auf Landschaft, Porträt und Tanz. Von 1946 bis 1948 arbeitet Ellen Auerbach für die Memminger-Klinik für Psychologie in Topeka, Kansas. Mit einer 16-mm-Filmkamera dokumentiert sie das Verhalten von Kleinkindern. 1953 lehrt sie für ein Jahr Fotografie am Junior College for Arts and Crafts in Trenton. Im Winter 1955/56 begibt sich Ellen Auerbach, zusammen mit dem Fotografen Eliot Porter, auf eine viereinhalbmonatige Fotoreise nach Mexiko. Die hier entstandenen Farb- und Schwarzweißfotografien von Kirchen und ihren Kunstschätzen erscheinen in den Fotobänden «Mexican Churches» (1983) und «Mexican Celebrations» (1990). Von 1965 bis 1985 arbeitet Ellen Auerbach mit psychisch behinderten Kindern am Educational Institute for Learning and Research in New York. Durch diesen neuen Wirkungskreis tritt die Fotografie mehr und mehr in den Hintergrund.

Quellen. Archiv Ellen Auerbach, New York

Fotojournalistische Tätigkeit. Time Magazine, Columbia Masterworks; Life; Parents' Magazine

Einzelausstellungen (Auswahl). When Words fail, I. C. P., New York 1980; Ellen Auerbach, Pictures after 1934, Photographers' Gallery, London 1982

Literatur. Maud Lavin: Maskerade weiblicher Bildlichkeit. Ringl & Pit und die Werbefotografie der Weimarer Republik 1929–1933. In: Fotogeschichte 8, Heft 29. Frankfurt a. M. 1988; Emigriert. Hg. von Cordula Frowein für die Zentralbibliothek Wuppertal. Wuppertal 1988.

Susanne Baumann

Augspurg, Anita

Lehrerin, Schauspielerin, Frauenrechtlerin

22. 9. 1857, Verden a. d. Aller – 20. 12. 1943, Zürich
Vater: Wilhelm Augspurg, Obergerichtsadvokat und Notar; Mutter: Auguste, geb. Langenbeck, ?–1884

Anita Augspurg, um 1903

Die in Norddeutschland ansässige Familie Anita Augspurgs hat seit Generationen Juristen und Mediziner hervorgebracht. Entschlossen, dem für sie vorgesehenen «Höhere-Tochter-Spielen» zu entfliehen, gibt sie vor, Lehrerin werden zu wollen, und siedelt nach Berlin über. Ohne Mühe absolviert sie dort 1879 die Preußische Staatsprüfung für das Lehramt an höheren Mädchenschulen und kann sich nebenher zur Schauspielerin ausbilden lassen. Ihre Bühnenengagements führen sie u. a. nach Meiningen, Riga und Amsterdam, doch bricht sie die Schauspielkarriere aus ökonomischen Gründen nach dem Tode der Mutter (1884) ab und gründet mit Sophie Goudstikker ein bald florierendes Fotoatelier in München (und Augsburg), von dem sie gut leben kann.

Als jedoch ihre «ererbte politische Ader» (Vater und Großvater sind Freiheitskämpfer gewesen!) durchbricht, wendet sie sich endgültig der radikalen bürgerlichen Frauenbewegung zu: Im Verein «Frauenbildungsreform» kämpft sie für die Zulassung von Mädchen an Gymnasium und Hochschule, bis sie sich entschließt, die hierfür notwendigen zivil- und staatsrechtlichen Kenntnisse zu erwerben, und sich im Herbst 1893 an der (bereits für Frauen zugänglichen) Universität Zürich immatrikuliert. 1898 kehrt sie als Dr. jur. nach Berlin zurück und eröffnet breitangelegte Agitations- und Aufklärungskampagnen zur Verbesserung der rechtlichen und gesellschaftlichen Stellung der Frau, etwa im damals neuen «Bügerlichen Gesetzbuch». Durch ihr radikales

Auftreten wird Anita Augspurg bald eine der populärsten Persönlichkeiten Berlins. Nachdem sie sich zunächst an der wesentlich älteren Frauenrechtlerin Minna Cauer orientiert hat, lernt sie Lida Gustava Heymann kennen, die sie als treue Mitstreiterin und Lebensgefährtin über vierzig Jahre lang, bis in das gemeinsame Zürcher Exil, begleiten wird.
Zusammen gründen sie 1902 den «Deutschen Verein für Frauenstimmrecht» und geben seit 1919 (bis 1933) eine eigene Zeitschrift heraus: «Die Frau im Staat». Deren Zielsetzung ist es, «die wesentlichen Zusammenhänge von Frauenpolitik, Völkerverständigung und dauerndem Frieden klar(zu)legen», also den grundsätzlich gewaltlosen und progressiven Charakter politischer Betätigung von Frauen zu propagieren. Diesem feministisch-pazifistischen Prinzip verpflichtet sich auch die von Anita Augspurg 1915 gegründete «Internationale Frauenliga für Frieden und Freiheit». Die Gründung findet mitten im Ersten Weltkrieg gegen den schärfsten Widerstand chauvinistisch-reaktionärer Kreise statt. Anita Augspurg nutzt diese Plattform für die grenzüberschreitende Zusammenarbeit von Frauen verschiedenster, teilweise sogar gegeneinander kriegführender Nationen.
Nach dem Scheitern der Münchner Räterepublik, an der die beiden Freundinnen aktiv beteiligt sind, nehmen sie den Kampf auf gegen den Faschismus, insbesondere gegen den Aufstieg Hitlers in München. Von dessen Machtübernahme auf einer Auslandsreise überrascht, können sie nicht mehr zurückkehren, sondern lassen sich in Zürich nieder, wo sie 1943 versterben.

Quellen. Curriculum Vitae von A. Augspurg (Promotionsakte), Staatsarchiv Zürich; Akten der Union für Frauenbestrebungen, Sozialarchiv Zürich

Veröffentlichungen. Gesegnete Mahlzeit. Kochanleitung. 1892; Die ethische Seite der Frauenfrage. 1894; Über die Entstehung und Praxis der Volksvertretung in England. Diss. 1898

Literatur. Amira Gelblum: Feminism and Pacifism: The Case of Anita Augspurg and Lida Gustava Heymann. In: Tel Aviver Jahrbuch für deutsche Geschichte 1992, S. 207–225; Margrit Twellmann (Hg.): Erlebtes – Erschautes. Deutsche Frauen kämpfen für Freiheit, Recht und Frieden 1850–1940. Meisenheim 1972, S. 3–23 u. S. 62 ff.; Walter Tetzlaff: Zweitausend Kurzbiografien bedeutender deutscher Juden des 20. Jahrhunderts. Lindhorst 1982, S. 13; Marielouise Janssen-Jurreit (Hg.): Frauen und Sexualmoral. Frankfurt a. M. 1986, S. 106 f.; Ebenso neu als kühn. 120 Jahre Frauenstudium an der Universität Zürich. Hg. vom Verein Feministische Wissenschaft Schweiz. Zürich 1988, S. 182 f.; Joseph Walk: Kurzbiographien zur Geschichte der Juden 1918–1945. München 1988, S. 15

Bettina Kratz-Ritter

Ausländer, Rose — Dichterin

(Rosalie Beatrice) — *11. 5. 1901, Czernowitz – 3. 1. 1988, Düsseldorf*
Vater: Siegmund Scherzer, ?–1920;
Mutter: Etie Rifke, geb. Binder, ?–1947

Die ersten sechs Lebensjahrzehnte Rose Ausländers sind von einer steten Wanderschaft gekennzeichnet. Geboren in Czernowitz, der Hauptstadt der Bukowina, unterbricht sie ihre Schulausbildung am dortigen Lyzeum zwischen 1916 und 1918 und zieht zusammen mit ihrer vor der russischen Okkupation geflohenen Familie nach Budapest, dann nach Wien. 1920/21 studiert sie an der Universität Czernowitz Literatur und Philosophie und besucht einen Studienkreis, wo sie stark beeinflußt wird von den spinozistischen Anschauungen des jüdisch-deutschen Philosophen Constantin Brunner. Im Alter von 20 Jahren wandert sie

Rose Ausländer. Gemälde von Maren Heyne

in die USA aus, arbeitet als Redakteurin und Bankangestellte und veröffentlicht ihre ersten Gedichte in einer Kalenderanthologie und einer deutschsprachigen Zeitung. Nach ihrer kurzen Ehe mit Ignaz Ausländer (1923–1926) kehrt sie 1931 nach Czernowitz zurück. Sie arbeitet in der Bukowiner Presse, doch die wachsende Bedrohung durch den antisemitischen Terror veranlaßt sie Anfang 1939 dazu, erneut nach Amerika zu gehen. Nur wenige Monate später kommt sie nach Czernowitz zurück, um ihre kranke Mutter zu pflegen. Mit Unterstützung des Schriftstellers Alfred Margul-Sperber erscheint im September 1939 ihr erster Gedichtband «Der Regenbogen». Während des Zweiten Weltkrieges lebt sie gemeinsam mit ihrer Mutter im Getto von Czernowitz. Nach der Besetzung der Nordbukowina durch die sowjetischen Truppen gelingt ihr 1945 die Flucht nach Rumänien. Ein knappes Jahr wohnt sie in Bukarest, dann geht sie wiederum nach Amerika. Hier schreibt und veröffentlicht sie Gedichte in englischer Sprache.
Eine Reise nach Europa 1957 gibt ihr Gelegenheit zu mehreren Begegnungen mit Paul Celan, die für ihr Schaffen eine entscheidende Wendung bedeuten. Als Heimat erwählt sie sich das Land ihrer Muttersprache: «Land meiner Muttersprache / sündiges büßendes Land / ich wählte dich / als meine Wohnung.» Diese Wahl geschieht nicht ohne grundlegende Forderungen: «Ich komme / mit Dornenfragen / blutarmer Sonne / Disteln und Wind / mit der Ameisenkönigin / und ihrem empörten Heer / mit Fragen woher wohin / (...) / Ich komme zu wem / mit Fragen / warum wozu.» Rose Ausländers literarischer Erfolg beginnt in diesem fortgeschrittenen Alter. Durch die Gedichtbände «Blinder Sommer», «36 Gerechte» und vor allem «Ohne Visum», die sie erst im Alter von 64, 66 bzw. 73 Jahren veröffentlicht, wird die Öffentlichkeit auf sie aufmerksam. Obwohl sie in den letzten zehn Jahren ihres Lebens durch eine schwere Krankheit ans Bett gefesselt ist (von 1978 an verläßt sie ihr Zimmer im Nelly-Sachs-Haus, dem Altenheim der jüdischen Gemeinde Düsseldorf, nicht mehr), veröffentlicht sie Jahr für Jahr meisterlich geschriebene Gedichtbände. In einer knappen, bis ins Extreme auf das Wesentliche verdichteten Sprache drückt die Dichterin Gefühle großer Menschlichkeit und Wärme aus. In Rose Ausländers Versen werden ebenso alte jüdische Überlieferungen und Mythen aus der Bukowina ihrer Kindheit wachgerufen, klingt die Erinnerung der tragischen, im Getto verlebten Jahre an, spiegeln sich Eindrücke der in verschiedene Länder Europas, besonders nach Venedig, sowie nach Israel unternommenen Reisen wider. Für ihr spätes

Werk erhält sie unter anderem den Droste-Preis der Stadt Meersburg (1967), den Ida-Dehmel-Preis (1977), den Andreas-Gryphius-Preis (1977), den Literaturpreis der Bayerischen Akademie der schönen Künste (1984) sowie das Große Verdienstkreuz der Bundesrepublik Deutschland (1984).

Veröffentlichungen. Gesammelte Werke in sieben Bänden. Hg. von Helmut Braun. Frankfurt a. M. 1984–1988

Literatur. Rose Ausländer. Materialien zu Leben und Werk. Hg. von Helmut Braun. Frankfurt a. M. 1991; Avram Andrei Baleanu: Das Rätsel Rose Ausländer. In: Menora. Jahrbuch für deutsch-jüdische Geschichte. München 1990; ders.: Zwei jüdische Dichterinnen im Rheinland. Else Lasker-Schüler und Rose Ausländer. In: Ludger Heid, Julius H. Schoeps in Verbindung mit Marina Sassenberg (Hg.): Wegweiser durch das jüdische Rheinland. Berlin 1992, S. 300–305

Avram Andrei Baleanu
(Deutsch von Hans Joachim Kemper)

Badt-Strauss, Bertha

(Pseudonym: Bath-Hillel)

Schriftstellerin, Literaturwissenschaftlerin

7. 12. 1885, Breslau – 20. 2. 1970, Chapel Hill, North Carolina
Vater: Dr. Benno Badt, 1844–1909, Gymnasialprofessor; Mutter: Martha, geb. Guttmann

Bertha Badt-Strauss wächst in einem bildungsbürgerlichen Hause in Breslau auf. Der Vater ist aktives Mitglied der Breslauer jüdischen Gemeinde. Die Kinder erhalten eine bewußt jüdische Erziehung. Bertha Badt-Strauss besucht das Breslauer Friedrichs-Gymnasium und studiert nach der Reifeprüfung (1904) Anglistik und Germanistik in Breslau, München, Berlin und London. 1908 promoviert sie in Breslau mit der Arbeit «Annette von Droste-Hülshoff, ihre dichterische Entwicklung und ihr Verhältnis zur englischen Literatur» (Leipzig 1908). Sie arbeitet als Dozentin, zunächst in Breslau, dann in Berlin, und entwickelt sich zur Zionistin wie ihr Bruder, der Jurist Hermann Badt, der nach 1919 erster jüdischer Regierungsassessor in der preußischen Verwaltung und sozialdemokratischer Abgeordneter des preußischen Landtags wird.
Bertha Badt-Strauss schreibt für das «Berliner Tageblatt», die «Vossische Zeitung» und für jüdische Zeitschriften wie den «Morgen» und

die «Jüdische Rundschau». Zugleich arbeitet sie, gleich anderen jüdischen Autorinnen, an einem Buch über «Rahel Varnhagen und ihre Zeit. Briefe und Zeugnisse» (Pandora 8, München 1912). Im Heine-Bund erscheint ein Porträt Moses Mendelssohns aus Lebenszeugnissen und Briefen (Berlin 1929), und sie übersetzt die «Die Lieder des Süsskind von Trimberg» (Berlin 1920). In ihrem Buch «Jüdinnen» (Berlin 1937), das sie Henrietta Szold widmet, legt sie essayistische Porträts jüdischer Frauen von der Antike bis zur Gegenwart vor. Zusammen mit ihrem Mann, dem Pädagogen Bruno Strauß (1889–1969), ediert sie für die Bücherei des Schocken Verlags eine Anthologie der Briefe Hermann Cohens (Berlin 1939). 1939 muß Bertha Badt-Strauss zusammen mit ihrem Mann über Großbritannien in die Vereinigten Staaten emigrieren. Auch hier arbeitet sie weiter als Publizistin, u. a. für «Hadassah Newsletter» und «National Jewish Monthly». Hier entsteht auch die Studie «White Fire» (New York 1956) über die Zionistin Jessie Sampter.

Quellen. Nachlaß: Sammlung Badt-Strauss im Leo Baeck Institute, New York
Veröffentlichungen. (Zusammen mit Tim Gidal:) Jüdische Kinder in Erez Israel. Berlin 1936; (Übersetzung:) William Rosenau: Jüdische Sitten und gottesdienstliche Gebräuche. Berlin 1929

Hanna Delf

Bauer, Felice

18. 11. 1887, Neustadt/Oberschlesien – 15. 10. 1960, Kalifornien
Vater: Carl Bauer;
Mutter: Anna Bauer

Felice Bauer gehört zu jenen Frauen, die sich im Umkreis von Künstlern oder Schriftstellern ihren eigenen Stellenwert in der Kulturgeschichte geschaffen haben. Fünf Jahre lang ist Felice Bauer für Franz Kafka der Inbegriff der geliebten Frau. Sie ist die Adressatin von über 500 Briefen Kafkas, die uns helfen, seine Persönlichkeit näher kennenzulernen und zu verstehen.

Am Abend des 13. August 1912 lernen sich Felice Bauer und Franz Kafka in Prag im Hause Max Brods kennen. Felice Bauer wohnt in dieser Zeit mit ihrer Familie in Berlin und arbeitet als Prokuristin bei einer Firma für Diktiergeräte und Parlographen. Franz Kafkas erster Eindruck von ihr ist eher abwertend: «Knochiges leeres Gesicht, das seine Leere offen trug. (...) Fast zerbrochene Nase, blondes, etwas steifes, reizloses Haar, starkes Kinn», notiert er in seinem Tagebuch. Trotzdem schreibt der Dichter ihr fünf Wochen später einen Brief, der eine dauerhafte Beziehung einleitet, die beide allerdings überwiegend in ihrem Briefwechsel und in sehr seltenen und nur kurzen Begegnungen ausleben. Zweimal sind sie miteinander verlobt, und zweimal wird die Verlobung wieder gelöst; 1917 geben sie den Gedanken zu heiraten dann endgültig auf. Es besteht Anlaß zu der Annahme, daß Kafkas Leidenschaft für Felice Bauer mehr aus seiner Einbildungskraft und seinem brennenden Liebesbedürfnis als aus einer wirklichen seelischen

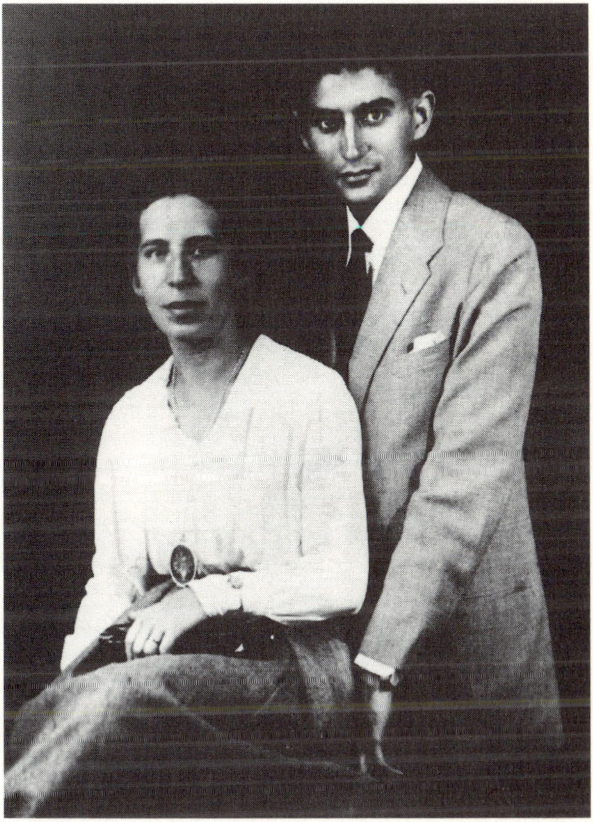

Felice Bauer und Franz Kafka, 1917

Nähe herrührt. Aus Kafkas Briefen (Felices Antworten sind nicht erhalten) geht hervor, daß ihre Lektürevorlieben nicht seinem Geschmack entsprechen und Felice wiederum die literarischen Schöpfungen ihres Verlobten nicht sonderlich schätzt. Neben feurigen Liebeserklärungen schreibt Franz ihr des öfteren, er könne sich ein Eheleben an ihrer Seite nicht vorstellen. Im Grunde sind beide in ihrem Wesen völlig gegensätzlich. In Zeugnissen von Zeitgenossen wird Felice Bauer als lebenslustig, extrovertiert und sehr tüchtig beschrieben. Als Zionistin folgt sie 1916 freudig Kafkas Anregung, ehrenamtlich für das «Jüdische Volksheim» in Berlin zu arbeiten, das sich in der Zeit des Ersten Weltkrieges um die Unterstützung und Erziehung der ostjüdischen Flüchtlingskinder kümmert. Kafkas Interesse für diese Einrichtung und Felice Bauers dortige Tätigkeit sind eine der wenigen Gemeinsamkeiten. 1919 heiratet Felice Bauer einen Berliner Geschäftsmann, 1931 zieht sie mit ihrer Familie in die Schweiz, und 1936 läßt sie sich in den USA nieder. Franz Kafkas Briefe an sie hat Felice Bauer allesamt aufbewahrt. Doch ist sie erst 1955 bereit, diese zur Veröffentlichung freizugeben.

Literatur. Franz Kafka: Briefe an Felice. Frankfurt a. M. 1967; Nahum N. Glatzer: Frauen in Kafkas Leben. Zürich 1987

Avram Andrei Baleanu
(Deutsch von Hans Joachim Kemper)

Baum, Vicki **Schriftstellerin**

(Hedwig) *24. 1. 1888, Wien – 29. 8. 1960, Hollywood*
Vater: Hermann Baum, Beamter, ?–1943;
Mutter: Mathilde, geb. Donat

In Wien aufgewachsen, verläßt Vicki Baum als Dreizehnjährige das Pädagogikum, um am Wiener Konservatorium Musik zu studieren. Sie will Harfenistin werden. Lesen gilt in der Familie als «heimliches Laster». Vor allem der Vater verbietet ihr jegliche Lektüre und ist fassungslos, als sie bei einem Literaturwettbewerb den 1. Preis erhält. Ihre Kindheit erlebt sie traumatisch, es gibt zwar den geliebten Großvater, «der liebe, häßliche, schielende, kleine alte Jude», prägend sind jedoch die geisteskranke Mutter und der hypochondrische, verklemmte Vater. Gerade achtzehnjährig, versucht Vicki Baum durch die Heirat mit dem

Schriftsteller Max Prels der bedrückenden Atmosphäre ihres Elternhauses zu entfliehen. Unter seinem Namen veröffentlicht sie ihre ersten Kurzgeschichten. Die Ehe scheitert bald, und Vicki Baum setzt ihren Weg als Konzertharfenistin fort. Im August 1912 übersiedelt sie von Wien nach Darmstadt, wo sie an der Oper ein Engagement als «Großherzogliche Hof- und Kammermusikerin» erhält. Dort lernt sie Hofkapellmeister Richard Lert kennen, den sie 1916 heiratet und mit dem sie später nach Kiel geht. Nach der Geburt ihres ersten Kindes verkauft sie ihre Harfe.

Im Verlag Reiß erscheint 1914 ihr erster Roman «Frühe Schatten. Die Geschichte einer Kindheit», danach bei Ullstein «Eingang zur Bühne». Von 1926 bis 1931 ist sie im Ullstein Verlag in Berlin als Redakteurin tätig. Auf Drängen Hermann Ullsteins hin, einen Roman zu schreiben, «in dessen Mittelpunkt ‹ein tüchtiges Mädchen› stehe», entsteht 1928 ihr erster großer Erfolg «Stud. chem. Helene Willfüer». Der Roman erscheint mitten in der Diskussion um die Rolle der «Neuen Frau» und trifft den Zeitgeist der zwanziger Jahre ebenso wie «Menschen im Hotel» (1929), der das Genre der «Hotel-Novelle» einführt. Die Kritik würdigt ihre authentischen Milieuschilderungen und ordnet sie bis in die dreißiger Jahre der «höheren Journalistik» zu, erst in der Nachkriegszeit gilt ihr Werk als Trivialliteratur. Sie selbst sieht sich als «erstklassige Schriftstellerin zweiter Güte» (Baum 1962, S. 386).
1929 veröffentlicht Ullstein «Menschen im Hotel» zunächst als Fortsetzungsroman in der «Berliner Illustrierten», dann in Buchform. Als Theaterstück 1929/30 unter der Regie von Gustaf Gründgens am Berliner Theater am Nollendorfplatz uraufgeführt, wird es in den USA am Broadway unter dem Titel «Grand Hotel» zum größten Erfolg seit dreißig Jahren. MGM macht aus dem Stoff mit Regisseur Ernst Lubitsch einen der größten Kassenschlager des amerikanischen Films, mit Greta Garbo in einer der Hauptrollen. 1931 fliegt Vicki Baum anläßlich der

New Yorker Premiere in die USA. Der Arbeitsaufenthalt mündet 1932 in die endgültige Emigration. In ihren Romanen, die im Exil entstehen, bezieht sie sich immer wieder auf die Situation im nationalsozialistischen Deutschland («Hotel Shanghai», «Hier stand ein Hotel»). Seit 1938 amerikanische Staatsbürgerin, ist Vicki Baum bis 1942 in Hollywood als Drehbuchautorin tätig. Während im nationalsozialistischen Deutschland ihre Bücher verboten sind, zählt sie weltweit zu den meistgelesenen und -übersetzten Autoren. Bis zu ihrem Tod arbeitet sie in den USA als freie Schriftstellerin. Ihr Werk umfaßt über dreißig Romane und Erzählungen.

Quellen. Dept. of Germanic Languages, State University of New York, Albany (Vicki Baum Collection); New York Public Library, Lincoln Center, und Yale University (jeweils Edmond Pauker Collection)

Veröffentlichungen (Auswahl). Frühe Schatten. Berlin 1914; Stud. chem. Helene Willfüer. Berlin 1928; Menschen im Hotel. Berlin 1929; Leben ohne Geheimnis. Berlin 1932; Hotel Shanghai. Amsterdam 1939; Liebe und Tod auf Bali. Amsterdam. 1937; Die große Pause. Stockholm 1941; Hier stand ein Hotel. Zürich 1947; Es war alles ganz anders. Frankfurt a. M., Berlin, Wien 1962

Literatur (Auswahl). Vicki Baum. In: Renate Wall: Verbrannt, verboten, vergessen. Kleines Lexikon deutschsprachiger Schriftstellerinnen 1933–1945. Köln 1989, S. 18–20; Desider Stern: Werke jüdischer Autoren deutscher Sprache. Wien 1970, S. 74 f.; Geoffrey Wigoder: Dictionary of Jewish Biography. New York 1991, S. 50 f.; Lynda King: The Image of Fame. Vicki Baum in Weimar Germany. In: The German Quarterly, Sommer 1985, S. 375–93; Biographisches Handbuch der deutsch-sprachigen Emigration nach 1933. München u. a. 1983, Bd. II, Teil 1, S. 61; Lynda King: Bestsellers by Design. Vicky Baum and the House of Ullstein. Detroit, Mich., 1988

Marina Sassenberg

Beradt, Charlotte

Schriftstellerin, Publizistin

7. 12. 1901, Forst/Lausitz –
15. 5. 1986, New York
Vater: Victor Leo Aron,
1871–?, Kaufmann;
Mutter: Margarethe, geb. Behrendt

Über die frühen Jahre von Charlotte Beradt ist nur wenig bekannt. 1924 heiratet sie Heinz Pol (Heinrich Jakob Pollak), den Schriftsteller und Journalisten, der sich in satirischen Veröffentlichungen als Antifaschist und Kommunist bekennt und aufgrund seiner politischen Überzeugung 1933 interniert und 1936 ausgebürgert wird. Vermutlich

durch ihn findet Charlotte Pol Zugang zum Sozialismus, dem sie zeitlebens verpflichtet bleibt, und zur «Weltbühne», wo sie seit 1930 als Journalistin arbeitet.
1938, fünf Jahre nach der Scheidung von Heinz Pol, heiratet sie den Schriftsteller und Rechtsanwalt Martin Beradt und emigriert mit ihm 1939 über England in die USA. Mit der Ankunft in New York im Juli 1940 entwickelt sich die für viele deutsche Emigrantenehen dieser Zeit typische Rollenverteilung: die Frau als wendige Managerin und Ernährerin ihres kränklichen, sich in der neuen Umgebung kaum zurechtfindenden Schriftsteller-Ehemannes. Während Martin Beradt seinen letzten Roman abzuschließen versucht, sorgt Charlotte für den Lebensunterhalt beider, indem sie im Badezimmer ihrer improvisierten Unterkunft anderen Emigrantinnen die Haare färbt: Dieses «merkwürdige Unternehmen» – mit Berliner Humor «Salong» genannt –, «wo man billig und gut seine Haare färben lassen und dabei deutsch sprechen» kann, findet Anklang bei allen Schichten der «Exilbevölkerung», bis hin zu Bella Chagall und → Elisabeth Bergner. Charlotte Beradts Wohnung wird zum (über-)lebenswichtigen Treffpunkt für viele Emigranten: «Die Besucher mit Kaffee und Kuchen, Hungrige mit Soliderem zu versehen, war immer möglich, wenn im ‹Salon› nasse Haare trockneten. Und manchmal wurde abends im ‹Salon›, wenn er frei war, gefeiert; die Haare schnell zusammengefegt, der Arbeitstisch in die Mitte gerückt, es gab gut zu essen, es wurde viel gelacht.» (Spalek/Strelka 1989, S. 91)
Mit dem Tod ihres Mannes geht 1949 für Charlotte Beradt ein wichtiger Lebensabschnitt zu Ende. In der Folgezeit beschäftigt sie sich vor allem mit seinem letzten Roman «Die Straße der kleinen Ewigkeit»: Für dieses wegen seiner ostjüdischen Thematik schwer vermittelbare Werk sucht sie beharrlich einen Verleger, und erst nach der Publikation fühlt sich die Schriftstellerin Charlotte Beradt, die sich vorübergehend auch als Übersetzerin (etwa von → Hannah Arendt) betätigt, frei für neue Aufgaben. 1966 knüpft sie auf dem New Yorker PEN-Kongreß über Ingeborg Drewitz wieder Kontakt zu Deutschland. Es folgen gegenseitige Besuche und eine rege Korrespondenz. Für den Westdeutschen Rundfunk verfaßt sie zwischen 1963 und 1974 über 17 Radioskripte. 1966 erscheint ihre Dokumentation «Das dritte Reich des Traums», 1933 begonnene Aufzeichnungen und Deutungen der Träume von ca. 300 Probanden während der nationalsozialistischen Gewaltherrschaft, die sich als «Beiträge zur Psychologie der Struktur totaler Herrschaft» verstehen.

Nach zwanzig Jahren kann Charlotte Beradt den Friseursalon schließen und sich als freie Autorin mit der politischen Vergangenheit Deutschlands beschäftigen, was sich in ihren letzten Publikationen über Paul Levi (1969), den sie noch persönlich gekannt hat, und Rosa Luxemburg (1973) dokumentiert.

Quellen. Dokumente aus dem Nachlaß: Charlotte Beradt Collection, Fairleigh Dickinson University, Madison, N. Y.; Frankfurter Rundschau, 22. 5. 1986

Veröffentlichungen. Martin Beradt, sein Kreis und sein Werk. In: Bulletin des Leo Baeck Institute 29 (1965), S. 41–54; Das dritte Reich des Traums. München 1966; Paul Levi, ein demokratischer Sozialist in der Weimarer Republik. Frankfurt a. M. 1969; (Hg.:) Paul Levi – zwischen Spartakus und Sozialdemokratie. Frankfurt a. M. 1969; (Hg.:) Rosa Luxemburg im Gefängnis. Briefe und Dokumente aus den Jahren 1915–1918. Frankfurt a. M. 1973; Martin Beradt. In: John M. Spalek, Joseph Strelka (Hg.): Deutschsprachige Exilliteratur seit 1933, Bd. 2, Teil 1. Bern 1989, S. 83–96

Literatur. Gabriele Kreis: Frauen im Exil. Düsseldorf 1984; Elmar E. Holly: Die Weltbühne 1918–1933. Ein Register sämtlicher Autoren und Beiträge. Berlin 1989

Bettina Kratz-Ritter

Berend-Corinth, Charlotte **Malerin**

25. 5. 1880, Berlin – 10. 1. 1967, New York
Vater: Ernst Berend; Mutter: Hedwig, geb. Gumpertz

«‹Ich will nicht Klavier klimpern, Deckchen stricken, Französisch parlieren.› ‹Dann willst du eine Emanzipierte werden?› ‹Ich will Malerin werden, Papa.›» (Berend 1950, S. 163)

Obwohl der Vater von eher kaufmännischem Denken und traditionellem Rollenverständnis geprägt ist, willigt er in Charlottes Lebensplanung ein. 1898 wird seine Tochter Schülerin an der Staatlichen Kunstschule Berlin und geht danach ihren eigenen künstlerischen Weg. Wesentlichen Anteil daran hat Lovis Corinth, in dessen private Kunstschule sie 1901 eintritt. Zwei Jahre später heiratet sie «den Herrn Lehrer Corinth». Lehrer und Schülerin arbeiten in nebeneinanderliegenden Ateliers in Berlin. Seit 1906 Mitglied der «Berliner Sezession», unterbricht Charlotte Berend-Corinth zwischen 1911 und 1918 ihre Schaffensphase: Corinth erleidet einen Schlaganfall, den er nur langsam durch die Pflege seiner Frau überwindet. Erst 1918 nimmt sie die

Lovis Corinth: Charlotte Berend mit Rose. Ölgemälde, 1902

Charlotte Berend-Corinth: Lovis Corinth. Bleistiftzeichnung, 1902

Malerei wieder auf, flüchtet künstlerisch in Scheinwelten, zunächst in die Märchenwelt von Hans Christian Andersen mit Illustrationen zur «Kleinen Meerjungfrau», danach in die Bühnenwelten des Berliner Metropol Theaters mit Porträts u. a. der Tänzerinnen → Valeska Gert und Anita Berber, der Sängerin → Fritzi Massary. Nach dem unerwarteten Tod Corinths 1925 lebt sie zunächst ausschließlich für das künstlerische Werk ihres Mannes, ordnet den Nachlaß, gibt seine Autobiographie heraus, konzipiert die erste große Corinth-Ausstellung 1926 in Berlin. Mit 47 Jahren knüpft Charlotte Berend-Corinth wieder an ihr eigenes Werk an, mit Studienaufenthalten in Italien und der Türkei (1927), in Ägypten (1928) und Dänemark (1929/30). 1933, zu einem Zeitpunkt, da sich Charlotte Berend-Corinth fest in der Berliner Kunstszene etabliert hat – seit 1927 ist sie Leiterin einer eigenen Malschule, seit 1922 Vorstandsmitglied der «Berliner Sezession» und (seit 1931) beteiligt an Ausstellungen im In- und Ausland –, emigriert sie aus dem nationalsozialistischen Deutschland über Italien nach New York (1939). In den vierziger und fünfziger Jahren folgen Ausstellungen in amerikanischen Privatgalerien und Museen (u. a. Argent, Van Diemen, Kleeman, Knoedler und Schaeffers). 1956 stellt sie nach dem Krieg erstmals auch wieder in einer deutschen Galerie aus, im Kunstamt Berlin-Reinickendorf. Berlin, ihrem Lebensmittelpunkt bis in die dreißiger Jahre hinein, ist Charlotte Berend-Corinth eng verbunden geblieben, obwohl sie amerikanische Staatsbürgerin ist. Daß ihre Bilder 1967 in denselben Räumen der Berliner Nationalgalerie gezeigt werden wie 1926 die ihres Mannes, erlebt sie nicht mehr. Charlotte Berend-Corinth stirbt kurz vor Eröffnung der Ausstellung.

Quellen. Archiv des Vereins der Berliner Künstlerinnen e. V.

Ausstellungen (Auswahl). Seit 1906 «Berliner Sezession»; Ausstellung des «Vereins der Berliner Künstlerinnen», 1928; Galerie Nierendorf, Berlin 1930; Gedächtnisausstellung Staatliche Museen zu Berlin – Nationalgalerie, 1967

Veröffentlichungen. Reisetage in Spanien. Leipzig 1926; Als ich ein Kind war. Hamburg 1950; Mein Leben mit Lovis Corinth. Hamburg 1958 (Neuausgabe); Corinth: sein Leben mit mir. München 1958; Die Gemälde von Lovis Corinth. Werkkatalog. München 1958

Literatur (Auswahl). Berend-Corinth, Charlotte. In: International Biographical Dictionary of Central European Emigrés 1933–45, Vol. II, Part 1, A–K. München u. a. 1983; Charlotte Berend-Corinth. Gemälde, Graphik. Staatliche Museen zu Berlin, Nationalgalerie. Berlin 1967; Carl Georg Heise: Lebenslauf der Dargestellten. In: Bildnisse der Frau des Künstlers. Stuttgart 1958, S. 14 f.; Monty Schultzman: Die Malerin Charlotte Berend-Corinth. München o. J. (1966?)

Hörfunksendung. Walter Filz: Geburtstag der Malerin und Grafikerin Charlotte Berend-Corinth. Zeitzeichen, WDR II, 25. 5. 1990

Marina Sassenberg

Berent, Margarete **Rechtsanwältin**

9. 7. 1887, Berlin –
23. 6. 1965, New York
Vater: Max Berent, Kaufmann;
Mutter: Natalie, geb. Gabriel

Die erste weibliche Rechtsanwältin in Preußen und deutsch-jüdische Frauenrechtlerin der ersten Stunde hat mit ihrem wissenschaftlichen Werk Anfang der fünfziger Jahre wesentlich zur Reformierung des Eherechts in der Bundesrepublik Deutschland beigetragen.

Margarete Berent wächst in einer bürgerlichen Kaufmannsfamilie in Berlin auf. 1906 legt sie dort das Lehrerinnenexamen ab und unterrichtet mehrere Jahre an höheren Mädchenschulen in Berlin. Im Anschluß daran studiert sie Rechtswissenschaften in Berlin und Erlangen. Ihr erstes juristisches Staatsexamen macht sie 1911 in Bayern, die Referendarzeit und das zweite Staatsexamen darf sie als Frau noch nicht absolvieren. Im Jahre 1913 promoviert sie in Erlangen über den gesetzlichen Güterstand von Eheleuten. Nach ihrem Studium arbeitet Margarete Berent in verschiedenen Berliner Anwaltspraxen, wo sie männliche Anwälte im Krankheitsfall vertritt oder wenn diese zum Wehrdienst eingezogen werden. Staatlich wird ihre Tätigkeit jedoch nicht anerkannt, bei Gericht wird sie als Anwältin nicht zugelassen. Zusammen mit anderen Juristinnen und Frauen aus der Frauenbewegung richtet Margarete Berent Petitionen an die verschiedenen deutschen Staaten, um die Zulassung von Frauen zu allen notwendigen Examina zu erreichen. Besonders zwei Dinge liegen ihr dabei am Herzen: zum einen, daß sich Frauen von Frauen beraten und verteidigen lassen können, zum anderen, daß es Frauen endlich ermöglicht wird, Einfluß auf die ausschließlich von Männern und aus männlicher Sicht verfaßten Gesetze zu nehmen.

Von 1914 bis 1915 arbeitet Margarete Berent für die Rechtsschutzstelle für Frauen, vorübergehend auch als Leiterin der «Deutschen Zentrale für Jugendfürsorge». Sie unterrichtet Kaufmännisches Recht an der Berliner Viktoria-Schule für Mädchen (1914 bis 1917), gibt gleichzeitig Kurse in Familien- und Jugendrecht an → Alice Salomons Sozialer Frauenschule und wirkt als juristische Hilfskraft in der Rechtsabteilung der AEG. 1920 wendet sie sich öffentlich gegen einen von der Reichsregierung geplanten Gesetzentwurf, der den Ausschluß von Frauen als Laienrichterinnen in Strafsachen gegen Männer vorsieht und andere frauendiskriminierende Regelungen enthält. Ein Jahr später kann Margarete Berent ihren Referendarinnendienst antreten. 1925 wird sie Assessorin und gründet im gleichen Jahr ihre eigene Rechtsanwaltspraxis in Berlin. Die Spezialistin im Scheidungs- und Familienrecht ist seit 1919 Mitglied, später Präsidentin des «Deutschen Juristinnen-Vereins». Sie ist Mitglied in zahlreichen Gremien, u. a. im «Bund Deutscher Frauenvereine» und im «Deutschen Akademikerinnenverband» sowie, da sie bewußt jüdisch ist, auch im «Jüdischen Frauenbund». Im Januar 1932 wird Margarete Berent stellvertretende Schriftführerin des «Preußischen Landesverbandes jüdischer Gemeinden», im Sommer 1933 leitet sie dort das Dezernat zur Betreuung jüdischer Kleinstgemeinden. Zusammen mit der «Zentralwohlfahrtsstelle der deutschen Juden» in Berlin sorgt sie dafür, daß eine größere Zahl von Gemeinden nicht nur von Rabbinern und Lehrern, sondern auch von «sonstigen mit wirtschaftlichen und sozialen Fragen betrauten Personen» (Birnbaum 1981, S. 232) besucht werden. Angesichts der drohenden Verfolgung und Isolation, unter der vor allem die kleineren jüdischen Gemeinden seit Beginn des Nationalsozialismus leiden, widmet sich Margarete Berent verstärkt dieser Tätigkeit, zumal sie bereits seit 1933 aus der Anwaltskammer ausgeschlossen ist. Von Oktober 1933 bis Ende 1939 arbeitet sie als Provinzialfürsorgerin für die Rheinprovinz in der «Zentralwohlfahrtsstelle der Reichsvertretung der Juden» in Deutschland in Köln sowie als Rechtsberaterin der Kölner jüdischen Gemeinde.

Wahrscheinlich liegt es an diesen verantwortlichen Tätigkeiten, daß sie erst spät, im Sommer 1939, über Chile in die USA (1941) emigriert. In der Emigration arbeitet sie zunächst als Stubenmädchen und Haushälterin. In New York wird sie nach einem Abendstudium an der Law School der New York City University noch einmal zu einer Anwaltskammer zugelassen. Von 1956 bis zu ihrem Tod arbeitet sie in der Rechtsabteilung der New Yorker Stadtverwaltung und gehört dort zur deutsch-jüdischen Gemeinde Habonim.

Quellen. Margarete Berent Collection. Leo Baeck Institute, New York

Veröffentlichungen. Die Zugewinnstgemeinschaft der Ehegatten. Jur. Diss. Erlangen 1913, Breslau 1915 (Untersuchungen zur deutschen Staats- und Rechtsgeschichte); Die Frau als Richter. In: Juristische Wochenschrift 1920, S. 1012; zahlreiche Artikel zum Familien- und Scheidungsrecht

Literatur. Biographisches Handbuch der deutschsprachigen Emigration nach 1933, München u. a. 1980, S. 53; Joseph Walk: Kurzbiographien zur Geschichte der Juden 1918–1945. Hg. vom Leo Baeck Institute. Jerusalem, München u. a. 1988, S. 27; Max Birnbaum: Staat und Synagoge 1918–1938. Eine Geschichte des Preußischen Landesverbandes jüdischer Gemeinden. Tübingen 1981, S. 232; Marion Kaplan: Die jüdische Frauenbewegung in Deutschland. Hamburg 1981, S. 72, S. 304; Marion Kaplan: The Making of the Jewish Middle Class. Women, Family and Identity in Imperial Germany. New York, Oxford 1991, S. 177–178, S. 290; Ernst C. Stiefel, Frank Mecklenburg: Deutsche Juristen im amerikanischen Exil (1933–1950). Tübingen 1991, S. 76 f.

Sibylle Quack

Bergmann, Gretel **Sportlerin, Physiotherapeutin**

12.4.1914, Laupheim/Württemberg
Vater: Edwin Bergmann, 1882–1947, Fabrikant für Haarnetze;
Mutter: Paula, geb. Stern, 1886–1979

Bereits als Schülerin an einem Ulmer Gymnasium fällt Gretel Bergmann als exzellente Sportlerin auf. Nach ihrem Abitur 1933 muß sie erleben, daß man ihr wegen ihrer jüdischen Herkunft die Immatrikulation an der Berliner Universität verwehrt. Sie geht 1934 nach England und studiert am Londoner Polytechnikum. Gretel Bergmann ist (neben → Helene Mayer) die einzige deutsch-jüdische Sportlerin, die aufgrund ihrer sportlichen Leistungen einen Platz im deutschen Olympiateam von 1936 hätte beanspruchen können. Seit sie 1934 englische Hochsprungmeisterin geworden ist, gehört sie zur Weltklasse und gilt als große olympische Hoffnung. Sie wird zunächst mit Drohungen gegen ihre in Deutschland lebenden Eltern zur Olympiavorbereitung nach Deutschland zurückbeordert und in die sog. Kernmannschaft aufgenommen. Da zu befürchten ist, daß die Deutschen nach Inkrafttreten der Nürnberger Gesetze keine jüdischen Sportler mehr ins Olympiateam berufen, interveniert der Amerikaner Charles Sherrill, Mitglied des Internationalen Olympischen Komitees, mehrmals bei den deutschen Reichsbehörden, Gretel Bergmann zu nominieren. Sie wird viermal eingeladen und nimmt jedesmal an olympischen Trainingskursen teil. Für die deutschen Leichtathletikmeisterschaften 1935 erhält sie keine Starterlaubnis, mit der zynischen Begründung, ihr Verein – «Der Schild» des «Reichsbunds jüdischer Frontsoldaten», Stuttgart – gehöre nicht dem deutschen Leichtathletikverband an.
Gretel Bergmanns Olympiavorbereitungen sind vergebens. Die Einladungen zu den olympischen Lehrgängen stellen sich als propagandistische Hinhaltetaktik seitens der Reichssportführung heraus: Juden sind bereits seit Mitte 1933 aus den Sportverbänden ausgeschlossen, ihnen ist der Zugang zu öffentlichen Sportplätzen verwehrt, Trainingsmöglichkeiten sind nur noch in jüdischen Vereinen erlaubt, und zu Vergleichswettkämpfen werden sie nicht mehr zugelassen. Jüdische Sportler haben nicht die geringste Chance, für die Olympiamannschaft nominiert zu werden, weil sie sich «weltanschaulich» nicht qualifizieren können, weil Nazi-Deutschland nicht zulassen kann, bei den Weltspielen von jüdischen Sportlern repräsentiert zu werden. Dies gilt auch

Gretel Bergmann, Berlin 1937

für eine Spitzensportlerin wie Gretel Bergmann, die reelle Medaillenchancen hat, jedoch nur so lange im Olympiakader geduldet wird, bis sicher ist, daß die USA an den Olympischen Spielen teilnehmen werden. Mit einer persönlichen Bestleistung von 1,60 m, die 5 cm unter dem Weltrekord liegt, fühlt sich Gretel Bergmann im Vorfeld der Olympiade um ihre Medaillenchancen gebracht. Im Juni 1936 wird sie, trotz schlechten Wetters und wenig hilfsbereiter Kampfrichter, mit übersprungenen 1,60 m württembergische Meisterin (Einstellung des deutschen Rekords) – eine Höhe, die von keiner anderen deutschen Springerin bis zu den Olympischen Spielen 1936 gemeistert wird. Gretel Bergmann verwehrt man mit einer formalen Begründung die Starterlaubnis bei den Meisterschaften 1936.
Der Deutsche Leichtathletikverband unter Karl Ritter von Halt entledigt sich des «Falls» Bergmann auf sportlich und moralisch schändliche Weise: Er meldet im Hochsprung der Frauen – und mit Ausnahme eines Gehwettbewerbs nur in dieser Disziplin – statt der erlaubten drei nur zwei Teilnehmerinnen. Zwei Wochen vor Beginn der Olympischen Spiele teilt man Gretel Bergmann mit, daß sie wegen ihrer unbeständigen Leistungen nicht für die Olympiamannschaft nominiert werden könne. Der Ausschluß aus dem Olympiakader ist exakt kalku-

liert und erfolgt in dem Moment, als die amerikanische Olympiamannschaft sich nach Europa einschifft und die Boykottbewegung verstummt ist. Die ohnehin gleichgeschaltete Sportpresse wird zum Schweigen genötigt. Offiziell gilt sie als verletzt.
Mit ihren 1,60 m, die sie fünf Wochen vor den Olympischen Spielen gesprungen ist, wäre sie Olympiasiegerin geworden – die Medaillengewinnerinnen springen in Berlin allesamt 1,60 m. Noch während der Olympischen Spiele spricht Gretel Bergmann beim amerikanischen Generalkonsulat in Stuttgart vor und beantragt ein Visum für die USA.
1937 emigriert sie in die Vereinigten Staaten und wird dort noch im selben Jahr amerikanische Hochsprungmeisterin (so auch 1938) sowie Meisterin im Kugelstoßen. In den USA arbeitet sie als Hausmädchen, Masseurin und Physiotherapeutin und heiratet 1938 Bruno Lambert, einen ehemaligen Weitspringer aus Köln, der sich als Arzt in den USA niedergelassen hat.
Im Jahre 1983 erhält Gretel Bergmann (Margaret Lambert) die Goldene Ehrennadel des Deutschen Leichtathletik-Verbandes. Im Diaspora Museum Tel Aviv wird sie in die «Hall of Fame» aufgenommen.

Veröffentlichung. A Jewish Athlete and the Nazi Olympics of '36. In: The New York Times, 3. 2. 1980

Literatur. Hajo Bernett: Der jüdische Sport im nationalsozialistischen Deutschland 1933–1938. Schorndorf 1978; Arnd Krüger: Die Olympischen Spiele 1936 und die Weltmeinung. Berlin, München, Frankfurt a. M. 1972; Jörg Lichter: Die Diskriminierung jüdischer Sportler in der Zeit des Nationalsozialismus. Köln 1992; P. Yogi Mayer: Gretel's Medal. In: Jewish Chronicle, 18. Juli 1980

Ludger Heid

Bergner, Elisabeth **Schauspielerin**

22. 8. 1897, Drohobycz/Galizien – 12. 5. 1986, London
Vater: Emil Ettel-Bergner, um 1934 gest.; Mutter: Anna Rosa, geb. Wagner

Elisabeth Bergner wächst in Wien auf und besucht hier 1912 bis 1915 die k. u. k. Akademie für Musik und Darstellende Kunst. Durch ihren Freund Thomas Schramek lernt sie den Dichter Albert Ehrenstein kennen, der sie fördert und ihr 1915 ein erstes Theaterengagement in Innsbruck vermittelt.

1916 schafft sie den Sprung nach Zürich. Am angesehenen Stadttheater spielt sie das Annchen in Max Halbes «Jugend» und neben dem Theaterstar Alexander Moissi als Hamlet die Ophelia. Sie bezaubert ihr Publikum schon hier in ihrer späteren Erfolgsrolle als Rosalinde in Shakespeares «Wie es euch gefällt», reüssiert als Lulu in Wedekinds «Erdgeist», als Effie in «Schloß Wetterstein» und als Kassandra in «Die Troerinnen» von Euripides/Werfel. In Wien spielt sie 1919 unter anderem die Rolle des jüdischen Knaben Moritz Scharf in Arnold Zweigs «Die Sendung Semaels». 1920 holt sie Otto Falckenberg nach München. 1921 beginnt ihre glanzvolle Berliner Theaterkarriere. Sie spielt abwechselnd am Deutschen Theater bei Felix Hollaender und am Lessing-Theater unter Victor Barnowsky. Als Viola, Ophelia und vor allem als Rosalinde in Shakespeares Drama, als Wedekinds Lulu, als Strindbergs Fräulein Julie, als Klabunds Tschang-Haitang im «Kreidekreis» und als George Bernard Shaws heilige Johanna erobert sie Berlin im Sturm. Ein äußerst breites Rollenspektrum und schier unerschöpfliche, nuancierteste schauspielerische, vor allem auch stimmliche Mittel erklären nicht allein das «Phänomen Bergner». Scheinbar widerstreitende Elemente schaffen ihre unverwechselbare Aura, die von ihr ausgehende Magie: Sie ist eine zarte, zerbrechliche (häufig in Hosenrollen auftretende) Kindfrau, eine «femme enfant», und gleichzeitig eine «femme fatale». Hinter dem träumerischen Habitus, der Versunkenheit nahekommenden Konzentration scheinen Intellekt, Vitalität, Zähigkeit, Willensstärke, auch Humor und Witz durch. «Sie geht eben ins Herz – aber sie steigt auch zu Kopf», so Else Lasker-Schüler über die Künstlerin. Im androgynen Äußeren der Bergner, in ihren nervösen Gesten und ihrer Fähigkeit zur absoluten Selbstvergessenheit kristallisiert sich ein neues erotisches Ideal, ein komplexer, heikler Frauentyp.

Seit 1923 beteiligt sich Elisabeth Bergner zusammen mit Alexander Granach, Heinrich George, Ernst Deutsch, Helene Weigel u. a. am Schauspielertheater, einem Ensemble, das Front machen will gegen die fortschreitende Kommerzialisierung der Bühne. Ihren Ruhm kann die Bergner als Filmstar mehren. Sie dreht – immer unter der Regie ihres späteren Ehemannes Paul Czinner – die Filme «Nju», «Der Geiger von Florenz», «Liebe», «Fräulein Else», «Ariane», «Der träumende Mund» und – schon in der Emigration – «Stolen Life», «Catherine the Great» und «Escape Me Never». Als die Nationalsozialisten in Deutschland die Macht übernehmen, arbeitet Elisabeth Bergner in London an einem neuen Film; sie kehrt von dort nicht mehr nach Berlin zurück. Die Schauspielerin lernt rasch Englisch und kann bald an ihre früheren Bühnen- und Filmerfolge anknüpfen. Den Nationalsozialisten ist sie ein besonderes Ärgernis wegen ihrer Bemühungen, renommierte Schauspieler zur Abwanderung aus Deutschland zu bewegen. Als ihr englischer Film «Katharina die Große» in Berliner Kinos vorgeführt wird, inszenieren die Nazis einen Publikumsradau, verbieten alle Filme mit der Bergner und eröffnen eine Kampagne gegen jüdische Künstler. Währenddessen feiert sie mit dem Theaterstück «Escape Me Never» in London einen triumphalen Erfolg, der von dem gleichnamigen Film noch überboten wird. Nach dem Ausbruch des Zweiten Weltkriegs geht das Ehepaar Czinner in die USA. Hier hält Elisabeth Bergner engen Kontakt zu Bertolt Brecht und seiner Freundin Ruth Berlau. Mit «The Two Mrs. Carrolls» von Martin Vale kann sie sich auch am Broadway durchsetzen. Die Künstlerin hilft während ihrer Emigration vielen Menschen, vor allem Kindern, bei der Flucht aus Deutschland und beteiligt sich an antifaschistischen Aktivitäten, so an der Gründung des «Council for a Democratic Germany». Nach 1945 nimmt Elisabeth Bergner ihren ständigen Wohnsitz wieder in London und unternimmt bald schon Gastspielreisen auf dem Kontinent, in den USA, Australien und Israel. 1954 steht sie wieder auf einer deutschen Bühne – in Terence Rattigans «Tiefe blaue See» mit Rudolf Forster und Ernst Deutsch. Viele Nachkriegsinszenierungen, in denen die Bergner mitwirkt, sind Produktionen des Tournee-Theaterunternehmens «Grüner Wagen». Es entstehen Hörspielproduktionen und Fernsehspiele. Triumphe feiert Elisabeth Bergner auf der Bühne 1959 zusammen mit O. E. Hasse in «Geliebter Lügner», einer Dramatisierung des Briefwechsels zwischen Stella Patrick Campbell und George Bernard Shaw, und 1964 mit Giraudoux' «Die Irre von Chaillot» in einer Düsseldorfer Inszenierung von Karl Heinz Stroux. Aus der «femme enfant» war eine charmante und gelegentlich auch abgründige alte Dame geworden.

Quellen. Elisabeth-Bergner-Archiv bei der Akademie der Künste, Berlin

Veröffentlichung. Bewundert viel und viel gescholten. Unordentliche Erinnerungen. München 1978

Literatur. Arthur Eloesser: Elisabeth Bergner. Berlin 1927; Arnold Zweig: Aufstieg einer Schauspielerin. Elisabeth Bergner. In: Juden auf der deutschen Bühne. Berlin 1928, S. 157–169; Elisabeth Bergner. Mit Beiträgen von Eva Orbanz, Sybille Wirsing und Wolfgang Jacobsen. Stiftung Deutsche Kinemathek. Berlin 1983; Klaus Völker: Elisabeth Bergner. Das Leben einer Schauspielerin. Berlin 1990; Unsere schwarze Rose. Elisabeth Bergner. Ausstellung des Historischen Museums der Stadt Wien in Zusammenarbeit mit dem Jüdischen Museum der Stadt Wien, 21. Jänner bis 21. März 1993. Wien 1993

Schallplatten. Geliebter Lügner. Litera-Platte 1967 u. a.

Elfi Pracht

Berliner, Cora

Wirtschafts- und Sozialwissenschaftlerin

23. 1. 1890, Hannover – 1942 (deportiert am 19. 6.)
Vater: Manfred Berliner, 1853–1931, Handelswirtschaftler, Lehrbuchautor, Schulleiter; Mutter: Hanna, geb. Dessau, ?–1921

Bereits als Sechzehnjährige ist sie freiwilliges Mitglied der «Jüdischen Bahnhofshilfe», und in ihren Studienjahren betätigt sie sich in dem neugegründeten «Verband der jüdischen Jugendvereine Deutschlands» (VJJD) als Rednerin, Organisatorin und Geschäftsführerin. Als liberale und nichtzionistische Jüdin betont sie den pädagogischen Auftrag des Verbandes, jungen Mädchen eine solide jüdische Identität zu vermitteln, die es ihnen ermöglicht, gute Jüdinnen bzw. gute jüdische Ehefrauen und Mütter zu werden und innerhalb ihrer nichtjüdischen Umgebung bestehen zu können.
Cora Berliner entstammt einer bürgerlichen Intellektuellenfamilie: Ihr Vater ist Gründer und Leiter einer anerkannten privaten Handelsschule, ein Onkel väterlicherseits ist an technischen Erfindungen beteiligt, und ihre beiden Brüder werden bekannte Wissenschaftler. Cora

Cora Berliner, Dezember 1939

Berliner studiert zunächst Mathematik, dann Nationalökonomie in Berlin und Heidelberg. Mit der Untersuchung «Die Organisation der jüdischen Jugend in Deutschland. Ein Beitrag zur Systematik der Jugendpflege und Jugendbewegung» promoviert sie 1916 in Heidelberg und kehrt anschließend nach Berlin zurück, wo sie zunächst bei der Stadtverwaltung Berlin-Schöneberg mit der Lebensmittelversorgung des Bezirks betraut wird. Im Dezember 1919 tritt sie als Referentin für Fragen des Verbraucherschutzes und des Genossenschaftswesens in das Reichswirtschaftsministerium ein und wird 1923 zur Regierungsrätin im Statistischen Reichsamt befördert. Ihre Aufgabe dort – die Vertiefung der deutsch-englischen Handelsbeziehungen – führt sie für ein halbes Jahr an die deutsche Botschaft in London, bevor sie 1930 einen Ruf an die neu gegründete Technische Hochschule Berlin erhält, wo sie bis 1933 als Professorin für Wirtschaftswissenschaft tätig ist.
Nach der Machtübernahme der Nationalsozialisten übernimmt Cora Berliner den stellvertretenden Vorsitz des «Jüdischen Frauenbundes» und arbeitet bei der «Reichsvertretung», wo sie zusammen mit ihrer Freundin → Hannah Karminski u. a Emigrationsmöglichkeiten für jüdische Frauen und Kinder zu organisieren versucht. Wie diese bleibt auch Cora Berliner bis zuletzt in Deutschland, um anderen helfen zu können, und wird am 19. Juni 1942, zusammen mit anderen Mitgliedern der «Reichsvertretung», nach Theresienstadt deportiert.

Literatur. E. G. Lowenthal (Hg.): Bewährung im Untergang. Stuttgart 1965, S. 23–27; Marion A. Kaplan: Die Jüdische Frauenbewegung in Deutschland. Hamburg 1981, S. 150 f.; E. Hildesheimer, in: Leo Baeck Institute Bulletin 67 (1984), S. 41–70.

Bettina Kratz-Ritter

Besnyö, Eva **Fotografin, Fotoreporterin**

29. April 1910, Budapest,
lebt in Amsterdam
Vater: Bernat Besnyö, 1877–1944 (Auschwitz), Rechtsanwalt;
Mutter: Ilonka, geb. Kelemen, 1883–1981

Eva Besnyö wächst in einem liberal-jüdischen Elternhaus in Budapest auf und erlernt von klein auf neben der ungarischen auch die deutsche Sprache. Dem Wunsch des Vaters, nach dem Besuch des Gymnasiums ein Studium zu absolvieren, kommt sie nicht nach. Sie will Fotografin werden und beginnt 1928 eine zweijährige Lehre in dem angesehenen

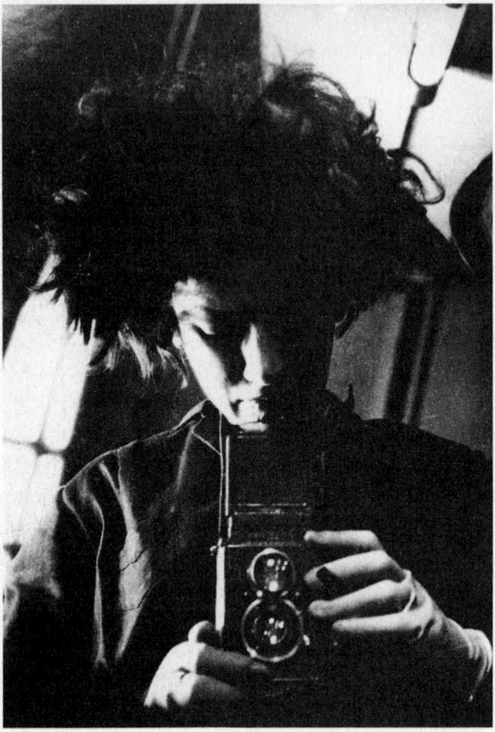

Eva Besnyö: Selbstporträt. Berlin 1931

Porträt-, Reklame- und Architektur-Atelier József Pécsi, bei dem sie ihre Ausbildung mit der Gesellenprüfung abschließt. Nicht nur um von zu Hause wegzukommen, sondern auch um Ungarn unter dem Horthy-System verlassen zu können, entscheidet sie sich 1930, nach Berlin, in die Metropole der Avantgarde, zu gehen. Später sagt sie: «Das waren eigentlich die wichtigsten Jahre in meinem Leben» (Besnyö 1991, S. 10) und meint damit, daß in der Zeit in Berlin – knapp zwei Jahre – die Weichen für ihre fotografische Praxis ebenso wie für ihr politisches Bewußtsein gestellt wurden. Kurze Zeit arbeitet sie in Berlin im Labor des Reklamefotografen René Ahrlé, bis sie eine interessantere Tätigkeit bei dem Pressefotografen Dr. Peter Weller findet, für den sie Fotoreportagen zu Alltagsthemen macht. Diese erscheinen – wie seinerzeit üblich – unter seinem Namen u. a. in der «Berliner Illustrirten Zeitung». Wenn sie ihre Themen selbst bestimmen kann, geht

Eva Besnyö: Amsterdam 1952

sie einfach auf die Straße. «Was mich interessiert, findet dort statt.» (Ebenda, S. 11) Sie findet Eingang in einen Kreis kulturell und politisch engagierter Intellektueller und Künstler wie György Kepes, Joris Ivens, John Fernhout, Lászlo Moholy-Nagy, Otto Umbehr (Umbo), Robert Capa u. a. besucht abends die «Marxistische Arbeiter-Schule», geht in die Inszenierungen Erwin Piscators und ist fasziniert von den russischen Filmen im Kino. 1931 ergreift sie die Gelegenheit, sich mit einem eigenen Atelier selbständig zu machen. Aufträge, auch Arbeiten für die Bildagentur «Neofot» bringen den Erfolg, der jäh unterbrochen wird: Sehr früh erkennt sie die wachsende Bedrohung durch die Nationalsozialisten und beschließt im Herbst 1932, zusammen mit ihrem Freund, dem niederländischen Kameramann John Fernhout, nach Amsterdam überzusiedeln. Durch Vermittlung der Malerin Charley Toorop faßt sie in Holland schnell Fuß, und der Anerkennung, die sie durch Ausstellungen gewinnt, folgen zahlreiche Aufträge: Fotoreportagen, Porträts, Architekturaufnahmen etc. 1934 wird sie Mitglied im «Bond van Kunstenaars ter Verdediging von de Kulturelle Rechten» (BKVK), nimmt 1936 an der vom BKVK organisierten Protest-Ausstellung gegen die Olympischen Spiele in Berlin – «De Olympiade Onder Dictatuur» – teil und setzt sich für eine weitreichende Verbreitung der Fotografie als Organisatorin der Ausstellung «foto '37» im Stedelijk Museum Amsterdam ein. Nach der Kapitulation der niederländischen Armee im Mai 1940, als sich die Existenzbedingungen für Juden immer mehr verschlechtern, wird auch Eva Besnyö jegliche journalistische Tätigkeit untersagt. 1942 muß sie, der nur mehr Privataufträge als einzige Erwerbsquelle bleiben, vor der Verfolgung für zwei Jahre untertauchen. Nach dem Krieg erhält sie viele sozialdokumentarische Aufträge und bleibt – auch als Mutter eines Sohnes (geb. 1945) und einer Tochter (geb. 1948) – berufstätig. In den siebziger Jahren beteiligt sich Eva Besnyö aktiv an der «Dolle Mina»-Bewegung im Kampf für Frauenrechte und wird mit ihren Fotografien Chronistin der Ereignisse. Den Ritterorden, der ihr 1980 durch die niederländische Königin verliehen werden soll, lehnt sie ab.

Fotojournalistische Tätigkeit. Der Querschnitt; Atlantis; Die Woche; Sieben Tage; Die Deutsche Frauenzeitung; de 8 en Opbouw; Het Leven; De Groene Amsterdammer; Wereldkroniek; Vrij Nederland; Opzij

Einzelausstellungen (Auswahl). Van Lier, Amsterdam 1933; Porträts Niederländischer Künstler 1972–74, Stedelijk Museum Amsterdam 1980; Eva Besnyö – 'n halve eeuw werk, Historisches Museum Amsterdam 1982, auch Mücsarnok Budapest

1986; Zeeland toen, Zeeland 1990; Eva Besnyö – Unbekannte Photographien, Jüdisches Museum Amsterdam 1991; Eva Besnyö – Budapest Berlin Amsterdam – Photographien 1930–1989, Das Verborgene Museum, Berlin 1991; Eva Besnyö – Vintage Prints, Historisches Museum Amsterdam 1993
Veröffentlichungen. Polder en Waterland. Amsterdam 1941; Alarm. Rotterdam 1949; Meid, wat ben ik bewust geworden. Amsterdam 1975
Literatur (Auswahl). Eva Besnyö – 'n halve eeuw werk. Amsterdam 1982 (Ausstellungskatalog); Wechselwirkungen – Ungarische Avantgarde in der Weimarer Republik. Kassel 1986 (Ausstellungskatalog); Mit anderen Augen – Berlin 1930–32. Berlin 1987; Zeeland toen. Zeeland 1990 (Ausstellungskatalog); Eva Besnyö – Budapest Berlin Amsterdam – Photographien 1930–1989. Berlin 1991 (Ausstellungskatalog)

Marion Beckers

Biermann, Aenne **Fotografin**

3. 3. 1898, Goch/Niederrhein – 14. 1. 1933
Vater: Alphons Sternefeld, 1865–1928, Lederfabrikant;
Mutter: Julie, geb. Mack, 1868–1927

«Ihr Arbeitstag war zu kurz, und vielleicht hat ihr die Arbeit bis tief in die Nacht hinein beim Vergrößern und Entwickeln in der Dunkelkammer den Keim zu ihrer schweren Krankheit eingegeben» (Hundt, 1947), urteilt ihr Freund, der Geologe Rudolf Hundt, über Aenne Biermanns intensive Schaffensphase in den zwanziger Jahren, denn kurze Zeit später stirbt Aenne Biermann an einem Leberleiden im Alter von 35 Jahren. Damit bleibt ihr als Jüdin die Verfolgung durch die Nationalsozialisten erspart, nicht jedoch ihrer Familie.
Die Familiengeschichte der Aenne (eigentlich Anna Sibilla) Biermann beginnt in Goch am Niederrhein, wo ihr Vater die von Großvater Wolfgang Sternefeld 1855 gegründete Lederfabrik übernommen hat. Vom Niederrhein stammt auch ihr späterer Ehemann, der Textilkaufmann Herbert Joseph Biermann, dessen Vater Max zusammen mit Hermann Tietz zu den Gründungsmitgliedern der jüdischen Gemeinde Gochs zählt. Nach ihrer Heirat mit kaum 22 Jahren zieht Aenne Biermann mit ihrem Mann 1920 nach Gera. Dort kommen 1921 ihre Tochter Helga zur Welt, 1923 ihr Sohn Gerd. Sie sind der Anstoß für ihre ersten Aufnahmen, die 1921 entstehen, zunächst als «private Erinnerungsfotografie», später in intensiver Auseinandersetzung mit

Aenne Biermann: Selbstporträt, um 1931

den Gestaltungstechniken. Ihr entscheidendes Werk entsteht zwischen 1926 und 1932. In dieser Zeit scheint sie wie besessen zu arbeiten, beteiligt sich an Ausstellungen: 1929 in München (eigene Ausstellung, Kunstkabinett), Essen («Fotografie der Gegenwart») und Stuttgart («Film und Foto»), 1930 wieder München («Das Lichtbild»), 1931 in Basel («Die neue Fotografie»), 1932 in Brüssel («Internationale de la Photographie»), und veröffentlicht Fotografien in internationalen Kunst- und Fotofachzeitschriften. Das Motivspektrum der Arbeiten Aenne Biermanns umfaßt nach den ersten dilettierenden Versuchen von Kinderporträts zunächst Stein- und Kristallaufnahmen sowie Nahansichten von Blüten und Pflanzen. Ihre Aufmerksamkeit für «lebende Gebilde, nämlich Blumen, Blätter und Pflanzen», sieht die Fotografin 1929 durch den «teilweise architektonischen Aufbau» begründet, dessen Wiedergabe sie am geeignetsten für eine fotografische Darstellung beurteilt. Damit folgt sie einereits ihrem eigenen naturwissenschaftlichen Interesse, andererseits den Anregungen des Geologen Rudolf Hundt, der sie 1927 bittet, für dessen wissenschaftliche Arbeiten «sehr scharfe Steinaufnahmen» anzufertigen. Nach

Aenne Biermann: Wassermelonenstück, um 1931

1929 folgen zunehmend Aufnahmen von Gebrauchsgegenständen. Den Dingen der alltäglichen Erfahrung Unbekanntes abzugewinnen, kommt die mechanische Abbildungsweise mit ihren technischen Hilfsmitteln für die Aufnahme und ihren optisch/chemischen Möglichkeiten der Ausarbeitung im Labor entgegen. Als Autodidaktin arbeitet Aenne Biermann relativ isoliert, die in ihrem Werk unverkennbare Anlehnung an die neusachliche Fotografie bezieht sie wohl vor allem aus Fachzeitschriften und -büchern. Dennoch sind ihre Arbeiten neben denen Lucia Moholys, Florence Henris oder Germaine Krulls in allen internationalen Fotoausstellungen der späten zwanziger und frühen dreißiger Jahre vertreten.

Über ihre fotografische Entwicklung schreibt Aenne Biermann 1929: «Ich erkannte immer mehr, daß die Frage der Beleuchtung für die Klarheit der Darstellung von entscheidender Bedeutung war (...), die Wirkung des Lichtes auf der polierten Fläche eines metallenen Gebrauchsgegenstandes, nie beobachtete Schattenspiele, überraschende Kontrastwirkungen von Schwarz und Weiß, das Problem der glücklichen Raumaufteilung eines Bildes, brachten unerschöpfliche Überraschungen (...).» (1929, S. 81) Diese «Vertrautheit mit den Dingen» und das Bemühen, sich mit der Kamera Situationen bzw. Dingen der Alltagswelt zu nähern, bleiben charakteristisch für das Werk Aenne Biermanns.

Quellen. Fotos: Privatbesitz Gershon Biermann, Israel; Galerie Wilde, Köln (Nachlaß Franz Roh); Fotografische Sammlung im Museum Folkwang, Essen

Veröffentlichung/Ausstellungen. Von der photographischen Darstellung im Allgemeinen und vom photographischen Unterricht im Besonderen. In: Thüringen, 5. Jg., Heft 5, 1929, S. 81; eine detaillierte Werkübersicht findet sich in der Monographie Berlin 1987

Literatur. Franz Roh: Fotos von Aenne Biermann (Gera). In: Das Kunstblatt, Heft 12, 1928, S. 306 f.; Rudolf Hundt: Zum Gedenken an Aenne Biermann. In: Geraer Kulturspiegel, Heft 4, 1947; Aenne Biermann. Fotografien 1925–1933. Berlin 1987 (Ausstellungskatalog)

Ute Eskildsen

Bing, Ilse **Fotografin, Fachjournalistin, Künstlerin, Dichterin**

23. 3. 1899, Frankfurt a. M.,
lebt in New York
Vater: Louis Bing;
Mutter: Johanna, geb. Katz

Ilse Bing wächst in Frankfurt in bürgerlich-liberalem Elternhaus auf – «In die Synagoge gingen wir nur, wenn Hochzeit war und wir hinterher Törtchen bekamen», erinnert sich Ilse Bing 1989 (Koelbl 1989, S. 25). Das Judentum betrachtet sie «mehr als historisches Ereignis und nicht als persönliche Angelegenheit» (ebenda). In Wien studiert sie 1923 ein Semester Kunstgeschichte, 1924 in Frankfurt zuerst Mathematik und später dann auch hier Kunstgeschichte. Die für ihre Dissertation «Friedrich Gilly (1772–1800)» benötigten Fotografien fertigt sie selbst an mit einer 9x12-Voigtländer-Plattenkamera. Auf diese Weise bringt sie sich das Fotografieren bei, was sie mit der Zeit so sehr fasziniert, daß sie sich 1929 eine Leica kauft. Als sie ihre Fotografien in der Redaktion der «Frankfurter Illustrierten» vorlegt, erhält sie Aufträge zu Foto-Essays über die Stadt Frankfurt und das Umland. 1929 entschließt sich Ilse Bing, das Studium aufzugeben und nur mehr Fotografin zu sein. Fotos von Florence Henri, die sie in einer Ausstellung gesehen hat, inspirieren sie stark und bekräftigen ihre Absicht, im Herbst 1930

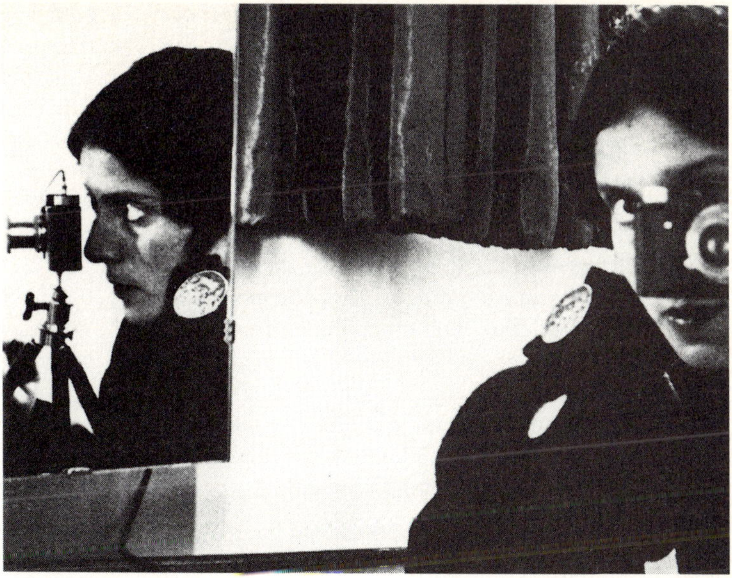

Ilse Bing: Selbstporträt mit Leica, 1931

nach Paris zu gehen. Im selben Jahr lernt sie auch Ella Bergmann-Michel kennen, und der Austausch der beiden Künstlerinnen über Fragen zur Kunst und Fotografie werden für sie von großer Bedeutung. Der ungarische Journalist Heinrich Guttmann in Paris beauftragt sie, für französische und deutsche Zeitungen zu fotografieren, was sie nach 1933 für deutsche Zeitschriften ablehnt. Sie macht für die französischen Illustrierten, vorwiegend für «Le Monde illustré», Reportagen zu Alltags- und Arbeitssituationen, aber auch Reklameaufnahmen, wie zum Beispiel im Auftrag von George Putnam für den weltberühmten Champagner «Pommery» in Reims sowie Tanz- und Modeaufnahmen für «VU» oder «Harper's Bazaar». 1934 experimentiert sie in der Dunkelkammer mit Solarisationseffekten. Zwei Jahre später reist Ilse Bing zum erstenmal nach Amerika und erhält in New York von «Life» das Angebot einer Anstellung, will aber weiter in Paris leben, wo sie 1937 den Pianisten und Musikwissenschaftler Konrad Wolff heiratet. Im Mai 1940 wird sie im Lager Gurs für mehrere Wochen interniert und erhält dann – nach monatelanger Wartezeit in Marseille – ein Visum für Amerika.

Der Neubeginn 1941 in New York bedeutet eine enorme Anstrengung und einen Bruch in ihrer Karriere. Sie übernimmt Porträtaufträge und macht vereinzelte Reportagen. 1947 reist sie zum erstenmal wieder nach Frankreich und Deutschland. 1959 gibt sie die Fotografie ganz auf. «Mit diesem Medium konnte ich nichts Neues mehr sagen. Ich habe auf dem Höhepunkt meiner fotografischen Entwicklung aufgehört, mit der Kamera zu arbeiten. Ich konnte damit nicht mehr ausdrücken, was ich erlebte.» (Koelbl 1989, S. 28) Ilse Bing macht seitdem Collagen mit den alten Fotos, Zeichnungen und schreibt Gedichte. 1976 erfährt sie mit einer Gruppenausstellung im Museum of Modern Art, New York, und einer großen Retrospektive in der New Yorker Witkin Gallery eine Wiederentdeckung und ist seitdem immer wieder in wichtigen internationalen Ausstellungen und Veröffentlichungen vertreten. Die erstmals 1993 verliehene Goldmedaille für Fotografie des «National Arts Club» erhält Ilse Bing in New York als späte Würdigung für ihre fotografische Arbeit.

Fotojournalistische Tätigkeit. Das Illustrierte Blatt; Das Neue Frankfurt; Algemeen Handelsblad (Amsterdam); Frankfurter Illustrierte; Züricher Illustrierte; Münchner Illustrierte Presse; Figaro illustré; Paris Vogue; Le Monde illustré; Harper's Bazaar; New York Herald Tribune; Baby Post; Leica Photography; Life; U. S. Camera
Einzelausstellungen (Auswahl). Galerie Trittler, Frankfurt a. M. 1932; American Library, Paris 1933; The Brooklyn Museum, New York 1948; Photographs 1931–1951, New York Public Library 1951; An Exhibition of Color Photography, Designer's Gallery, San Francisco 1959; The Witkin Gallery, Inc., New York 1976; Vintage Photographs from the 1920s and 1930s, Simon Lowinsky Gallery, San Francisco und Heusenstamm-Stiftung, Frankfurt a. M. 1979; Fashion Photographs from the 1930s, Simon Lowinsky Gallery, San Francisco 1982; Photographies 1929–1955, La Galérie des Femmes, Paris 1982; Columbia Museum of Art, South Carolina 1983; Work of Three Decades, Light Factory, Charlotte, North Carolina 1984; Three Decades of Photography, New Orleans Museum of Art, Louisiana 1985, anschließend ICP, New York, Frankfurter Kunstverein, Museum of Art, Baltimore, Maryland; Photos of the 50s, Branstein Gallery, San Francisco 1986; Paris 1931–1952, Musée Carnavalet, Paris 1987; Houk-Friedman Gallery, New York 1991
Veröffentlichungen. Words as Visions. Poems, Drawings and Collages. New York 1974; Numbers in Image. Poems, Drawings and Collages. New York 1976; Women from the Cradle to Old Age. Paris 1982; INK. New York 1992
Literatur. Ilse Bing: Photographies 1929/1955. Paris 1982; Pressefotografie 1930–36. Berlin 1983; Ilse Bing. Three Decades of Photographie. New Orleans Museum of Art 1985; Ilse Bing. In: Herlinde Koelbl: Jüdische Porträts. Frankfurt a. M. 1989, S. 25–28; Gurs. Deutsche Emigrantinnen im französischen Exil. Berlin 1991

Marion Beckers

Bodenwieser, Gertrud

Tänzerin, Choreographin, Tanzpädagogin

3. 2. 1890, Wien – 10. 11. 1959, Sydney
Vater: Theodor Bondi, Börsenmakler; Mutter: Maria Bondi

Gertrud Bodenwieser zählt zur ersten Generation moderner Tänzer in Wien. Beeinflußt zunächst von Isadora Duncan und François Delsarte, später vor allem von Emile Jacques Dalcroze und Rudolf von Laban, entwickelt sie einen eigenen Stil des modernen Ausdruckstanzes. Dieser «Bodenwieser-Stil», oft als «spezifisch wienerisch» bezeichnet, betont die enge Verbindung von Tanz und Musik sowie fließende, auf Sezessionismus und Jugendstil verweisende Bewegungsabläufe.
In der großbürgerlichen, jüdisch-assimilierten Familie Bondi wächst Gertrud in Wien zusammen mit ihrer älteren Schwester, von französischen und englischen Gouvernanten unterrichtet, recht isoliert auf. Ganz an den gesellschaftlichen Konventionen der Zeit orientiert, erhält sie 1905 bis (vermutlich) 1910 Tanzunterricht bei Karl Godlewsky, doch sie beschließt, diesen Weg weiterzugehen. Aus Rücksicht gegenüber ihren Eltern ändert sie ihren Namen in «Bodenwieser».
Mit 29 Jahren tanzt sie 1919 zum erstenmal vor Publikum, in der Ausstellung der «Neuen Vereinigung für Malerei, Graphik und Plastik» im französischen Saal des Konzerthauses. Zwei Jahre später beginnt sie ihre Lehrtätigkeit an der Akademie für Musik und darstellende Kunst in Wien, die sie bis 1938 ausübt.
Seit 1920 verheiratet mit dem Burgtheater-Regisseur Friedrich Rosenthal, beginnt sie in ihrem privaten Studio mit dem Aufbau der «Bodenwieser-Tanzgruppe». 1924 entsteht «Dämon Maschine», eines ihrer frühen Hauptwerke, mit dem sie dreißig Jahre lang Erfolg haben wird. Ein Kritiker kommentiert 1928: «Sind wir im Maschinensaal? Sind wir im Konzerthaus? Man vergißt es und fühlt nur die Gewalt der Alleszermalmerin.» (Dunlop Mac Tavish 1992, S. 37) Rosenthal gewinnt die Bodenwieser-Gruppe schon bald fürs Theater, u. a 1924 für Frank Wedekinds «Franziska» unter der Regie von Karlheinz Martin. Max Reinhardt, der die Gruppe 1927 für seine Inszenierung des «Mirakels» engagiert, arbeitet auch später mit Gertrud Bodenwieser zusammen. Nach ihren großen internationalen Erfolgen (1931 Grand

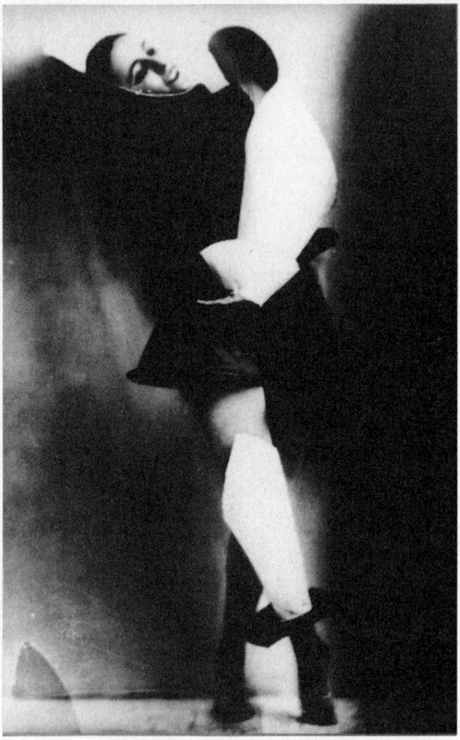

Gertrud Bodenwieser in ihrem «Kubistischen Tanz», um 1922. Foto: Zimbler, Wien

Prix der «Riunione Internationale della Danza», Florenz, 1932 Bronzemedaille beim «Concours international de la Danse», Paris) arbeitet sie von 1932 bis 1934 als Lehrerin für Gymnastik und Tanz am Wiener Max-Reinhardt-Seminar. Im gleichen Jahr wird die «Bodenwieser-Gruppe» als erstes modernes europäisches Tanzensemble zu einer Tournee nach Japan eingeladen. Nach ihrem letzten Auftritt in der Wiener Öffentlichkeit am 8. Januar 1938 ist Gertrud Bodenwieser gezwungen, ihre 1928 erworbene Professur an der Akademie aufzugeben. Von Kolumbien aus, wohin sie 1939 mit einem Teil ihrer Gruppe auf Gastspielreise gegangen ist, emigriert sie schließlich über Neuseeland nach Australien. Ihren Mann, der vermutlich nach 1940 im französischen Exil ermordet wird, sieht sie nie wieder.
In Sydney eröffnet Gertrud Bodenwieser ein Tanzstudio und revolutioniert von dort aus den modernen Tanz, wird noch einmal «zur Prophe-

tin des lebendigen Tanzes» (Alphons Silbermann, in: Dunlop Mac Tavish 1992, S. 64). «Die Masken Luzifers», 1936 in Wien entstanden unter dem Eindruck zunehmenden nationalsozialistischen Terrors, bleiben im Repertoire. Molières «Der eingebildete Kranke» (1950) ist vermutlich ihr letzter öffentlicher Auftritt, dokumentiert durch eine Verfilmung des australischen Fernsehens von 1958. 1959 stirbt Gertrud Bodenwieser an den Folgen eines Herzanfalls.

Quellen. Bodenwieser Archives, Vaucluse, Australien; Hilverding-Sammlung, Österreichische Nationalbibliothek, Wien
Veröffentlichung. The New Dance. Hg. und eingeleitet von Marie Cuckson. Vaucluse 1960
Literatur. Agnes Bleier Brody: Gertrud Bodenwieser und der neue Tanz. In: Tanz – 20. Jahrhundert in Wien. Wien 1979, S. 53–58 (Ausstellungskatalog); Shona Dunlop Mac Tavish: Gertrud Bodenwieser. Tänzerin, Choreographin, Pädagogin. Wien – Sydney. Hg. von Denny Hirschbach. Bremen 1992

Marina Sassenberg

Braun-Vogelstein, Julie

Schriftstellerin, Kunsthistorikerin

26. 1. 1883, Stettin –
6. 2. 1971, New York
Vater: Heinemann Vogelstein, 1841–1911, Rabbiner;
Mutter: Rosa, geb. Kobrak, 1846–?

Julie Braun-Vogelstein wächst in einem liberalen, weltoffenen und sozial engagierten jüdischen Elternhaus auf. Nach dem Abitur studiert sie Kunstgeschichte, Archäologie, Philosophie und Geschichte in Berlin, München, Paris, London und Wien und schließt das Studium 1919 mit der Promotion ab. Sie widmet sich vorrangig kunstgeschichtlichen Studien und unternimmt verschiedene Studienreisen. In Berlin lernt sie die Sozialisten Lily und Heinrich Braun sowie deren Sohn Otto kennen, zu denen sie eine herzliche Beziehung entwickelt. Sie zieht in das Haus der Brauns in Berlin und heiratet 1920, einige Jahre nach dem Tod von Lily Braun, Heinrich Braun. Das Haus der Brauns am Erlenweg wird jetzt zu einem Treffpunkt und Diskussionsort für Intellektuelle und Politiker, und insbesondere zu Anfang der dreißiger Jahre

Julie Braun-Vogelstein.
Foto: Jim Strong

auch zu einem Treffpunkt für oppositionelle und kritische Zeitgenossen. Zu den ständigen Gästen zählen u.a Friedrich Stampfer, Max Scheler, Rudolf Borchardt, Otto Hintze, Arnold Brecht, Fritz Rathenau, Edmund Hildebrandt, Grete Guttmann, Friedrich Thimme, Werner von Haeften, Hilde Korff, Hasso von Seebach und Adam von Trott zu Solz. Seit dem Tode ihres Mannes 1927 widmet sich Julie Braun-Vogelstein neben kunsthistorischen Studien vor allem dem Vermächtnis von Heinrich, Otto und Lily Braun.

Als sich die Situation für Juden und Oppositionelle in Deutschland immer mehr zuspitzt, fährt sie 1935 zunächst nach Frankreich und entschließt sich im Frühjahr 1936, gemeinsam mit Hasso von Seebach nach Amerika auszureisen. Sie hält weiter den Kontakt zu den Freunden in Deutschland, insbesondere auch zu Adam von Trott zu Solz. Wegen dieser Verbindung wird sie im Dezember 1941 in den USA – zusammen mit Hasso von Seebach – nach dem Angriff auf Pearl Harbor verhaftet, offenbar weil man in den USA davon ausgeht, daß Adam von Trott zu Solz ein Nazi-Spion sei. Auch in den USA – sie lebt zunächst in Carmel, zieht dann, nachdem Carmel Highlands für «feindliche Ausländer» zur Verbotenen Zone erklärt werden, nach New York – wird ihr Haus wieder zum Treffpunkt und Diskussionsforum, diesmal vor allem für deutsch-jüdische Emigranten aus dem nationalsozialistischen Deutschland. Zu ihren Gästen bzw. Freunden zählen: Wilhelm Haas, Ernst Spiegelberg, Friedrich Adler, → Hannah Arendt und ihr Mann Heinrich Blücher, Curt Kallmann, Eugen und Margrit Rosenstock-Huessy sowie Hans Rademacher.

In der Emigration engagiert sich Julie Braun-Vogelstein für das Leo Baeck Institute in New York und wird «member of its Board», widmet sich weiterhin kunsthistorischen Studien, unternimmt zahlreiche Forschungs- und Studienreisen und schreibt auf Drängen ihrer Freunde ihre Memoiren. Das 1966 erschienene Werk gibt einen Einblick in das intellektuelle und akademische Milieu der ersten Hälfte dieses Jahrhunderts und vermittelt vor allem die tiefe Verbundenheit mit Heinrich Braun, aber auch mit Otto und Lily Braun.

Quellen. Leo Baeck Institute, New York; Library of Congress, Washington; Yale University, New Haven, Connecticut; Harvard University, Cambridge, Mass.
Veröffentlichungen (Auswahl). Von französischer Buchmalerei. München 1914, Phil. Diss. Heidelberg 1919; Interieur und Stilleben. Berlin 1915; Die ionische Säule. Berlin 1921; Lily Braun. Ein Lebensbild. Berlin 1922; Ein Menschenleben. Heinrich Braun und sein Schicksal. Tübingen 1932, Neudruck Stuttgart 1967 unter dem Titel: «Heinrich Braun. Ein Leben für den Sozialismus»; Geist und Gestalt der abendländischen Kunst. Den Haag 1957; Was niemals stirbt. Gestalten und Erinnerungen. Stuttgart 1966; (Hg.:) Otto Braun – Aus nachgelassenen Schriften eines Frühvollendeten. Berlin 1920, 1969 unter dem Titel: «Fragment der Zukunft. Aufzeichnungen eines Frühvollendeten» neu aufgelegt
Literatur. Julie Braun-Vogelstein gestorben. In: Aufbau, New York, 12. 2. 1971, S. 4; In Memoriam Julie Braun-Vogelstein. Association of Jewish Refugees in Great Britain, AJR-Information. London, April 1971, S. 11; Ingrid Warburg Spinelli: Die Dringlichkeit des Mitleids und die Einsamkeit, nein zu sagen. Erinnerungen 1910–1989. Hamburg 1990, S. 316 f.

Monika Hübsch-Faust

Breslau, Louise Catherine **Malerin**

3. 12. 1856, München – 12. 5. 1927, bei Paris
Vater: Bernhard Breslau, Prof. der Medizin

Der königlich bayerische Leibarzt Heinrich Ritter von Breslau ist ihr Großvater, ihr Vater der Münchner Medizinprofessor Bernhard Breslau. Louise Catherine Breslau wird im Haus ihrer Großmutter, der «verwitweten Geheimrätin von Breslau», in der Münchner Ludwigstraße geboren, zieht aber mit ihrer Familie 1858 in die Schweiz, wo ihr Vater als Arzt in Zürich praktiziert.
Ihre Lehrer, darunter der Schweizer Maler Pfyffer, entdecken Louise Catherine Breslaus künstlerisches Talent schon im Mädchenalter, so daß die Eltern sie früh zur Ausbildung an eine Kunstakademie schikken: mit zwanzig Jahren geht sie nach Paris, um an der Académie Julian unter Tony Robert-Fleury Malerei zu studieren. Dort entwickelt

sie sich zur couragierten Vorkämpferin für die Anerkennung und Gleichberechtigung der Frau. 1878 äußert ihr Künstlerkollege Edgar Degas zu ihrem heute im Louvre befindlichen Porträt des schottischen Poeten John Davidson chauvinistisch-bewundernd: «Es steht einer Frau nicht zu, so gut zu zeichnen wie Sie!» Aus der anschließenden Konfrontation entwickelt sich eine tiefe und langjährige Freundschaft.
Seit 1878 ist Louise Catherine Breslau regelmäßig in den Pariser Salons vertreten und gewinnt 1881 durch ihr Gruppenbild «Portrait des amis» internationale Anerkennung als Porträtmalerin. Durch ihre spezifische Anwendung der Pastelltechnik wird sie um 1900 zur namhaftesten und meistbeschäftigten Damen- und Kinderporträtistin Frankreichs und beteiligt sich an Ausstellungen im Künstlerhaus in Zürich (1901), in der Galerie Petit (1904) und in der Galerie Durand-Ruel (1910, beide Paris). Bis zum Ersten Weltkrieg sitzen ihr zahlreiche Persönlichkeiten des öffentlichen Lebens Modell, darunter der Schriftsteller Carl Spitteler, der schwedische Expressionist Ernst A. Josephson und Berliot Björnson, die spätere Frau Henrik Ibsens.
Auf dem Höhepunkt ihrer Karriere verläßt sie Paris und zieht im Jahre 1900 in die Schweiz. Anläßlich der Pariser Weltausstellung 1909 erhält sie gemeinsam mit Ferdinand Hodler die Goldmedaille für ihr Gemälde «Contrejour». Obwohl noch während des Ersten Weltkriegs, den sie auf der Seite der Franzosen erlebt, Porträts französischer Offiziere entstehen, bedeutet diese Zeit für sie wie für viele ihrer Künstlerfreunde den Einbruch ihrer Karriere. Erst 1921 gelingt ihr wieder ein aufsehenerregendes Werk, das Porträt des Philosophen Anatole France.
Nach der letzten Ausstellung ihres Gesamtwerkes ein Jahr vor ihrem Tod (1926) in der Pariser Galerie Durand-Ruel gerät die Künstlerin in Vergessenheit. Erst 1977 wird ihr fast 400 Gemälde umfassendes Werk durch eine Retrospektive im Museum der Stadt Baden bei Zürich erneut der Öffentlichkeit präsentiert.

Werke. Werke von Louise Catherine Breslau befinden sich in Privatbesitz sowie im Besitz der Galérie du Luxembourg, Paris; des Museums Carpentras; des Musée Rath, Bern; sowie des Musée Arlaud, Lausanne

Literatur. Anton Hirsch: Die bildenden Künstlerinnen der Neuzeit. (Ohne Ort) 1903; Felix Becker, Ulrich Thieme: Allgemeines Lexikon der bildenden Künstler. Leipzig 1910; Arsène Alexandre: Louise Catherine Breslau. Meister der modernen Kunst. Paris 1928; S. Wininger: Jüdische Nationalbiographie, Bd. I. Berlin 1928, S. 454; Madeleine Zillhardt: Louise Breslau et ses amis. Paris 1932; Hans-Peter Treichler: Die stillen Revolutionen

Petra Lindner

Breslauer, Marianne

(*Marianne Feilchenfeldt*)

Fotografin, Kunsthändlerin

20. 11. 1909, Berlin
Vater: Prof. Alfred Breslauer, 1866–1954, Architekt;
Mutter: Dorothea, geb. Lessing

Der selbstverständliche Umgang mit Kunst, besonders mit Malerei, prägt das preußisch-liberale Elternhaus von Marianne Breslauer. 1926, nach Abschluß der Mittelschule und Aufenthalt in der Schweiz, arbeitet sie einige Wochen im Atelier der mit der Familie befreundeten Fotografin Lisi Jessen, um sich mit dem Metier vertraut zu machen. Eine Ausstellung der Berliner Porträtfotografin Hanna Riess in der Galerie Flechtheim hat ihren Entschluß, Fotografin zu werden, beeinflußt. Von 1927 bis 1929 absolviert sie in der Photographischen Lehranstalt im «Lette-Verein», der 1890 gegründeten ersten öffentlichen Ausbildungsstätte für Fotografinnen, eine zweijährige Lehre, die sie mit der Gesellenprüfung vor der Berliner Handwerkskammer abschließt. Daran anschließend ermöglichen es ihr die häuslichen Verhältnisse, sich einen Traum zu erfüllen: für einen Studienaufenthalt – kurze Zeit auch als Schülerin von Man Ray – nach Paris zu gehen. Auf ihren Steifzügen durch die Stadt entwickelt sie ihren Stil der stillen, poetischen Stadtansichten, die sie – Anfang 1930 nach Berlin zurückgekehrt – vereinzelt an Illustrierte verkaufen kann. Diese Fotografien sind es auch, die ihr eine Stelle im Ullstein-Fotoatelier – dem technisch fortgeschrittensten seiner Zeit – eröffnen: als Bildredakteurin und Bildreporterin bei Elisabeth Heddenhausen im größten deutschen Illustrierten-Verlag. Marianne Breslauer macht Auftragsreportagen zu Themen aus dem Berliner Alltag, aber auch Werbefotos im Atelier und Porträts. Von ihrer ersten Fotoreise 1931 nach Palästina bringt sie zahlreiche Aufnahmen mit, die in Zeitschriften wie «Die Dame», «Der Querschnitt» oder «Frankfurter Illustrierte» veröffentlicht werden. Nach zweijähriger Tätigkeit im Ullstein-Atelier versucht sie 1932 sich freiberuflich durchzusetzen, arbeitet für die Agentur Mauritius und fährt noch einmal nach Paris. Im Frühjahr 1933 reist sie dann im Auftrag der Agentur Academia mit der Schweizer Schriftstellerin und Fotografin Annemarie Schwarzenbach nach Nordspanien. Als sie nach Berlin zurückkehrt, kann sie im nationalsozialistischen Deutschland nicht mehr unter ihrem Namen veröffentlichen. Schwarzenbach vermittelt ihr Aufträge für Schweizer Zeitungen, 1934 unter dem Pseudonym

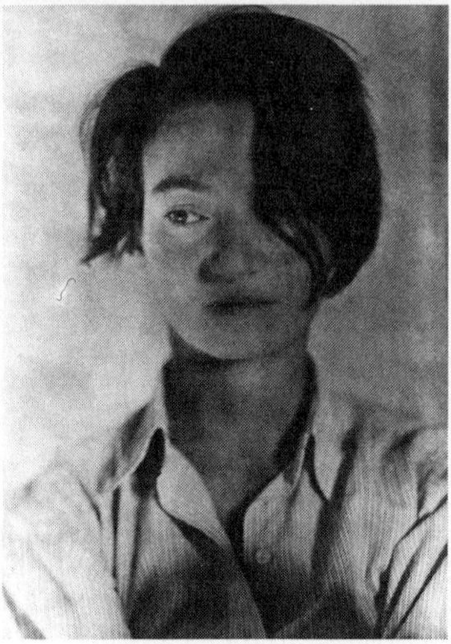

Marianne Breslauer: Selbstporträt Berlin 1929

«Ipp» für die Agentur Kind und den Deutschen Kunstverlag. Mit dem Kunsthändler Walter Feilchenfeldt emigriert Marianne Breslauer 1936 nach Amsterdam, wo sie heiraten und Feilchenfeldt eine Kunsthandlung aufzubauen versucht. 1937 gibt Marianne Breslauer-Feilchenfeldt die Fotografie auf und arbeitet gemeinsam mit ihrem Mann im Kunsthandel. Nach der Geburt ihres ersten Sohnes Walter 1939 – der zweite, Konrad, wird 1944 geboren – siedeln Marianne und Walter Feilchenfeldt 1939 nach Zürich über und gründen 1948 dort das Kunsthaus Feilchenfeldt mit dem Programmschwerpunkt Französische Malerei und Zeichnungen des 19. Jahrhunderts. Seit dem Tode ihres Mannes 1953 führt Marianne Feilchenfeldt das Geschäft allein. Sie lebt und arbeitet in Zürich.

Fotojournalistische Tätigkeit. Frankfurter Illustrierte; Der Querschnitt; Die Funkstunde; Weltkreis; Das Magazin; Die Wochenschau; Der Weltspiegel; die neue linie; Zürcher Illustrierte; Uhu; Die Dame; Gebrauchsgraphik; Photo-Arts et Métiers Graphiques

Einzelausstellungen. Marianne Breslauer. Fotografien 1927–1934, Kunsthaus Zürich 1982; Marianne Breslauer. Fotografien 1927–1937, Das Verborgene Museum, Berlin 1987; Marianne Breslauer. Photographien 1927–1937, (Neue) Nationalgalerie Berlin 1989

Literatur. Marianne Breslauer. Retrospektive Fotografie 2. Bielefeld, Düsseldorf 1979; Marianne Breslauer. Fotografien 1927–1937. Sonderdruck brennpunkt-Magazin 4 (1987). Berlin 1987; Marianne Breslauer. Photographien 1927–1937. Berlin 1989 (Ausstellungskatalog)

Marion Beckers

Britschgi-Schimmer, Ina

Sozialwissenschaftlerin

1881, vermutlich in Wien – 14. 7. 1949, Jerusalem

Ina Britschgi-Schimmer besucht in Wien nacheinander die Elementar-, die Höhere Mädchen- und die Handelsschule und arbeitet für mehrere große Speditionsfirmen in Wien, Hamburg und Berlin. Seit seiner Gründung (1902) gehört sie zu den Mitarbeitern des Jüdischen Verlags, Berlin. Ende 1906 wird Ina Britschgi-Schimmer von dem Mitherausgeber der «Nation», Paul Nathan, der u. a. dem «Hilfsverein der Deutschen Juden» und dem «Centralbureau für jüdische Auswanderungsangelegenheiten» vorstand, mit einer Forschungsarbeit über den Einfluß des amerikanischen Einwanderungsgesetzes auf die jüdischen Einwanderer in die USA beauftragt. Die dafür notwendigen Recherchen vor Ort führt sie auf Ellis Island und bei jüdischen und italienischen Wohlfahrtsorganisationen in New York durch. Im Winter 1907 nimmt sie, als eine der wenigen Studentinnen ohne Hochschulreife (nach einer Zulassungsprüfung bei dem Ökonomen Franz von Liszt und dem Philosophen Georg Lasson) das Studium der Politischen Ökonomie, Soziologie, Philosophie und Geschichte an der Berliner Universität auf. Von 1911 an studiert sie dann Verfassungs-, Völker-, und Handelsrecht in Zürich. Gleichzeitig recherchiert sie für ihre Dissertation «Die ökonomischen und sozialen Bedingungen italienischer Arbeiter in Deutschland» (Karlsruhe 1916) in Stahlfabriken des Ruhrgebiets, in badischen Textilfabriken und elsässischen Webereien. Ina Britschgi-Schimmer entwikkelt dabei Methoden, die erst viel später in den Methodenkanon der Sozialforschung aufgenommen werden (teilnehmende Beobachtung, «oral history»). Nach dem Ersten Weltkrieg arbeitet sie zunächst für die Altlederverwertungsstelle des Wirtschaftsministeriums, kommt 1923 zur «Zionistischen Vereinigung Berlin», arbeitet dort in der Redaktion der hebräischen Zeitung «Haolam» und, als diese wegen der Inflation nach London verlegt wird, im dortigen Verlag. Die folgenden Jahre sind publizistischer und wissenschaftlicher Arbeit gewidmet. In mehrjähriger Arbeit ediert Ina Britschgi-Schimmer, zusammen mit Martin Buber, die Briefe Gustav Landauers, von dessen Sozialismus sie stark beeinflußt wird. Als Mitglied des deutschen «WIZO-Komitees» wird Ina Britschgi-Schimmer 1932 beauftragt, eine Beratungsstelle für Frauen und Mädchen einzurichten, die nach Palästina auswandern wollen. Um die Verhältnisse vor Ort zu studieren, reist sie im März 1933 nach Palästina und kehrt nach Hitlers Machtantritt nicht mehr nach Deutschland zurück. In Tel Aviv arbeitet Ina Britschgi-Schimmer für die «Mitachduth Olei Germania», eine Hilfsorganisation für deutsche Immigranten. Später, in Jerusalem, widmet sie sich sozialwissenschaftlichen Studien, die methodisch auf ihren Arbeiten in Deutschland aufbauen; so zum Beispiel die Untersuchungen für die «Jewish Agency for Palestine» zur «Umschichtung der jüdischen Einwanderer aus Deutschland zu städtischen Berufen in Palästina» (1936 und 1940), die Feldstudie zu den «Housing and Living Conditions in the Slums of Jerusalem» (1939), der «Beitrag zur Geschichte der Chalukah und der Kolelim und deren wirtschaftliche Bedeutung für die Gegenwart» (1939), «Die Notwendigkeit der Errichtung neuer Schulgebäude in Jerusalem und Tel Aviv» (1940), «Die Jemenitischen Juden in Jerusalem» (1942) und die Studie über «Die Jugend-Aliyah in der Eigenbetrachtung der Jugendlichen». Für diese Untersuchungen reist sie, eine Anhängerin der «Aliyah Chadascha», durch Palästina und interviewt Jugendliche in Kibbuzim, Kwuzot und Jugenddörfern. Auf Bitten von Julius Simon arbeitet Ina Britschgi-Schimmer von 1942 an für den «American Fund for Palestinian Institutions» bis zu ihrer Pensionierung im November 1945.

Quellen. Nachlaß: Central Zionist Archives, Jerusalem (Lebenslauf)

Veröffentlichungen. Die ökonomischen und sozialen Bedingungen italienischer Arbeiter in Deutschland. Ein Beitrag zum Problem der Fremdarbeit. (Diss. Zürich 1915), Karlsruhe 1916; Lassalles letzte Tage. Berlin 1925; (Hg.:) Gustav Landauer: Sein Lebensgang in Briefen, 2 Bde., Frankfurt a. M. 1929

Literatur. Ina Britschgi-Schimmer. In: Mitteilungsblatt Irgun Olei Merkas Europa, 29. 7. 1949, S. 6

Hanna Delf

Bruch, Hilde **Ärztin, Psychoanalytikerin**

11. 3. 1904 Dülken/Niederrhein – 15. 12. 1984, Houston/Texas
Vater: Hirsch Bruch, ?–1920, Viehhändler; Mutter: Adele, geb. Rath

Eine seit den sechziger Jahren in den westlichen Industriestaaten zunehmende Suchterkrankung, die sich in unterschiedlichen Störungen des Eßverhaltens äußert, macht den Namen Hilde Bruchs in der deutschen Öffentlichkeit bekannt. Durch ihre anschaulich geschriebenen

Bücher über Ursachen der Eßsüchte und Möglichkeiten der Therapie findet sie Aufmerksamkeit nicht nur bei Fachleuten, sondern auch bei Betroffenen. So stellt Hilde Bruch drei Erkrankungsformen heraus, bei denen das Eßverhalten den biologischen Bedürfnissen zuwiderläuft: Magersucht (Anorexia nervosa), Fettsucht und Bulimie (Freß-Brech-Sucht). Im Unterschied zur bislang vertretenen Lehre, Forschung und medizinischen Praxis betrachtet Hilde Bruch die Familiendynamik als wesentlichen Faktor in der Entstehungsgeschichte der Erkrankung und analysiert das Zusammenspiel von Körper, individueller Lebensäußerung und sozialer Umgebung. Ihre Analyse ist das Ergebnis langjähriger klinischer und therapeutischer Erfahrungen.
Hilde Bruch erhält während ihres Medizinstudiums, das sie 1923 in Würzburg beginnt und in Freiburg, Köln und München fortführt, zunächst eine konventionelle ärztliche Ausbildung und strebt nach ihrer Approbation zur Ärztin 1929 eine Universitätskarriere an. Ihr Interesse an der Kinderheilkunde führt sie 1931 nach Leipzig, wo sie auf dem Gebiet der Säuglingsintoxikation tätig ist. Hilde Bruchs Karrierepläne finden im August 1932 ein jähes Ende, als sie sich eines Tages beim Betreten des Ärztekasinos ihrer Klinik mit dem plötzlichen Schweigen aller Anwesenden konfrontiert sieht: «Es war ihr klar, daß unmittelbar zuvor scharfe antisemitische Äußerungen gefallen sein mußten.» (Peters 1992, S. 333) Sie verläßt daraufhin die Klinik, um sich in Ratingen als Ärztin niederzulassen. Nach dem Aufruf zum Boykott jüdischer Ärzte und Rechtsanwälte vom 1. April 1933 nimmt sie den Internationalen Kongreß für Kinderheilkunde in London im September 1934 zum Anlaß, über Großbritannien in die USA zu emigrieren.
In New York arbeitet Hilde Bruch zunächst als Ärztin und baut mit einem Stipendium der Josiah Macy Junior Foundation eine endokrinologische Ambulanz für Kinder auf. Ihre Untersuchungen der überwiegend fettsüchtigen Kinder erweisen die Unzulänglichkeit eines rein physiologischen Erklärungsansatzes, so daß es Hilde Bruch notwendig erscheint, sich durch eine fundierte Ausbildung dem Problem der Eßsucht anzunähern. Neben ihrer psychiatrischen Ausbildung zwischen 1941 und 1943 am Johns Hopkins Hospital in Baltimore beginnt sie bei → Frieda Fromm-Reichmann eine psychoanalytische Therapie, um den Konflikt zwischen ihrem Überleben und dem Tod der in Deutschland verbliebenen Familien ihres Bruders und ihrer Schwester zu bearbeiten. Die zunächst therapeutisch motivierte Analyse wird später als Lehranalyse, das heißt als psychoanalytische Ausbildung, anerkannt.

In ihrer Privatpraxis in New York und ihrer über dreißigjährigen Lehrtätigkeit an der Columbia University (ab 1943 Associate Professor und ab 1959 Clinical Professor of Psychiatry) macht sie das Gedankengut H. S. Sullivans für ihr Spezialgebiet nutzbar. 1964 geht sie nach Houston an das Baylor College of Medicine, um sich überwiegend der Auswertung ihrer beruflichen Erfahrungen zu widmen. Hier entstehen ihre Hauptwerke, die in mehrere Sprachen übersetzt werden. Den Kontakt zu Deutschland behält Hilde Bruch bei, doch beschreibt sie in ihren letzten Lebensjahren das Verhältnis zu ihrem Geburtsland als ein Gefühl der Fremdheit.

Veröffentlichungen (Auswahl). Gaswechseluntersuchungen über die Erholung nach Arbeit bei einigen gesunden und kranken Kindern. In: Jahrbuch Kinderheilkunde 121, S. 7–28; Eating Disorders: Obesity, Anorexia Nervosa and the Person Within. New York 1973; Learning Psychotherapy. Rationale and Ground Rules. Cambridge/Massachusetts, London 1974, deutsch: Grundzüge der Psychotherapie. Frankfurt a. M. 1977; The Golden Cage: The Enigma of Anorexia Nervosa. Cambridge/Mass. 1978, deutsch: Der goldene Käfig. Das Rätsel der Magersucht. Frankfurt a. M. 1980

Literatur (Auswahl). Biographisches Handbuch der deutschsprachigen Emigration nach 1933, Bd. II. München u. a. 1983, S. 158 f.; Reinhard Heitkamp: Hilde Bruch (1904–1984). Leben und Werk. Med. Diss. Köln 1987; Uwe Henrik Peters: Hilde Bruch. Der goldene Käfig der Eßstörungen. In: Ders.: Psychiatrie im Exil. Die Emigration der Dynamischen Psychiatrie aus Deutschland 1933–1939. Düsseldorf 1992, S. 331–341

Christiane Humrich

Cori, Gerty Theresa

Medizinerin, Physiologin

15. 8. 1896, Prag –
26. 10. 1957, St. Louis/Missouri
Vater: Otto Radnitz, Zuckerfabrikant;
Mutter: Martha, geb. Neustadt

1947 erhält das Ehepaar Gerty T. und Carl F. Cori den Nobelpreis für Physiologie oder Medizin «für die Entdeckung des Ablaufs der katalytischen Umwandlung des Glykogens» (Leberstärke). Es ist dies das Ergebnis von 25 Jahren Arbeit, die mit der Grundfrage beginnt: Wie werden Zucker, das Brennmaterial aller Organtätigkeit, vom Körper aufgenommen, transportiert, gespeichert und verwertet? Das Thema liegt zu Beginn der zwanziger Jahre, die durch Hunger, Inflation und

Wirtschaftskrise geprägt sind, nahe: die Ernährung wird zur zentralen Frage des Lebens, und die Biochemie beginnt, sich in der Medizin zu etablieren.

Gerty Theresa Cori ist die zweite Tochter eines wohlhabenden Prager Zuckerfabrikanten. Das Judentum ist in der Familie eher beiläufig geworden, doch hat es ein anspruchsvolles, anregendes kulturelles Milieu tradiert, in dem die Neigungen der Kinder gefördert werden: Die ältere Schwester wird Künstlerin, Gerty studiert Medizin. Bereits im ersten Semester an der medizinischen Fakultät der Deutschen Universität von Prag, 1914, trifft sie Carl F. Cori, Sohn des Zoologieprofessors und Leiters der Biologischen Meeresstation Triest. Der kritisch-wägende, ruhige, gutaussehende junge Mann und die lebhafte, initiative, rothaarige Studentin werden rasch aufeinander aufmerksam. Man studiert gemeinsam, begeistert sich für Philosophie und Naturwissenschaft, aber auch für Skifahren und Natur. Kurz nach Kriegsende beginnen sie ihr gemeinsames Leben und publizieren zugleich die erste gemeinsame Arbeit. Trotz ihrer engen Beziehung zur kosmopolitischen Prager Bürgerwelt suchen die Coris in Österreich Fuß zu fassen. In Graz beginnt Carl Cori als Assistent von Otto Loewi zu arbeiten, Gerty Cori als Medizinalpraktikantin am Karolinen Kinderspital in Wien. Doch sind sie dort alsbald konfrontiert mit offensiv werdendem Antisemitismus und zugleich sich hoffnungslos verschlechternden Berufsaussichten. Als sich die Gelegenheit bietet, in die USA zu gehen, greifen sie zu. 1922 erhält Carl, ein halbes Jahr später auch Gerty Cori, die Möglichkeit, am Roswell Park Memorial Institute in Buffalo, N. Y., zu arbeiten. Das Thema ist der Zuckertransport in Tumoren, angeregt durch Otto Warburgs Entdeckung des Sauerstoffmangels in Tumorgewebe, so daß Glukose – wie im angestrengten Muskel – zu Milchsäure vergoren wird. Die Coris können diese Ergebnisse nicht nur bestätigen, sondern auch auf die Verhältnisse im normal regulierenden Körper erweitern. Sie werden dadurch international rasch bekannt.

Im Zuge ihrer physiologisch-endokrinologischen Forschungen entdekken sie den «Cori-Zyklus», die Mobilisierung der Glukosereserven von Muskel und Leber durch Abgabe von Adrenalin aus dem Nebennierenmark und unter der übergeordneten Kontrolle der Hirnanhangdrüse. Dadurch wird in der Bilanz scheinbar das Reservekohlenhydrat Glykogen über dessen Spaltprodukte aus dem arbeitenden Muskel in die gleichmäßig ausschüttende Leber verlagert. Die an diesem Kreislauf beteiligten Enzyme, ihre Substrate und Produkte werden seit 1931 an der Washington University in St. Louis, Missouri, isoliert, das ganze Geschehen mit einem sich stets erneuernden Forschungsteam aufgeklärt. Dies führt zum paradigmatischen Verständnis der Stoffwechselwirkung von Hormonen über regulatorische Modulation von Enzymen sowie zur Aufklärung der angeborenen Fehler und der Speicherkrankheiten des Zuckerstoffwechsels. In dieser entscheidenden Forschungsphase wird 1936 ihr Sohn Carl Thomas geboren.

Obgleich Gerty Cori Ende der vierziger Jahre an Blutkrebs erkrankt, kann sie die Weiterentwicklung ihrer Forschung und die Ausbreitung der «Cori-Schule», zu der dann mehrere Nobellaureaten gehören, noch erleben, noch mitbestimmen. Seit 1928 amerikanische Staatsbürgerin, ist sie eine bewußte Liberale, die nach dem Zweiten Weltkrieg gegen den Antiliberalismus der MacCarthy-Ära ebenso kämpft wie gegen ihre Krankheit – in der Gewißheit, daß «Kunst und Wissenschaft am besten in einer Gesellschaft gedeihen, die die Freiheit schützt, das Glück und die Würde der Menschen achtet», wie Carl Cori in seiner Nobel-Ansprache sagte.

Literatur. Carl F. Cori: The Call of Science. In: Annu Reo Biochemistry 38 (1969), S. 1–20; Ulla Fölsing: Gerty Theresa Cori. Medizin Nobelpreis 1947. In: Dies.: Nobel-Frauen. Naturwissenschaftlerinnen im Porträt. München 1990, S. 56–64; Joseph S. Fruton: Cori, Gerty Theresa Radnitz. In: Dictionary of Scientific Biography, Bd. 3. New York 1980, S. 415 f.; Evarts A. Graham, Jr.: Dr. Carl F. Cori, Professor of Biochemistry, Dr. Gerty T. Cori, Professor of Biochemistry. In: St. Louis Post – Dispatch, 17. 6. 1948, S. 37–40; Severo Ochoa: Gerty T. Cori, Biochemist. In: Science 128 (1958), S. 16–19

Lothar Jaenicke

Croner, Else Schriftstellerin

4. 5. 1878, Beuthen –
20. 12. 1940, Sterbeort unbekannt

Else Croner, geb. Wollstein, gehört zu den ersten Frauen, die in Deutschland studierten: In Breslau, wohin sie als Kind gezogen war, belegt sie von 1897 bis 1900 Philosophie, Literaturgeschichte und Germanistik. Vor Abschluß des Studiums heiratet sie Dr. Johannes Croner und zieht nach Berlin, wo sie bis ca. 1932 lebt. Ein Roman, der ihren Namen als fiktive Herausgeberin nennt, trägt starke autobiographische Züge: «Das Tagebuch eines Fräulein Doktor» (1908) erzählt die Geschichte einer studierenden Frau, die ihren Professor heiratet und die wissenschaftliche Arbeit aufgibt. Wie viele schreibende Frauen der Zeit wechselt Else Croner häufig das Genre: Sie veröffentlicht ein illustriertes Märchenbuch für Kinder, in dem sie klassische Gemälde von Raffael, Dürer etc. in Geschichten übersetzt, mehrere Romane sowie populärwissenschaftliche Studien, darunter «Die moderne Jüdin» (1913), das einzige Buch, das sich mit dem Judentum beschäftigt. Hier will sie «einen Typus Frau in ein paar Griffelzügen festbannen, ehe er von der großen Zeitströmung ‹Assimilation› rettungslos verschlungen» wird. «Die Jüdin» bilde «unter allen Frauen des Erdballs, gleichviel welcher Nationalität sie jetzt auch angehört, einen durch Rasse und Tradition gekennzeichneten eigenen Typus». Sie skizziert «die Jüdin» als ethnisch, sozial und psychologisch unterschiedenen Frauentyp, als «Vollblutorientalin», die «über allen anderen Frauen der Erde» stehen kann, wenn sie die alttestamentarische Kultur mit der christlich-deutschen verbindet. (Die moderne Jüdin, S. 5 ff.) Im «Buch vom jungen Mädchen» (1907) plädiert sie für eine Berufsausbildung für Mädchen und polemisiert gegen die freie Liebe. In «Die Frauenseele in den Übergangsjahren» (1928) setzt sie sich dafür ein, daß in Zukunft alle «Kulturschöpfungen auf zweigeschlechtlichem Wege» geschaffen werden. 1933 erscheint eine Studie zu Eduard Spranger, dem sie ihr einflußreichstes Buch, «Die Psyche der weiblichen Jugend», gewidmet hatte, das bereits 1905 als Artikelserie erschien (in: Deutsche Blätter für erziehenden Unterricht) und zwischen 1923 und 1935 in sechs Auflagen nachgedruckt wurde. In der letzten, weitgehend umgearbeiteten und erweiterten Auflage von 1935 assimiliert sich Else Croner völlig an die Naziterminologie: Sie fügt einen Abschnitt über «das rassische Problem» ein, in dem sie schreibt, daß «rassisch verschiedene

Ehen leicht zu Dekadenz und Verfall» führen (ebenda, S. 30). Während der «intellektuelle Typ» der früheren Auflagen durch den «geistig betonten» ersetzt und vorwiegend negativ geschildert wird, heißt es über den «erotischen Typ» gar: «Soweit es sich hier um eine nicht korrigierbare Triebhaftigkeit handelt, die auf geistiger Minderwertigkeit beruht, müssen wir diese Mädchen als Schädlinge betrachten. Im Interesse des Volksganzen ist Sterilisation hier die einzig wirksame Abwendung der Gefahr.» (Ebenda, S. 19 f.) In «Opfer und Hingabe», in «heldischer Lebensauffassung» sieht sie die Zukunft des «jungen deutschen Mädchens» und endet ihr Buch mit einem Ausspruch Hitlers auf der Sondertagung der NS-Frauenschaft vom September 1934. Nach 1935 verliert sich ihre Spur.

Veröffentlichungen. Klassische Bilder-Märchen. Berlin 1907; Klassische Bilder. Märchen von E. C. Berlin, Leipzig o. J. [[3]1908]; Die Psyche der weiblichen Jugend. In: Deutsche Blätter für erziehenden Unterricht 1905; Fontanes Frauengestalten. Berlin 1906, Langensalza [2]1931; Das Buch vom jungen Mädchen, Berlin, Leipzig o. J. [1907]; Das Tagebuch eines Fräulein Doktor, Berlin o. J. [1908]; Frau Schlicht. Roman. Berlin 1911; Prinzeß Erwachen. Roman. Berlin o. J. [1918]; Die Psyche der weiblichen Jugend, Langensalza 1932, 6. und letzte Auflage Langensalza 1935; Der Herr Handelskammer-Syndikus. Dresden 1926; Die Frauenseele in den Übergangsjahren. Berlin 1928; Eduard Spranger. Persönlichkeit und Werk. Berlin 1933

Literatur. Barbara Hahn: Die Jüdin Pallas Athene. Ortsbestimmungen im 19. und 20. Jahrhundert. In: Jutta Dick, Barbara Hahn (Hg.): Von einer Welt in die andere. Jüdinnen im 19. und 20. Jahrhundert. Wien 1993, S. 9–28.

Barbara Hahn

Dehmel, Paula **Kinderbuchautorin**

31. 10. 1862, Berlin – 9. 7. 1918, Berlin
Vater: Julius Oppenheimer,
Prediger der jüdischen Reformgemeinde
Berlin; Mutter: geb. Davidson

Paula Dehmel wächst in einem liberalen Elternhaus auf. Der Geist des aus Niedersachsen stammenden Vaters, eines «ehrlichen deutschen Patrioten» (Oppenheimer 1931), prägt die vier Geschwister ebenso wie die Liebe der sprachbegabten Mutter zu Kant und Schiller. «Das ganze Haus stand durchaus im Zeichen Kants», schreibt der Bruder Franz Oppenheimer, «Selbstvertrauen der Vernunft auf der einen, Glauben an den kategorischen Imperativ auf der anderen Seite; vor diesem inneren

Reichtum galt der äußere nichts.» (Ebenda, S. 36) Von Paula, einer eifrigen Schülerin, schnappt der um ein Jahr jüngere Bruder frühzeitig manche Schulweisheit auf. Die Geschwister bleiben lebenslang eng verbunden. Durch Franz lernt Paula den Dichter Richard Dehmel, damals noch verbummelter Student, kennen. Um Paula heiraten zu können, promoviert Dehmel 1887 in Nationalökonomie. Nach der Heirat 1889 leben die beiden in Berlin, wo Dehmel als Feuerversicherungssekretär arbeitet. Er schreibt rückblickend über die Begegnung mit Paula Dehmel, sie habe «ihn doch erst zum Menschen gemacht» (Brief vom 8. 7. 1899). Ihr ist sein erstes Werk «Erlösungen» (Berlin 1891) gewidmet. Sie schreiben gemeinsam das Kinderbuch «Fitzebutze» (Leipzig 1900). Die Ehe wird jedoch schon bald problematisch. Seine Liebe zu → Hedwig Lachmann möchte Dehmel in einer «Ehe zu dritt» leben, was Hedwig Lachmann ablehnt. 1895 lernt Dehmel seine spätere zweite Frau, Ida Auerbach, geb. Coblenzer, kennen. Die Ehe mit Paula wird nach schweren seelischen Kämpfen 1899 geschieden. Paula Dehmel schreibt weiterhin Kinder- und Bilderbücher.

Veröffentlichungen. Guten Morgen, Rumpumpel. Köln 1903; Auf der bunten Wiese. Leipzig 1912; Das liebe Nest. Gesammelte Kindergeschichten. Hg. von Richard Dehmel. Leipzig 1919; Singinens Geschichten. Leipzig 1921

Literatur. Franz Oppenheimer: Erlebtes, Erstrebtes, Erreichtes. Berlin 1931; Julius Bab: Richard Dehmel. Berlin 1926; Harry Slochower: Richard Dehmel. Dresden 1928; Richard Dehmel. Briefe, 2 Bde. Berlin 1923

Hanna Delf

Deutsch, Helene **Ärztin und Psychoanalytikerin**

9. 10. 1884, Przemyśl/Polen –
29. 4. 1982, Cambridge/Massachusetts
Vater: Wilhelm Rosenbach, Rechtsanwalt, ?–1919;
Mutter: Regina, geb. Fass, 1855–1941

Als jüngste Tochter einer assimilierten jüdischen Familie wächst Helene Deutsch ohne religiöse Bindung an das Judentum auf Ihrem Wunsch, Abitur zu machen, steht die Familie indifferent gegenüber. Unterstützung findet sie hingegen bei dem polnisch-jüdischen Sozialisten Hermann Liebermann, mit dem sie von 1898 bis 1911 befreundet ist. Mit seiner Hilfe erkämpft sich Helene Deutsch 1907 ihr Abitur und beginnt in Wien das Medizinstudium. Finanziell auf sich selbst gestellt,

Helene Deutsch, 1967

setzt sie ihre psychiatrische Ausbildung für ein Jahr in München (1910) fort und heiratet, noch bevor sie das Studium 1912 mit der Promotion abschließt, den jüdischen Internisten Felix Deutsch. In der Psychiatrischen Universitätsklinik Wien von Julius Wagner von Jauregg arbeitet Helene Deutsch von 1912 bis 1918 zunächst als unbezahlte Assistentin und während des Ersten Weltkrieges als leitende Assistenzärztin der Frauenstation. Ihr wachsendes Interesse an der Psychoanalyse läßt sich mit der Arbeit in der Klinik nicht vereinbaren, so daß Helene Deutsch mit dem Beginn ihrer Analyse bei Sigmund Freud und ihrem Eintritt in die «Wiener Psychoanalytische Vereinigung» die Klinik verläßt. Neben der praktisch-therapeutischen Arbeit verbindet sich der Name Helene Deutsch wesentlich mit ihren theoretischen Beiträgen zur Psychologie der Frau. Als erste Leiterin (1924–35) des 1924 neu gegründeten Ausbildungsinstitutes der «Wiener Psychoanalytischen Gesellschaft» erhält sie eine herausragende Position innerhalb der psychoanalytischen Bewegung.

Gemeinsam mit ihrem 1917 geborenen Sohn Martin emigriert Helene Deutsch im September 1935, ihr Mann im Januar 1936, in die USA. In Boston arbeitet sie an der psychiatrischen Klinik des Massachusetts General Hospital und ist bis ins hohe Alter als Therapeutin und Ausbilderin tätig.

Quellen. Schlesinger Library for the History of Women in America; Radcliffe College, Cambridge/Massachusetts

Veröffentlichungen (Auswahl). Zur Psychologie der weiblichen Sexualfunktionen. Wien 1925; Psychoanalyse der Neurosen. Wien 1930; The Psychology of Women: A Psychoanalytic Interpretation, Bd. 1: Girlhood, Bd. 2: Motherhood. New York 1944/45, deutsch: Die Psychologie der Frau, 2 Bde. Bern 1948; Confrontations with Myself: An Epilogue. New York 1973, deutsch: Selbstkonfrontation. München 1975

Literatur (Auswahl). Josef Rattner: Helene Deutsch. In: Ders.: Klassiker der Tiefenpsychologie. München 1990, S. 250–268; Paul Roazen: Helene Deutsch: «Kartenklub Schwarze Katz». In: Ders.: Sigmund Freud und sein Kreis. Eine biographische Geschichte der Psychoanalyse. Bergisch Gladbach 1976, S. 441–457; Paul Roazen: Helene Deutsch. A Psychoanalyst's Life. New York 1985, deutsch: Freuds Liebling Helene Deutsch. Das Leben einer Psychoanalytikerin. München, Wien 1989; Inge Stephan: Die heimliche «Kollaborateurin»? Helene Deutsch (1884–1982). In: Dies.: Die Gründerinnen der Psychoanalyse. Eine Entmythologisierung Sigmund Freuds in zwölf Frauenporträts. Stuttgart 1992, S. 203–228

Christiane Humrich

Deutsch, Regine (Regina)

Frauenrechtlerin, Politikerin, Redakteurin, Schriftstellerin

1. 3. 1860, Berlin – ?

Regine Deutsch, geb. Lion, stammt aus einer Bankiersfamilie und ist mit einem Amtsrichter verheiratet. Während des Ersten Weltkrieges ist sie Vorsitzende des «Nationalen Frauendienstes» Wilmersdorf. Nach Kriegsende wird sie Mitglied der DDP, für die sie 1922 bis 1925 als Stadtverordnete in Berlin wirkt. Danach ist sie Bezirksverordnete im Bezirk Berlin-Wilmersdorf. Sie ist Vorstandsmitglied verschiedener Organisationen der DDP, des «Stadtverbandes Berliner Frauenvereine» sowie Mitglied verschiedener Deputationen und Ausschüsse des Bezirksamtes Wilmersdorf. Zentrales Thema ihres politischen Engagements ist die Frauenfrage: In ihren Publikationen «Die politische Tat der Frau» und «Parlamentarische Frauenarbeit», Teil I und II, dokumentiert sie das Wirken der weiblichen Abgeordneten in der Nationalversammlung und den Reichstagen von 1919 bis 1928. Viele Jahre ist sie Redakteurin der Zeitschrift «Ernstes Wollen», die sich später «Deutsche Kultur» nennt. In den spärlichen biographischen Notizen über sie, darunter auch in dem antisemitischen «Sigilla Veri. Lexikon der Juden-Genossen ...» (Hg. von Erich Ekkehard, Erfurt ²1929), findet sich der Hinweis, daß sie in der «Sozialpolitischen Vereinigung» u. a. mit Paul Nathan, Oskar Cassel und Hans Ullstein zusammenarbeitet und ständige Mitarbeiterin des Kulturpolitikers H. Driesmans ist. Regine Deutsch ist Inhaberin des Ehrenzeichens für Kriegsarbeit.

Veröffentlichungen. Die Frau im neuen Deutschland. In: Schaffen und Schauen. Leipzig o. J.; Die politische Tat der Frau. Aus der Nationalversammlung. Gotha 1920; Parlamentarische Frauenarbeit. 2. Aufl. mit Nachtrag, Gotha, Stuttgart 1924; Parlamentarische Frauenarbeit II. Aus den Reichstagen von 1924–1928. Berlin 1928; Fünfundzwanzig Jahre Weltbund für Frauenstimmrecht 1904 bis 1929. Berlin 1929; (Mithg.:) Moritz v. Egidy, sein Wollen und Wirken. 1900

Literatur. Reichshandbuch der deutschen Gesellschaft, Bd. 1, 1930, S. 398; Salomon Wininger: Große Jüdische National-Biographie, 6. Bd., Nachtrag, S. 540

Monika Hübsch-Faust

Deutschkron, Inge **Journalistin**

1922, Finsterwalde
Vater: Martin Deutschkron, 1893–1982, Lehrer;
Mutter: Ella Deutschkron, 1892–1971

Inge Deutschkron wächst in einem assimilierten, sozialdemokratischen Elternhaus in Berlin auf. Hier besucht sie eine weltliche, das heißt nichtjüdische Schule. Wie sie in ihrer Autobiographie «Ich trug den Gelben Stern» berichtet, wird ihr die Tatsache, daß sie Jüdin ist, erst durch die Judenverfolgungen unter den Nationalsozialisten bewußt. Sie erlebt, wie ihr Vater als Lehrer und Sozialdemokrat sowie Freunde der Familie von den Nazis mit Berufsverboten belegt werden und massiven Verfolgungen ausgesetzt sind. Während ihr Vater 1939 nach England emigrieren kann, scheitern mit dem Überfall der Deutschen auf Polen die Pläne, Frau und Tochter nachkommen zu lassen. Inge Deutschkron und ihre Mutter verbringen die Kriegsjahre in Berlin, sie überleben in den Jahren 1943 bis 1945 in der Illegalität des Berliner Untergrunds.
Nach Kriegsende wird sie Sekretärin in der Zentralverwaltung für

Inge Deutschkron.
Foto: Stefanie Herken, Berlin

Volksbildung in Berlin. 1946 reist sie zum Vater nach England und beginnt dort ein Sprachstudium, das sie schließlich aus finanziellen Gründen abbricht, um eine Tätigkeit als Sekretärin im Büro der «Sozialistischen Internationale» in London aufzunehmen. Sie reist nach Indien, Burma, Nepal und Israel und kehrt 1955 nach Deutschland zurück, «um den Menschen, die mir das Leben gerettet hatten, beim Aufbau einer demokratischen Ordnung zu helfen» (Deutschkron 1978, S. 195). Seitdem wirkt sie als Journalistin, wird 1958 Korrespondentin der israelischen Zeitung «Maariv» in Bonn und schließlich 1960 deren Deutschlandkorrespondentin. Nachdem sie erkennt, daß restaurative Tendenzen, die mangelnde, oder besser fehlende Auseinandersetzung mit der nationalsozialistischen Vergangenheit die bundesrepublikanische Gesellschaft bestimmen (diesen Tatbestand analysiert sie u. a. auch in ihrem Buch «Israel und die Deutschen»), und sie wiederum den Antisemitismus persönlich erfährt, nimmt sie 1966 die israelische Staatsangehörigkeit an und ist seit 1972 in der Redaktion von «Maariv» in Tel Aviv tätig

Mit ihrem heutigen Leben zwischen Berlin und Tel Aviv aktualisiert sie die Erfahrung und Problematik einer säkularisierten deutsch-jüdischen Existenz.

Ihre Lebens- und Leidensgeschichte unter dem Nationalsozialismus, veröffentlicht unter dem Titel «Ich trug den Gelben Stern», diente dem Berliner Grips-Theater als Vorlage für die Inszenierung des Theaterstücks «Ab heute heißt Du Sara».

Veröffentlichungen (Auswahl). Ich trug den Gelben Stern. Köln 1978; Denn ihrer war die Hölle. Kinder in Gettos und Lagern. Köln 1979; Berliner Judentum im Untergrund. Informationszentrum Gedenk- und Bildungsstätte Stauffenbergstr. Berlin ²1982; Israel und die Deutschen. Das besondere Verhältnis. Köln 1983; Milch ohne Honig. Leben in Israel. Köln 1988

Literatur. Zeitungsausschnittsammlung der Bibliotheken der Stadt Dortmund, Inge Deutschkron, Nr. 4007. Die Dokumentation «Wort» des WDR-Hörfunks hat ein 48-Minuten-Gespräch mit Inge Deutschkron, das am 10. 8. 1980 ausgestrahlt wurde, archiviert (Dok. 2148)

Monika Hübsch-Faust

Dohm, Marianne Adelaide Hedwig

Schriftstellerin und Feministin

20. 9. 1831, Berlin – 4. 6. 1919, Berlin
Vater: Echanan Cohen Schlesinger, 1798–?, 1817 getauft auf den Namen Gustav Adolph Gotthold Schlesinger (seit 1851 Schleh), Tabakfabrikant;
Mutter: Wilhelmine Henriette, geb. Jülich, 1809–?

Hedwig Dohm zählt zu den wenigen Frauenrechtlerinnen des 19. Jahrhunderts, die mit den Vorstellungen ihrer Zeit radikal brechen konnten. Diese innere Freiheit gewann sie bereits in ihrer Jugend: «Frei von allen Voreingenommenheiten, von irgendwelchen Familientraditionen» (Dohm 1912/1980, S. 68) wächst sie in einer Familie auf, in der bereits gesellschaftliche Normen mißachtet werden. So heiraten die Eltern erst 1838, nach dem Tod Liebermann Marcus Schlesingers, der sich zu Lebzeiten der Verbindung seines Sohnes mit einer nichtehelich geborenen Nichtjüdin widersetzte. Bei der Eheschließung sind bereits neun Kinder zu versorgen, weitere neun folgen. Als erstes «Ammenkind» findet Hedwig Dohm bei der robusten Mutter keine Wärme und wächst in der wilden Kinderschar zu einer überaus scheuen, zarten Frau heran. Sie flüchtet in eine Traumwelt, unfähig, ihren eigenen Willen zu entwickeln. Die geistige Enge des Elternhauses, die höhere Töchterschule, in der für Knabenschulen unbrauchbare Lehrer unterrichten, und ihre planlose Lesewut macht sie für ihre – wie sie meint – «Unbildung» verantwortlich. Nach einem halbjährigen Aufenthalt bei ihrem ältesten Bruder, der als Tabakfabrikant in Spanien lebt, und der stupiden Vorbereitung auf das Lehrerinnenexamen heiratet sie 1853 Ernst Dohm, den Chefredakteur des Satire-Magazins «Kladderadatsch». In ihrem Heim lernt sie an der Seite des weltläufigen Lebemannes die gesellschaftliche Elite Berlins kennen, hält sich jedoch so sehr im Hintergrund, daß sie Besuchern allenfalls als fremdartige Schönheit auffällt. Während ihrer fünf Schwangerschaften beginnt sie, um sich von quälenden Schmerzen abzulenken, spanische Verse ins Deutsche zu übersetzen. 1865 bis 1867 verfaßt sie an Stelle des beruflich überlasteten Mannes das über 600 Seiten starke Werk «Die spanische National-Literatur in ihrer geschichtlichen Entwicklung». 1869 bricht das Dohmsche Familienleben vorübergehend auseinander. Ernst Dohm, den seine vertrauensselige Gutmütigkeit und sein Hang zum Glücksspiel wiederholt in finanzielle Schwierigkeiten bringen, zieht sich nach Weimar zurück; die Kinder werden in einem Pensionat und bei Verwandten untergebracht. Hedwig Dohm gewinnt bei ihrer Schwester, der in Rom lebenden Malerin Anna Schleh, inneren Abstand. Als sich die Familie im darauffolgenden Jahr in Berlin erneut konsolidiert, findet ihr Protest gegen die dominierende Männerwelt in einer Serie feministischer Streitschriften Ausdruck, so in «Was die Pastoren von den Frauen denken» (1872), «Der Jesuitismus im Hausstande» (1873), «Die wissenschaftliche Emancipation der Frau» (1874) und «Der Frauen Natur und Recht» (1876). Mit ihrer harschen Kritik am bornierten Hausfrauentum, ihrem Plädoyer für das Frauenwahlrecht, für Frauenbildung und Frauenstudium, für qualifizierte weibliche Berufstätigkeit und bewußte Familienplanung übertrifft sie die Forderungen der zeitgenössischen Frauenbewegung bei weitem. Erst nach dem Tode Ernst Dohms entstehen ihre erzählerischen und autobiographischen Werke. In der Trilogie «Schicksale einer Seele» (1899), «Sibilla Dalmar» (1896) und «Christa Ruland» (1902) zeichnet sie – inspiriert vom Lebensweg ihrer Töchter und Enkelinnen – den Aufbruch von Frauen in Lebenswelten, die ihr noch verschlossen sind. Artikel aus ihren letzten Lebensjahren, die sie in Berlin-Wannsee, in der Villa ihres Schwiegersohnes Hermann Rosenberg verlebt, zeugen von ihrem ungebrochenen kritischen Geist, der sie bis zu ihrem Tode im Alter von nahezu 88 Jahren nicht verließ.

Quellen. Hedwig Dohm vernichtete in ihren letzten Lebensjahren ihren Nachlaß. So sind nur in verschiedenen Bibliotheken einzelne Autographen erhalten.
Veröffentlichungen. Was die Pastoren von den Frauen denken. Berlin 1872. Neudruck mit einem Vorwort von Berta Rahm. Zürich 1977; Die wissenschaftliche Emancipation der Frau. Berlin 1874, Neudruck in: Hedwig Dohm: Emanzipation. Vor- und Nachwort von Berta Rahm. Zürich ^{2}1982; Schicksale einer Seele. Roman. Berlin 1899, Neudruck mit einem Nachwort von Ruth-Ellen Boetcher Joeres. München 1988; Die Antifeministen. Ein Buch der Verteidigung. Berlin 1902, neu hg. von Arno Widmann. Frankfurt a. M. 1976; Erinnerungen und weitere Schriften von und über Hedwig Dohm. Gesammelt und Vorwort von Berta Rahm. Zürich Verlag 1980 (enthält u. a. «Kindheitserinnerungen einer alten Berlinerin», 1912)
Literatur. Julia Meißner: Mehr Stolz, Ihr Frauen! Hedwig Dohm – eine Biographie. Düsseldorf 1987 (Geschichtsdidaktik: Studien, Materialien, Bd. 49); Heike Brandt: «Die Menschenrechte haben kein Geschlecht». Die Lebensgeschichte der Hedwig Dohm. Weinheim, Basel 1989; Maya Fassmann: Jüdinnen in der deutschen Frauenbewegung 1865–1919. Hildesheim 1994 (Wissenschaftliche Abhandlungen des Salomon Ludwig Steinheim-Instituts, Bd. 6)

Maya Fassmann

Domeier, Lucie **Schriftstellerin**

um 1767, Breslau –
nach Oktober 1833, London

Als junge Frau führt Lucie Domeier, geb. Esther Gad, wahrscheinlich ein traditionelles jüdisches Leben, heiratet einen Kaufmann Bernard und bekommt zwei Kinder: um 1791 den Sohn Jonas, um 1795 die Tochter Jeanette. Doch bald finden wir ihre Spuren in der Welt gebildeter Frauen, Schriftsteller und Philosophen. 1796 trifft sie Rahel Levin (→ Rahel Varnhagen) in Töplitz, mit der sie bis 1826 korrespondiert. 1797 lernt sie Jean Paul kennen, mit dem sie einen erst 1990 erschienenen, recht einseitigen Briefwechsel führt: «Wer einen Schriftsteller liebt, liebt immer ohne Gegenliebe», schreibt sie ihm (Hahn 1990, S. 26). 1800 zieht sie nach Berlin, wo sie einen verlorengegangenen Roman, «Die Geschwister», schreibt und ein reges geselliges Leben führt: Sie empfängt bei sich, verkehrt in der «Mittwochsgesellschaft», trifft häufig → Henriette Herz, mit der sie eine verlorengegangene Korrespondenz beginnt. Nach vergeblichen Publikationsbemühungen verläßt sie Preußen 1801, geht nach England und heiratet dort den Arzt Wilhelm Domeier, mit dem sie 1804 einen Sohn

August bekommt. In kürzester Zeit erscheinen mehrere Bücher: zwei Sammlungen mit Reisebriefen über England und Portugal sowie eine Sammlung von Geschichten, Essays und Gedichten (Gesammelte Blätter, I. Theil), in denen sie mehrfach die Schwierigkeiten weiblicher Autorschaft reflektiert. 1814 erscheint ihr wichtigstes Buch, eine Kritik an Germaine de Staëls «De l'Allemagne» auf deutsch, das im Jahr zuvor ebenfalls anonym bereits auf englisch herausgekommen war. In der Vorrede heißt es ironisch: «Auch ist es mir bei dieser kleinen Schrift gelungen, meinen Nahmen und mein Geschlecht zu verhehlen. Mich dünkt, das Urtheil der Leser ist unbefangener, und folglich unpartheischer, wenn ihnen beide unbekannt sind. Man hat mir die Ehre erzeigt, sie für das Werk eines Mannes zu halten.» (Kritische Auseinandersetzungen, S. IX f.) Aus der Perspektive einer «deutschen Frau» collagiert Lucie Domeier Passagen aus Staëls Buch und konfrontiert diese mit sehr präzisen kritischen Einwänden. 1821 reist sie noch einmal nach Deutschland und sieht Rahel Varnhagen wieder.

Quellen. Sammlung Varnhagen, Biblioteka Jagiellonska, Krakau
Veröffentlichungen. Einige Aeußerungen über Hrn. Kampe'ns Behauptungen, die weibliche Gelehrsamkeit betreffend. In: Der Kosmopolit 1798; Briefe während meines Aufenthalts in England und Portugal an einen Freund. Hamburg 1802; Neue Reise durch England und Portugal. In Briefen an einen Freund, II. Theil. Hamburg 1803; Gesammelte Blätter, I. Theil. Leipzig 1805; Kritische Auseinandersetzung mehrerer Stellen in dem Buche der Frau von Staël über Deutschland. Mit einer Zueignungsschrift an den Herrn Jean Paul Richter. Aus dem Englischen übersetzt von der Verfasserin des Originals. Hannover 1814; Leucadio Doblado [d. i. Joseph Blanco White]: Briefe aus Spanien. Aus dem Englischen übersetzt von E. L. Domeier, geb. Gad. Mit einem Briefe an den Dr. Tieck, Hamburg 1824; Barbara Hahn: Geliebtester Schriftsteller. Esther Gads Briefwechsel mit Jean Paul. In: Jahrbuch der Jean-Paul-Gesellschaft 25 (1990), S. 7–42
Literatur. Karin Rudert: Die Wiederentdeckung einer «Deutschen Wollstonecraft»: Esther Gad Bernard Domeier für Gleichberechtigung der Frauen und Juden. In: Quaderni, Dipartimento de Lingue e Lettere Straniere, Università di Lecce 10 (1988), S. 213–261. Barbara Hahn: Unter falschem Namen. Von der schwierigen Autorschaft der Frauen. Frankfurt a. M. 1991

Barbara Hahn

Domin, Hilde Schriftstellerin

27. 7. 1912, Köln

«Ich kam erst 1951 auf die Welt», schreibt Hilde Domin. Zu diesem Zeitpunkt – im Alter von 39 Jahren – beginnt sie unter dem Pseudonym, das sie noch heute führt, ihr literarisches Werk zu schreiben. Dieses als Wiedergeburt empfundene Ereignis reicht so weit, daß der ursprüngliche Name der Autorin nirgends mehr auftaucht, weder in ihren autobiographischen Schriften noch in der ihr gewidmeten Sekundärliteratur.

Hilde Domins Vater ist Rechtsanwalt, ihre Mutter ausgebildete Sängerin. Sie selbst studiert Jura, Wirtschaftswissenschaften, Soziologie und Philosophie. Von 1933 bis 1954 lebt sie im Exil: in Italien, England, der Dominikanischen Republik, mit zeitweiligem Aufenthalt in den USA. 1935 promoviert sie im Fach Politikwissenschaft an der Universität Florenz. 1936 heiratet sie den Archäologen Erwin Walter Palm, arbeitet als Übersetzerin, Sprachlehrerin, Fotografin und als Mitarbeiterin ihres Ehemannes. 1948 wird sie Dozentin für Deutsch an der Universität Santo Domingo. 1954 kehrt sie nach Deutschland zurück und veröffentlicht in den Folgejahren in Zeitungen und Zeitschriften. Im Herbst 1959 druckt der S. Fischer Verlag ihren ersten Gedichtband «Nur eine Rose als Stütze». Vom Beginn der sechziger Jahre an hält sie zahlreiche Lesungen und Vorträge in deutschen Städten und im Ausland. Walter Jens' Formulierung «Vollkommenheit im Einfachen» kennzeichnet die literarische Qualität der Lyrik Hilde Domins.

Zu den ihr verliehenen Auszeichnungen zählen u. a. der Ida-Dehmel-Preis (1968), der Droste-Preis der Stadt Meersburg (1971), die Heine-Plakette der Heinrich-Heine-Gesellschaft Düsseldorf (1972), der Rainer-Maria-Rilke-Preis für Lyrik 1976, das Bundesverdienstkreuz 1. Klasse (1983), der Nelly-Sachs-Preis der Stadt Dortmund 1983. Als die Stadt Heidelberg 1992 den alle drei Jahre zu vergebenden Preis für «Literatur im Exil» ins Leben ruft, wird die erste Auszeichnung an Hilde Domin verliehen. In ihrem Werk spiegelt sich das Exil als grundlegende Daseinserfahrung: «Unverlierbares Exil, du trägst es bei dir», schreibt die Dichterin. Ein Großteil ihrer Gedichte sind dem Thema des heimatlosen Flüchtlings gewidmet, der zu einer «lebenslänglichen Reise» verurteilt und gezwungenermaßen «stets unterwegs» ist. Das Motiv der Sehnsucht nach einem eigenen und dauerhaften Heim («Bau mir ein Haus» u.a.), ein autobiographisches Motiv, wie die

Hilde Domin.
Foto: Hans Piper, München

Autorin selbst bekennt, kehrt gleichsam als Zwangsvorstellung immer wieder und verdeutlicht so die Verbitterung darüber, daß bis zu ihrem Umzug nach Heidelberg im Februar 1961 zusammen mit ihrem Ehemann alle ihre Wohnungen nur «Fluchtwohnungen» sind. Auch ihre Liebesgedichte bringen das Streben nach einem behaglichen Zufluchtsort, die Unruhe der als «Fremde / von Insel / zu Insel» irrenden Flüchtlinge, die Angst vor dem «Schiffe-Verbrennen», also vor der Unmöglichkeit des Zurückkehrens, zum Ausdruck. Das lyrische Schaffen in der Muttersprache gewinnt für Hilde Domin die Bedeutung eines ersten Schrittes zur Heimkehr aus der Emigration, die – ihren eigenen Worten nach – «das größte Erlebnis meines Lebens» ist.

Die von diesem Ereignis hervorgerufenen Gefühle der Begeisterung finden ihr Abbild in dem Roman «Das zweite Paradies», dessen erste Fassung 1961 fertiggestellt wird. 1968, als der Roman dann im Druck erscheint, fügt die Verfasserin – als Ausdruck ihrer Enttäuschung und Besorgnis angesichts des Wiederaufflammens antisemitischer Äußerungen in Deutschland – eine Reihe von Zitaten aus dem «Spiegel» über das Anwachsen des Neonazismus hinzu.
Aus den schmerzhaften Erfahrungen des Exils schöpft die Dichterin Hoffnung auf einen Neuanfang. Einen Neuanfang mit Anspruch und Würde, für den Hilde Domin in ihren Büchern und bei ihren Auftritten in der Öffentlichkeit plädiert.
Denn der Mensch ist für sie ein Tier, «das Gedichte schreibt», und gleichzeitig ein «Tier, das Zivilcourage hat».

Veröffentlichungen (Auswahl). Das Gedicht als Augenblick von Freiheit. München 1988; Gesammelte autobiographische Schriften. München 1992
Literatur (Auswahl). Heimkehr ins Wort. Materialien zu Hilde Domin. Frankfurt a. M. 1982; Ilka Scheidgen: «Ich trau' mich zu lieben». Begegnung mit Hilde Domin. In: Der Literat 32 (1990), S. 74–76; Walter Hinck: Fluchtwohnungen – Zufluchtswohnungen: Zur Lyrik Hilde Domins. In: Architectura poetica. Festschrift für Johannes Rathofer zum 65. Geburtstag. Hg. von Ulrich Ernst und Bernhard Sowinski Köln u. a. 1990 (Kölner germanistische Studien 30)

Avram Andrei Baleanu
(Deutsch von Hans Joachim Kemper)

Edinger, Dora **Pädagogin, Publizistin, Bibliothekarin**

15. 4. 1890, Berlin –
13. 11. 1977, New York
Vater: Martin Meyer

Dora Edinger ist vor allem als Mitarbeiterin, Biographin und Herausgeberin ausgewählter Schriften und Briefe von → Bertha Pappenheim bekannt geworden. Sie hat sich jedoch darüber hinaus vielfältig in der Erwachsenenbildung und publizistisch betätigt. In Heidelberg promoviert sie vor 1918 zum Dr. phil. und setzt ihre Studien später an den Universitäten von München, Frankfurt a. M. und am Russischen Institut der Columbia University in New York fort. Von 1918 an ist sie bis zu ihrer Emigration 1936 – unterbrochen durch zahlreiche kleinere und größere Auslandsreisen – insbesondere in der Bildungsarbeit mit jüdischen Frauen aktiv, gehört zu den Vorstandsmitgliedern der «Gesellschaft für jüdische Volksbildung» in Frankfurt a. M. und leitet Arbeitsgemeinschaften für die Beamtinnen im Mädchenheim von Bertha Pappenheim in Neu-Isenburg. 1934 hält sie bei einer vom «Jüdischen Frauenbund» und der von Martin Buber gegründeten «Mittelstelle für Erwachsenenbildung» veranstalteten «Lernzeit» in Bad Nauheim einen Vortrag über «Persönlichkeitsbildung». Von 1928 bis 1936 gibt sie die «Zeitschrift des Schwesternbundes der Loge B'nai Brith» heraus, in der sie ebenso wie in den «Blättern des Jüdischen Frauenbundes» eine Reihe von Beiträgen zu Fragen der Bildungs- und Sozialarbeit veröffentlicht.

Aus ihrer Ehe mit Friedrich Edinger gehen zwei Söhne hervor, der am 1. Februar 1922 in Frankfurt a. M. geborene Lewis Joachim, der in den USA ein erfolgreicher Politikwissenschaftler wird und sich insbesondere mit dem sozialdemokratischen Exil beschäftigt, und Wolfgang, der 1950 mit 35 Jahren in Jerusalem, wo er als Buchhändler lebt, einer tückischen Krankheit zum Opfer fällt. 1936 emigriert sie mit ihrem Sohn «Lujo» (Lewis Joachim) in die USA, wo sie, wie auch andere jüdische Flüchtlinge aus Hitlerdeutschland, zunächst im berühmten New Yorker Henry Street Settlement der Helen Hall Aufnahme findet. Dorthin berichtet sie ihre ersten bewegten Eindrücke aus dem zerstörten Nachkriegsdeutschland, in das sie bereits 1945 im Auftrag der Flüchtlings-Hilfsorganisation UNRRA fährt.

Neben ihrer ausgedehnten schriftstellerischen und wissenschaftlichen Arbeit ist Dora Edinger in den USA als Bibliothekarin zuerst am Hunter College in New York, dann als Leiterin der Silverstein Library in Chicago tätig. 1952 wird sie von der Schulverwaltung des Landes Bremen aufgefordert, ein Geschichtsbuch zu schreiben. 1953 bis 1955 erscheinen auch in den Blättern des «Pestalozzi-Fröbel-Verbandes» einige Aufsätze von ihr, darunter ein Bericht über die Entwicklung des

Kindergartens in den USA. Sie treibt u. a. intensive Studien zur Geschichte des Spielzeugs und setzt sich über einen längeren Zeitraum hinweg nachdrücklich für eine angemessene Würdigung von Bertha Pappenheims Leben und Werk ein, was jedoch auf nicht geringe Schwierigkeiten stößt.

Quellen. Teilnachlaß Jüdisches Museum, Frankfurt a. M.; Archives of Social Work, Bestände Henry Street Settlement/Helen Hall, Minneapolis, Universität von Minnesota, USA

Veröffentlichungen. The Jewish Year as Portrayed by Examples from Jewish Literature. New York 1937; Searchlight on Peace Plans. New York 1944; Dorothy Canfield. In: F. Zweig. Güte, Wissen, Verstehen. Drei Lebensbilder großer amerikanischer Erzieher. Esslingen 1950; (Hg.:) Bertha Pappenheim: Leben und Schriften. Frankfurt a. M. 1963; zahlreiche Aufsätze in amerikanischen und deutschen Zeitschriften sowie Beiträge zur deutschen Biographie und Geschichte in «New Century Encyclopaedia of Names», New York

Literatur. Marion Kaplan: Die jüdische Frauenbewegung in Deutschland. Hamburg 1981

Hildegard Feidel-Mertz

Ehre, Ida

Schauspielerin, Regisseurin, Intendantin der Hamburger Kammerspiele

9. 7. 1900, Prerau/Mähren –
16. 2. 1989, Hamburg
Vater: Samuel Ehre, Oberkantor in Prerau; Mutter: Bertha Ehre, Näherin

Ida Ehre wächst in Wien auf; nach dem frühen Tod des Vaters vermag die Mutter hier ihren sechs Kindern mit dem Verkauf von selbstgenähten Kleidungsstücken ein bescheidenes Auskommen zu schaffen. Die junge Ida kommt als Sekretärin und Begleiterin zu der Hofschauspielerin Auguste Wilbrandt-Baudius, die ihre schauspielerische Begabung erkennt und fördert. 1916 erhält sie ein Stipendium für die k. u. k. Akademie für Musik und Darstellende Kunst. Das erste Engagement als Sentimentale und jugendliche Liebhaberin führt sie 1918 ins schlesische Bielitz; sie debütiert hier in der Titelrolle von Goethes «Iphigenie auf Tauris». Weitere Stationen sind das Deutsche Theater in Czernowitz/Bukowina, Bukarest, Cottbus, Bonn, Königsberg, Stuttgart und Mannheim. Ida Ehre wird es später immer wieder als vorteilhaft erach-

Ida Ehre als Gräfin Athalie de Villars-Brancas in «Gesellschaft im Herbst» von Tankred Dorst, Hamburger Kammerspiele 1961. Foto: Brigitte Schilmann, Hamburg

ten, daß sie sich während ihrer Lehr- und Wanderjahre sorgfältig das schauspielerische Handwerk erarbeiten konnte und ihr die Chance gegeben wurde, in den Provinztheatern Hauptrollen zu spielen. 1928 heiratet Ida Ehre den Arzt Dr. Bernhard Heyde. 1931 zeichnet sich mit dem Engagement an das Berliner Lessing-Theater der Beginn einer großen Karriere ab. Sie spielt auch an anderen Berliner Bühnen und arbeitet für den Funk. 1933 wird ihr eine erste Filmrolle angeboten. Die Machtübernahme durch die Nationalsozialisten beendet eine vielversprechende Laufbahn. Nach ihrer Entlassung in Berlin kehrt Ida Ehre zunächst nach Wien zurück; später hilft sie ihrem Mann beim Aufbau einer Arztpraxis in Böblingen bei Stuttgart. Erst nach dem Novemberpogrom 1938 bemüht sich das Ehepaar um die Emigration aus Deutschland. Als die Visa für Chile eingetroffen sind und sich Ida Ehre mit ihrem Mann und der Tochter Ruth schon in Hamburg eingeschifft hat, wird die Familie vom Kriegsbeginn überrascht und muß in die Hansestadt zurückkehren. Die Schauspielerin überlebt hier die Kriegsjahre unter schwierigsten Umständen, nur unzureichend geschützt durch ihren Status als Partnerin in einer sog. privilegierten Mischehe. Aufgrund einer Denunziation wird Ida Ehre 1943 für einige Wochen im Gefängnis Fuhlsbüttel inhaftiert. Die Intervention ihres Mannes rettet sie vor der Deportation und der Ermordung im KZ, einem Schicksal, dem ihre Mutter und die Schwester Ottilie nicht entkommen können. Die Konfrontation mit Angst, Leid und Tod während der Internierung in Fuhlsbüttel und das Erlebnis ihrer Befreiung prägen Ida Ehre tief. Aus dieser Erfahrung kommt die Kraft, gleich nach Kriegsende ein «Theater der Menschlichkeit», ein «Theater des guten Willens» aufzubauen, das den Grundgedanken des Zukunftsoptimismus und des versöhnlichen Dialogs verpflichtet ist. Am 10. Dezember 1945 werden die Hamburger Kammerspiele mit Robert Ardreys Stück «Leuchtfeuer» eröffnet. Das Theater knüpft an die glanzvolle Zeit der von Erich Ziegel und Mirjam Horwitz geleiteten alten Kammerspiele an. Bald etabliert sich die neue Bühne in der Hartungstraße, im früheren jüdischen Logenheim, wo auch der «Jüdische Kulturbund» Hamburgs nach 1933 für kurze Zeit eine Bleibe gefunden hat. Es ist das innovative Verdienst der Hamburger Kammerspiele, die von Ida Ehre mit viel Autorität, Begeisterung und Improvisationstalent geleitet werden, im Jahrzehnt nach 1945 dem deutschen Publikum die Werke amerikanischer, französischer und englischer Dramatiker, die während der NS-Herrschaft verboten waren, nahezubringen: Jean

Anouilh, Jean-Paul Sartre, Jean Giraudoux, Thornton Wilder, Tennessee Williams, William Saroyan, Arthur Miller, John Osborne, T. S. Eliot. Unterstützt wird Ida Ehre in ihren Bemühungen von dem Theateroffizier der Briten in Hamburg, John Olden (später der Ehemann von Inge Meysel), der ihr die Stücke zugänglich machte. Die Intendantin widmet aber auch der neuen deutschsprachigen Dramatik – Friedrich Dürrenmatt, Max Frisch und Wolfgang Borchert – große Aufmerksamkeit. Die Uraufführung von Wolfgang Borcherts «Draußen vor der Tür» mit Hans Quest in der Hauptrolle am 21. November 1947 ist ein denkwürdiges Ereignis. Neben dem Repertoire einer Experimentierbühne kommen auch moderne und traditionelle Klassiker zur Aufführung. Als Königin Hekuba in «Die Troerinnen» von Euripides/Werfel feiert die Schauspielerin Triumphe. Ida Ehre gelingt es, erstklassige Theaterleute an sich zu binden: Wolfgang Liebeneiner, Helmut Käutner, Hilde Krahl, Grethe Weiser, Ulrich Erfurth, Günther Rennert, Eberhard Fechner, Werner Hinz, Edda Seippel, Axel von Ambesser u. v. a. Erich Rohlffs ist ihr langjähriger kaufmännischer Direktor. Mit Geschick steuert Ida Ehre ihr Theater mehr als vierzig Jahre lang durch alle Krisen und etabliert es als Hamburger Institution. 1985 wird sie zur Ehrenbürgerin der Hansestadt ernannt.
Der Intendant Stephan Barbarino versucht heute, mit einem reichhaltigen Repertoire das Überleben der Kammerspiele zu sichern.

Quellen. Universität Hamburg, Zentrum für Theaterforschung/Hamburger Theatersammlung (Programmhefte, Kritiken, Fotos)

Veröffentlichung. Gott hat einen größeren Kopf, mein Kind ... Reinbek bei Hamburg 1991

Literatur. Mutter Courage und ihr Theater. Ida Ehre und die Hamburger Kammerspiele. Zusammengestellt und hg. von Rolf Italiaander. Hamburg 1965; Inge Volk: Ein Leben vor dem Theaterkarren: Ida Ehre. In: Paul Barz (Hg.): Wo die Musen frieren. Heide 1987; Theaterstadt Hamburg. Schauspiel, Oper, Tanz. Geschichte und Gegenwart. Hg. vom Zentrum für Theaterforschung an der Universität Hamburg. Reinbek bei Hamburg 1989; Erich Lüth: Die zehn dramatischen Jahre. Programmheft Nr. 4 der Spielzeit der Kammerspiele 1955–56; Jüdische Portraits. Photographien und Interviews von Herlinde Koelbl. Frankfurt a. M. 1989, S. 53–55; Barbara Müller-Wesemann: «Mit der Freude zieht der Schmerz treulich durch die Zeiten». Die jüdische Kulturgeschichte des Hauses Hartungstraße 9–11. In: Die Juden in Hamburg 1590 bis 1990, Bd. 2. Hg. von Arno Herzig in Zusammenarbeit mit Saskia Rohde. Hamburg 1991, S. 323–332

Fernsehporträt. Mutter Courage und ihr Theater. Dokumentation über Ida Ehre, ZDF 1968

Elfi Pracht

Eisner, Lotte Henriette

Journalistin, Filmkritikerin, Filmhistorikerin, Kuratorin der Cinémathèque Française in Paris

5. 3. 1886, Berlin – 25. 11. 1983, Paris
Vater: Hugo Eisner, 1857–1924, Kaufmann, Besitzer der Tuchhandlung «Eisner und Ehrmann»;
Mutter: Margarethe Feodora, geb. Aron, 1866–1942 (KZ Theresienstadt)

Lotte H. Eisner, die einer in Berlin alteingesessenen assimilierten jüdischen Familie entstammt und sich selbst als «gottlose Protestantin» bezeichnet, verbringt eine behütete Kindheit im großbürgerlichen Milieu des Tiergarten-Viertels. Sie verläßt dann aber schnell die Wege, die ihr als «höherer Tochter» aus reichem Hause vorgezeichnet sind, studiert Kunstgeschichte, Alte Geschichte und Archäologie in Berlin, Freiburg, München und Rostock, mit dem Ziel, sich den Lebensunterhalt selbst zu verdienen. Ihre 1924 abgeschlossene Dissertation «Die Entwicklung der Bildkomposition auf griechischen Vasenbildern» zeigt schon ihr Talent für die Analyse visueller Dokumente. Es folgen erste journalistische Arbeiten für «Die literarische Welt» und das «Berliner Tageblatt». Seit 1927 ist sie Mitarbeiterin der Tageszeitung «Film-Kurier», im Frühjahr 1932 wird sie Umbruchredakteurin und Chefkritikerin bei diesem angesehenen Fachblatt. Hier beschreibt sie scharfsinnig den Niveauverlust des deutschen Films seit der Einführung des Tonfilms. Ihr Kampf gegen die Zensur, die in den letzten Jahren der Weimarer Republik überhand nimmt und zum Verbot politisch engagierter und sozialkritischer Filme führt, stärkt ihre politische Sensibilität. Mit ihren mutigen Artikeln provoziert sie schnell Angriffe von nationalsozialistischer Seite; der «Völkische Beobachter» droht ihr unmißverständlich: «Wenn Köpfe rollen, so wird auch dieser Kopf rollen.» Nach der Beschlagnahmung des «Film-Kuriers» durch die Nationalsozialisten flieht Lotte H. Eisner am 30. März 1933 nach Paris. Es folgen harte Jahre im französischen Exil, wo sie von den Franzosen oftmals als feindliche Ausländerin, von den alteingesessenen Juden als «Ostjüdin» diskriminiert wird. 1934 schließt sie die Bekanntschaft, die ihren weiteren Lebensweg bestimmen wird: Henri Langlois und

Georges Franju, zwei junge Cineasten, haben sich zusammengetan, um alte Stummfilme vor der Vernichtung zu bewahren und zu diesem Zweck eine Cinémathèque Française (CF) zu gründen, vergleichbar mit dem British Film Institute und der Amercan Film Library im Museum of Modern Art. 1940 wird Lotte H. Eisner in das Internierungslager Gurs deportiert, von wo sie jedoch nach einiger Zeit entkommen kann. Mit Hilfe ihres einflußreichen Schwagers Eugène van der Meersch gelingt es ihr, unterzutauchen und die Kriegszeit mit gefälschten Papieren unter dem Namen «Louise Escoffier» zu überleben. Sie schlägt sich mit Gelegenheitsjobs durch: In einem heruntergekommenen Schloß sichert sie ein Archiv alter Filme im Auftrag der CF, in einem Mädchenpensionat arbeitet sie als Köchin. 1945 kehrt sie nach Paris zurück. Der Aufbau der CF (1948 Einrichtung des Museums, 1972 Etablierung im Palais de Chaillot), die Sammlung, Sicherung und Präsentation bedeutender und gefährdeter Filme sowie die Pflege von Kontakten zu Filmschaffenden in aller Welt sind ihr Lebenswerk. Lotte H. Eisner kann sich jedoch zeit ihres Lebens nicht aus dem Schatten Henri Langlois', des Direktors der CF, befreien. Ihre wissenschaftliche Analyse des expressionistischen deutschen Stummfilms und ihre Biographien der Regisseure Fritz Lang und Friedrich Wilhelm Murnau

Lotte H. Eisner und Fritz Lang

sind Klassiker der Filmliteratur geblieben. Lotte H. Eisner hatte viel Verständnis für die Regisseure der französischen Nouvelle Vague und ermutigte insbesondere die jungen deutschen Filmemacher Werner Herzog, Volker Schlöndorff, Wim Wenders u. a., von deren Schaffen sie eine Erneuerung des deutschen Films erwartete. Kurz vor ihrem Tode 1983 zeichnet der französische Staat Lotte H. Eisner mit dem Kreuz der Ehrenlegion aus.

Journalistische Tätigkeit. Literarische Welt; Berliner Tageblatt; Film-Kurier; Le Monde; Nouvelles Littéraires; Revue de Cinéma; Cahiers de Cinéma

Veröffentlichungen. Die Entwicklung der Komposition auf griechischen Vasenbildern. Diss. Rostock 1924; Die dämonische Leinwand. Die Blütezeit des deutschen Films. Frankfurt a. M. 1980; Fritz Lang. London 1979; F. W. Murnau, der Klassiker des deutschen Films. Hannover 1967; Ich hatte einst ein schönes Vaterland. Memoiren, geschrieben von Martje Grohmann. Heidelberg 1984; Film, Rundfunk, Fernsehen. Frankfurt a. M. 1958

Elfi Pracht

Embden, Charlotte

ca. 1805, Düsseldorf –
14. 10. 1899, Hamburg
Vater: Samson Heine, 1764–1828, Kaufmann;
Mutter: Betty (Peira), geb. van Geldern

Heinrich Heines Schwester, das ist Charlotte Embden – und dies könnte beinahe als Berufsbezeichnung gelten. Charlotte Embden findet häufig Erwähnung in Heines Texten und Briefen, und nach seinem Tod ist sie als eine Art «Heinrich-Heine-Memorial» in die Literaturgeschichte eingegangen. Zu ihr wallfahrten Schriftsteller und Literaturhistoriker wie Gustav Karpeles; 1887 kommt sogar Kaiserin Elisabeth von Österreich zu ihr nach Hamburg zu Besuch. Charlotte Embden ist von Kind an enge Vertraute ihres Bruders; seine Jugendbriefe deuten auf eine zärtlich-erotische Bindung hin. Im Januar 1824 entsteht Heines Gedicht «Mein Kind wir waren Kinder», das an die gemeinsam erlebte Zeit in Düsseldorf erinnert. 1820, nach dem Bankrott des kranken Vaters, kommt Charlotte mit ihrer Mutter nach Hamburg und lebt ab 1823 ständig dort. Im Juni des Jahres findet die Hochzeit mit dem Makler Moritz Embden statt; aus der Ehe gehen vier Kinder hervor.
Zeugnis von Charlotte Embdens Leben geben ihre Briefe – leider sind

viele davon in den Hamburger Stadt-Bränden von 1833 und 1842 vernichtet worden –, in denen sie mit Witz und auch Derbheit Klatsch aus Hamburg und der Familie berichtet. In späteren Jahren führt sie häufig die Verhandlungen mit Heines Verleger Julius Campe und arbeitet ihrem Bruder zu, indem sie aus Hamburger Bibliotheken notwendige Bücher beschafft. 1855, im Jahr vor Heines Tod, sehen sich die Geschwister in Paris zum letztenmal. Charlotte Embdens Erinnerungen an den Bruder liegen als unveröffentlichtes Manuskript vor.

Quellen. Ernst Elster: Die Heine-Sammlung Strauß. Ein Verzeichnis. Marburg 1929, Privatdruck; Charlotte Embden: Erinnerungen an Heinrich Heine. Heinrich-Heine-Institut, Düsseldorf (unveröffentlichtes Manuskript); Sammlung Strauß, ebenda

Veröffentlichung. Berichtigung. Zuschrift an: Hamburgischer Korrespondent. Abend-Ausgabe, 167. Jg., Nr. 583, 14. 12. 1897, S. 5

Literatur. Alfred Bock: Charlotte Heine-Embden. In: Literarisches Echo, Jg. 2, 1899/1900, Sp. 287–288; ders.: Besuch bei Charlotte Heine-Embden am 12. Februar 1899. Persönliche Erinnerungen. In: Weser-Zeitung, 2. 3. 1925; Ludwig von Embden: Heinrich Heines Familienleben. Von seinem Neffen. Hamburg 1892; Gustav Karpeles: Heinrich Heines Schwester. In: Berliner Tageblatt, Okt. 1899; J. Loewenberg: Heines Lottchen. Erinnerungen an Charlotte Embden-Heine. In: Jugend 50, 9. Dezember 1899, S. 818–820; Maria della Rocca: Erinnerungen an Heinrich Heine. Von seiner Nichte Maria Embden-Heine, Principessa della Rocca. Hamburg 1881; dies.: Skizzen über Heinrich Heine. Von seiner Nichte Fürstin della Rocca. Wien, Pest, Leipzig 1882; Anna Sußmann-Ludwig: Bei der Schwester Heinrich Heines. In: Illustrierte Zeitung, Leipzig und Berlin, 20. 10. 1898, S. 509 f.; dies.: Heinrich Heines Schwester. Ein Gedenkblatt. In: Norddeutsche Allgemeine Zeitung, 18. 2. 1906 (unter: «Bunte Chronik»); Joseph A. Kruse: Heines Hamburger Zeit. Hamburg 1972 (Heine-Studien, hg. von Manfred Windfuhr)

Jutta Dick

Eschelbacher, Ernestine **Sozialfürsorgerin**

8. 7. 1858, Wertheim am Main –
5. 7. 1931, Berlin
Vater: Leopold Benario, 1821–1906, Kaufmann;
Mutter: Johanna, geb. Löb, 1828–1870

Ernestine Eschelbacher, ab 1917 im Vorstand des «Jüdischen Frauenbunds» (JFB), erkämpft sich diese leitende Position nicht als junge Frauenrechtlerin, sondern wächst gegen Ende ihres Lebens, das sie der Sozialpflege und Wohltätigkeit widmet, in diese Aufgabe hinein. Ernestine Benario und ihre dreizehn Geschwister verlieren früh die Mutter, die ihre Kinder in streng orthodoxem Glauben erzogen hat. Ihr soziales Engagement entwickelt sie bereits als Zwölfjährige, so versorgt sie z. B. während des Krieges 1870/71 verwundete Soldaten.

Am 26. März 1879 heiratet sie den Rabbiner Dr. Josef Eschelbacher (1848–1916), der in Bruchsal/Baden gerade seine erste Stelle antritt.

Dort bringt Ernestine Eschelbacher sechs Kinder zur Welt und betätigt sich – neben der Führung ihres großen Haushalts – seelsorgerisch in der Gemeinde ihres Mannes. Als dieser im Jahre 1900 nach Berlin berufen wird, eröffnet sich damit auch ihr, deren Kinder inzwischen herangewachsen sind, ein größerer Wirkungsbereich: Mit der Gründung einer Frühehekasse, dem Vorsitz in den Frauenvereinen «Judas Töchter» bzw. «Rachel» und der Mitarbeit im Vorstand der Jüdischen Gemeinde bewegt sie sich zunächst noch auf lokaler Ebene, die sie jedoch sukzessive ausdehnt, besonders nach dem Tod ihres Mannes. Als Vorsitzende des «Schwesternverbandes der Bnai-Brith-Loge» geht sie auf Vortragsreisen durch ganz Deutschland sowie ins Ausland und engagiert sich in der Frauengruppe des «Centralvereins deutscher Staatsbürger jüdischen Glaubens» (CV). 1917 wird sie schließlich in den Vorstand des JFB gewählt, wo sie sich, «fest auf dem Boden der [jüdischen] Tradition» stehend, vor allem mit religiösen Fragen befaßt. So heißt es in einem Nachruf: «Ihr reiches Wissen um jüdische Dinge gaben unserem Rat die Stütze und unserem Tun die Richtung zur Stellung der jüdischen Frau.» (BJFB, August 1932, S. 1)

Ihre Tochter, Bertha Marcus, führt nach ihrem Tode die von ihr bereits 1930 gegründete «Ernestine Eschelbacher-Stiftung zur Unterstützung jüdischer Mädchen und Frauen in der Berufsausbildung» fort.

Literatur: CV-Zeitung, 6. 7. 1928 (zum 70. Geburtstag von Max Eschelbacher); Blätter des Jüdischen Frauenbunds (BJFB), Juli 1928 (zum 70. Geburtstag); BJFB, August 1932 (Nachruf); Rahel Straus: Wir lebten in Deutschland. Stuttgart 1961; Joseph Walk: Kurzbiographien zur Geschichte der Juden 1918–1945. München 1988, S. 83

Bettina Kratz-Ritter

Eybenberg, Mariane von *1770, Berlin – 1812, Wien*

Ebenso wie ihre Schwester Sara Meyer, die spätere → Sophie von Grotthuß, läßt Mariane Eybenberg sich taufen und heiratet 1797 in heimlicher Ehe den Fürsten Heinrich XIV. Reuß. Den Namen «Eybenberg» bekommt sie nach dessen Tod. Sie zieht nach Wien. 1795 lernt sie Goethe in Karlsbad kennen, mit dem sie eine umfangreiche, nur teilweise gedruckte Korrespondenz unterhält; sie schreibt ihm von ihrer Loslösung vom Judentum, «dass ich zu den Töchtern Zions mich einst zählte» (Goethe-Jahrbuch, S. 33). Goethe schickt ihr u. a. die «Wahlverwandtschaften» im Manuskript zur Begutachtung und schreibt, «seit den letzten Kapiteln jenes Romans, die ich so geschwind zusammenschrieb, um Ihnen keinen fragmentarischen Eindruck zu hinterlassen, ist mir fast gar nichts gelungen.» Ihr literarischer Nachlaß, «Bildnisse oder Karakterschilderungen von Personen aus der Gesellschaft, deren Schärfe und Richtigkeit Bewunderung und Furcht erregte» (Karl August Varnhagen von Ense), ist verlorengegangen.

Quellen. Goethe-Schiller-Archiv, Weimar; Sammlung Varnhagen, Biblioteka Jagiellonska, Krakau

Veröffentlichungen. Einundzwanzig Briefe von Marianne von Eybenberg, acht von Sara von Grotthuss, zwanzig von Varnhagen von Ense an Goethe. In: Goethe-Jahrbuch XIV, 1893, S. 27–46; Goethe und Österreich. Briefe. Hg. von August Sander, 2 Bde., Weimar 1902–1904

Literatur. Karl August Varnhagen: Frau von Grotthuß und Frau von Eybenberg. In: Ders.: Gesammelte Schriften. Hg. von Ludmilla Assing, Bd. 18, Leipzig 1874, S. 75–81; Prince de Ligne: Lettres à Mme la Baronne de Grotthus. In: Annales Prince de Ligne, Tome XI (1930), S. 94–104; Barbara Hahn: Unter falschem Namen. Frankfurt a. M. 1991

Barbara Hahn

Fanta, Berta **Salonière**

1866, Libochowitz – 1918, Prag
Vater: Albert Sohr, Tuchhändler;
Mutter: Emilie Sohr, Tuchhändlerin

Die Geschichte Berta Fantas und die ihrer Schwester Ida Freund ist überliefert durch Tagebuchnotizen und die Aufzeichnungen ihrer Tochter Else Bergmann. Die Schwestern Berta und Ida wachsen in Libochowitz in einer Familie auf, in der die Geschichte, wie die Groß-

mutter das Familienvermögen mit ihrem Tuchhandel auf Märkten erworben hat, noch lebendig ist. Berta Fanta distanziert sich von dieser Tradition und entwickelt mit ihrer Schwester Ida ein schwärmerisches Verhältnis zu Literatur, Malerei und Musik; beide werden von englischen und französischen Gouvernanten erzogen. Da Berta Fanta keinesfalls auf dem Land leben will, kauft ihre Mutter für den Schwiegersohn, den Apotheker Max Fanta, in Prag am Altstädter Ring das Haus mit der Apotheke «Zum Einhorn». Diese wird bald zu einem Zentrum des Prager kulturellen Lebens. Gemeinsam mit ihrer Schwester Ida Freund, die mit einem Juristen verheiratet ist, veranstaltet Berta Fanta große Gesellschaften und Kostümbälle, auf denen u. a. «Goethes Maskenzüge» aufgeführt werden sowie von den Schwestern verfaßte Theaterstücke. Franz Kafka schreibt gemeinsam mit Oskar Pollak für eine Silvestergesellschaft ein Theaterstück. Gemeinsam unternehmen die Schwestern Reisen, u. a. regelmäßig zu den Kunstausstellungen im Münchener Glaspalast, und halten über ihre Erfahrungen und Erlebnisse Vorträge im «Verein Frauenfortschritt». All diese Aktivitäten sind eingebettet in die deutsch-liberalen Kreise Prags. Die jüdische Herkunft, ein unausgesprochenes Geheimnis, wird als hinderlich erlebt und in den Hintergrund geschoben.
Mit der Zeit entwickelt Berta Fanta philosophische Interessen. Durch das Erlebnis der Musik Richard Wagners wird sie zur begeisterten Nietzscheanerin, um schließlich als Externe an der Universität bei Anton Marty ein Philosophiestudium zu absolvieren. Zu dem Kreis um Marty gehören Hugo Bergmann, Max Brod, Felix Weltsch, Franz Kafka und Franz Werfel.
Wie Else Bergmann berichtet, kauft die Mutter Emilie Sohr für die Familien Fanta und Freund in Podbaba eine Villa, wo in der Folge Frühling und Sommerbeginn verbracht werden. Anfangs stößt die Anwesenheit der Familien auf Widerstand in der antisemitisch eingestellten Bevölkerung Podbabas, was sich aber ändert, als Berta Fanta und Ida Freund dort ein Netz von Wohlfahrtseinrichtungen aufbauen. Obwohl es in den Tagebuchaufzeichnungen Berta Fantas Hinweise auf Unzufriedenheit und depressive Zustände gibt, mutet der Entschluß, 1918 mit der Tochter Else, die inzwischen mit dem Philosophen Hugo Bergmann verheiratet ist, nach Palästina auszuwandern, doch überraschend an. Obwohl Berta Fanta mit Martin Buber und Theodor Herzl, deren Vorträge sie gehört hat, bekannt ist, sind von ihr selbst keine Äußerungen zu zionistischen Ideen überliefert. Dennoch bereitet sie

sich durch die Ausbildung manueller Fähigkeiten auf die Auswanderung vor. Dazu kommt es aber nicht mehr, denn Berta Fanta stirbt unerwartet im selben Jahr.

Quellen. Die Erinnerungen Else Bergmanns liegen als unveröffentlichtes Manuskript im Leo Baeck Institute, New York; das Tagebuch Berta Fantas befindet sich im Besitz ihres Enkels Dr. Martin Bergmann in New York

Literatur. Die Juden in Böhmen und Mähren. Hg. von Wilma A. Iggers. München 1986, S. 283–287; Wilma A. Iggers: Jüdinnen in Böhmen und Mähren um 1900. In: Jutta Dick und Barbara Hahn (Hg.): Von einer Welt in die andere. Jüdinnen im 19. und 20. Jahrhundert. Wien 1993, S. 157–166

Jutta Dick

Fischer, Ruth **Politikerin, Publizistin**

11. 12. 1895, Leipzig –
13. 3. 1961, Paris
Vater: Rudolf Eisler, 1873–1926, Philosoph;
Mutter: Ida Maria, geb. Fischer

Ruth Fischer (eigentlich Elfriede Eisler) verbringt ihre Jugend in Wien, wo ihr Vater Philosophie lehrt. Jüdische Traditionen spielen in ihrem Alltag keine Rolle, wenngleich sie sich ihres Judentums durchaus bewußt ist. Ruth definiert sich selbst als «Dissidentin». Dem väterlichen Vorbild folgend, studiert sie von 1914 bis 1918 Philosophie und Nationalökonomie in Wien. Sie schließt sich zunächst der österreichischen Sozialdemokratie an, orientiert sich jedoch immer stärker zur radikalen Linken. Noch während ihres Studiums (1917) heiratet sie den Kommilitonen und späteren Parteipolitiker und Publizisten Paul Friedländer und gründet zusammen mit ihm und ihrem Bruder Gerhard eine linksradikale Studentengruppe. Im November 1918 zählt sie zu den Mitbegründerinnen der KPÖ und stellt sich an die Spitze der Demonstranten gegen Hunger und für Frieden. Unter dem «nom de guerre» Ruth Fischer geht sie Ende 1919 nach Berlin, tritt dort der KPD bei und wird bereits 1921 zur Vorsitzenden der lokalen Parteiorganisation gewählt. Innerhalb der KPD gehört sie zum ultralinken Flügel und befürwortet eine gewaltsame Revolution – und sei es mit Unterstützung der völkischen Antisemiten. In der kurzen Phase, in der die KPD versucht, sich sowohl den nationalistischen wie den antisemitischen Ideen der extremen Rechten anzunähern, übernimmt auch

Ruth Fischer in New York, um 1953. Foto: Fred Stein

Ruth Fischer die Terminologie der Völkischen. Bei einer kommunistischen Studentenversammlung am 25. Juli 1923 in Berlin läßt sie sich gegenüber den ebenfalls eingeladenen deutschvölkischen Kommilitonen zu der Bemerkung hinreißen: «Wer gegen das Judenkapital aufruft, meine Herren, ist schon Klassenkämpfer, auch wenn er es nicht weiß. Recht so. Tretet die Judenkapitalisten nieder, hängt sie an die Laternen, zertrampelt sie!» (Silberner 1983, S. 268) Zwar versucht sie diese Auslassungen später zu bagatellisieren, dementiert sie jedoch nicht.
Im Machtkampf der Parteilinken behält sie die Oberhand und übernimmt 1924 die Parteiführung. Sie wird 1924 – nach ihrer Scheinehe mit Gustav Golke zwecks Erlangung der deutschen Staatsbürgerschaft – in den Deutschen Reichstag gewählt. In ihrer radikalen antiparlamentarischen Haltung gilt sie als Kritikerin eines moskauhörigen Kurses, verliert 1925 die Parteiführung und wird 1926 aus der Partei ausgeschlossen. Nachdem 1928 ihr Reichstagsmandat erloschen ist, lebt Ruth Fischer als Sozialfürsorgerin in Berlin.
Nach dem Reichstagsbrand taucht sie zunächst bei einer Tochter Maximilian Hardens unter. Ruth Fischers Wohnung wird durch die Gestapo verwüstet, ihr Sohn in Geiselhaft genommen. Bevor sie im August 1933 aus Deutschland ausgebürgert wird, flieht sie zusammen mit ihrem Lebensgefährten Arkadij Maslow im März nach Paris, wo beide in der «Gruppe Internationale» politisch aktiv sind. Dort arbeitet sie seit 1934 für Trotzki unter dem Decknamen «Dubois». Von Paris aus flieht sie vor den deutschen Truppen 1940 zunächst in das unbesetzte Südfrankreich, dann über Spanien, Portugal und Kuba 1941 in die USA, wo sie zunächst publizistisch tätig ist und ab 1944 die New Yorker Monatsschrift «The Network» herausgibt. Von 1945 an wird sie von der Harvard University mit Forschungsarbeiten betraut. Mit leidenschaftlichem Engagement bekämpft sie den Kommunismus stalini-

stischer Prägung. Unter ihrem eigentlichen Namen Elfriede Eisler-Pleuchot erhält sie im Mai 1947 die amerikanische Staatsbürgerschaft. Nach dem Krieg unternimmt sie zahlreiche Reisen (vor allem nach Asien) und kehrt 1954 nach Europa zurück. Sie läßt sich in Paris nieder, arbeitet im Centre de Recherches Historiques und hält Vorträge in Frankreich, Großbritannien und der Bundesrepublik Deutschland über die Geschichte des Kommunismus. Zwischen 1948 und 1960 ist sie Mitarbeiterin der «Frankfurter Hefte». Mit dezidiert jüdischen Themen hat sie sich nicht auseinandergesetzt. Ruth Fischer stirbt am 13. März 1961 und wird auf dem Friedhof Montparnasse beigesetzt.

Quellen. Der Nachlaß befindet sich in der Houghton Library, Harvard University, Cambridge/Massachusetts

Veröffentlichungen. Sexualethik und Kommunismus. Eine prinzipielle Studie. 1920 (unter dem Namen Ruth Friedländer); Deutsche Kinderfibel. Berlin 1933 (zus. mit Franz Heimann); Stalin und der deutsche Kommunismus. Frankfurt a. M. 1950; Von Lenin zu Mao. Kommunismus in der Bandung-Ära. Düsseldorf, Köln 1956; Abtrünnig wider Willen. Aus Briefen und Manuskripten des Exils. Hg. von Peter Lübbe. München 1990 (zus. mit Arkadij Maslow)

Literatur. Biographisches Handbuch der deutschsprachigen Emigration nach 1933, Bd. I. München u. a. 1983, S. 178 f.; M. d. R. Die Reichstagsabgeordneten der Weimarer Republik in der Zeit des Nationalsozialismus. Politische Verfolgung, Emigration und Ausbürgerung 1933–1945. Düsseldorf 1991, S. 241 f.; Edmund Silberner: Kommunisten zur Judenfrage. Opladen 1983

Ludger Heid

Fleischmann, Trude (Gertrude) **Fotografin**

22. 12. 1895, Wien –
20. 1. 1990, Brewster/New York
Vater: Wilhelm Fleischmann, Kaufmann;
Mutter: Adele, geb. Rosenberg

Schon im Alter von neun Jahren erhält Trude Fleischmann ihren ersten Fotoapparat, damit unterstützen die Eltern das Interesse der Tochter an der Fotografie. Dennoch entscheidet sie sich nach dem Besuch des Lyzeums, des «Schulvereins für Beamtentöchter», das sie mit dem Abitur abschließt, in Paris Kunstgeschichte zu studieren. Zur Freude ihrer Mutter allerdings verwirft sie ihre Idee nach einem kurzen Auf-

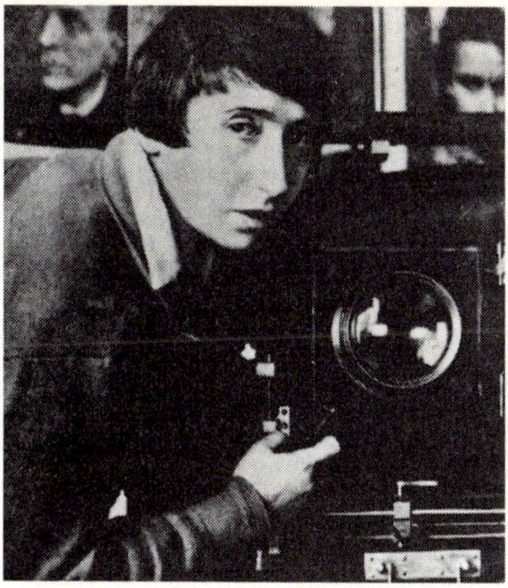

enthalt in Frankreich wieder und beginnt im Herbst 1913 die Ausbildung zur Fotografin an der k. u. k. Lehr- und Versuchsanstalt für Photographie und Reproduktionsverfahren in Wien, an der es seit 1908 auch Frauen gestattet ist, am praktischen und theoretischen Lehrbetrieb teilzunehmen. Trude Fleischmann absolviert die dreijährige Ausbildung erfolgreich und entschließt sich, im Wiener Atelier d'Ora (→ Madame d'Ora) praktische Erfahrungen zu sammeln. Da sie aber nur Retuschearbeiten machen darf, kündigt sie nach zwei Wochen wieder und beginnt ihre Assistenz im Fotoatelier von Hermann Schiebert, das sich durch Aufträge einer Laufkundschaft trägt und in dem auch Künstler und Intellektuelle Porträtaufnahmen machen lassen. Nach drei Jahren Praxis im Atelier erhält Trude Fleischmann 1919 die offizielle Berechtigung, das fotografische Gewerbe auszuüben, und wird noch im selben Jahr Mitglied der «Photographischen Gesellschaft in Wien». Anfang 1920 eröffnet sie ihr eigenes Atelier in der Ebendorferstraße im 1. Bezirk Wiens. Sie versteht ihre fotografische Arbeit als künstlerische Tätigkeit und ist weniger an Laufkundschaft interessiert als an einem ausgesuchten Publikum, zu dem sie auch selbst einen Kontakt entwickeln kann. Dabei kommt ihr der eigene große Freundeskreis aus dem Künstler- und Intellektuellenmilieu entgegen. Es gelingt ihr, die Porträts an verschiedene, auch außerösterreichische Zeitschriften zu verkaufen. Neben dem Porträtieren gilt ihre Begeisterung der Theater- und Tanzfotografie. Das Wien der zwanziger Jahre bietet ihr dafür kulturelle Vielfalt, aus der sie nur auszuwählen braucht: Max Reinhardts Inszenierungen und das Experimentaltheater, klassisches Ballett und Ausdruckstanz, und die Protagonisten vieler Aufführungen lassen sich von Trude Fleischmann fotografieren. Ihre Ausdrucksstudien mit weiblichen Aktmodellen zeigen ein für die Zeit ganz eigenes, sehr natürliches, ungeschminktes Frauenbild. In ihren Aufnahmen auf der Straße und in der freien Natur setzen sich deutlich Elemente der neusachlichen Sehweise durch.
Im Frühjahr 1930 wird die internationale Ausstellung «film und foto»

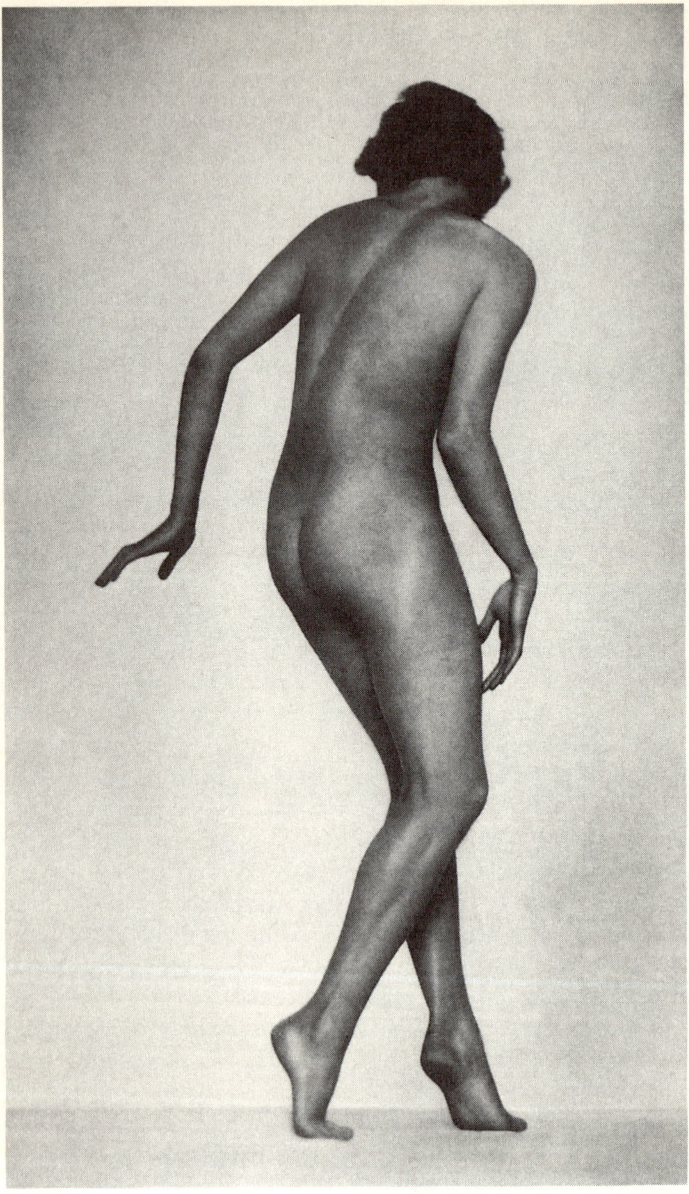

Trude Fleischmann: Stehender Akt im Studio

– ergänzt durch Beispiele österreichischer Fotografie – in Wien gezeigt, Trude Fleischmann ist mit dem Foto «Spiegelung» vertreten. Nach 1933 verändert sich auch in Österreich das politische Klima, so daß Trude Fleischmann 1938, nach dem «Anschluß» Österreichs, als Jüdin sofort ihr Atelier schließen muß. Sie versucht sich noch mit Fotokursen den Lebensunterhalt zu sichern, aber im Herbst 1938 emigriert sie nach London und von dort weiter nach New York – ermöglicht durch Vermittlung und Affidavit der Amerikanerin Helen Post, die 1933/34 bei ihr als Schülerin im Wiener Atelier gelernt hat, und deren Schwester Marion Post Walcott, die Fotografin der Farm Security Administration, deren fotografisches Talent Trude Fleischmann überhaupt erst entdeckt hat. 1940 eröffnet sie in Manhattan wieder ein Foto-Atelier, das sie bis 1969 betreibt, und auch hier sind es in erster Linie Künstler-Porträts, die ihr einen Namen im fotografischen Gewerbe in den USA machen. Im Alter von 73 Jahren gibt sie ihr Fotostudio auf, kehrt nach Europa zurück und wird in der Schweiz in Lugano ansässig. Die letzten zwei Lebensjahre verbringt sie, körperlich geschwächt, bei Verwandten in den USA.

Fotojournalistische Tätigkeit. Die Bühne; Der Querschnitt; Der Tanz; Uhu; Die Dame; Die Schönheit; Moderne Welt; Welt und Mode; Photographische Korrespondenz; Vogue

Literatur (Auswahl). Trude Fleischmann. Fotografien 1918–1938. Wien 1988 (Ausstellungskatalog); Hans Schreiber: Trude Fleischmann. Fotografin in Wien 1918–1938. Wien 1990; Eva Geber, Sonja Rotter, Marietta Schneider: Madame d'Ora und Trude Fleischmann. In: Dies. (Hg.): Die Frauen Wiens. Wien 1992, S. 443 f.

Einzelausstellungen (Auswahl). Atelier Fleischmann, Wien 1929; Frühe Fotografien von Trude Fleischmann, Galerie Stefan Lennert, München 1979; Photographs 1918–1946, Thorpe Intermedia Gallery Sparkill, New York 1983; Fotografien 1918–1938, Galerie Faber, Wien 1988

Marion Beckers

Frank, Annelies Marie

(genannt Anne) *12. 6. 1929, Frankfurt a. M. – März 1945, KZ Bergen-Belsen*
Vater: Otto Heinrich Frank, 1889–1980, Kaufmann und Bankier;
Mutter: Edith, geb. Holländer, 1900–1945, KZ Auschwitz
Schwester: Margot, 1926–1945, KZ Bergen-Belsen

Am 20. Juni 1942 notiert Anne Frank in ihrem Tagebuch: «Meine Schwester Margot wurde 1926 in Frankfurt am Main geboren, in Deutschland. Am 12. Juni 1929 folgte ich. Bis zu meinem vierten Lebensjahr wohnte ich in Frankfurt. Da wir Juden sind, ging dann mein Vater 1933 in die Niederlande...» Dies ist eine der wenigen Eintragungen, die Anne über ihre frühe Kindheit macht. Zu dieser Zeit fühlt sie sich schon als Holländerin. Holländisch ist auch die Sprache ihres Tagebuches. Der Großvater Michael Frank war um 1880 in das prosperierende gründerzeitliche Frankfurt gekommen, eine Stadt, in der ihm die bürgerlichen Rechte für Juden am ehesten gewährleistet zu sein schienen. Die großmütterliche Linie Stern läßt sich bis ins frühe 15. Jahrhundert in das Frankfurter Juden-Ghetto zurückverfolgen. Otto Frank und seine Geschwister genießen eine standesgemäße bürgerliche Erziehung, wie auch Annes Kindheit sich in der bürgerlichen Umgebung des Frankfurter Nordens abspielt. Mit dem Machtantritt der Nationalsozialisten sehen Franks die Zukunft ihrer Kinder gefährdet. Das Angebot zum Aufbau der «Niederländischen Opekta» erleichtert die Emigration. Ende 1933 beziehen die Franks eine Wohnung am Merweideplein 37 in Amsterdam-Süd, wo ein Großteil der deutschen Emigranten lebt. Hier besucht Anne die Montessorischule. Doch alle Hoffnungen auf eine sichere Zukunft werden durch den Einmarsch der Deutschen im Mai 1940 jäh zerstört, und «das Elend für uns Juden begann», notiert Anne am 20. Juni 1942. Der Zwang zum Tragen des Judensterns brandmarkt sie vollends als «Juden». Als Margot die Aufforderung zum Arbeitseinsatz im Osten erhält, taucht die Familie am 6. Juli 1942 unter. Das Versteck liegt im Hinterhaus Prinsengracht 263. Untertauchen bedingt Hilfe von außen: Ehemalige Mitarbeiter von Otto Frank versorgen die acht Personen – neben den Franks die Familie van Pels und den Zahnarzt Pfeffer – mit allem Lebensnotwendigen. Über zwei Jahre leben die Untertaucher so auf engstem Raum. Hier entstehen auch die vom 12. Juni 1942 bis 1. August 1944 datierten Tagebuchaufzeichnungen von Anne Frank. Die Hoffnung auf Befreiung durch die Alliierten wird am 4. August 1944 zerschlagen. Offensichtlich verraten, werden sie durch ein SS-Kommando verhaftet und in das KZ Westerbork verbracht. Mit dem allerletzten Deportationszug werden sie in das Vernichtungslager Auschwitz verschleppt. Nur Otto Frank überlebt. Mit ihren Tagebuchaufzeichnungen hat Anne Frank ein historisches Dokument des Untertaucherlebens hinterlassen, wie es zugleich Widerspiegelung ihres Selbstverständnisses als Holländerin und als Jüdin ist. 1947 als «Het Achterhuis» erstmals erschienen, erfährt das «Tagebuch» zunehmende Verbreitung. Straßen, Schulen werden nach ihr benannt. Film und dramatisierte Fassung verstärken den weltweiten Widerhall auf ein «Symbol für alle zu Unrecht Verfolgten» (Max Horkheimer). Der Fälschungsvorwurf der Rechten wird durch die kritische Ausgabe des Tagebuches 1986 endgültig widerlegt.

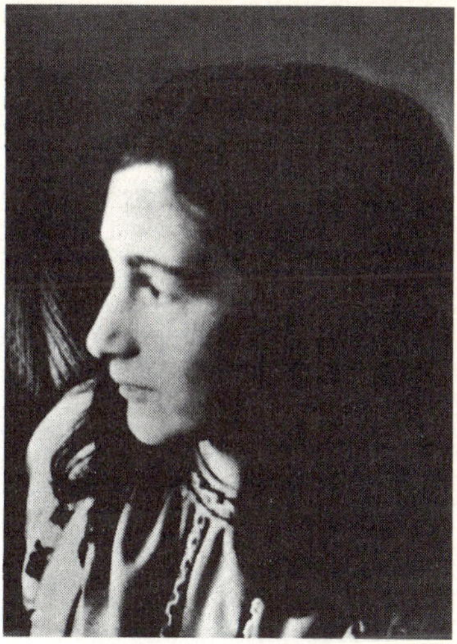

Veröffentlichung. Niederländisches Staatliches Institut für Kriegsdokumentation (Hg.): Die Tagebücher der Anne Frank. Kritische Fassung, übersetzt von Mirjam Pressler. Frankfurt a. M. 1988; Anne Frank Tagebuch. Fassung von Otto Frank und Mirjam Pressler. Frankfurt a. M. 1991

Literatur (Auswahl). Ernst Schnabel: Anne Frank. Spur eines Kindes. Frankfurt a. M. 1981; Miep Gies: Meine Zeit mit Anne Frank. Bern 1987; Jürgen Steen, Wolf von Wolzogen: Anne aus Frankfurt. Leben und Lebenswelt Anne Franks. Frankfurt a. M. 1990 (Ausstellungskatalog)

Wolf von Wolzogen

Frankenthal, Käte **Ärztin, Politikerin**

(Pseudonym: Dr. K[äte] Kenta)

30. 1. 1889, Kiel –
21. 4. 1976, New York
Vater: Julius Frankenthal, 1852–1923, Kaufmann (Buchhalter), Vorsteher der Jüdischen Gemeinde in Kiel;
Mutter: Cäcilie, geb. Goldmann, 1856–1921

Mit dem Ausruf: «Ich bin eine jüdische, intellektuelle Sozialistin – dreifacher Fluch!» beginnt Käte Frankenthal ihre Lebenserinnerungen. Damit beteiligt sie sich an einem 1940 initiierten Preisausschreiben der Harvard University in Cambridge, Massachusetts, das sich an alle wendet, «die Deutschland vor und nach Hitler gut kennen», und erhält dafür 29 lebensnotwendige Dollar. Sie beschreibt darin ihre Kindheit und Jugend im Hause Frankenthal, wo die jüdisch-religiösen Regeln strikt eingehalten werden, ihren ersten Schulbesuch in Kiel, ihre weitere Ausbildung im jüdischen Mädchenpensionat in Wiesbaden. 1909 beginnt Käte Frankenthal nach bestandenem Abitur in Kiel dort ihr Studium der Medizin, um es dann an den Universitäten Heidelberg, Erlangen, München, Wien und Freiburg fortzusetzen. Im Anschluß an ihre Dissertation (sie promoviert 1914 in Freiburg im Breisgau als eine der ersten Frauen im Deutschen Reich) arbeitet sie zunächst als Landärztin, zwischen 1915 und 1918 dann als Militärärztin in Österreich.
Nach ihrem Studium wird Käte Frankenthal Mitglied der SPD und agiert seit Januar 1918 in der Frauenstimmrechtsbewegung, von 1919 bis 1930 als Stadtverordnete von Neukölln in Groß-Berlin, wo sie als Stadtärztin tätig ist. Nach dem Tod der Eltern tritt sie am 29. September 1923 aus der jüdischen Gemeinde aus, das Judentum hat keine Bedeutung für sie, weder zu diesem Zeitpunkt noch später.
1930 zieht sie als Nachrückerin in den Preußischen Landtag ein, wech-

Käte Frankenthal (erste Reihe, Mitte) auf dem Sozialdemokratischen Ärztetag, Leipzig, 31. Mai 1931

selt ein Jahr später von der SPD zur Sozialistischen Arbeiterpartei Deutschlands (SAP). Ihre Arbeitsschwerpunkte als Parlamentarierin sind der § 218, Gesundheitspolitik, Aufklärung und Sexualerziehung. Sie gehört dem Vorstand im «Verein sozialistischer Ärzte» an, der Anfang der dreißiger Jahre in zahlreichen Versammlungen vor den Nationalsozialisten als den «Feinden der Volksgesundheit» warnt. Sie selbst engagiert sich publizistisch für eine humane Sozialpolitik und gegen den Faschismus.

Im März 1933 emigriert sie über Prag, wo sie Mitarbeiterin beim jüdischen Flüchtlingskomitee ist, über die Schweiz und Paris 1936 nach New York. In den Jahren vor ihrer endgültigen Niederlassung in den USA veröffentlicht sie (zumeist unter ihrem Pseudonym) Artikel gegen das nationalsozialistische Deutschland. Ihre Beiträge lauten u. a.: «Jüdisches Krankenhaus in Berlin nicht mehr zugelassen!» (1933), «Deutschland von heute (Antisemitismus bleibt!)» (1933), «Neuregelung der Zulassung nichtarischer Ärzte» (1934) oder «Im Konzentrationslager für Frauen» (1936). Die ersten drei Jahre in den USA ist sie nahezu mittellos und muß sich als Gelegenheitsarbeiterin, u. a. als Eiscremeverkäuferin, durchschlagen. 1943 beginnt sie ein Psychologiestudium, und seit 1947 arbeitet sie – neben ihrer Tätigkeit in der inzwischen eröffneten Privatpraxis – als Familientherapeutin und Psychoanalytikerin beim «Jewish Family Service» (JFS), der größten Wohlfahrts-Selbsthilfe-Organisation in New York. Ein besonderer Schwerpunkt ihrer therapeutischen Praxis ist die Behandlung der Angst. Schlußpunkt des Engagements Käte Frankenthals für ein anderes und zu änderndes Deutschland bildet 1944/45 ihre Mitarbeit an einer Denkschrift über den Aufbau eines demokratischen Gesundheitswesens in Deutschland. Anläßlich eines Berlin-Besuchs im März 1951 meldet Käte Frankenthal ihre Entschädigungsansprüche an. Die entsprechende Akte trägt den Vermerk, daß sie als «Anhänger eines totalitären Systems die demokratische Staatsform bekämpft» habe. Zwar erhält sie eine materielle Wiedergutmachung, doch bleibt ihr die politisch-soziale Reintegration verwehrt. Ihre letzten Jahre lebt sie äußerst zurückgezogen. Sie stirbt als eine «einzelgängerische» Frau, deren Leben seine Bestimmung durch Beruf und Politik erfahren hat.

Veröffentlichungen. Ärzteschaft und Faschismus. In: Der sozialistische Arzt 8 (1932); Der dreifache Fluch: Jüdin, Intellektuelle, Sozialistin. Frankfurt a. M., New York (gekürzte Taschenbuchausgabe: Jüdin, Intellektuelle, Sozialistin. 1985). Lebenserinnerungen einer Ärztin in Deutschland und im Exil. Hg. von Kathleen M. Pearle und Stephan Leibfried. Frankfurt a. M., New York 1981

Literatur. Christl Wickert: Sozialistin, Parlamentarierin, Jüdin. Die Beispiele Käte Frankenthal, Berta Jourdan, Adele Schreiber-Krieger, Toni Sender und Hedwig Wachenheim. In: Ludger Heid, Arnold Paucker (Hg.): Juden und deutsche Arbeiterbewegung bis 1933. Soziale Utopien und religiös-kulturelle Traditionen. Tübingen 1992, S. 155–164; dies.: Politik vor Privatleben. Zum Selbstverständnis alleinstehender Parlamentarierinnen in der Weimarer Republik. In: Elisabeth Flitner, Renate Valtin (Hg.): Dritte im Bund: die Geliebte. Reinbek bei Hamburg 1992, S. 196–215

Ludger Heid

Freier, Recha **Sozialarbeiterin, Schriftstellerin**

29. 10. 1892, Norden/Ostfriesland – 2. 4. 1984, Jerusalem
Vater: Manasse Schweitzer, Volksschullehrer;
Mutter: Bertha, geb. Levy, Lehrerin?

Die Begründerin der «Jugend-Alijah» (Einwanderung nach Palästina/Israel) wird schon als kleines Kind mit dem Antisemitismus konfrontiert, als ein Schild den Stadtpark ihrer Heimatstadt als für «Hunde und Juden verboten» erklärt. 1896 verzieht sie mit ihren Eltern nach Schlesien. Sie studiert Folklore, betätigt sich als Pianistin und heiratet den Rabbiner Moritz Freier. Das erste ihrer insgesamt vier Kinder wird 1920 in Eschwege geboren, der zweite und dritte Sohn 1923 bzw. 1926 in München, während die Tochter Maayan Landau 1929 in Berlin zur Welt kommt. Bereits 1932 entwickelt Recha Freier den ersten Ansatz zu ihrem später mit großer Energie verfolgten Plan, jüdischen Jugendlichen, deren Lebens- und Arbeitsmöglichkeiten in Deutschland zunehmend eingeschränkt werden, zu einer neuen Zukunftsperspektive in Palästina zu verhelfen. Die erste Gruppe von Jugendlichen wird in dem von dem Arzt und Pädagogen Siegfried Lehmann begründeten Kinderdorf Ben Shemen aufgenommen, weil sich die von Recha Freier angestrebte Integration in Kibbuzim der Arbeiterbewegung zunächst nicht realisieren läßt. Sowohl in Deutschland als auch in Palästina stehen die offiziellen jüdischen Vertretungen Recha Freiers Idee anfangs äußerst skeptisch gegenüber. Mehr oder weniger zufällig gründet sie am selben Tag, als Hitler Reichskanzler wird, am 30. Januar 1933, in Berlin eine Arbeitsgemeinschaft für Kinder- und Jugend-Alijah, die offiziell als «Jüdische Jugendhilfe» firmiert. Recha Freier arbeitet nach 1933 im Palästina Amt der «Reichsvereinigung der Juden in Deutschland», gegen deren Widerstand sie schließlich sogar illegale Aktionen zur Rettung von Kindern und Jugendlichen durch den Transfer nach Palästina in die Wege leitet. Sie ist wohl nicht nur deshalb, sondern auch wegen der unterschiedlichen Einschätzung der Lage in Deutschland und Palästina eine umstrittene Persönlichkeit geblieben. Bis heute tritt sie in der Literatur und im allgemeinen Bewußtsein hinter der Amerikanerin Henriette Szold zurück, die erst nach Aufgabe erheblicher Vorbehalte die Organisation der «Jugend-Alijah» in Palästina ins Werk setzt. Recha Freier gelingt es 1940/41 noch, mit ihrer Tochter über Wien,

Jugoslawien und Griechenland nach Palästina zu fliehen, nachdem zuvor 120 Kinder mit ihrer Hilfe etwas außerhalb der Legalität über die Grenze gebracht und vor der Deportation bewahrt worden sind. In Palästina wird ihr die Mitarbeit bei der «Jugend-Alijah» verwehrt. Sie beginnt sich um schwierige und verwahrloste Kinder zu kümmern, für die sie ein landwirtschaftliches Ausbildungszentrum schafft. Nachdem dieses etabliert ist, baut Recha Freier, nunmehr über 70 Jahre alt, mit dem Komponisten Roman Haubenstock-Ramati eine ungewöhnliche Institution auf, das «Testimonium», das Kompositionen lebender jüdischer und nichtjüdischer Künstler anregt und aufführt, in denen Kampf und Leiden des jüdischen Volkes musikalisch zum Ausdruck gebracht werden.
Bezüge zur Musik finden sich auch in ihren Gedichten, die in den siebziger Jahren in einem deutschen Verlag veröffentlicht werden.
Für ihre Verdienste um Erziehung und Sozialarbeit hat sie 1975 das Ehrendoktorat der Universität Jerusalem und am 7. Mai 1981 den Israelischen Staatspreis erhalten.

Veröffentlichungen. (Übersetzung:) Arbeiterinnen erzählen. Berlin 1935; Yaschresch. Tel-Aviv 1953 (hebr.); Let the Children come. The early History of Youth Alijah. London 1961; Auf der Treppe. Hamburg 1975; Fensterläden. Hamburg 1979; Testimonium (Oratorium) 1968

Literatur. Oda Kova, Recha Freier: The dreaming woman. In: Walter Zadek (Hg.): Sie flohen vor dem Hakenkreuz. Reinbek bei Hamburg 1981, S. 93–99; Shlomo Erel: Neue Wurzeln. 50 Jahre Immigration deutschsprachiger Juden in Israel. Gerlingen 1983, S. 134–145; Monika Ogorek: Recha Freier und die Gründung der Jugend-Alijah. Porträt einer ungewöhnlichen Frau. Rundfunk-Feature, August 1986, Sender Freies Berlin

Hildegard Feidel-Mertz

Freud, Anna **Lehrerin, Psychoanalytikerin**

3. 12. 1895, Wien –
8. 10. 1982, London
Vater: Sigmund Freud, 1856–1939, Arzt, Begründer der Psychoanalyse; Mutter: Martha, geb. Bernays, 1861–1951

Stärker als bei jedem anderen Vertreter der Psychoanalyse besteht bei Anna Freud die Tendenz, Leben und Werk aus ihrer Beziehung zu ihrem berühmten Vater nicht nur abzuleiten, sondern darüber hinaus zu bewerten, obwohl ihre eigene Leistung eine fruchtbare Verbindung pädagogischer und psychoanalytischer Fähigkeiten darstellt.
Anna Freuds beruflicher Werdegang beginnt mit einer Ausbildung zur Lehrerin in Wien, an die sich eine fünfjährige Berufstätigkeit (1915–1920) anschließt. Ihr Interesse an der Psychoanalyse entsteht während dieser Zeit durch Gespräche mit Sigmund Freud und durch ihre Teilnahme an verschiedenen Vorlesungen und Sitzungen der psychoanalytischen Bewegung. Zwischen 1918 und 1921 unterzieht sich Anna Freud einer Analyse bei ihrem Vater, die sie dazu berechtigt, als Psychoanalytikerin zu arbeiten. Anna Freud verkörpert die produktive Verbindung zwischen Psychoanalytikerin und Lehrerin: In ihrer 1923 im elterlichen Haus errichteten eigenen Praxis wendet sie sich der Kinderanalyse zu und erarbeitet über die therapeutische Behandlung hinaus Berührungspunkte zwischen Psychoanalyse und Pädagogik.
Für die Kinderanalyse modifiziert Anna Freud die psychoanalytische Therapie, die auf Erwachsene zugeschnitten ist, indem sie sowohl die veränderte Ausgangssituation in der Kinderanalyse als auch die qualitativ anderen Verarbeitungsmöglichkeiten des Kindes berücksichtigt und methodisch umsetzt.
Nach der schweren Erkrankung Sigmund Freuds 1923 übernimmt sie für 16 Jahre seine Pflege und sukzessive seine Aufgaben und Pflichten in der psychoanalytischen Bewegung, die sie über seinen Tod hinaus beibehält. Am 22. März 1938 wird sie anstelle des Vaters von der Gestapo festgenommen und verhört, kann aber aufgrund ihrer internationalen Beziehungen noch im Juni desselben Jahres mit ihrer Familie nach Großbritannien emigrieren. Nach dem Tod ihres Vaters 1939 übernimmt Anna Freud die Verwaltung seines Nachlasses und veranlaßt die Herausgabe der «Gesammelten Werke» Sigmund Freuds.

Die Aufnahme Anna Freuds in die britische Psychoanalytische Gesellschaft ist überschattet von der Konkurrenz zwischen den kinderanalytischen «Schulen» Anna Freuds und → Melanie Kleins. Mit der Gründung ihrer eigenen Organisation – der Hampstead-Klinik, des Ausbildungsinstituts für Kinderanalytiker (1947) und des Jahrbuches «Psychoanalytic Study of the Child» (1945) – vermeidet Anna Freud eine Spaltung der psychoanalytischen Bewegung. Ihr weltweiter Aktionskreis führt sie häufig in die USA und nach Europa, so auch 1971 nach Wien. Deutschland hingegen betritt Anna Freud nicht mehr. Erst 1981, nachdem sie in den USA mit zahlreichen akademischen Auszeichnungen gewürdigt worden ist, erhält sie die Ehrendoktorwürde der Universität Frankfurt a. M.

Veröffentlichungen (Auswahl). Einführung in die Technik der Kinderanalyse. Leipzig, Wien, Zürich 1927; Einführung in die Psychoanalyse für Pädagogen. Vier Vorträge. Stuttgart 1930; Das Ich und die Abwehrmechanismen. Wien 1936; (gemeinsam mit D. Burlingham:) Young Children in War-Time: A Year's Work in Residential Nurseries. London 1942, deutsch: Kriegskinder. Berichte aus den Kriegskinderheimen «Hampstead Nurseries». München 1980; (gemeinsam mit D. Burlingham:) Infants Without Families: The Case for and Against Residential Nurseries. London 1943, deutsch: Anstaltskinder. Berichte aus den Kriegskinderheimen «Hampstead Nurseries». München 1980; Normality and Pathology in Childhood: Assessments

of Development. New York 1965, deutsch: Wege und Irrwege in der Kinderentwicklung. Stuttgart 1968; The Writings of Anna Freud. 8 Bde. New York, London 1974–1981, deutsch: Die Schriften der Anna Freud. 10 Bde. München 1980
Literatur (Auswahl). Uwe Henrik Peters: Anna Freud. Ein Leben für das Kind. München 1979; Wilhelm Salber: Anna Freud. Mit Selbstzeugnissen und Bilddokumenten. Reinbek bei Hamburg 1985; Inge Stephan: Die schönste Umsetzung der Psychoanalyse ins Weibliche? Anna Freud (1895–1982). In: Dies.: Die Gründerinnen der Psychoanalyse. Eine Entmythologisierung Sigmund Freuds in zwölf Frauenporträts. Stuttgart 1992, S. 277–298

Christiane Humrich

Freund, Gisèle **Fotografin, Fotohistorikerin**

19. 12. 1912, Berlin
Vater: Julius Freund, 1870–1941, Textilkaufmann, Kunstsammler;
Mutter: Clara, geb. Dresel, ?–1946

Gisèle Freund verbringt die ersten 19 Jahre ihres Lebens in Berlin; sie absolviert – gegen den Willen des Vaters – das Gymnasium der Sozialdemokraten in Neukölln. Sie besucht die Museen, geht abends ins Theater und verkehrt im Romanischen Café, wo sie Kontakt zu Schriftstellern sucht. Zu Hause lebt sie mit den Kunstwerken, die der Vater im Laufe der Jahre gesammelt hat. 1925 schenkt er ihr eine 6x9-cm-Voigtländer-Kamera, 1929 zum Abitur eine Leica. Fotografieren wird Gisèle Freunds Leidenschaft, auch während des Studiums der Soziologie und Kunstgeschichte, das sie 1931 in Freiburg beginnt, kurz darauf aber nach Frankfurt a. M. an das Institut für Sozialforschung verlegt, um bei Karl Mannheim und Norbert Elias zu studieren. In dieser Zeit beginnt ihr Engagement im Kampf gegen den Nationalsozialismus. Am 30. Mai 1933 entgeht sie durch die Flucht nach Paris nur knapp einer Verhaftung durch die Nazis. Von 1934 bis 1937 arbeitet sie in der Bibliothèque Nationale, studiert an der Sorbonne und promoviert mit einer Arbeit, die grundlegend für die Fotografiegeschichte wird: «Die Fotografie in Frankreich im 19. Jahrhundert. Eine soziologische und ästhetische Untersuchung.» Daneben macht sie, um Geld zu verdienen, Fotoreportagen für französische und amerikanische Zeitschriften, für die sie unter dem Pseudonym «John Anderson» auch Texte verfaßt. Porträtaufnahmen entstehen seit 1936 und ab 1938 auch Farbporträts – ca. 1800 in den folgenden Jahren – von Schriftstellern,

Schriftstellerinnen und Intellektuellen. 1936 heiratet Gisèle Freund den Beamten Pierre Blum (Scheidung 1948) und erhält damit die französische Staatsangehörigkeit. Als die deutschen Truppen 1940 in Paris einrücken, flieht Gisèle Freund nach Südfrankreich ins Département Dordogne, lebt dort zwei Jahre im Untergrund und entgeht so ihrer Verhaftung. 1942 erhält sie von der Schriftstellerin Victoria Ocampo, der Leiterin der Literaturzeitschrift «SUR» und Mitbegründerin der «Argentine Action» zur Bekämpfung nationalsozialistischer Infiltration, ein Visum und eine Einladung nach Argentinien. In den nächsten Jahren ist sie in Argentinien und Lateinamerika als Fotoreporterin unterwegs und initiiert 1946 mit Victoria Ocampo eine Hilfsaktion für französische Schriftsteller und Schriftstellerinnen. 1947 wird sie erstes weibliches Mitglied der neugegründeten Fotoagentur «Magnum», bis der Vertrag 1954 aufgekündigt wird, weil sie in den USA der McCarthy-Ära als «unerwünschte Person» gilt. Sie lebt und arbeitet 1950 bis 1952 in Mexiko und seit 1953 wieder in Paris. Ihren Lebensunterhalt sichert sie sich weiterhin mit Fotoreportagen, doch gerade ihre Porträts machen sie berühmt. In den achtziger Jahren erhält sie wichtige Auszeichnungen, u. a. 1980 den Grand Prix National des Arts pour la Photographie; 1983 wird sie zum Chevalier de la Légion d'Honneur ernannt, 1987 zum Officier du Mérite.

Fotojournalistische Tätigkeit. Vu; Life; Weekly Illustrated; Picture Post; Look; Time
Veröffentlichungen. La Photographie en France au 19e siècle. Paris 1936; La Fotografía y las classes medias. Buenos Aires 1941; Mexique précolombien. Neuchâtel 1954; Alt-Mexiko. München 1956; James Joyce in Paris: His Final Years. New York 1965, London 1966; Au pays des visages. Paris 1968 (Ausstellungskatalog); Le monde et ma caméra. Paris 1970; Photographie et société. Paris 1974; Mémoires d'œil. Paris 1977, deutsch: Memoiren des Auges. Frankfurt a. M. 1977; Trois jours avec Joyce. Paris 1983, deutsch: Drei Tage mit Joyce. Frankfurt a. M. 1983
Literatur (Auswahl). Photographien 1932–1977. Bonn 1977 (Ausstellungskatalog); Photographies Gisèle Freund. Paris 1985, München 1985, New York 1985. Gisèle Freund (Ausstellungskatalog). Berlin 1988; Randa Ramis: Gisèle Freund. Porträt. Paris 1991; Die Frau mit der Kamera. München 1992
Einzelausstellungen (Auswahl). La Maison des Amis des Livres, Paris 1939; Musée d'Art moderne, Paris 1968; Photographien 1932–1977, Rheinisches Museum, Bonn 1977; Musée Réattu, Arles 1977; Boston National Library 1983; Centre culturel Français, Bari und Rom 1984; Werkbund-Archiv, Berlin 1988; Catalogue de l'œuvre photographique de Gisèle Freund. Musée national d'art moderne, Paris 1991; Itinéraires. Centre Georges Pompidou, Paris 1992; Festival der Frauen. BAT-Haus, Hamburg 1992

Marion Beckers

Frohberg, Regine Schriftstellerin

1783, Berlin – 30. 8. 1850, Wien

Früh verläßt Regine Frohberg, geb. Rebecca Salomon, das traditionelle jüdische Leben: Nur kurz lebt sie mit Moses Friedländer, den sie 1801 heiratet. Sie trennt sich im selben Jahr wieder, läßt sich anschließend taufen und nimmt wie ihre Schwestern den Namen Saaling an. 1813 zieht sie nach Wien, wo sie bis zu ihrem Tod lebt. 1810 beginnt sie ein umfangreiches schriftstellerisches Werk zu veröffentlichen, erst anonym, später unter dem Namen Regine Frohberg. Sie veröffentlicht sechzehn Romane und zwei Bände Erzählungen, die teilweise mehrere Auflagen erleben. In dem Rührstück «Schmerz der Liebe» von 1810 wird → Rahel Varnhagen als kalte und herzlose Baronin porträtiert: «In ihren Äusserungen über Menschen und menschliche Verhältnisse, war sie hart und schneidend. Für große Weltbegebenheiten konnte sie sich mit Wärme interessieren, von Literatur und Kunst mit Begeisterung sprechen; aber alles, was sich in der Gesellschaft zutrug, ließ sie kalt. Was sie wahr seyn nannte, war oft nur Erbitterung ihres Herzens, die aus mancherlei Erfahrungen und Unglücksfällen entsprungen, ihr ganzes Wesen gleichsam mit Galle stempelte.» (S. 104) «Ihr Buch macht mir viel Verdruß», schreibt Rahel Varnhagen, «Alle Bekannte fallen über mich her, wie Sie mich so haben können an den Pranger stellen; und wollen Rechenschaft von mir… Manche wollen es rezensiren, dagegen schreiben.» (Briefe an eine Freundin, S. 56) Karl August Varnhagen von Ense schreibt dagegen und veröffentlicht unter Pseudonym eine scharfe Kritik des Romans.

Quellen. Sammlung Varnhagen, Biblioteka Jagiellonska, Krakau

Veröffentlichungen. Louise oder Kindlicher Gehorsam in Liebe und Streit. Berlin 1808; Schmerz der Liebe. Berlin 1810, Wien ^{2}1815; Erzählungen. Dresden 1811, zweite verbesserte Auflage Wien 1817; Das Opfer. Amsterdam und Leipzig 1812,

Wien ^{2}1817; Verrath und Treue. Berlin 1812, Wien ^{2}1816; Marie oder die unglücklichen Folgen des ersten Fehltritts. Ein Roman in Briefen, Theil I-III. Dresden 1812; Darstellungen aus dem menschlichen Leben. Wien 1814; Die Brautleute oder Schuld und Edelmuth. Wien 1814; Bestimmung. Ein Roman. Wien 1814; Das Gelübde. Ein Roman in Briefen. Wien 1816; Herbst-Blumen. Wien 1817; Gustav Sternig. Das Ungewitter. Zwei neue Erzählungen. Wien 1817; Theater. I. Buch. Wiesbaden 1817. II. Buch. Wiesbaden 1818; Kleine Romane. Theil I und II. Wiesbaden 1819, Theil III. Wiesbaden 1820; Stolz und Liebe. 2 Theile. Leipzig 1820; Entsagung. Ein Roman. Wien und Leipzig 1824, ^{2}1830; Die Rückkehr. Frankfurt a. M. 1825; Der Liebe Kämpfe. Leipzig 1826; Die Abreise. 2 Theile. Wien 1830, ^{2}1834; Eigene und fremde Schuld. Leipzig 1837; Vergangenheit und Zukunft. Gera 1840; Gedankenfrüchte auf dem Pfad des Lebens. Wien 1842; Briefe an eine Freundin. Rahel Varnhagen an Rebecca Friedländer. Hg. von Deborah Hertz. Köln 1988

Literatur. Barbara Hahn: Unter falschem Namen. Von der schwierigen Autorschaft der Frauen. Frankfurt a. M. 1991

Barbara Hahn

Fromm-Reichmann, Frieda **Ärztin, Pschoanalytikerin**

Oktober 1889, Deutschland –
28. 4. 1957, Maryland

Unterstützt durch ihren wohlhabenden, bildungsbegeisterten Vater, kann Frieda Fromm-Reichmann zwar nicht den von ihr erwünschten Lehrerberuf erlernen, aber den, wie ihr Vater meint, für eine jüdische Frau aussichtsreicheren Arztberuf anstreben. So beginnt sie in Königsberg mit dem Medizinstudium, das sie 1914 mit einer Dissertation abschließt. Mit ihrer Arbeit als Nervenärztin bei Ernst Meyer (1914–1918), Kurt Goldstein (1918–1920) und im Privatsanatorium «Weißer Hirsch» (1920–1923) in Dresden bewegt sie sich zwischen Positionen, deren Vorstellungen sich scharf von denen der Psychoanalyse abgrenzen. Erst 1923 beginnt sie ihre psychoanalytische Ausbildung in Form einer Lehranalyse bei Hanns Sachs in Berlin und eröffnet im darauffolgenden Jahr ein privates Sanatorium in Heidelberg. Hier versucht sie, in einer Therapeuten- und Patientengemeinschaft jüdische Lebensform und psychoanalytische Denkweise zu verbinden, indem die therapeutische Arbeit unter Einhaltung der jüdischen Speise- und Sabbatgesetze und im Rahmen täglicher Gebete und Gespräche über die Bibel geleistet wird. Aus dem therapeutischen Verhältnis mit Erich

Fromm entsteht 1926 eine kurze, kinderlose Ehe, die bereits 1930 wieder aufgelöst wird.
Am 1. Juli 1933 emigriert Frieda Fromm-Reichmann über Straßburg zunächst nach Palästina und später in die USA. In der Privatklinik Chestnut Lodge, Maryland, leitet sie, angelehnt an Harry Stack Sullivan, eine neue Ära in der Therapie schizophrener Psychosen ein, die den somatisch ausgerichteten Behandlungsverfahren (Elektro- und Insulinschock, Gehirnchirurgie) diametral entgegensteht. Mit der Annahme, daß die Psychose Ausdruck einer schweren Lebensstörung ist, orientiert sich die Therapie daran, zunächst durch Kontinuität, Wärme und Verständnis ein Vertrauensverhältnis zwischen Therapeut und Patient herzustellen, um auf dieser Grundlage die Entwicklung und Dynamik der Erkrankung gemeinsam zu erarbeiten und zu verstehen. Während noch Sigmund Freud Psychotiker aufgrund ihres hohen Realitätsverlustes psychoanalytisch für nicht therapiefähig hält, macht Frieda Fromm-Reichmann die Psychoanalyse für die Behandlung von Psychosen nutzbar.
Ihre langjährige psychoanalytische Tätigkeit in der Privatklinik Chestnut Lodge wird in dem autobiographischen Roman ihrer Patien-

Frieda Fromm-Reichmann, um 1928

tin Joanne Greenberg (unter dem Pseudonym Hannah Green) einfühlsam beschrieben.

Veröffentlichungen (Auswahl). Über Pupillenstörungen bei Dementia praecox. Diss. 1914; Das jüdische Speiseritual. In: Imago 13 (1927), S. 235–246; Psychoanalysis and Pychotherapy. Chicago, London 1959, deutsch: Psychoanalyse und Pychotheraphie. Stuttgart 1959

Literatur (Auswahl). Hannah Green: I Never Promised You a Rose Garden. A Novel. New York, Chicago, San Francisco 1964, deutsch: Ich hab dir nie einen Rosengarten versprochen. Bericht einer Heilung. Reinbek bei Hamburg 1978; Angelika Klotschke: Frieda Fromm-Reichmann. Leben und Werk. Med. Diss. Mainz 1979; Uwe Henrik Peters: Frieda Fromm-Reichmann und die psychoanalytisch orientierte Psychotheraphie der Schizophrenie. In: Ders.: Psychiatrie im Exil. Die Emigration der Dynamischen Psychiatrie aus Deutschland 1933–1939. Düsseldorf 1992, S. 173–188; Josef Rattner: Frieda Fromm-Reichmann. In: Ders.: Klassiker der Tiefenpsychologie. München 1990, S. 441–463

Christiane Humrich

Fürth, Henriette

Frauenrechtlerin, Schriftstellerin

15. 8. 1861, Gießen –
1. 6. 1938, Bad Ems
Vater: Siegmund Katzenstein, Holzhändler;
Mutter: Sophie, geb. Loeb

Henriette Fürth wächst in einem vornehmen Gießener Stadtteil auf, in dem die zugezogene jüdische Familie auf Ablehnung stößt. Bereits in den unteren Schulklassen fühlt sie sich als Ausgestoßene, doch behauptet sie sich, entwickelt ihren kämpferischen Geist und beschließt, ihre jüdische Abstammung nie zu verleugnen. Nach dem Abschluß der höheren Töchterschule gestattet der Vater zunächst den Besuch der Frankfurter Elisabethenschule, der ein Lehrerinnenseminar angeschlossen ist, widerruft jedoch seine Erlaubnis noch vor Beginn der eigentlichen Ausbildung, da seine Tochter als Jüdin keine Aussicht auf Anstellung habe. Den Mangel einer vorzeigbaren, abgeschlossenen Berufsausbildung kompensiert sie nach ihrer Heirat und Übersiedlung nach Frankfurt durch Studien an der volkswirtschaftlichen Sektion des «Freien Deutschen Hochstifts», wo sie mit Untersuchungen zur Frauenheimarbeit beginnt. Obwohl sie als Mutter von acht Kindern

durch häusliche Aufgaben stark belastet ist, veröffentlicht sie – angeregt durch ihren Bruder – sozialkritische Artikel. Mit der Zeit gelingt es ihr, als versierte Rednerin und Publizistin, eigene Einnahmen zu erzielen, die sie dringend für die große Familie braucht. Neben dem Gedichtband «Vineta» erscheinen etwa 200 Artikel und 30 selbständige Veröffentlichungen. Dabei nimmt sie zu allen frauenrelevanten Themen der Zeit Stellung: zu Problemen des Kinder- und Mutterschutzes und der Hauswirtschaft, zum Problem des Bevölkerungsrückgangs und der «Volksgesundheit». In ihrem letzten größeren Werk, «Die Regelung der Nachkommenschaft als eugenisches Problem» (1929), erörtert sie die Möglichkeit, erbkranken Nachwuchs zu vermeiden. Neben ihrer publizistischen Arbeit findet Henriette Fürth noch Zeit, sich im Vereinsleben zu engagieren. Obwohl keine Glaubensjüdin, möchte sie doch ihr großes Wissen und ihr soziales Verantwortungsbewußtsein in jüdischen Kreisen einbringen. 1901 gründet sie zusammen mit der orthodoxen Jüdin → Bertha Pappenheim den Verein «Weibliche Fürsorge»; allerdings kommt es zwischen beiden Frauen zu erheblichen Meinungsverschiedenheiten, die eine fruchtbare Zusammenarbeit verhindern. Äußerst sensibel registriert Henriette Fürth antisemitische Strömungen in der deutschen Gesellschaft. Gegen persönliche Anfeindungen wappnet sie sich mit Stolz und einem fast übersteigerten Selbstbewußtsein. Ihre Kinder spornt sie an, durch überdurchschnittliche Leistungen auf sozialem und kulturellem Gebiet die Achtung der Nichtjuden zu erringen: «Mehr muß der Jude leisten als die andern. Muß güt'ger sein als sie, ein Schirm der Schwachen, der Wahrheit Kämpfer und Gerechtigkeit, wie Schlangen klug und wie die Taub' ohne Falsch.» (Krohn 1991, S. 328) Im Ersten Weltkrieg richtet sie zusammen mit ihren Töchtern eine Kriegsküche für die arme Bevölkerung ein, zudem übernimmt sie Aufgaben in der Auskunftstelle des städtischen Lebensmittelamtes. Sie arbeitet bis zur Erschöpfung. Ihre Söhne Siegmund und Walter werden beide im Feld schwer verwundet. Angesichts dieses Einsatzes ist sie über die 1916 durchgeführte «Judenzählung», durch die die Zahl der Juden in den kämpfenden Einheiten überprüft werden soll, zutiefst empört: «Geht doch und zählt sie. Zählt auch, die begraben und die verkrüppelt dieser grause Krieg. Geht hin und zählt. Sollt unsre Hilfe haben zum Zählen auch der jüd'schen milden Gaben und jüd'schen Streiter für den innern Sieg ...» (Angress 1978, S. 117). Nach Einführung des Frauenwahlrechts kandidiert sie für die Nationalversammlung, scheitert jedoch. Von 1919 bis 1924 ist sie sozialdemokratisches Mitglied der Frankfurter Stadtverordnetenversammlung. Während ihres siebzigsten Geburtstages 1932 noch mit einer Ehrenplakette der Stadt Frankfurt a. M. und einer Ehrenurkunde der Universität gedacht wird, stirbt sie 1938 von der Öffentlichkeit unbeachtet in Bad Ems. Ihre beiden Töchter Else und Anna Adelaar werden in Sobibor und Auschwitz ermordet.

Quellen. Teilnachlaß im Institut für Sozialgeschichte, Amsterdam

Veröffentlichungen. Die Fabrikarbeit verheirateter Frauen. Frankfurt a. M. 1902; Die Mutterschaftsversicherung. Jena 1911; Vineta. Dichtungen. Leipzig 1911; Die Regelung der Nachkommenschaft als eugenisches Problem. Stuttgart 1929 (Schriften zur Psychologie und Soziologie von Sexualität und Verbrechen, Bd. 2)

Literatur. Simon Katzenstein: Henriette Fürth. Versuch einer Würdigung. Zu ihrem siebzigsten Geburtstag gewidmet von ihrem Bruder. MS. Berlin 1931; Werner T. Angress: The German Army's «Judenzählung» of 1916. In: Leo Baeck Institute, Year Book 23 (1978), S. 117–135; Helga Krohn: «Du sollst Dich niemals beugen». Henriette Fürth, Frau, Jüdin, Sozialistin. In: Juden in Deutschland. Emanzipation, Integration, Verfolgung und Vernichtung. Hg. von Peter Freimark u. a. Hamburg 1991, S. 326–343; Maya Fassmann: Jüdinnen in der deutschen Frauenbewegung 1865–1919. Hildesheim 1994 (Wissenschaftliche Abhandlungen des Salomon Ludwig Steinheim-Instituts, Bd. 6)

Maya Fassmann

Gert, Valeska **Tänzerin, Schauspielerin, Kabarettistin**

11. 1. 1892, Berlin – zwischen 15. u. 18. 3. 1978, Kampen/Sylt
Vater: Theodor Samosch, 1852–1919, Besitzer einer Fabrik für Kunstblumen und Federn; Mutter: Augusta, geb. Rosenthal, 1864–1920

Gertrud Valeska Samosch entstammt einer gutsituierten, zu Anfang des Ersten Weltkrieges allerdings verarmten bürgerlichen Familie. Als Kind wird sie zu «Graziestunden» beim Ballettmeister des königlichen Schauspielhauses in Berlin angehalten. Sie begeistert sich zunächst für die russische Primadonna Anna Pawlowa, zeigt aber schon bald unangepaßte und exzentrische Verhaltensweisen: Mit kreideweiß gepudertem Gesicht, knallrot geschminkten Lippen und schockfarbenen Gewändern erscheint sie in der Schule, der sie ohnehin den Besuch von Bällen vorzieht. Als die Familie in Not gerät, entscheidet sich Valeska Gert auf den Rat von Arthur Kahane für das Theater, um sich den Lebensunterhalt selbst zu verdienen. Sie erhält Schauspielunterricht bei Maria Moissi, die auch ihr Debüt vermittelt: 1916 kreiert Valeska Gert für eine von Rita Sacchetto arrangierte Vorführung den «Tanz in Orange», den sie als «moderne Tanzsatire» definiert. Als die Ufa Valeska Gert nach diesem Auftritt für Tanzvorstellungen zwischen zwei Filmen im Theater am Nollendorfplatz verpflichtet, kommt es zum Skandal: Das Publikum reagiert mit Radau auf die als anstößig empfundenen Darbietungen. 1916/17 engagiert Otto Falckenberg die junge Künstlerin für die Münchner Kammerspiele, wo sie aber nur als Statistin eingesetzt wird. 1917/18 spielt sie bei Max Reinhardt in Berlin kleinere Rollen.

Valeska Gert unterstützt das revolutionäre Theater «Tribüne», das von Franz Bengler, Karl-Heinz Martin und Rudolf Leonhard geleitet wird. Als sie hier ihre eigene Inszenierung der «Salome» von Richard Strauss und Oscar Wilde präsentieren will, erfährt sie einen eklatanten Mißerfolg. Zwischen den Bühnenauftritten liegen erfolgreiche Tanzabende als Solistin. 1918 geht sie mit Erik Charell zum erstenmal auf Auslandstournee, nach Bukarest. Die tänzerische Entwicklung tritt bei Valeska Gert seit Anfang der zwanziger Jahre immer mehr in den Vordergrund. In ihren selbstgeschaffenen grotesken Tänzen, ihren Tanz-

Valeska Gert in der Tanzpantomine «Gruß aus dem Mumienkeller», 1926

parodien und Tanzkarikaturen verschmilzt sie den modernen Tanz mit mimischen Elementen. Im Laufe der Zeit findet sie zu einer einzigartigen «Synthese von Tanz, Mimik, Laut und Sprache»: «Alles zusammen schleuderte ich in einem Schwung aus meinem Zentrum.» (Gert 1968/1989, S. 45) Für die Gert sind ihre Tänze mit Rausch und Ekstase verbunden, Ausdruck einer unbändigen Lebenslust und Vitalität. Sie will mit ihrer Kunst den Zeitgeist spiegeln, die seelische «Unausgeglichenheit» der Menschen in den «roaring twenties».

Mit ungeheurer Gefühlsintensität stellt sie vor allem Vertreter gesellschaftlicher Randgruppen dar: Outcasts, Prostituierte, Kupplerinnen. Einige ihrer damaligen Tanzpantomimen hießen «Canaille», «Capriziosa», «Nervosität», «Gruß aus dem Mumienkeller», «Tod», «Chansonette», «Boxen», «Amme», «Japanische Pantomime».
1929 begeistert sie während einer Tournee das sowjetische Publikum; sie freundet sich mit Sergej Eisenstein an. Valeska Gert wirkt auch in wichtigen Filmproduktionen mit, so 1925 in G. W. Pabsts «Freudlose Gasse» neben Asta Nielsen und Greta Garbo, in «Nana» von Jean Renoir, in «Alraune» von Henrik Galeen sowie in den Pabst-Filmen «Tagebuch einer Verlorenen» und «Die Dreigroschenoper»; insgesamt bieten ihr allerdings weder die Theaterbühne noch der Film genügend Entfaltungsmöglichkeiten. Ihr eigenes Kabarett «Der Kohlkopp» bleibt Episode. Schon Anfang der dreißiger Jahre werden Valeska Gert immer seltener Engagements angeboten. In rechtsgerichteten Kreisen gilt sie als Inbegriff der Dekadenz, Lasterhaftigkeit, der «entarteten Kunst»; zudem war sie linksorientiert und jüdischer Herkunft. Die Machtübernahme durch die Nationalsozialisten bedeutet die völlige Vernichtung ihrer künstlerischen Existenz in Deutschland. Sie erfährt die sukzessive Entrechtung der Juden in ihrer Heimat sehr bewußt, kehrt aber auch nach der erzwungenen Scheidung von Helmuth von Krause, dem Sohn eines ehemaligen Reichsjustizministers, und der Trennung von ihrem Freund Aribert Wäscher immer wieder von Auslandstourneen in das geliebte Berlin zurück. 1938 emigriert sie allein in die USA, schlägt sich dort als Tellerwäscherin und Aktmodell durch und erleidet nach erfolgreichen Anfängen mit ihrem originellen Nachtklub «Beggar Bar» in New York Schiffbruch. Schon 1947 kommt sie nach Europa, 1949 nach Berlin zurück. Die Wirtschaftswunderzeit mit ihrem rigorosen Materialismus und ihrer neuen Spießigkeit läßt die Tänzerin Valeska Gert in der Versenkung verschwinden. Sie ist fortan nur noch als Wirtin der Künstlerlokale «Hexenküche» in Berlin und «Ziegenstall» in Kampen auf Sylt präsent. 1965 wird sie von Fellini für eine kleine Rolle in «Julia und die Geister» engagiert. Volker Schlöndorff will ihr mit seinem Film «Der Fangschuß» zum Comeback verhelfen. Bevor sie in Werner Herzogs «Nosferatu» die Rolle des Renfield übernehmen kann, stirbt Valeska Gert.

Quellen. Valeska Gert-Archiv, Akademie der Künste, Berlin

Veröffentlichungen. Journalistische Arbeiten u. a. für die «Elegante Welt», «Berliner Tageblatt», «Die Weltbühne», «Der Querschnitt»

Mein Weg. Leipzig 1931; Ich bin eine Hexe. Kaleidoskop meines Lebens. München 1968, Neudruck München 1989

Literatur. Fred Hildenbrandt: Die Tänzerin Valeska Gert. Stuttgart 1929; Frank-Manuel Peter: Valeska Gert. Tänzerin, Schauspielerin, Kabarettistin. Eine dokumentarische Biographie. Berlin 1987

Filmisches Porträt. Volker Schlöndorff: Nur zum Spaß, nur zum Spiel ... Kaleidoskop Valeska Gert: Portrait einer genialen Unterhaltungskünstlerin. BRD 1977

Elfi Pracht

Giehse, Therese **Schauspielerin**

6. 3. 1898, München –
3. 3. 1975, München
Vater: Salomon Gift, 1849–1911, Textilkaufmann; Mutter: Gertrude, geb. Hainemann, 1862–1934

Das Mädchen aus bürgerlichem Hause, das so gar nicht den Schönheitsidealen der Zeit entspricht, verfolgt zäh und fleißig den Wunsch, Bühnenschauspielerin zu werden. Nach dem Schauspielunterricht bei Tony Wittels-Stury in München und ihrer Beteiligung am «Bühnenverein für primitive und expressionistische Kunst: Das Spiel» wandert Therese Giehse fünf Jahre lang durch die deutsche Theaterprovinz. In Siegen, Gleiwitz, Landshut und an der Bayerischen Landesbühne kann sie das schauspielerische Handwerk einüben, das sie stets sehr hoch einschätzte. 1924 engagiert sie Paul Barnay zusammen mit Carola Neher und Peter Lorre an das Stadttheater in Breslau, das für den schauspielerischen Nachwuchs, auch für Therese Giehse, das Sprungbrett nach Berlin oder München bedeutet.

Therese Giehse geht schon für die Spielzeit 1925/26 an das Münchner Schauspielhaus. 1926 eröffnet Otto Falckenberg die Kammerspiele im Schauspielhaus. Diese Bühne in der kulturell sehr aufgeschlossenen bayerischen Metropole ist das Forum für modernes bis avantgardistisches Theater und wird bald zur künstlerischen Heimat der Giehse. Falckenberg spielt an seinem Experimentiertheater Carl Sternheim, Heinrich Mann, Georg Kaiser, Werfel, Walter Hasenclever, Klabund, Leonhard Frank, Ferdinand Bruckner, Alfred Döblin, Friedrich Wolf, Bertolt Brecht und andere. Therese Giehse, die schon als junge Frau die «komische Alte» und diffizile Muttergestalten darstellt, hat in München große Erfolge als Mutter Wolffen in Gerhart Hauptmanns

Therese Giehse als Marthe Rull in Kleists «Der zerbrochene Krug», Berliner Ensemble, 1957

«Biberpelz», als Frau John in den «Ratten», als Celia Peachum in der «Dreigroschenoper» Brechts.
Daß die Giehse auch von Adolf Hitler als «reinrassige Deutsche» verehrt und gegen antisemitische Anwürfe abgeschirmt wird, ist ihr sehr peinlich. Therese Giehse ist in München vor allem mit Thomas Mann und seinen Kindern befreundet. Zusammen mit Erika Mann und Magnus Henning gründet sie am 1. Januar 1933 das literarische Kabarett «Die Pfeffermühle». Als die Giehse im März des gleichen Jahres in die Schweiz emigriert, nimmt auch «Die Pfeffermühle» im Hirschen zu Zürich ihre Arbeit auf. Mit dem antifaschistischen Programm des Kabaretts gehen Therese Giehse und Erika Mann erfolgreich auf Europa-Tournee. Gastspiele in den USA kommen weniger gut an. Von 1938 bis 1945 arbeitet sie am Züricher Schauspielhaus, dem während der Ära Oskar Wälterlin viele prominente Emigranten zu einem neuen Aufschwung verhelfen. 1941 ist sie unter der Regie von Leopold Lindtberg die erste «Mutter Courage» und hat damit «ihren Autor» gefunden: Bertolt Brecht. Das «Brechtische und das Bayerische» (Benjamin Henrichs) bestimmen wesentlich ihren Charakter als Schauspielerin. Zwischen 1949 und 1952 arbeitet sie am Berliner Ensemble: «Mutter Courage» (1950), die großen Frauenrollen im «Biberpelz» und «Roten Hahn» Gerhart Hauptmanns (1951) und schließlich 1952 die Marthe Rull in Heinrich von Kleists «Der zerbrochene Krug» festigen Giehses Ruhm als «intellektuelle Volksschauspielerin».
Der Giehse wurde oft nachgesagt, ein schwieriger Mensch und eine eigensinnige Schauspielerin zu sein; sie galt als ziemlich stur, liebte es, gegen den Strom zu schwimmen, war distanziert, kritisch, ganz und gar unsentimental, im Gegensatz zu vielen ihrer Kollegen völlig uneitel und eine äußerst disziplinierte Schauspielerin. Weitere große Rollen nach 1945 sind «Die Irre von Chaillot» von Jean Giraudoux (1946) und «Wassa Schelesnowa» von Maxim Gorki (1947). Seit 1949 kommt sie wieder zu Gastspielen an die Münchner Kammerspiele, die seit 1947 von Hans Schweikart geleitet werden. Hier brilliert die Giehse vor allem in Dürrenmatt-Rollen. Der Schweizer Autor schreibt für sie sein Schauspiel «Die Physiker» um: Die Gestaltung der Rolle der Irrenärztin Dr. Mathilde von Zahnd gehört zu ihren großen Leistungen. Neben ihrer Arbeit am Theater wirkt Therese Giehse auch in Filmen (zum Beispiel «Die letzte Chance» von Leopold Lindtberg, 1945) sowie in zahlreichen Fernseh- und Hörspielproduktionen mit. Seit 1954 ist München wieder ihr Wohnsitz. In ihren letzten Lebensjahren arbei-

tet die Giehse gern mit jungen aufstrebenden, aber noch nicht etablierten Theaterleuten zusammen: mit Peter Stein, Martin Sperr, Franz Xaver Kroetz beispielsweise. In der Eröffnungsaufführung der Schaubühne am Halleschen Ufer spielt sie 1970 die Hauptrolle in Maxim Gorkis «Die Mutter». Mit einem vielbeachteten Brecht-Abend im Berliner Ensemble und einem Auftritt in Louis Malles Film «Julien» verabschiedet sich die Giehse von ihrem Bühnenpublikum.

Quellen. Nachlaß: Stadtbibliothek München/Handschriftenabteilung; Kammerspiele München; Theatermuseum München
Veröffentlichung. Therese Giehse: «Ich hab nichts zum Sagen». Gespräche mit Monika Sperr. München, Gütersloh, Wien 1978
Literatur. Wolfgang Drews: Die Schauspielerin Therese Giehse. Velber 1965; Wolfgang Petzet: Die Münchner Kammerspiele 1911–1972. München 1973; Werner Mittenzwei: Das Züricher Schauspielhaus 1933–1945 oder Die letzte Chance. Berlin (DDR) 1979

Elfi Pracht

Gluecksohn-Waelsch, Salome **Genetikerin**

6. 10. 1907, Danzig
Vater: Ilja Gluecksohn;
Mutter: Nadia, geb. Pomeranz

Salome Gluecksohn-Waelsch stammt aus einer nach Ostpreußen immigrierten jüdischen Familie. Vor dem Hintergrund antisemitischer Erfahrungen und der wirtschaftlichen Not während ihrer Jugend wird sie als junge Frau zur leidenschaftlichen Zionistin. In Königsberg und Berlin studiert sie Chemie und Zoologie mit der Absicht, Lehrerin in Israel zu werden. 1932 promoviert sie bei dem späteren Nobelpreisträger Hans Spemann in Freiburg im Fach Entwicklungsphysiologie. Da sie jegliche genetische Fragestellung in der damaligen Entwicklungsphysiologie und besonders bei Spemann vermißt, versucht sie nach ihrer Promotion, sich bei Richard Goldschmidt am Kaiser-Wilhelm-Institut für Biologie in die genetische Forschung einzuarbeiten. Doch erhält sie von seinem Assistenten Curt Stern die Auskunft, daß sie als Frau und als Jüdin keinerlei Berufschancen in der Genetik habe, eine solche Ausbildung also sinnlos sei. Nach der Ernennung Hitlers zum Reichskanzler verläßt sie in deutlicher Ahnung dessen, was kommen wird, bereits im Mai 1933 Freiburg und kommt im August dieses Jahres nach New York. 1935 beginnt sie unter dem Genetiker Leslie C. Dunn an der Columbia University, zunächst unbezahlt, seit 1936 dann als Research Associate (zu diesem Zeitpunkt ist es in den USA für Frauen noch so gut wie unmöglich, in den Lehrkörper einer Universität aufgenommen zu werden) mit Mausmutanten über entwicklungsbiologische Fragen zu arbeiten. Bei Dunn erhält sie die lange gewünschte genetische Ausbildung. Erst 1955 am Albert Einstein College of Medicine in New York wird Salome Gluecksohn-Waelsch Associate Professor und 1958 Professor für Genetik. Sie leitet das von ihr gegründete Department für Genetik von 1963 bis 1976 und setzt bis heute, auch nach ihrer Emeritierung im Jahr 1978, ihre unter Dunn begonnene Forschung an Mausmutanten fort. In den siebziger Jahren ersetzt sie die Analyse morphologisch sichtbarer Mutationen durch die molekularbiologische Analyse biochemischer Defekte. Es ist das Verdienst von Salome Gluecksohn-Waelsch, die Entwicklungsgenetik als eigenständige Disziplin mit einer eigenen Methodologie in die biologische Forschung eingeführt und wichtige Beiträge zum Verständnis der Natur der Genwirkung geliefert zu haben. Aufgrund ihrer wissenschaftlichen Leistungen wird sie 1979 als Mitglied in die National Academy of Sciences der USA aufgenommen. Verheiratet mit dem Biochemiker Rudolf Schönheimer, nach dessen Tod mit dem Biochemiker Heinrich B. Waelsch, lebt Salome Gluecksohn-Waelsch heute in New York.

Quellen. Persönliche Mitteilungen; Research Foundation for Jewish Immigration, New York

Veröffentlichungen (Auswahl). The effect of an early lethal (t^0) in the house mouse. In: Genetics 25 (1940), S. 391–400; (mit J. Thorndike, M. J. Trigg, R. Stockert, C. F. Cori:) Multiple biochemical effects of a series of x-ray induced mutations at the albino locus in the mouse. In: Biochemical Genetics 9 (1973), S. 25–39; (mit

C. F. Cori, P. A. Shaw, C. Robinson:) Correction of a genetically caused enzyme defect by somatic cell hybridization. In: Proceedings of the National Academy of Sciences, USA, 80 (1983), S. 6611–6614; Lethal chromosomal deletions in the mouse. A model system for the study of development and regulation of postnatal gene expression, BioEssays 13 (1991), S. 557–561
Literatur. Journal des Albert Einstein College of Medicine, Sommer 1989; Scott F. Gilbert (Hg.): A Conceptual History of Modern Embryology. Bd. 7 von: Developmental Biology: A Comprehensive Synthesis. 1991, S. 181–188

Ute Deichmann

Goldschmidt, Henriette

Frauenrechtlerin, Förderin des Fröbelschen Kindergartens

23. 11. 1825 Krotoschin/Posen – 30. 1. 1920 Leipzig
Vater: Levin Benas, Kaufmann;
Mutter: Eva, geb. Laski

In dem deutsch-polnischen Städtchen Krotoschin wächst Henriette Goldschmidt als sechstes Kind in einer aufgeklärten, wohlhabenden Familie heran. Mehr als die höhere Töchterschule prägt sie die eigene Lektüre der deutschen Klassiker und die Begeisterung des Vaters für die revolutionäre Bewegung von 1848, an der er auch seine Töchter teilhaben läßt. Sie leidet unter der Stiefmutter, einer Analphabetin, die der Vater in der Annahme geheiratet hat, daß sie seinen Kindern «eine fürsorgliche Mutter sein würde, deren Geist nicht durch überflüssige Lektüre abgelenkt werden würde» (Siebe/Prüfer 1922, S. 3 f.). Auf diese Erfahrung führt Henriette Goldschmidt ihr späteres Engagement für die Ausbildung von Mädchen für ihren mütterlichen Beruf zurück. 1853 heiratet sie ihren verwitweten Vetter, den Rabbiner Abraham Meyer Goldschmidt, Prediger der deutsch-israelitischen Gemeinde in Warschau, dessen drei Söhne sie liebevoll erzieht. Als 1858 ihr Mann als Nachfolger Adolf Jellineks nach Leipzig – für sie die Stadt der Freiheit und Humanität – berufen wird, vergleicht sie dies mit dem Einzug ins Gelobte Land. Die Universitätsstadt mit ihrem regen deutsch-jüdischen Vereinsleben wird ihre eigentliche Heimatstadt. Hier beteiligt sie sich 1865 zusammen mit Auguste Schmidt und Louise Otto-Peters an der Gründung des «Allgemeinen Deutschen Frauenvereins», der sich vor allem agitatorisch für die Emanzipation

Henriette Goldschmidt (in der ersten Reihe, Mitte)

der Frauen zur Arbeit einsetzt. Da laut Vereinsstatuten Männern nur beratendes Stimmrecht zugestanden wird, zaudert Henriette Goldschmidt einzutreten. Erst auf Zureden ihres Mannes, der in der Klausel einen notwendigen Schritt zur Emanzipation sieht, wird sie Mitglied. Von 1867 bis 1906 ist sie Vorstandsmitglied und beliebte Rednerin des Vereins. Als sie sich in den ersten Jahren ihrer Vereins- und Vortragstätigkeit eingehend mit pädagogischen Schriften beschäftigt, beeindrukken sie vor allem die Werke Friedrich Fröbels. Auf seine Lehre gründet sich ihr weiteres Lebenswerk. Ihr praktisches Ziel wird, einerseits Mädchen auf ihren «natürlichen Beruf» als Mutter vorzubereiten, andererseits jungen Frauen das neue weibliche Berufsfeld der Kindergärtnerin zu eröffnen, falls ihnen die eigene Mutterschaft versagt bleibt. Darin sieht sie ihren Beitrag zur Lösung der «Frauenfrage». Mit Fröbel vertritt sie den Standpunkt, daß weibliche soziale und pädagogische Veranlagungen und Talente den männlichen kulturschaffenden Fähigkeiten gleichwertig seien. «Der Erziehungsberuf ist der Kulturberuf der Frau», meint sie (Siebe/Prüfer 1922, S. 110). Daher sei die Entwicklung zur humanen Gesellschaft ohne Rassen- und Klassenschranken nur möglich, wenn gebildete, feinsinnige Frauen sich an der Kulturarbeit beteiligen. 1867 fordert sie, daß neben Stadtvätern «Stadtmütter» zur Lösung kommunaler Aufgaben heranzuziehen seien, und plädiert im darauffolgenden Jahr für die Einführung eines sozialen Dienstjahres für Frauen. 1871 gründet sie, unterstützt von zahlreichen Leipziger Honoratioren, den «Verein für Familien- und Volkserziehung». In den 50 Jahren Tätigkeit im Verein gelingt es ihr, vom Kindergarten bis zur Hochschule Betreuungs- und Ausbildungsstätten für Mädchen und Frauen einzurichten. Es entstehen Volkskindergärten, ein Seminar für Kindergärtnerinnen (1872) und das «Lyzeum für Damen» (1878), mit Gastvorlesungen von Professoren der Leipziger Universität. Gekrönt wird ihr Vereinswerk mit der 1911 gegründeten «Leipziger Hochschule für Frauen», die nicht als Konkurrenz zu den mittlerweile für Frauen geöffneten Universitäten gedacht ist, sondern eine frauenspezifische Bildung vermitteln soll. Nach dem Ableben der hochbetagten Gründerin übernimmt die Stadt Leipzig das Vereinsvermögen; die verschiedenen Lehranstalten werden in ein «Sozialpädagogisches Frauenseminar» mit zeitgemäßen Ausbildungsnormen überführt.

Veröffentlichungen. Ideen über weibliche Erziehung im Zusammenhange mit dem System Friedrich Fröbel's. Sechs Vorträge. Leipzig 1882; Ist der Kindergarten eine Erziehungs- oder Zwangsanstalt? Zur Abwehr und Erwiderung auf Herrn K. O. Beetz's «Kindergartenzwang! Ein Weck- und Mahnruf an Deutschlands Eltern und Lehrer». Wiesbaden 1901; Vom Kindergarten zur Hochschule für Frauen: Eine Denkschrift. Leipzig 1911

Literatur. Josephine Siebe, Johannes Prüfer: Henriette Goldschmidt. Ihr Leben und ihr Schaffen. Leipzig 1922; Maya Fassmann: JüdInnen in der deutschen Frauenbewegung 1865–1919. Hildesheim 1994 (Wissenschaftliche Abhandlungen des Salomon Ludwig Steinheim-Instituts, Bd. 6).

Maya Fassmann

Goldschmidt, Johanna

Frauenrechtlerin, Pädagogin

11. 12. 1806, Bremerlehe bei Hannover – 10. 10. 1884, Hamburg
Vater: Marcus Hertz Schwabe, 1766–1862, Kommerzienrat;
Mutter: Jette, geb. Lazarus, 1769–1826

Als Jüdin und achtfache Mutter stellt Johanna Goldschmidt Fragen zur jüdischen Emanzipation und zur Pädagogik in den Mittelpunkt ihres literarischen und praktischen Wirkens. In ihrem 1847 veröffentlichten Briefroman «Rebekka und Amalia» läßt sie die in Hamburg lebende Jüdin Rebekka, deren Lebensumstände ihren eigenen gleichen, in Briefen an die vornehme Ministertochter Amalia von Felseck in Berlin über die gesellschaftliche Zurücksetzung der Juden Klage führen. Die im 4. und 5. Brief entwickelte Idee eines überkonfessionellen Frauenvereins, in dem sich Adlige, Bürgerliche, Protestantinnen, Katholikinnen und Israelitinnen zusammenfinden sollten, um durch Vorlesungen, Gespräche und gemeinsames Musizieren die Idee der Toleranz unter ungebildeten Frauen zu verbreiten, findet bei christlichen Frauen Anklang. Zusammen mit Amalia Westendarp, einer Tochter des wohlhabenden Hamburger Stock- und Fischbeinfabrikanten Heinrich Christian Meyer, gründet Johanna Goldschmidt 1848 den «Frauenverein zur Bekämpfung und Ausgleichung religiöser Vorurteile». Mit ihrem nächsten zweibändigen Werk «Muttersorgen und Mutterfreuden» (1849–51), in dem sie für religiöse Toleranz in der Kindererziehung plädiert, gewinnt sie die Freundschaft des Pädagogen Adolf Diesterweg, mit dem sie in einen längeren Briefwechsel tritt. Bereits früh erkennt sie die Bedeutung des damals vielfach angefeindeten Kindererziehers Friedrich Fröbel und seiner Idee des Kindergartens. 1850 ermöglicht sie Fröbel, in Hamburg Kindergärtnerinnen auszubilden und einen Kindergarten einzurichten. Seine Methode wird ebenfalls in der Kinderbewahranstalt für die Kinder der Ärmsten eingeführt. Für die entlassenen weiblichen Zöglinge organisiert Johanna Goldschmidt, die selbst eine sorgfältige Erziehung genossen hat, nun privat den weiteren Unterricht. Als ihre Privatschule endlich die erhoffte öffentliche Anerkennung findet und 1866 durch Mittel des Paulsen-Stifts ein neuerbautes Gebäude beziehen kann, muß sie zugunsten der jungen Lehrerin Anna Wohlwill, die sich als Tochter des Lehrers der Israelitischen Freischule Immanuel Wohlwill auf den Lehrberuf vorbereitet hat, Kompetenzen abgeben. Auf diese herbe Enttäuschung reagiert sie mit ihrem Rücktritt und widmet sich für den Rest ihres Lebens dem «Hamburger Fröbelverein», den sie 1860 mitbegründet hat. Unter ihrer Leitung werden ein Musterkindergarten und eine Ausbildungsstätte für (Familien-)Kindergärtnerinnen eingerichtet. Als Mitglied des «Verbandes deutscher Frauenbildungs- und Erwerbvereine» in Berlin stärkt ihr Verein den moderaten Zweig der deutschen organisierten Frauenbewegung.

Quellen. Teilnachlaß Staats- und Universitätsbibliothek Carl von Ossietzky, Hamburg, Literaturarchiv; Staatsarchiv Hamburg
Veröffentlichungen. Rebekka und Amalia. Briefwechsel zwischen einer Israelitin und einer Adeligen über Zeit- und Lebensfragen. Leipzig 1847; Muttersorgen und Mutterfreuden. Worte der Liebe und des Ernstes über Kindheitspflege. Von einer Mutter. Mit einer Vorrede von Adolf Diesterweg. 2 Bde. Hamburg 1849–51
Literatur. Maya Fassmann: Jüdinnen in der deutschen Frauenbewegung 1865–1919, Hildesheim 1994 (Wissenschaftliche Abhandlungen des Salomon Ludwig Steinheim-Instituts, Bd. 6).

Maya Fassmann

Goll, Claire — Schriftstellerin

29. 10. 1891, Nürnberg –
30. 5. 1977, Paris
Vater: Aischmann, Zinn- und Hopfenhändler;
Mutter: geb. Scheler

Claire Goll kommt 1976 mit ihren als «chronique scandaleuse» angekündigten Memoiren «Ich verzeihe keinem» noch einmal ins Blickfeld der Öffentlichkeit. Der Titel trifft insbesondere ihre Mutter; die Großmutter und die Tanten werden als sadistische Hysterikerinnen be-

Claire Goll, 1921. Foto: Atelier E. H. Martine, Paris

schrieben, die Kindheit als Inferno. Fluchtpunkt ist die Schule des Reformpädagogen Georg Kerschensteiner in München, wohin die Familie 1892 umgezogen ist. Ihre Erziehung durch Julie Kerschensteiner habe sie zu Selbstachtung und zur Literatur geführt, erinnert sich Claire Goll (1976, S. 35). Mit zwanzig Jahren heiratet sie, weil sie schwanger ist und dem Elternhaus entfliehen will, den Studenten Heinrich Studer. Das Ehepaar lebt in Leipzig, wo auch die Tochter Doralies geboren wird. Die Ehe scheitert, und Claire Goll kehrt nach Berlin zurück, muß jedoch ihre Tochter zurücklassen. Durch den Verleger Kurt Wolff in Leipzig kommt sie in Berührung mit den Dichtern des Expressionismus, lernt u. a. Franz Werfel kennen. Angewidert vom begeisterten Kriegstaumel, verläßt Claire Goll 1917 Deutschland und läßt sich in Genf nieder. Sie teilt die Wohnung mit → Elisabeth Bergner, setzt ihre naturwissenschaftlichen Studien fort und schreibt für die Zeitungen «Demain», die «National-Zeitung» und die «Freie Zeitung» pazifistische Beiträge. In diese Zeit fallen auch die ersten literarischen Veröffentlichungen. Die Hervorhebung ihrer Zugehörigkeit zum «Dada» und dessen derzeitige Bewertung lehnt sie in ihren Memoiren als übertrieben ab. (Goll 1976, S. 47) In Genf begegnet sie Yvan Goll, mit dem sie 1919 nach einer zwischenzeitlichen Affäre mit Rainer Maria Rilke, nach Paris zieht und den sie 1921 heiratet. Das Ehepaar Goll gehört zum Kreis der kommunistischen Zeitschrift «Action» und der Surrealisten; dazu zählen Henri Barbusse, Marc Chagall, Georges Braque, Pablo Picasso, Salvador Dalí, Fernand Léger, André Malraux, Jean Cocteau. Claire Goll verdient ihren Lebensunterhalt, indem sie Werbetexte für Helena Rubinsteins Kosmetikprodukte verfaßt, Übersetzungen anfertigt und aufsehenerregende Reportagen veröffentlicht, zum Beispiel über Armut und Bettelei in Paris in «L'Intransigeant». Diese Thematik verarbeitet sie in zahlreichen literarischen Texten dieser Zeit, darunter in dem Roman «Eine Deutsche in Paris» (1927). Die Jahre in Paris soll Claire Goll später als die glücklichsten ihres Lebens bezeichnen. Sie finden ihr Ende mit dem Aufkommen des Nationalsozialismus. Die Golls entscheiden sich für die Emigration in die USA und landen am 6. September 1939 in New York. Die Stadt fasziniert sie, viele der Emigranten sind Freunde aus der Pariser Zeit. Sie leben von Stipendien; Claire Goll arbeitet weiterhin als Journalistin u. a. für «La Voix de France», als Werbetexterin, wieder für Helena Rubinstein, und Übersetzerin. 1947 kehren Yvan und Claire Goll nach Paris zurück. Die Wohnung in der Rue de Condé ist von den Nationalsozialisten geplündert; es ist kein Geld da, und Yvan Goll ist sterbenskrank. Sie kommen im Hôtel d'Orsay unter, wo sie in ärmlichen Verhältnissen leben. Am 27. Februar 1950 stirbt Yvan Goll. Claire steht völlig mittellos da und kommt erst im hohen Alter durch eine Erbschaft zu einem sorgenfreien Auskommen. Seit dem Tod ihres Mannes ist sie vorrangig mit der Bearbeitung seines Nachlasses befaßt. Ihre eigenen, erst seit 1957 wieder publizierten Texte sind vorwiegend autobiographischer Natur. Ihre Memoiren beschließt ein Kapitel über die Liebesbeziehung zu einem jugendlichen Mann, die sie hoch in den Siebzigern erlebt und die sie als ein spätes Geschenk dankbar entgegennimmt. Claire Goll ist in Paris auf dem Friedhof Père Lachaise neben ihrem Mann Yvan Goll begraben.

Quellen. Schiller Nationalmuseum und Deutsches Literaturarchiv, Marbach am Neckar
Veröffentlichungen (Auswahl). Mitwelt. Berlin-Wilmersdorf 1918; Die Frauen erwachen. Frauenfeld 1918; Der gläserne Garten. München 1919; Das Herz Frankreichs. München 1920; Lyrische Filme. Wiesbaden 1922; Der Neger Juppiter raubt Europa. Basel 1925, Berlin 1929; Eine Deutsche in Paris. Berlin 1927; Ein Mensch ertrinkt. 1931; Arsenik. 1933 (Berlin 1977 unter dem Titel: Jedes Opfer tötet seinen Mörder. Reinbek bei Hamburg 1980 unter dem Titel: Arsenik oder Jedes Opfer tötet seinen Mörder); Tagebuch eines Pferdes. St. Gallen 1950; Die Taubenwitwe. Thal/St. Gallen 1952; Versteinerte Tränen. Karlsruhe 1957; Chinesische Wäscherei. Zürich 1952; Das tätowierte Herz. Wiesbaden 1957; Klage um Yvan. Wiesbaden 1960; Der gestohlene Himmel. München 1962; Memoiren eines Spatzen des Jahrhunderts. Wiesbaden 1969; Traumtänzerin. Jahre der Jugend. München 1971; Zirkus des Lebens. München 1976; Ich verzeihe keinem. Eine literarische Chronique scandaleuse unserer Zeit. Berlin, München 1978; (Hg.:). Roter Mond, weißes Wild. Lieder der Indianer. Heidelberg 1955; Meiner Seele Töne. Das literarische Dokument eines Lebens zwischen Kunst und Liebe. Aufgezeichnet in ihren Briefen, aus dem Nachlaß hg. von B. Glauert. Bern 1978
Literatur. Karl Schwedhelm, in: Das literarische Deutschland 2 (1951); Jürgen Serke: Claire Goll. In: Die verbrannten Dichter. 1977, S. 92–117; Gisela Brinker-Gabler: Deutsche Dichterinnen vom 16. Jahrhundert bis zur Gegenwart. 1978, S. 306–309

Jutta Dick

Gompertz-Bettelheim, Karoline von **Sängerin**

1. 6. 1845, Budapest – 14. 12. 1925 (auch: 24. 1. 1926), Wien
Vater: (Vorname unbekannt) Bettelheim, Kaufmann;
Mutter: Therese, geb. Deutsch, 1815–?

Als Kind erlernt Karoline Bettelheim durch Initiative der Mutter in Wien bei dem bekannten Komponisten Karl Goldmark das Klavierspiel. Danach erhält sie Gesangsunterricht bei Moriz Laufer, Professor am Wiener Konservatorium, ehemaliger Kantor der Israelitischen Gemeinde Wien. Am 13. Januar 1860 tritt sie erstmals als Pianistin in einem öffentlichen Konzert auf. Danach fällt auf den Rat Laufers hin der Entschluß, ganz auf die Stimme zu setzen und sich dem Musiktheater zu widmen. Sie wird von Matteo Salvi an die Hofoper in Wien engagiert und debütiert am 1. Mai 1861 in der Rolle der Priesterin in Willibald Ritter von Glucks «Iphigenie auf Tauris». Weitere Erfolge erlebt sie als Azucena in Giuseppe Verdis «Troubadour», als Selica in Giacomo Meyerbeers «Afrikanerin». Gegen den Willen der Witwe Meyerbeers übernimmt sie zunächst diese Rolle, die 1867 auch ihr Abschied von der Bühne sein wird. Sie glänzt ebenso in kleineren Rollen wie der der Marchesa von Maggiorivoglio in Gaetano Donizettis «Regimentstochter» oder als Frau Fluth in Otto Nicolais «Lustigen Weibern von Windsor». 1863 wird sie als Interpretin von Rollen des italienischen Repertoires an das Royal Theatre of Music nach London eingeladen. In Wien wirkt sie bei mehreren Hofkonzerten mit. Die Kritiker der damaligen Zeit loben die natürliche, von Inbrunst erfüllte Kraft und das tiefe Timbre ihrer Stimme, ihre innerliche Gefühlsbeteiligung, ihr schauspielerisches Talent. In verschiedenen deutschen Städten entwickelt Karoline Bettelheim eine bemerkenswerte Konzerttätigkeit, sowohl als Liedsängerin wie auch als Pianistin. In Bremen konzertiert sie 1866 neben Clara Schumann, die von ihrem Gesang zutiefst ergriffen ist. 1867 heiratet sie den Großindustriellen Julius Ritter von Gompertz, Präsident der Handelskammer zu Brünn, und zieht sich nach einer kurzen, aber glänzenden Karriere von der Opernbühne zurück. Sie ist vom 13. Mai 1861 bis zum 31. März 1867 440mal aufgetreten und hat in 33 Opern 34 Partien gesungen. Kaiser Franz Joseph ernennt Karoline von Gompertz-Bettelheim anläßlich ihres Abschieds von der Hofoper zur Kammersängerin und verleiht ihr das goldene Verdienstkreuz mit der Krone. Von da an gibt sie nur noch Konzerte, vor allem zu Wohltätigkeitszwecken. 1893 tritt sie zum letztenmal vor einem größeren Kreis auf.

Literatur. Hanslicks Geschichte des Wiener Konzertwesens; Julius Ritter von Gompertz: Jugenderinnerungen. Als Manuskript gedruckt. Brünn 1902; Julius Stern: Das Wiener Hoftheater 1858–1898. Wien o. J.; Anton Bettelheim: Karoline von Gompertz-Bettelheim. Ein biographisches Blatt zum 1. Juni 1905. Wien 1905; M. Kayserling: Die jüdischen Frauen. Leipzig 1879, S. 323–325

Avram Andrei Baleanu
(Deutsch von Hans Joachim Kemper)

Grotthuß, Sophie von

Schriftstellerin

1763, Berlin –
11. 12. 1828, Oranienburg

Vor allem in ihrem weitgehend ungedruckten Briefwechsel mit Goethe beschreibt Sophie von Grotthuß, geb. Sara Meyer, ihren schwierigen Abschied vom Judentum. Ihre «unnatürlich von Religions hass beselte Mutter» (Goethe-Jahrbuch, S. 46) habe sie «zu 15 Jahre ... an einen Elenden verheiratet, der meine Existenz 10 Jahre lang zur Höllenqual machte» (Goethe-Jahrbuch, S. 53). Die 1778 mit dem Kaufmann Lipman Wulf geschlossene Ehe habe sie völlig zerstört, schreibt sie mehrfach. Nach Wulfs Tod (1788) lebt sie auf, reist viel, vor allem in die böhmischen Bäder, wo sie 1795 Goethe kennenlernt, mit dem sie bis 1824 korrespondiert. 1797 heiratet sie den livländischen Baron Ferdinand Dietrich von Grotthuß, der bald verarmt und schließlich Postmeister in Oranienburg wird. In ihren späteren Jahren war sie schriftstellerisch sehr produktiv. In einem ungedruckten Brief an Goethe vom 14. August 1824 spricht sie von einem Roman, einem Drama und mehreren Erzählungen, die sie ihm zur Begutachtung mitschickt. Bis auf eine Erzählung, «Sophie ou la différence de l'Education», und zwei ungedruckte Manuskripte, «Ansichten einer deutschen Frau, geschrieben zu Dresden im Sommer 1814», sowie ein Theaterstück, «Die deutsche Erzieherin» (Sammlung Varnhargen), ist ihre schriftstellerische Arbeit wahrscheinlich verlorengegangen. Wie Karl August Varnhagen von Ense schreibt, war sie «anderthalb Jahre vor ihrem Tode» damit beschäftigt, «eine Anzahl Briefe von Ramler, Gedike, Zöllner, Biester, von Ligne, Frau von Staël und Andern zur Herausgabe zu ordnen, allein diese Papiere sind durch Unkunde nur späterhin größtentheils verbrannt worden». In einem späten Brief an → Rahel Varnhagen, der sich zu einem Essay über französische und deutsche Literatur, über Philosophie und Poetik sowie über Frauen und Männer dehnt, heißt es «(...) die Männer, selbst die ausgezeichnesten, wollen das die Frauen nur wie die Schmeterlinge kosten sollen, die ganze erkuikliche Nahrung schöner und Gesunter Fruchte soll für sie bleiben, wenn Sie mit Weibern raisoniren, so soll das Gesagte oder Gefragte sie neu mit der eignen Tiefe und Gründlichkeit nur mehr bekant machen, und durch den Contrast vergewißern, daher mögen sie keine Philosophisch denkende Frau.» (Hahn 1991, S. 35)

Quellen. Goethe-Schiller-Archiv, Weimar; Sammlung Varnhagen, Biblioteka Jagliellonska, Krakau

Veröffentlichungen. Einundzwanzig Briefe von Marianne von Eybenberg, acht von Sara von Grotthuss, zwanzig von Varnhagen von Ense an Goethe. In: Goethe-Jahrbuch XIV (1893), S. 46–60; Ein Brief von Frau von Grotthuis an Goethe. (Über Goethe's Leben, Mendelssohn und Lessing.) Aus dem Riemerschen Nachlaß. In: Europa. Chronik der gebildeten Welt 27 (1850), S. 209–211; Sophie von Grotthuß. Briefwechsel mit Goethe, Erzählungen und Essays. Hg. von Barbara Hahn, Würzburg 1994; Briefwechsel mit Rahel Levin Varnhagen. In: Edition Rahel Levin Varnhagen Abt. B/Bd. II. Hg. von Birgit Bosold und Barbara Hahn, München (in Vorbereitung)

Literatur. Barbara Hahn: Unter falschem Namen. Frankfurt a. M. 1991

Barbara Hahn

Grundig, Lea **Malerin, Graphikerin**

23. 3. 1906, Dresden – 10. 10. 1977, auf einer Seereise durch das Mittelmeer
Vater: Moritz Langer, Kaufmann

Lea Grundig verbringt 61 Lebensjahre in Dresden, unterbrochen durch die Emigration nach Palästina (1934–49). In ihrer Autobiographie «Gesichte und Geschichte» (1958) schildert sie das Studium an der Kunstgewerbeschule (1922–24) und an der Akademie (1924–26) als Schülerin von Otto Gußmann, die Bekanntschaft mit dem Kommilitonen Hans Grundig (1901–1958), die harmonische Lebens- und Arbeitsgemeinschaft mit ihm, beider Inhaftierung, ihre Rückkehr nach Dresden 1949 nach zehnjähriger Trennung.

Lea und Hans Grundig treten 1926 der KPD und 1930 der «Association Revolutionärer Bildender Künstler Deutschlands» (ASSO) bei, um als kommunistische Künstler die Lebenssituation der Ausgestoßenen und Unterprivilegierten darzustellen. Ihr Freundeskreis rekru-

Lea Grundig: SA marschiert. Linoldruck

tiert sich größtenteils aus der Gußmann-Klasse: Eva Schulze-Knabe, Otto Griebel, Eugen Hoffmann, Wilhelm Lachnit, Curt Querner, Fritz Skade. Lea Grundigs frühester Werkkomplex umfaßt die 1926 bis 1933 entstandenen Bildnis- und Bewegungsstudien von Nachbarn und Freunden. Ab 1933 gestaltet sie etwa 150 Radierungen, darunter die Zyklen «Unterm Hakenkreuz» (1933–37), «Krieg droht» (1935/36), «Frauenleben» (1933–36), «Der Jude ist schuld» (1935/36), in denen sie die nationalsozialistische Repression in realistischer Bildsprache verurteilt. 1934 emigriert sie nach Palästina, wo sie sich weiterhin mit dieser Thematik auseinandersetzt, so zum Beispiel in den Radierfolgen «Antifaschistische Fibel» (1941), «Im Tal des Todes» (1942–47),

«Niemals wieder» (1943–50), «Ghetto» (1946–47). Nach ihrer Rückkehr nach Dresden 1949 behandelt Lea Grundig weiterhin historische sowie zeitgenössische politische und soziale Mißstände, ideologische und ökologische Problemstellungen, so in ihren Arbeiten «Zum deutschen Bauernkrieg» (1957), «Lenin» (1970), «BRD» (1970/71), «Kommunisten» (1964–72), «Kommunistisches Manifest» (1968). Ferner gestaltet Lea Grundig Reiseimpressionen aus Kuba (1961) und Chile (1973/74) sowie Illustrationen Grimmscher Märchen (1953). Die Titel ihrer Radiersequenzen allein belegen Lea Grundigs bildkünstlerische Maxime: «Aber ich blieb beim Menschen, dessen Gesicht mir immer wieder das unendliche Widerspiel aller Wesenheit war. Ich wollte die tausend Ängste, die Ahnung des Furchtbaren, die Unfreiheit der Belauschten, Verfolgten darstellen. Ich wollte die Entmenschlichung zeigen und den Kampf der Besten dagegen.» (Grundig 1958, S. 159)
Die ehemalige DDR zeichnet die Klassenkämpferin 1950 mit einer Professur an der Dresdener Akademie für Bildende Künste aus. 1961 wird Lea Grundig von der Deutschen Akademie der Künste in Berlin-Ost zum Ordentlichen Mitglied ernannt und wird von 1964 bis 1977 Präsidentin des «Verbandes Bildender Künstler der DDR». Die Rezeption ihres Œuvres – das sich heute überwiegend im Besitz der Berliner Akademie der Künste und des Dresdener Kupferstichkabinetts befindet – beginnt mit der ersten Einzelausstellung 1930 in der Dresdener Galerie Joseph Sandel und reicht seit 1949 über eine weitreichende Popularisierung in der früheren UdSSR und Osteuropa bis hin in die Bundesrepublik und das westliche Ausland.

Einzelausstellungen (Auswahl). Galerie Joseph Sandel, Dresden 1930; Haifa, Jerusalem, Tel Aviv 1941–47; Galerie Manes, Prag 1948; Galerie Levante, Mailand und München 1969; Ladengalerie, Berlin 1964 und 1973; Kunstvereine Bonn und Heidelberg 1981; Hans und Lea Grundig, Albertinum, Dresden 1958, dann Ermitage, Leningrad, und Puschkin-Museum, Moskau 1959; Museo Nacional de Bellas Artes, Buenos Aires 1967

Veröffentlichungen. Gesichte und Geschichte. Berlin 1958

Literatur (Auswahl). Karoline Müller, Dirk Rose: Lea Grundig. Werkverzeichnis der Radierungen 1933–1973. Berlin 1973; Hans Grundig: Künstlerbriefe aus den Jahren 1926 bis 1957. Rudolstadt 1966

Hildegard Reinhardt

Grunwald-Eisfelder, Hanna

Sozialarbeiterin

21. 3. 1900, Berlin
Vater: Albert David Eisfelder, 1874–1911, Kleinhändler;
Mutter: Sarah, geb. Manchester, verh. Goldberg, 1871–1945, Schneiderin

Hanna Grunwald-Eisfelder, 1985

Johanna Eisfelder wächst im Berliner Scheunenviertel auf, wo sie früh Not und Armut kennenlernt. Mit elf Jahren kommt sie nach dem Tod des Vaters ins Jüdische Waisenhaus. Durch eine Freistelle kann sie dennoch an der ersten Oberrealschule für Jungen und Mädchen das Abitur machen. Sie studiert in Berlin und Frankfurt a. M. Sozialwissenschaften, erwirbt 1922 mit einer Arbeit über die richtige Behandlung von Pflegekindern ein Diplom für Verwaltungs- und Sozialbeamte und schließt das Studium, das sie sich selbst verdient, 1925 mit der Promotion ab. Anschließend arbeitet sie in Berlin im jüdischen Kinderheim «Ahava» und 1927/28 als Dezernentin im Landeswohlfahrtsamt. Sie engagiert sich im «Kreis marxistischer Sozialarbeiter» und bei den «Zugscharen», einer Selbsthilfeorganisation von Jugendlichen für andere, gefährdete Jugendliche. Von 1928 bis 1931 leitet sie das «Berufserziehungsheim für Mädchen» auf dem «Immenhof» bei Hützel in der Lüneburger Heide, durch das die Arbeiterwohlfahrt ihr Programm zur Reform der Fürsorgeerziehung in die Praxis umsetzen will. In diesem Modellversuch leistet sie mit gleichgesinnten jungen Erzieherinnen beispielhafte, solidarische Sozialarbeit, indem sie auf ungewöhnlich freizügige Weise mit den als «verwahrlost» geltenden Mädchen Selbstverantwortung einübt. Leben in selbstverwalteten Wohngruppen, berufliche Ausbildung in Hauswirtschaft, Gartenbau, Schneidern und Kinderpflege und Verbundenheit mit der Arbeiterbewegung sind die wesentlichen Elemente der erzieherischen Arbeit auf dem «Immenhof». Die Jugendlichen unterhalten Kontakt zur Außenwelt über Gruppen der «Sozialistischen Arbeiterjugend» und der «Naturfreunde» und nehmen an Demonstrationen zum 1. Mai, an Zeltlagern und politischen Feiertagen teil. Als der Vorstand der Arbeiterwohlfahrt (AWO) der experimentierfreudigen Heimleiterin den nötigen finanziellen Rückhalt verweigert, gibt sie die Arbeit auf und betätigt sich bis 1933 vorwiegend beim «Deutsch-Israelischen Gemeindebund» und der «Zentralwohlfahrtsstelle der deutschen Juden» in Berlin. In Zeitschriftenaufsätzen nimmt sie Stellung zu zentralen Problemen der jüdischen Jugendwohlfahrtsarbeit. 1933 emigriert sie nach Frankreich und gründet mit Unterstützung des Schweizer «Hilfswerks für Flüchtlingskinder» die «Assistance Médicale aux Enfants Refugiés», die vielfältige soziale und medizinische Hilfe leistet. 1936 heiratet sie Marcus Grunwald; zwei Jahre später wird ihr Sohn Georges geboren. Nach dem Einmarsch deutscher Truppen in Frankreich errichtet Hanna Grunwald-Eisfelder in Limoges die «Pouponnière» («Puppenstube»), ein Heim für Flüchtlingskinder vor allem im Kleinkind- und Säuglingsalter. Es gelingt ihr, einige von ihnen vor der drohenden Deportation zu bewahren. 1942 fliehen die Grunwalds über Marokko und die Dominikanische Republik in die USA, die sie 1944 erreichen. Hanna Grunwald-Eisfelder erwirbt 1945/46 an der School of Social Work der Columbia University in New York ihren «Master of Social Work» und ist bis 1970 in verschiedenen Abteilungen und Dezernaten der New Yorker Sozialbehörden, aber auch als Gruppentherapeutin und Supervisorin bei anderen sozialen Diensten tätig. Gleichzeitig setzt sie sich nachdrücklich und erfolgreich im Rahmen von «amnesty international USA» für politisch Verfolgte ein, u. a. für die Freilassung des in der DDR verschleppten Gewerkschaftlers und Journalisten Heinz Brandt. Sie lebt heute in einem New Yorker Altersheim.

Quellen. Sammlung pädagogische und politische Emigration, Hildegard Feidel-Mertz, Frankfurt a. M.

Veröffentlichungen. Adolph Wagner als Statistiker (Diss., unveröffentlicht). Frankfurt a. M. 1924; Aufsätze in der «Zeitschrift für jüdische Wohlfahrtspflege»; Erinnerungen an den Immenhof, 1931. In. Jahrbuch der AWO, 1960

Literatur. Nettle Sutro: Jugend auf der Flucht, Bd. 2. Zürich 1952; Biographisches Handbuch der deutschsprachigen Emigration nach 1933, Bd. II, Teil I. München u. a. 1983, S. 431 f.; Henry Jacoby: Davongekommen. 10 Jahre Exil 1936–1946

(Hanna Eisfelder-Grunwald gewidmet). Frankfurt a. M. 1984; Hildegard Feidel-Mertz: Schulen im Exil. Reinbek bei Hamburg 1983; dies.: Pädagogik im Exil. Frankfurt a. M. 1990; dies.: Solidarische Sozialarbeit. Das Berufserziehungsheim Immenhof der Arbeiterwohlfahrt. Frankfurt a. M. 1994; Reinhard Otto: Wie haste det jemacht? Lebenslauf von Hanna Grunwald-Eisfelder. Soltau 1992

Hildegard Feidel-Mertz

Hamburger, Käte **Literaturwissenschaftlerin**

21. 9. 1896, Hamburg –
8. 4. 1992, Stuttgart

Käte Hamburger wächst in einem bürgerlichen Hause auf, das ihr auch als Frau gestattet, einen «relativ geordneten Gang der akademischen Ausbildung, auch durch den Weltkrieg hindurch» (Rede bei der Ehrenpromotion, Siegen 1980) zu durchlaufen. Sie studiert Philosophie und promoviert 1922 in München. Die Themen, die sie im Verlaufe ihres «schreibenden Lebens» bearbeitet, seien die ihren geworden. So entsteht aus der Lektüre von Jean Pauls «Titan» während einer Krankheit kurz nach ihrer Promotion die Abhandlung «Das Todesproblem bei Jean Paul» (DVjs 7, 1929). Schon hier die Hinwendung zur Literatur, wenngleich Käte Hamburgers Zugang immer ein philosophischer bleibt. Seit 1928 ist sie Assistentin des Berliner Philosophen Paul Hofmann (1880–1947), der in seinen Arbeiten der von Wilhelm Dilthey aufgeworfenen Frage nach dem Sinn als philosophischer Kategorie nachgeht. 1929 untersucht Käte Hamburger in dem bis heute grundlegenden Essay «Novalis und die Mathematik» (Romantik-Forschungen, Halle) die weltanschauliche Bedeutung der Mathematik für die romantische Universalpoesie. Zur selben Zeit (1930) beginnt ihre Beschäftigung mit Thomas Mann, der sie zeitlebens interessierte, wie ihre Forschungen dem Humanitätsideal der Goethezeit verpflichtet bleiben. 1933 muß Käte Hamburger Deutschland verlassen. Sie geht über Frankreich, wo – nicht zufällig – ihre Arbeit über → Rahel Varnhagens Goetheverehrung erscheint (Revue Germanique, 1934), nach Schweden. Sie lebt in Göteborg, lernt Schwedisch und arbeitet als freie Journalistin, als Deutsch- und Nachhilfelehrerin. Die Grammatik, auf die sie der Sprachunterricht verweist, inspiriert Käte Hamburger zu der Untersuchung «Die Logik der Dichtung» (Stuttgart 1957). Wie, so fragt Käte Hamburger in ihrem Hauptwerk, verhält sich die grammati-

Käte Hamburger, September 1984. Foto: Mathias Michaelis

sche Zeitform, die ja Wirklichkeit aussagt, in einem fiktionalen Gebilde wie dem Roman, und stellt damit die traditionelle Gattungstheorie in Frage. Nicht zuletzt durch diese aufsehenerregende Studie wird Käte Hamburger 1957 von Fritz Martini nach Stuttgart eingeladen: Sie lehrt an der dortigen TH, habilitiert sich 1959 und findet als außerplanmäßige Professorin endlich einen ihr gemäßen Wirkungskreis.

Veröffentlichungen. Thomas Mann und die Romantik. Berlin 1932; Thomas Manns Roman «Joseph und seine Brüder». Stockholm 1945; Rainer Maria Rilke. Stockholm 1949; Leo Tolstoi. Gestalt und Problem. Bern 1950; Von Sophokles zu Sartre. Stuttgart 1962; Philosophie der Dichter. Stuttgart 1966; Wahrheit und ästhetische Wahrheit. Stuttgart 1979; Th. Manns biblisches Werk. München 1981; Das Mitleid. Stuttgart 1985; Ibsens Drama in seiner Zeit. Stuttgart 1989

Literatur. Ehrenpromotion Käte Hamburger, Siegen 1980; H. Kreuzer, J. Kühnel: Käte Hamburger zum 90sten Geburtstag. Siegen 1986; Uwe Schweikert: Gelebte Humanität. In: Frankfurter Rundschau, 11. 4. 1992

Hanna Delf

Haskil, Clara Pianistin

7. 1. 1895, Bukarest –
7. 12. 1960, Brüssel
Vater: Isaac Haskil;
Mutter: Berthe, geb. Moscuna

Ihrem Bildnis Clara Haskils gibt die Malerin Margret Furtwängler-Knittel den Titel «Dornenweg» – ein ausgesprochen treffender Ausdruck für den Lebensweg einer überaus sensiblen Künstlerin. Clara Haskil ist ein Wunderkind. Mit sechs Jahren wird sie von ihrem Onkel Avram Moscuna nach Wien gebracht, wo sie die ersten Volksschulklassen besucht und gleichzeitig bei den Professoren Anton Door und Richard Robert Klavierunterricht erhält. Ebenfalls in Wien findet im Frühjahr 1905 ihr erstes Solokonzert statt. «Eine gottbegnadete musikalische Natur», schreibt ein Kritiker über das zehnjährige Mädchen. Von 1906 bis 1910 studiert sie am Pariser Konservatorium und wird mit dem Premier Prix ausgezeichnet. Danach gibt sie Konzerte in Bukarest, Zürich, Lausanne und Paris. Eine schwere Knochenkrankheit, der Tod der Mutter und die Internierung des Onkels während des Krieges zwingen sie dazu, von 1913 an für fast sieben Jahre ihre Karriere zu unterbrechen. 1920 nimmt sie ihre musikalische Tätigkeit in der Schweiz mit unverminderten Erfolg wieder auf. Auf eine Tournee in die USA und nach Kanada (1924/25) folgen weitere Konzerte in Chicago, Boston, Philadelphia und in europäischen Metropolen. Zu ihren Partnern zählen Musiker wie Pablo Casals, George Enescu, Eugène Isaye, Dinu Lipatti. 1940 flieht sie vor den deutschen Truppen nach Marseille, wo sie sich einer schweren Augenoperation unterziehen muß. Am 8. November 1942, vier Tage vor der Besetzung Marseilles durch die Deutschen, gelingt es ihr, sich in die Schweiz abzusetzen, nach Vevey, wo sie sich für lange Zeit niederläßt. Auch in der deutschsprachigen Schweiz gewinnt sie zahlreiche Freunde und Bewunderer und wird vom Musikmäzen Dr. Werner Reinhart regelmäßig nach Winterthur eingeladen. Nach dem Ende des Zweiten Weltkrieges erreicht Clara Haskil den Höhepunkt ihrer Karriere. Sie steht auf den Plakaten aller großen europäischen Musikfestivals an oberster Stelle und wird von den größten Orchestern und bedeutendsten Dirigenten als Solistin engagiert. «Mozart ein einziges Mal so zu hören ist ein künstlerisches Ereignis, das ein ganzes Leben prägt», schreibt 1952 der «Münchner Merkur» über ein Konzert mit Clara Haskil. Einer ihrer größten Erfolge ist 1956 eine mit Herbert von Karajan unternommene Europatournee aus Anlaß von Mozarts 200. Geburtstag. «Clara Haskil ist auf die Erde gekommen, um Mozart zu spielen», so der Kommentar eines Wiener Musikkritikers zu dieser Tournee. 1957 wird ihr in Frankreich der Titel «Ritter der Ehrenlegion» verliehen. In Deutschland und Frankreich, in Holland und in London sowie jenseits des Atlantiks verfolgen die Besucher ihrer Konzerte fasziniert, wie diese Frau mit dem zerbrechlichen Körper, dem leidzerfurchten Gesicht, den schwachen, knochigen Armen unsicheren Schrittes zum Flügel geht, sich setzt und die Zuhörer mit ihrem Spiel verzaubert. Der «Boston Herald» vergleicht sie am 3. November 1956 mit Clara Schumann und kommentiert: «Seit Jahren sind niemandem solche Ovationen dargebracht worden wie gestern dieser kleinen, schmächtigen Frau – aber niemand hat sie auch mehr verdient.» Charles Chaplin, mit dem sie sich in den fünfziger Jahren in der Schweiz anfreundet, sagt über Clara Haskil, sie sei eine der drei genialen Persönlichkeiten, denen er in seinem Leben begegnet sei.

Schallplattenaufnahmen. Clara Haskil: Das Vermächtnis; darin: Wolfgang Amadeus Mozart: 4 Sonaten für Violine und Klavier; Wolfgang Amadeus Mozart: Konzerte für Klavier und Orchester; Ludwig van Beethoven: Samtliche Sonaten für Violine und Klavier; Ludwig van Beethoven: Konzert für Klavier und Orchester, Nr. 4

Literatur. Rita Wolfenberger: Clara Haskil. Bern, Stuttgart 1961; Jerome Spycket: Clara Haskil. Eine Biographie. Bern, Stuttgart 1977

Avram Andrei Baleanu
(Deutsch von Hans Joachim Kemper)

Hauschner, Auguste

Schriftstellerin und Mäzenin

12. 2. 1850, Prag – 10. 4. 1924, Berlin

Auguste Hauschner, geb. Sobotka, wächst als Tochter eines vermögenden und angesehenen Kaufmanns in Prag auf. 1871 heiratet sie den Fabrikanten und Maler Benno Hauschner. Nach dem frühen Tod ihres Mannes 1890, der ihr ein beträchtliches Vermögen hinterläßt, beginnt Auguste Hauschner schriftstellerisch zu arbeiten. 1895 erscheinen ihre ersten Novellen. Sie schreibt zahlreiche naturalistische, gesellschaftskritische Romane und Novellen, auch für literarische Zeitschriften wie das «Litterarische Echo», und führt in Berlin, wo sie seit 1873 lebt, einen weithin bekannten Salon in ihrer Wohnung Am Karlsbad 25. Hier verkehren Schriftsteller ihrer Zeit wie Maximilian Harden, → Hedwig Dohm, Max Brod, der Maler Max Liebermann ebenso wie Damen der Berliner jüdischen Gesellschaft. Als Mäzenin und Vermittlerin ist Auguste Hauschner unermüdlich für ihre Freunde tätig. So organisiert sie jahrelang Vortragsabende für den Schriftsteller und anarchistischen Sozialisten Gustav Landauer, den sie durch ihren Cousin, den Sprachkritiker Fritz Mauthner, kennenlernt. Als assimilierte Jüdin engagiert sich Auguste Hauschner für die Gleichberechtigung der Juden wie der Frauen.

Veröffentlichungen. Dr. Ferenczy. Berlin 1895; Frauen unter sich. Dresden 1901; Zwischen den Zeiten. München 1906; Die Familie Lowositz. Berlin 1908; Rudolf und Camilla. Berlin 1910; Die Heilung. Stuttgart 1922

Literatur. Briefe an Auguste Hauschner. Hg. von Martin Beradt und Lotte Bloch-Zavrel. Berlin 1929; R. Fürst: Eine deutsche Dichterin aus Böhmen. In: Deutsche Arbeit. Zeitschrift des Volksbundes für das Deutschtum im Ausland, 3. Jg., 1904

Hanna Delf

Heimann, Betty

Indologin

29. 3. 1888, Wandsbek/Hamburg – 19. 5. 1961, Sirmione/Gardasee

Betty Heimann. Porträtbüste von Grete Budde, 1933

Betty Heimann besucht das Johanneum in Hamburg und macht dort 1913 die Reifeprüfung. Sie studiert Klassische Philologie und Sanskrit in Kiel, Heidelberg, Göttingen und Bonn und schließt ihr Studium im Juli 1919 mit einer indologischen Arbeit ab (Madhvas. Kommentar zur Kathaka-Upanisad. Bonn 1920). 1920 verläßt sie Hamburg und geht nach Halle an der Saale. Nach ihrer Habilitation lehrt Betty Heimann seit 1923 an der dortigen Universität Indologie, zunächst als Privatdozentin, dann als außerordentliche Professorin. Nachdem ihr Buch über die «Eigenart indischen Denkens» (Tübingen 1930) erschienen ist, unternimmt Betty Heimann 1931/32 eine u. a. von der «Notgemeinschaft der deutschen Wissenschaft» geförderte Forschungsreise nach Indien. 1933 wird Betty Heimann aus dem Hochschuldienst entlassen und muß nach Großbritannien emigrieren. In den folgenden Jahren unterrichtet sie Sanskrit zunächst an der School of Oriental Studies in London, in Rom (1935) und dann an der Londoner Universität. 1945 geht Betty Heimann zu weiteren Sanskritstudien nach Ceylon und lehrt an der Universität von Colombo. Nach ihrer Emeritierung 1949 setzt sie ihre Forschungsarbeit in London fort.

Veröffentlichungen. Die Tiefschlafspekulationen der alten Upanishaden. München-Neubiberg 1922; Indian and Western Philosophy. A Study in Contrasts. London 1937; Facets of Indian Thoughts. London 1964

Literatur. Der Aufbau. New York 38 (1945), S. 9

Hanna Delf

Heimann, Betty

16. 1. 1885, Hamburg – vor 1929
Vater: Moritz Heimann, 1851–1922, Kaufmann; Mutter: Dorothea Rosalie, geb. Benjamin, 1884–?

Betty Heimann wächst zusammen mit ihrer Schwester Helena in einer bürgerlichen Familie auf. Sie besucht das Hamburger Wilhelmsgymnasium, das sie 1910 mit der Reifeprüfung verläßt, und studiert Philosophie in Heidelberg, Berlin, Göttingen, München und Straßburg. Hier promoviert Betty Heimann am 3. Juni 1916 mit einer Arbeit über «Hegels ästhetische Anschauungen. Teil 1: Die Psychologie des ästhetischen Erlebens» (Straßburg 1916). Referent ist Georg Simmel. Betty Heimann scheint sich auch später noch mit Hegels Philosophie, aber auch mit Studien zur Romantik beschäftigt zu haben. Nach ihrem frühen Tod verwaltet → Käte Hamburger ihren Nachlaß. In den wenigen Nachschlagewerken, in denen Betty Heimann verzeichnet ist, wird sie mit der gleichnamigen Indologin verwechselt.

Veröffentlichungen. Über den Geschmack. Berlin 1924; System und Methode in Hegels Philosophie. Leipzig 1927; Die Freundschaft in Schleiermachers Leben und Werk. In: Romantikforschungen. Deutsche Vierteljahresschrift, Bd. 16. Halle 1929.

Hanna Delf

Heine, Anselma

Schriftstellerin

(Pseudonyme: Anselm Heine, Selma Heine, Feodor Helm)

18. 6. 1855, Bonn – 9. 11. 1930, Berlin
Vater: Heinrich Eduard Heine, 1821–1881, Professor der Mathematik an der Universität Halle; Mutter: Sophie, geb. Wolff, Tochter eines Berliner Kaufmanns

Anselma Heine wächst in einer Gelehrtenfamilie neben drei Schwestern und einem Bruder in Halle auf. Sie nimmt großen Anteil am intellektuellen Leben und setzt sich mit den Ideen der Frauenbewegung auseinander; Themen, die sie auch in ihren Romanen und Erzählungen aufgreift. Erst 1895 verläßt sie das elterliche Haus und geht nach Berlin, wo sie von nun an lebt. Neben ihrer schriftstellerischen Arbeit macht sie sich auch mit publizistischen (zum Beispiel für das «Litterarische Echo») und literarhistorischen Arbeiten einen Namen. Zu erwähnen ist ihre Biographie des belgischen Symbolisten Maurice Maeterlinck (Berlin 1905).

Veröffentlichungen. Sein Lieblingsgericht. Lustspiel. O. O. 1887; Unterwegs. Novellen. Berlin 1897; Fern von Paris. Berlin 1915; Die verborgene Schrift. Kriegsroman. Berlin 1918; Der Zwergenring. Erzählung aus Goethes Jugendland. Berlin 1925; Mütter. Roman. Berlin 1919; Mein Rundgang. Erinnerungen. Leipzig 1926

Hanna Delf

Hellmann, Hanna **Literaturwissenschaftlerin**

31. 10. 1877, Nürnberg –
15. 6. 1942 nach Polen verschleppt
Vater: Lazarus Hellmann, 1846–1915, Handel mit Holzschnitzereien; Mutter: Rosalie, geb. Hüttenbach, 1849–1926

Hanna Hellmann wächst als älteste Tochter in einer bürgerlichen Familie auf. Wesentliche Impulse erhält das hochbegabte, waghalsige und selbstbewußte Mädchen von ihrer Mutter. Nach dem Abschluß der Schule besucht Hanna Hellmann das Prinzeß-Wilhelm-Stift in Karlsruhe, wo sie 1895 zunächt das Lehrerinnen- und 1899 das Oberlehrerinnenexamen ablegt. Der Wunsch der Tochter zu studieren beschämt den Vater so sehr, daß er vier Wochen lang das Haus nicht verläßt. Hanna Hellmann studiert in Heidelberg und Berlin, geht nach Bern und später nach Zürich, um, was im Deutschen Reich für Frauen noch nicht möglich war, zu promovieren mit einer richtungweisenden Arbeit über «Heinrich von Kleist. Das Problem seines Lebens und seiner Dichtung» (1910; erweiterte Fassung, Heidelberg 1911). Mit Helene Lange, Gertrud Bäumer und ihrem späteren Schwager Carl Gebhardt, dem Spinoza- und Schopenhauer-Forscher, bleibt sie lebenslang befreundet. Zusammen mit Elisabeth Schmitt geht Hanna Hellmann 1911 nach Frankfurt a. M. Sie schreibt, wie Carl Gebhardt, für die «Frankfurter Zeitung», auch für «Euphorion» und die «Romanisch-Germanischen Monatshefte». Im Ersten Weltkrieg stirbt der Geliebte Hans Meidlein. Nach dem Tod des Vaters zieht die Mutter zu ihr nach Frankfurt. Hanna Hellmann lebt im Freundeskreis der Gebhardts, zu dem → Else Lasker-Schüler, Albert Schweitzer und Martin Buber gehören, dessen chassidische Legenden Hanna Hellmann in ihrem religiösen Suchen stark beeinflussen. Nach dem Krieg lehrt Hanna Hellmann einige Jahre am Seminar für soziale Berufsarbeit, wo sie durch die Intensität ihrer Vorträge hohe Ansprüche an ihre Schüler stellt. Seit 1926 macht sich eine Persönlichkeitsveränderung bemerkbar, durch die sie sich immer stärker isoliert; psychische Erkrankungen und religiöse Erfahrung sind für die Freunde nicht leicht zu unterscheiden. Als der Bruder 1934 emigrieren will, lehnt Hanna Hellmann dies ab. Er wird 1936 nach Buchenwald verschleppt, Hanna Hellmann liefert man am 25. Mai 1938 in eine Nervenklinik ein. Die Schwester Lilly setzt durch, daß Hanna Hellmann am 31. Juli 1939 in das jüdische Sanatorium nach Sayn bei Koblenz verlegt werden kann. Ihre Ärzte sind bis zuletzt davon überzeugt, daß Hanna Hellmann in normalen Zeiten ein Leben außerhalb der Klinik hätte führen können. Am 15. Juni 1942 wird Hanna Hellmann mit anderen Patienten deportiert, worauf sie seit langem gefaßt war.

Veröffentlichungen. H. v. Kleist und der «Kettenträger». In: Frankfurter Zeitung, 20. 11. 1911; Klingers Briefe. In: Euphorion. 1922; Kleists «Amphitryon». In: Euphorion. 1924; Kleists «Hermannschlacht» und das erste Buch Samuelis. In: Euphorion. 1926
Literatur. Klara Klein: Hanna Hellmann. Erlangen 1968

Hanna Delf

Henckel von Donnersmarck, Blanche Gräfin

7. 5. 1826, Neiße – 1884 Schloß Neudeck bei Tarnowitz/Oberschlesien
Vater: Nathan (Martin) Lachmann, Flickschuster, Tuchfabrikant; Mutter: Anna Amalie, geb. Klein

Als Gräfin Blanche 1884 stirbt, spricht der Großindustrielle Guido Graf Henckel von Donnersmarck am Grabe seiner Gemahlin vor versammelter Trauergesellschaft die Worte: «Daß die Frau, die in diesem Sarg liegt, mich geliebt hat und mir während dreizehn Jahren eine liebende Gattin war, ist der größte Stolz meines Lebens.» (von Bülow 1931)
Blanche wird als Sarah Lachmann «von armen jüdischen Eltern» in Neiße geboren. Ein unglückliches Liebesabenteuer in jungen Jahren führt sie zunächst nach Moskau. Dort lernt sie 1843 den gefeierten Pianisten Henri Herz kennen, wird seine Geliebte und folgt ihm nach Paris. Herz' enorme Schulden zwingen ihn bald zur Flucht nach Amerika. Sarah läßt er in armseligen Verhältnissen zurück. Die junge Frau schlägt sich fortan als Näherin durch. Eine Anekdote veranschaulicht

ihre Zähigkeit und ihren Überlebenswillen: Als sie eines Tages von einem Schutzmann auf den Champs-Elysées angefahren und in den Schmutz geworfen wird, soll sie sich geschworen haben, an dieser Stelle einmal einen prächtigen Palast zu erbauen, in dem sie leben würde. Nach einiger Zeit findet Sarah Zugang zu Künstlerkreisen und wird die Freundin Théophile Gautiers, der Briefe an die «engelsgleiche Blanche» schreibt. Henri Murger soll durch Sarah zu seinen «Scènes de la vie de bohème» angeregt worden sein. Aus der schönen Näherin wird bald ein gefragtes Mannequin im Salon von Charles Worth. Hier lernt Sarah, inzwischen Blanche, auch Lord Stanley kennen, dem sie nach London folgt. Der Herzog von Gramont, Botschafter Louis Napoléons am englischen Hofe, bringt sie wieder in die französische Hauptstadt zurück. Blanche, nun eine reiche Frau, legt ihr Geld in einem exotischen Adelsprädikat an. Am 15. Juni 1852 heiratet sie einen verkrachten portugiesischen Marquis und wird Marqueza Therese Bianca de Païva Dona de Carvalho e Faria, genannt «La Païva». Etwa 1855 macht sie die Bekanntschaft eines vermögenden deutschen Adeligen, der in Paris mehr oder weniger erfolgreich den modernen Finanzkapitalismus und «la dolce vita» studiert. Nachdem der Ehemann in die Heimat zurückgekehrt ist, lebt Blanche mit Guido Graf Henckel von Donnersmarck zusammen. Er schenkt seiner «maîtresse, une cocotte très chic» das berühmte «Palais Marbrerose» an den Champs-Elysées. Das ist zwar eine pompöse Geste, hält sich aber doch im Rahmen dessen, was in der Oberschicht des Zweiten Kaiserreiches üblich ist. Daß Guido jedoch am 28. Oktober 1871 die Païva heiratet, fällt aus dem Rahmen, konterkariert auch das übliche Paradigma «verarmter Adeliger saniert sich durch Heirat mit reicher jüdischer Bürgerstochter» und katapultiert den Grafen aus alter schlesischer Familie ins gesellschaftliche Abseits. Guido opfert der Païva viel: Otto von Bismarck will ihn, der als Berater der preußisch-deutschen Regierung während der Friedensverhandlungen mit Frankreich in Versailles wertvolle Dienste geleistet hat, zum preußischen Finanzminister machen; der Graf lehnt mit Hinweis auf seine nicht standesgemäße bevorstehende Heirat ab. Blanche wird bei Hofe nicht empfangen, die Familie Guidos ist fassungslos.
Es ist viel über das Vorleben der Païva spekuliert worden. Unzweifelhaft steht fest, daß sie ein ökonomisches Genie war, das sich mit einem Mann zusammentat, der ebenfalls eine große kommerzielle Begabung besitzt. Die Ehe mit Blanche de Païva gibt Graf Guido den

Impuls, seinen bisher vornehmlich landwirtschaftlichen Besitz zu einem Wirtschaftsimperium auszubauen. Aus dem schlesischen Magnaten wird einer der führenden Montanindustriellen (Bergwerks- und Hüttenbesitz) im Deutschen Reich, «der bedeutendste Industrielle und gleichzeitig der geschickteste Bankier, den wir in Deutschland haben», wie Albert Ballin meinte.
Guido baut zusammen mit seiner Frau die Standesherrschaft Tarnowitz-Neudeck zu einem modernen industriekapitalistischen Besitz aus. Er ist ein veritabler Manchesterkapitalist – wenig angenehm also für seine Arbeiter –, aber er repräsentiert eine ökonomische Innovationskraft, verbunden mit einem weltoffenen Geist, die das Potential seiner Standesgenossen weit überragt. Die Henckels besitzen – neben den Krupps und dem Monarchen – das größte Vermögen im Vorkriegsdeutschland. Jede geschäftliche Transaktion hat der «Kohlengraf» mit seiner Ehefrau abgesprochen. Das Ergebnis muß eine Genugtuung gewesen sein für die geborene Sarah Lachmann aus Neiße, die zeit ihres Lebens Deutsch und Französisch mit jiddischem Akzent gesprochen hat und die der spätere deutsche Reichskanzler Fürst Bülow – mit offenkundigem Wohlwollen – so beschreibt: «Inmitten ihrer Pariser Gäste thronte die Gräfin Blanche Henckel von Donnersmarck. Unförmlich dick und dabei mehr als tief dekolletiert, geschminkt und bemalt, mit Brillanten, Rivieren und Perlenschnüren überladen, so saß sie da wie eine indische Pagode. Aber sie war eine geistig bedeutende Frau.» Bülow bestätigt auch – wie viele andere kopfschüttelnde Zeitgenossen –, daß die Ehe der beiden Außenseiter sehr glücklich gewesen sei. Gräfin Blanche findet ihre letzte Ruhe in der Familiengruft der Henckels auf Schloß Neudeck bei Beuthen.

Literatur. Bernhard Fürst von Bülow: Denkwürdigkeiten, Bd. IV: Jugend- und Diplomatenjahre. Berlin 1931, S. 492–497; Felix Pinner: Deutsche Wirtschaftsführer. Berlin 1924, S. 81–85; Konrad Fuchs: Guido Georg Friedrich Graf Henckel von Donnersmarck 1830–1916. In: Ders.: Wirtschaftsgeschichte Oberschlesiens 1871–1945. Aufsätze. Dortmund 1981. S. 76–91; Hans Erman: Bei Kempinski. Aus der Chronik einer Weltstadt. Berlin 1956; Günter Ogger: Die Gründerjahre. München, Zürich 1982

Elfi Pracht

Herrmann, Helene

Literaturwissenschaftlerin

9. 4. 1877, Berlin – 16. 5. 1944 von Theresienstadt nach Auschwitz deportiert

1898 – als eine der ersten Frauen – beginnt Helene Herrmann, geb. Schlesinger, in Berlin Germanistik, Kunstgeschichte und Philosophie zu studieren und heiratet im selben Jahr den Germanisten und Theaterwissenschaftler Max Herrmann. 1904 promoviert sie mit einer Arbeit über «Die psychologischen Anschauungen des jungen Goethe und seiner Zeit». Wie vielen Frauen ihrer Generation steht ihr die Universität als Berufsfeld nicht offen; so arbeitet sie in den folgenden Jahren erst als Privatlehrerin und später staatlich examiniert an einem Berliner Gymnasium, nach 1933 wieder an einer Privatschule. ‹Nebenbei› entstehen wissenschaftliche Arbeiten: eine Studie zu Heinrich Heines «Romanzero», die bei einem Mann sicher als Habilitationsschrift gedient hätte, ein längerer Aufsatz über Goethes «Faust, zweiter Teil» (1917) sowie viele Texte über zeitgenössische Schriftsteller wie Gerhart Hauptmann, Rainer Maria Rilke, Richard Dehmel, Henrik Ibsen, Ricarda Huch und Arthur Schnitzler. Bis 1922 veröffentlicht Helene Herrmann häufig in «Die Frau», bis 1937 erscheinen Aufsätze in der angesehenen «Zeitschrift für Ästhetik und allgemeine Kunstwissenschaft». Der letzte, der noch einmal Goethes «Faust» gewidmet ist, schließt mit der These, daß der Schwerpunkt dieses Dramas «auf der Feindseligkeit des Lebens liege, die als Verdüsterung, als Sorge bis an den Kern des Menschen herandringt und gegen die er die innersten Kräfte aufbieten muß». (Herrmann 1988, S. 145) Neben Goethe ist es vor allem Heine, dem ihre Aufmerksamkeit gilt. Sie arbeitet an einer kommentierten Ausgabe seiner Werke mit, wobei sie sich auf die Lyrik konzentriert. Heines Gedichte liest sie als Arbeiten eines «seelisch Ungebundenen, des geistigen Zigeuners», ihn selbst sieht sie «als Demokraten und Liberalen von Tradition und Natur wegen» (ebenda, S. 123).

Am 10. September 1942 wird sie mit Mann und Schwester nach Theresienstadt deportiert, am 16. Mai 1944 nach Auschwitz. → Nelly Sachs hat ihr eine Grabschrift gewidmet: «Und hört das Ohr noch hier am Sande / Ein Flüstern von dem andern Lande, / So hast Du Großes Dir verborgen / Und wußtest vor dem Tod vom ‹Morgen›.»

Veröffentlichungen. Die psychologischen Anschauungen des jungen Goethe und seiner Zeit. Berlin 1904; Studien zu Heines Romanzero. Berlin 1906; Heines Werke in fünfzehn Bänden. Hg. und mit Einleitungen versehen von Hermann Friedemann, Helene Herrmann, Erwin Kalischer, Raimund Pissin und Veit Valentin. Berlin [1908], als neunteilige Ausgabe 1927 wieder aufgelegt; Einfühlung und Verstehen. Schriften über Dichtung. Hg. von Joachim Biener. Leipzig 1988, hier eine von Ruth Mövius zusammengestellte Bibliographie aller Aufsätze, vgl. S. 165–167
Literatur. Ruth Mövius: Helene Herrmann. Ein Lebensbild. In: Sinn und Form 4 (1984), S. 739–752, gekürzte Fassung in: Helene Herrmann: Einfühlung und Verstehen, S. 158–163.

Barbara Hahn

Hersch, Jeanne **Philosophin**

13. 7. 1910, Genf
Vater: H. Liebmann, Professor für Statistik und Demographie in Genf;
Mutter: geb. Lichtenbaum, Ärztin

Jeanne Herschs Eltern kamen 1904/05 aus Polen nach Genf, um in einem freien Land zu studieren. Sie gehörten dem «Bund» an; jener jüdisch-sozialistischen Organisation, die an der jüdischen Kultur (und dem Jiddischen) festhielt, jedoch ohne ihren religiösen Grund, und die in der verarmten jüdischen Bevölkerung Osteuropas ein Netz kultureller und sozialer Institutionen, Zeitungen und Verlage aufgebaut hat. Die Atmosphäre der Genfer Bundisten, die ihr Judentum ethisch und als Verpflichtung zu Freiheit und sozialer Gerechtigkeit verstanden, prägt die junge Jeanne Hersch. Der Mutter, Ökonomin, Ärztin und polnische Patriotin, die beim Völkerbund arbeitet, haben die Kinder ihre gute Ausbildung zu verdanken. Jeanne Hersch besucht avantgardistische Modellschulen und studiert in Genf Literaturwissenschaften, geht dann 1929 nach Heidelberg, wo sie die Vorlesungen Karl Jaspers' hört, und beschließt, Philosophie zu studieren. Zunächst jedoch kehrt sie nach Genf zurück, um das Staatsexamen abzulegen mit einer Arbeit über die Metaphorik im Werk von Henri Bergson (1931). Nach einem Aufenthalt in Paris nimmt sie an Jaspers' Hegel-Seminaren teil (1932/33) und geht 1933, als eine der letzten ausländischen jüdischen Studentinnen, nach Freiburg, um Martin Heidegger zu hören. Dort erlebt sie die Machtübernahme der Nationalsozialisten. Die Erfahrung des Heideggerschen Denkens festigt ihre Bindung an Jaspers, dessen Über-

Jeanne Hersch.
Foto: Klaus Friedrich, Amriswil

setzerin ins Französische sie wird. Von 1933 bis 1946 lehrt Jeanne Hersch an der Ecole Internationale in Genf, arbeitet während des spanischen Bürgerkriegs als Sekretärin der «Freunde des republikanischen Spanien» und schreibt an einem Roman «Temps alternés» (Fribourg 1942). Kurz darauf erscheint ihr erstes philosophisches Buch mit dem Titel «L'illusion philosophique» (Paris 1943), worin sie sich mit der Eigenart des Philosophierens gegenüber anderen intellektuellen Tätigkeiten beschäftigt: «Was bedeutet Wahrheit, wenn es um Freiheit geht?» 1946 promoviert sie mit einer Arbeit über «L'être et la forme» (Neuchâtel 1946). Sie untersucht darin den ontologischen Status menschlicher Arbeit. Kann der Mensch aus der Erfahrung des Formens von Materie zu einer sein Menschsein bejahenden Haltung gelangen, fragt sie und sieht in dieser häufig mißachteten oder mißlingenden

Frage eines der zentralen Probleme des modernen Menschen. Jeanne Hersch lehrt nun als Privatdozentin an der Universität Genf, bis sie 1956 einen Lehrstuhl für Philosophie erhält. Seit 1966 leitet Jeanne Hersch die Abteilung Philosophie der Unesco, 1970 arbeitet sie dort als Delegierte der Schweiz mit. Neben der philosophischen Tätigkeit steht seit den dreißiger Jahren das politische Engagement; zunächst in der Sozialistischen Partei von Genf, seit den sechziger Jahren in der Sozialdemokratischen Partei der Schweiz. Vor allem aber liegt ihr gesellschaftspolitisches Wirken in ihren öffentlichen Stellungnahmen als Publizistin und Vortragende zu Fragen des Zeitgeschehens; dies auch nach ihrer Emeritierung im Jahre 1977.

Veröffentlichungen. Idéologie et réalité. Paris 1956, deutsch: Die Ideologie und die Wirklichkeit. München 1957; Karl Jaspers. Lausanne 1978, deutsch: Karl Jaspers. Eine Einführung in sein Leben und Werk. München 1980; Das philosophische Staunen. Einblicke in die Geschichte des Denkens. München 1981; Die Hoffnung Mensch zu sein. Essays. Zürich 1976; Mein Judentum. Hg. von H. J. Schultz. Stuttgart 1978

Literatur. Gabrielle Dufour: Schwierige Freiheit. Gespräche. Zürich 1986 (mit Bibliographie)

Hanna Delf

Herz, Henriette *1764, Berlin – 1847, Berlin*

In Rom, wo sie → Dorothea Schlegel besucht, beginnt Henriette Herz, geb. de Lemos, 1818 eine Autobiographie zu schreiben, die allerdings nach wenigen Seiten wieder abbricht. Zurück in Berlin, erzählt sie alles Weitere einem jungem Freund, der ihre Erinnerungen 1850 veröffentlicht. Außer Henriette Herz hat keine Frau aus der ersten Generation akkulturierter Jüdinnen ihr Leben in dieser Form überliefert. Wir lesen von ihrer Kindheit als Tochter des sephardischen Arztes de Lemos, von der Heirat der Fünfzehnjährigen mit Markus Herz 1779 und ihrem langen Witwenleben nach dessen Tod 1803. Das gemeinsame Leben nimmt großen Raum ein: Sie schreibt von «unserm Haus, von welchem ich ohne Übertreibung sagen kann, daß es nach nicht langer Zeit eines der angesehensten und gesuchtesten Berlins wurde ... Eine lange Reihe von Jahren lebte ich mit allen vorzüglichen Menschen Berlins in geselligem Verkehr». (Henriette Herz in Erinnerungen,

S. 51). Sie erzählt von ihrem Ansehen als schöne und sehr gebildete Frau, die viele Sprachen beherrscht, die Brüder Alexander und Wilhelm von Humboldt gar in Hebräisch unterrichtet und zu Leseabenden empfängt. Nach Herz' Tod muß sie sich einschränken, gibt Sprachunterricht und erzieht junge Mädchen; auf Anregung Alexander von Humboldts bekommt sie im hohen Alter eine Pension vom preußischen König ausgesetzt. Nach dem Tod ihrer Mutter läßt sie sich 1817 taufen.

Quellen. Sammlung Varnhagen, Biblioteka Jagiellonska, Krakau; Akademie der Wissenschaften, Berlin

Veröffentlichungen. Joseph Fürst: Henriette Herz. Ihr Leben und ihre Erinnerungen.

Berlin 1850; Heinrich Hahn: Henriette Herz. In: Mitteilungen aus dem Literaturarchiv Berlin 1 (1896), S. 141–184; Henriette Herz in Erinnerungen, Briefen und Zeugnissen. Hg. von Rainer Schmitz. Leipzig und Weimar 1984; Henriette Herz. Berliner Salon. Erinnerungen und Portraits. Hg. und mit einem Vorwort versehen von Ulrich Janetzki. Frankfurt a. M. 1984

Literatur. Peter Seibert: Henriette Herz: Erinnerungen. Zur Rekonstruktion einer frühen Frauenautobiographie. In: Der Deutschunterricht, 2, Jg. 41 (1989), S. 37–50; Liliane Weissberg: Weibliche Körpersprachen. Bild und Wort bei Henriette Herz. In: Jutta Dick, Barbara Hahn (Hg.): Von einer Welt in die andere. Jüdinnen im 19. und 20. Jahrhundert. Wien 1993, S. 71–92

Barbara Hahn

Hirsch, Jenny

Schriftführerin des Berliner «Lette-Vereins», Schriftstellerin

(Pseudonyme: Fritz Arnefeldt, J. N. Heynrichs)

25. 11. 1829, Zerbst/Anhalt – 10. 3. 1902, Berlin

Über Jenny Hirschs Jugend steht kein glücklicher Stern. Die Tochter eines armen jüdischen Händlers verliert bereits mit acht Jahren die Mutter. Sie wächst mit zwei Geschwistern im Haushalt des Vaters auf, der von der betagten Großmutter notdürftig versorgt wird. In der herzoglichen Töchterschule in Zerbst genießt sie zwar von ihrem siebten bis fünfzehnten Lebensjahr sehr guten Unterricht, der sie später zu autodidaktischen Studien befähigt, muß jedoch als Jüdin antisemitische Anfeindungen ertragen. Während sie hier mit der Zeit die Schwierigkeiten überwindet, stößt sie nun mit ihrer Vorliebe für Bücher und ihren ersten literarischen Versuchen auf den Widerstand der Verwandten, die ihre Liebhaberei als unstandesgemäßen Luxus abtun. So muß die Fünfzehnjährige beim Verkauf von Kurzwaren im väterlichen Geschäft helfen, eine

Aufgabe, der sie nur mit äußerstem Widerwillen nachkommt, da hierdurch die Armut der Familie offenbar wird. Nach dem Tod der Großmutter kommt das väterliche Geschäft zum Erliegen, die jüngeren Geschwister gehen aus dem Haus, und Jenny muß durch Weißnähen und Sticken zum Lebensunterhalt für sich und ihren Vater beitragen. Eine von Verwandten arrangierte Versorgungsehe lehnt sie ab. Nach dem Tod des Vaters im Jahre 1856 nimmt Jenny Hirsch ihr Leben selbst in die Hand und baut sich eine bürgerliche Existenz auf, indem sie mit Genehmigung des Herzoglich Anhaltischen Konsistoriums eine private interkonfessionelle Elementarschule gründet. 1860 erhält sie über eine befreundete Zerbster Dame Kontakt zu Louis Schäfer, dem Verleger des Berliner Modejournals «Bazar», der ihr die Redaktion des belletristischen Teils der Zeitschrift anvertraut. Über Jahre versucht sie sich in der Redaktion zu behaupten, gibt jedoch 1864 die Stelle resigniert auf. Im darauffolgenden Jahr findet sie Anschluß an die aufkeimende deutsche Frauenbewegung. Nach einem Zwischenspiel als Redakteurin der Leipziger «Allgemeinen Frauen-Zeitung», dem Organ des «Allgemeinen Deutschen Frauenvereins» in Leipzig, wechselt sie 1866 zum Berliner «Verein zur Förderung der Erwerbsfähigkeit des weiblichen Geschlechts», einer Gründung von Berliner Honoratioren um Wilhelm Adolf Lette. Als Schriftführerin des jungen Vereins ist Jenny Hirsch zunächst die einzige Frau im Vorstand. Bis 1883 ist der «Lette-Verein» das Zentrum ihres Handelns. Für die im «Verband deutscher Frauenbildungs- und Erwerbsvereine» zusammengeschlossenen gleichgesinnten Vereine redigiert sie den «Frauen-Anwalt», den sie von 1870 an herausgibt. Als die von Beginn an defizitäre Zeitung Ende 1881 eingestellt wird, verliert Jenny Hirsch ihre Haupteinnahmequelle. Es ist zu vermuten, daß sich der Vorstand des «Lette-Vereins» 1883 mehrheitlich weigert, ihren ehrenamtlichen Schriftführerposten in einen ausreichend bezahlten umzuwandeln. Enttäuscht bricht sie mit dem Verein, um sich künftig von jeglichem Vereinsleben fernzuhalten. Sie ist nun auf eigene literarische Produktion angewiesen. Nahezu jährlich erscheint in der Folge – zumeist unter ihrem Pseudonym Fritz Arnefeldt – ein Unterhaltungs- oder Kriminalroman in «Goldschmidts Bibliothek für Haus und Reise». Von 1887 bis 1892 unterstützt sie → Lina Morgenstern in der Redaktion der «Deutschen Hausfrauen-Zeitung». Bis zuletzt literarisch tätig, lebt sie im Alter zurückgezogen im Haushalt ihrer Schwägerin. Während sie mit ihren Unterhaltungsromanen, die ihren Lebensunterhalt sichern müssen, überwiegend traditionelle Frauenbilder zeichnet, in denen Frauen ihren «natürlichen Beruf» als Ehefrau und Mutter anstreben, gibt sie als Übersetzerin und Frauenrechtlerin der deutschen Frauenbewegung wichtige Impulse, so mit ihrer Übersetzung von John Stuart Mills «The Subjection of Women» (1869) und ihrer im Namen des «Lette-Vereins» verfaßten Petition an den Reichstag um «Zulassung von Frauen und Mädchen zum Eisenbahn-, Post- und Telegraphendienst» (1872).

Veröffentlichungen. Anna Pelzer. Roman. Hannover 1890; Geschichte der fünfundzwanzigjährigen Wirksamkeit des Lette-Vereins. Berlin 1891; Löwenfelde. Erzählung von Fritz Arnefeldt. Berlin 1896; (Hg.:) Der Frauen-Anwalt. Organ des Verbandes deutscher Frauenbildungs- und Erwerbvereine, Berlin 1 (1870/71) – 12 (1881); (Übers.:) John Stuart Mill: Die Hörigkeit der Frau. Berlin 1869, 2. Aufl.: Nebst einem Vorbericht enthaltend eine kurze Übersicht über den gegenwärtigen Stand der Frauenfrage. Berlin 1872

Literatur. Maya Fassmann: Jüdinnen in der deutschen Frauenbewegung 1865–1919. Hildesheim 1994 (Wissenschaftliche Abhandlungen des Salomon Ludwig Steinheim-Instituts, Bd. 6).

Maya Fassmann

Hirsch, Rahel **Biologin, Physikerin, Pädagogin**

15. 9. 1870, Frankfurt a. M. –
6. 10. 1953, London
Vater: Mendel Hirsch, Pädagoge, Leiter der Israelitischen Volksschule Frankfurt

Ihr Großvater, der Frankfurter Rabbiner Samson Raphael Hirsch (1808–1888), zählt als Begründer und geistiges Oberhaupt der Neo-Orthodoxie zu den bedeutendsten Rabbinern des 19. Jahrhunderts. In dieser jüdischen Gelehrtenfamilie wächst Rahel zusammen mit zehn Geschwistern in Frankfurt auf, geht dort zur Höheren Töchter-Schule. Anschließend studiert sie in Wiesbaden Pädagogik und immatrikuliert sich 1898 an der Universität Zürich, die bereits seit 1840 Frauen aufnimmt, für das Studium der Medizin.

Während ihrer Studienzeit wechselt Rahel Hirsch nach Leipzig und Straßburg, wo sie im Juli 1903 das Staatsexamen besteht, im selben Jahr noch ihre Dissertation «Zur Lehre der Glykolyse» veröffentlichen kann und die Möglichkeit erhält, als Volontärsassistentin des Physiologen Prof. Friedrich Kraus an der II. Medizinischen Klinik der Charité

in Berlin zu arbeiten. Ihre 1906 publizierten Ergebnisse im klinisch-physiologischen und experimentellen Bereich und weitere Arbeiten zu Fragen der Inneren Medizin sind so erfolgreich, daß Rahel Hirsch 1908 zur Leiterin der gesamten Poliklinik der II. Medizinischen Abteilung der Charité ernannt wird. Es folgen wesentliche Entdeckungen im Bereich der Physiologie (so der «Hirsch-Effekt», das heißt die Elimination korpuskulärer Elemente aus der Blutbahn in den Harn).
Neben ihrer wissenschaftlichen Tätigkeit engagiert sich Rahel Hirsch in der deutschen Frauenbewegung und findet noch Zeit, zu publizieren, so etwa 1913 zur «Körperkultur der Frau», worin sie sich gegen die in dieser Zeit verbreitete pseudowissenschaftliche Theorie wendet, die Unterlegenheit der Frau gegenüber dem Mann sei biologisch bedingt durch das leichtere Gewicht des weiblichen Gehirns. Dem entgegnet Hirsch: «Die physische und psychologische Schwäche der Frau ist nicht ihr physiologischer Normalzustand, sondern sie ist die Resultante schlechter Erziehung.» Am 5. November 1913 wird ihr als dritter Frau in Deutschland überhaupt und als erster Jüdin und Frau in der Medizin der Professorentitel verliehen. 1919 nimmt sie Abschied von der Charité, um sich als Ärztin in Berlin am Kurfürstendamm niederzulassen.

Nach 1933 erhält sie Berufsverbot, entschließt sich jedoch erst 1938, nach Großbritannien zu emigrieren. Mit 68 Jahren nimmt sie in London ihren Beruf nicht mehr auf, kann sich ihre Existenz jedoch nur durch die Unterstützung von Freunden und Wohltätigkeitsfonds sichern. Sie leidet so sehr unter der Emigration, daß sich ihre geistige Verfassung zunehmend verschlechtert, bis sie schließlich in eine psychiatrische Klinik eingewiesen wird. Nach einer Lungenerkrankung stirbt sie im Alter von 83 Jahren in einem Londoner Hospital.
Eine späte Würdigung erfährt Rahel Hirsch durch ihre postume Aufnahme in die «Galerie berühmter jüdischer Wissenschaftler» in Jerusalem.

Veröffentlichungen (Auswahl). Ein Beitrag von der Lehre von der Glykolyse. Straßburg 1903; Körperkultur der Frau. Berlin, Wien 1913; Unfall und innere Medizin. Berlin 1914; Therapeutisches Taschenbuch der Elektro- und Strahlenmedizin. Berlin 1920

Literatur. H. Rosin: Die Juden in der Medizin. Berlin 1926; S. Wininger: Jüdische Nationalbiographie. Berlin 1928; Encyclopaedia Judaica. Das Judentum in Geschichte und Gegenwart. Berlin 1931; Jüdisches Lexikon. Berlin 1928; Lexikon der Frau. Zürich 1954; Adelheid Winkelmann: Medizinhistorische Betrachtungen zum Hirsch-Effekt. Med. Diss. Berlin 1965

Petra Lindner

Hirschfeld, Dorothea **Ministerialrätin**

26. 2. 1877, Berlin –
12. 6. 1966, Berlin
Vater: Julius Hirschfeld, ?–1897, Kaufmann;
Mutter: Anna, geb. Stern, ?–1917

Eigentlich ist sie zu alt und kann kein Studium vorweisen. Sie hat das falsche Geschlecht, eine unpassende Herkunft und ist SPD-Mitglied. Dorothea Hirschfeld, Jüdin ohne juristische Fachausbildung, gelangt dennoch 43jährig in den höheren Staatsdienst. Unter den 20 zur Verbeamtung vorgeschlagenen Bewerbern für das neugeschaffene Reichsarbeitsministerium ist sie 1919 die einzige Frau, wie auch ein Jahr später, als sie auf eine Ministerialratsstelle befördert wird.
Dorothea Hirschfeld stammt aus einem vermutlich großbürgerlichen Milieu. In der Familie werden zwar die hohen jüdischen Feiertage be-

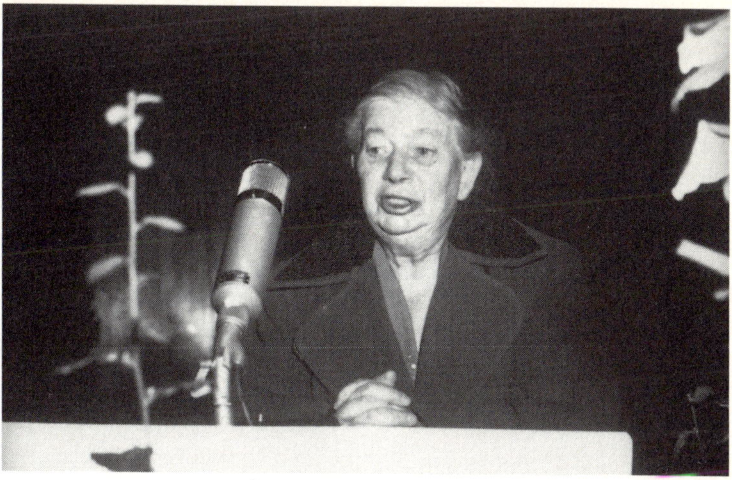

Dorothea Hirschfeld, 1936

achtet, doch feiert man auch Weihnachten und versteht sich als deutsche Staatsbürger jüdischen Glaubens.
Nach Abschluß des Städtischen Viktoria-Lyzeums beginnt Dorothea Hirschfeld ihre Karriere zunächst als Sekretärin und Bibliothekarin, bevor sie 1904 wissenschaftliche Hilfskraft in der vom damaligen Berliner Stadtrat Münsterberg gegründeten «Zentralstelle [später: Verein] für Armenpflege und Wohltätigkeit» wird. Dort lernt sie die Grundlagen professionalisierter Sozialarbeit kennen, was sie vor allem Münsterberg verdankt, dessen Geschäftsführerfunktion sie nach seinem Tod übernimmt. Fast 15 Jahre arbeitet sie hauptamtlich in der freien Wohlfahrtspflege, nebenbei, während der Kriegsjahre noch in einer Hilfskommission des nationalen Frauendienstes und einer Berliner Fürsorgestelle für Kriegshinterbliebene. Der Skepsis ihrer männlichen Kollegen zum Trotz gelingt ihr der Sprung von der freien Wohlfahrtspflege in die ministeriale Sozialbürokratie. Als Direktorin der Reichsanstalt für Arbeitsvermittlung und Arbeitslosenversicherung ist sie von 1924 bis 1929 maßgeblich an deren Aufbau beteiligt. Mit namhaften Repräsentantinnen der bürgerlichen Frauenbewegung, wie Dr. Marie Elisabeth Lüders aus dem Reichsinnenministerium oder Dr. Marie Oppenheimer, verbindet sie eine lockere Kooperation. Nach wie vor pflegt sie auch Kontakte mit Fachfrauen aus ihrer früheren

Tätigkeit, so mit → Helene Simon, der bekannten Soziologin und Sozialdemokratin. Dorothea Hirschfeld engagiert sich u. a. als Dozentin und Kuratoriumsmitglied der neugegründeten Schule der Arbeiterwohlfahrt (AWO) und als Mitglied im Hauptausschuß der AWO.
Sie selbst versteht sich in erster Linie als Wohlfahrtsexpertin mit sozialdemokratischem Anspruch. Hinter Phänomenen wie Alkoholismus und Wanderarbeit sieht sie vor allem gesellschaftliche Ursachen und plädiert für eine bessere Vorsorge. Ihre Arbeit findet auch außerhalb der Verwaltung Anerkennung. 1925 wird sie vom Deutschen Roten Kreuz ausgezeichnet. Dessenungeachtet fordert die nationalsozialistische Fraktion des Reichstages 1930 in einer Anfrage an die Regierung die «Verwendung der Ministerialrätin Dorothea Hirschfeld nur für Staatsbürger der jüdischen Rasse». Per Verfügung vom 24. April 1933 wird sie in den einstweiligen Ruhestand versetzt.
Im Gegensatz zu einigen ihrer Familienmitglieder, denen sie zum Teil zur Ausreise verhilft, emigriert Dorothea Hirschfeld nicht. Sie selbst fühlt sich zu sehr mit Deutschland verbunden. Am 3. Oktober 1942 wird sie 65jährig nach Theresienstadt deportiert.
Bereits Anfang August 1945 kehrt Dorothea Hirschfeld nach Berlin zurück, wo sie noch ca. zwei Jahre im Ostteil der Stadt als Sozialreferentin tätig ist. Bis zu ihrem Tod 1966 hält sie Kontakt zu früheren Kollegen und Sozialdemokraten und bleibt an politischen Problemen interessiert.

Quellen. Bundesarchiv, Abt. Potsdam; Bundesarchiv Koblenz; Landesarchiv Berlin; Landesverwaltungsamt Berlin; Geheimes Staatsarchiv Preußischer Kulturbesitz, Berlin-Dahlem; Amerikanische Gedenkbibliothek Berlin

Veröffentlichungen. Die Frauen in der Armen- und Wohlfahrtspflege Deutschlands. Berlin 1909; Die zukünftige Versorgung der Kriegshinterbliebenen. In: Die Frau, 27. Jg., 1919/20, Heft 10, Berlin 1920, S. 282–284; Die Zusammenarbeit von Sozialversicherung und Wohlfahrtspflege. In: Arbeiterwohlfahrt, 2. Jg., Heft 8. Berlin 1927, S. 225–231; Die Wohlfahrtspflege und das Gesetz über die Arbeitsvermittlung und Arbeitslosenversicherung. In: Arbeiterwohlfahrt, 3. Jg., Heft 12. Berlin 1928, S. 353–363; Die Reichsfürsorgestatistik 1930/31. In: Arbeiterwohlfahrt, 7. Jg., Heft 20. Berlin 1932, S. 648–654; Vom Armenwesen zur sozialen Fürsorge. Erinnerungen aus meiner Tätigkeit im Reichsarbeitsministerium. In: Neues Beginnen. Zeitschrift der Arbeiterwohlfahrt. Hg. vom Hauptausschuß der Arbeiterwohlfahrt. Bremen 1954, S. 53

Literatur. Eine vergessene Pionierin – Die Ministerialrätin Dorothea Hirschfeld. In: Elisabeth Lembeck: Die Partizipation von Frauen an der öffentlichen Verwaltung in der Weimarer Republik 1918–1933 (Diss.). Hannover 1991, S. 198–210

Elisabeth Lembeck

Holger, Hilde

Tänzerin, Choreographin, Bewegungstherapeutin

18. 10. 1905, Wien
Vater: Alfred Sofer;
Mutter: Elise, geb. Schreiber

Wasser, Feuer, Erde – die Elemente, die Hilde Holger später thematisch in ihren Solotänzen und Choreographien immer wieder aufgreift, faszinieren schon die Dreijährige, die die Zauberwelt des großväterlichen Gartens entdeckt. Seit dem Tod des Vaters lebt sie dort, bei den Großeltern, im Wiener Vorort Pötzleinsdorf, zusammen mit ihrer Mutter und ihrer Schwester Hedi. Die Mutter fördert die Phantasie und Bewegungsfreude ihrer Tochter, so daß sie bereits 1919 Schülerin bei → Gertrud Bodenwieser an der Wiener Staatsakademie für Musik und darstellende Kunst wird. Nach zwei Jahren ist sie deren Assistentin und wesentlich beteiligt am Aufbau der «Bodenwiesergruppe». Nach weiteren zwei Jahren gibt sie 1923 im Haus der Wiener «Secession» ihren ersten Soloabend, Auftritte u. a. in Frankreich, Polen und der Tschechoslowakei folgen. 1926 verläßt sie die «Bodenwiesergruppe», um im barocken Wiener Palais Ratibor eine eigene Tanzschule, die «Neue Schule für Bewegungskunst», zu eröffnen. In der Folgezeit verarbeitet sie in ihren Choreographien zunehmend politische, aber auch jüdische Themen: so «Wacht auf», ein Bewegungschor im Rahmen der Rote-Hilfe-Revue (1926), «Vier Bilder aus der Zeit der Pariser Kommune» (1927), «Hebräischer Tanz» (1929), «Kabbalistischer Tanz (1933), «Ahasver» (1936).

1938 wird Hilde Holger gezwungen, ihre Schule zu schließen, und erhält als Kind jüdischer Eltern Auftritts- und Arbeitsverbot. 1939 kann sie durch Vermittlung eines Freundes nach Bombay ausreisen, wo sie neun Jahre lang leben wird; sie arbeitet zunächst als Heilmasseurin (diese Ausbildung macht sie noch kurz vor ihrer Emigration am jüdischen Wiener Rothschild-Spital), später als Solotänzerin und seit 1945 als Leiterin eines Tanzstudios. 1946 kommt ihre Tochter Primavera zur Welt, mit der sie 1948 ihrem Mann, dem Arzt Adi Boman-Behram, nach England folgt: die Glaubenskriege zwischen Hindus und Moslems und die damit verbundenen Massaker sind ihr, deren gesamte Familie von den Nationalsozialisten ermordet wurde, unerträglich.

1951 erlebt sie in London mit «Under the Sea», nach einem Stück von Camille Saint-Saëns, das in der Kirche St. Martin-in-the-Fields urauf-

geführt wird, den Durchbruch. Mit der Idee, Altarstufen als Bühne ihrer expressionistischen Kunst zu benutzen, eckt Hilde Holger bewußt an, provoziert die öffentliche Diskussion über Kirche als Theaterraum. Seit der Geburt ihres geistig behinderten Sohnes Darius 1949 widmet sie sich verstärkt der Arbeit mit Behinderten. In diesem Zusammenhang entsteht «Towards the Light», nach der Musik von Edvard Grieg, 1969 im Sadlers Wells Theatre uraufgeführt, das als wegbereitender Beitrag der Tanztherapie in England gilt.
Kunst und Kultur der Metropole London («Rockpaintings», 1975), aber auch die Verarbeitung ihrer indischen Erfahrungen («Apsaras», 1983) sind Themen ihrer Stücke, die vor allem im Londoner Hampstead Theatre und im Commonwealth Theatre gezeigt werden, doch hat sie dabei «den Ausgangspunkt Wien als philosophischen Ort nie verlassen» (Hirschbach/Tavorian 1990, S. 61).

Quellen. Archivalisches Material c/o Denny Hirschbach, Verlag Zeichen und Spuren, Bremen
Veröffentlichungen. Ausführliches Werkverzeichnis in: Hirschbach/Tavorian 1990, S. 82–89
Literatur. Denny Hirschbach, Rick Tavorian (Hg.): Die Kraft des Tanzes. Hilde Holger: Wien – Bombay – London. Über das Leben und Werk der Tänzerin, Choreographin und Tanzpädagogin. Bremen 1990

Marina Sassenberg

Huber, Lotti **Schauspielerin**

16. 10. 1912, Kiel
Vater: Robert Goldmann; Mutter: Johanna, geb. Leipziger

Als Schauspielerin debütiert Lotti Huber im Alter von 65 Jahren – mit 70 wird sie zum Star. Überhaupt ist sie eine Frau mit einer außergewöhnlichen Lebensgeschichte und eine Skandalfigur im öffentlichen Leben. Schon ihr Leben auf der Schwelle zum Erwachsenenalter beginnt mit einem politischen Skandal. Mit 17 verliebt sie sich in Hillert Lueken, den Sohn des Kieler Oberbürgermeisters, und zieht ein paar Jahre später mit ihm zusammen nach Berlin in eine Wohnung. Das Zusammenleben einer Jüdin mit einem «Arier» war im nationalsozialistischen Deutschland undenkbar. Beide werden von der Gestapo ver-

Lotti Huber. Foto: Gertrud Goroncy, Berlin

haftet. Lotti Huber wird 1937 im Konzentrationslager Moringen/Niedersachsen interniert und nach einem Jahr gegen die Zahlung eines beträchtlichen Geldbetrages durch eine amerikanisch-jüdische Organisation entlassen. 1938 verläßt sie Deutschland und erhält ein Stipendium, um am Jerusalemer Konservatorium Tanz zu studieren.

Aus Geldmangel unterbricht sie ihr Studium und arbeitet als Tänzerin in einem Nachtclub. Während des Zweiten Weltkrieges heiratet sie einen englischen Offizier. Nach dem Krieg kommt es zur Scheidung, und sie eröffnet auf Zypern ein Lokal namens «Octopus». Auf Zypern heiratet sie in zweiter Ehe den englischen Oberst Norman Huber und betreibt nach dessen Ausscheiden aus der Armee gemeinsam mit ihm in London ein Restaurant, wiederum mit dem Namen «Octopus». Doch wird Lotti Huber in England nie heimisch, so daß das Ehepaar das Lokal verkauft und nach Berlin zieht, wo sie eine Mannequin-Schule eröffnet.

Nach dem Tode ihres Mannes 1972 muß sie, da sie keine Witwenrente bekommt, selbst für ihren Lebensunterhalt sorgen. So arbeitet sie sieben Jahre lang als Verkäuferin in Kaufhäusern und Markthallen, macht Übersetzungen, wirkt in Filmen mit, vermietet Zimmer. 1977 spielt sie in dem Film «Gigolo» unter der Regie von David Hummings eine Nebenrolle, in der sie Charleston tanzt. Wieder mit einer Nebenrolle ist sie dann in «Der Zauberberg» nach dem Roman von Thomas Mann zu sehen (1981). Im selben Jahr gibt ihr Rosa von Praunheim die Rolle einer der fünf alten Damen in dem Film «Unsere Leichen leben noch». Das Lied der fünf Sechzigjährigen trifft voll und ganz auf sie zu: «Wir sind vital und wild und klug und schön und sexy voller Glut.../ Unsere Leichen leben noch, unsere Körper sind noch warm/Unsere Leichen beben noch, tragen den Kopf nicht unterm Arm» (Huber 1990, S. 157 f.)

Lotti Huber wird Rosa von Praunheims Lieblingsschauspielerin. In «Horror Vacui» (1984) spielt sie die eigens für sie geschriebene Rolle der Chefin eines mysteriösen Etablissements – halb magisches Cabaret, halb Treffpunkt einer den «optimalen Optimismus» lehrenden Sekte. In «Anita Berber – Tänze des Lasters und des Grauens» spielt sie die Rolle einer alten geistesgestörten Frau, die sich für Anita Berber, eine Skandalnudel der zwanziger Jahre, hält, die nackt tanzte und mit 29 Jahren an Drogen starb. Ebenso erhält sie die Hauptrolle in «Affengeil» (1990). Ihre extravagante Art zu sprechen und sich zu kleiden und ihr betont temperamentvolles Auftreten in Fernseh-Talkshows und in Theaterstücken werden häufig als schockierend und für ihr hohes Alter unpassend empfunden. Doch dem hat Lotti Huber entgegenzuhalten, daß ihr Beispiel dazu geeignet ist, alten Menschen Mut zu machen, ihr Leben bis ins hohe Alter hinein voll auszuleben.

Veröffentlichungen. Diese Zitrone hat noch viel Saft! Ein Leben. Berlin 1990; Jede Zeit ist meine Zeit. Gespräche. Berlin 1991

Avram Andrei Baleanu
(Deutsch von Hans Joachim Kemper)

Immerwahr, Clara **Chemikerin**

21. 6. 1870, Gut Polkendorf/Wojczyce – 2. 5. 1915, Berlin-Dahlem
Vater: Dr. Philipp Immerwahr, Chemiker und Landwirt; Mutter: Anna, geb. Krohn, ?–1890

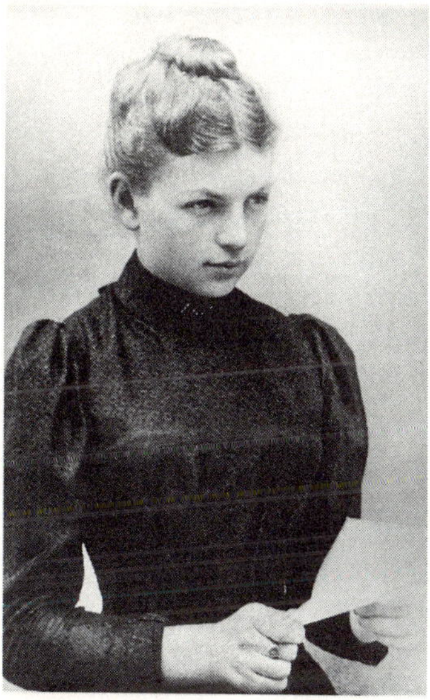

Clara Immerwahr wächst mit zwei Schwestern und einem Bruder auf dem Gut Polkendorf auf, die Winter verbringt die Familie meist bei der Großmutter Lina Immerwahr in Breslau, die am Breslauer Ring ein großes Konfektions- und Tuchgeschäft hat. Im Haus der Großmutter ist eine höhere Töchterschule untergebracht, die Clara und ihre Schwestern während des Winters besuchen, im Sommer auf dem Gut werden die Kinder von Privatlehrern unterrichtet. Als 1890 die Mutter stirbt, gibt der Vater das Gut auf und zieht mit seiner Tochter nach Breslau. Sie lehnt in dieser Zeit einen Heiratsantrag ihres späteren Mannes Fritz Haber ab, weil sie selbständig sein will, und besucht ein Lehrerinnenseminar. Dort wird ihr Interesse für Chemie geweckt, und sie bildet sich mit Hilfe ihres Vaters, der auch ihre zukünftigen Forschungsbestrebungen unterstützt, darin fort.

Nach Abschluß des Lehrerinnenseminars erkämpft Clara Immerwahr die Zusage, Ostern 1896 die für die Einjährig-Freiwilligen-Prüfung erforderlichen Leistungen zu erbringen. 1896 stellt sie das Gesuch «zum gastweisen Besuch von Vorlesungen über Experimental-Physik» (Leitner 1993, S. 38), das positiv beschieden wird. Jedoch muß sie sich bei jedem Dozenten um die Genehmigung bemühen, seine Veranstaltungen besuchen zu dürfen. Ein Jahr später hat sie das «Zeugnis der Reife vom Realgymnasium» und strebt die Promotion an. Als ein Erlaß des Kultusministeriums die Untersuchung «zur Löslichkeitsbestimmung

schwerlöslicher Salze des Quecksilbers, Kupfers, Bleis, Cadmiums und Zinks» ermöglicht, geht sie an die Bergakademie in Clausthal-Zellerfeld, um dort die notwendigen Untersuchungen durchzuführen. 1900 promoviert Clara Immerwahr als erste Frau an der Universität Breslau im Fach physikalische Chemie. Sie wird Laboratoriumsassistentin von Richard Abegg und publiziert eine Reihe von Arbeiten in Fachzeitschriften. Die Heirat mit Fritz Haber 1901 und die Geburt des Sohnes Hermann 1902 drängen sie in die Rolle der Professorengattin, Ehefrau und Mutter, obwohl sie immer wieder versucht, sich dieser zu entziehen und zu forschen. In Karlsruhe, wo Fritz Haber an der Technischen Hochschule zunächst Privatdozent ist, hält Clara Immerwahr, wie schon in Breslau im Verein «Frauenwohl», im «Volksbildungsverein» Vorträge über «Chemie im Haushalt». Es kränkt sie, daß in der Gesellschaft selbstverständlich angenommen wird, ihr Mann habe die Vorträge geschrieben. Fritz Haber macht eine steile Karriere, 1919 erhält er den Nobelpreis. Als er seine Forschungen vollkommen auf die Suche nach neuen Kampfgasen umstellt und im Laufe des Ersten Weltkrieges als Abteilungsleiter im Kriegsministerium die wissenschaftliche Verantwortung für das gesamte Kampfgaswesen übernimmt, bezieht seine Frau Stellung dagegen und bezeichnet die «Perversion der Wissenschaft» als «ein Zeichen der Barbarei, jene Disziplin korrumpierend, die dem Leben neue Einsichten vermitteln sollte» (Leitner 1993, S. 10). In aller Öffentlichkeit mißbilligt sie die Forschungen ihres Mannes, der sie seinerseits als Vaterlandsverräterin bezeichnet. Am 2. Mai 1915 erschießt sich Clara Immerwahr mit der Dienstwaffe ihres Mannes. Fritz Haber fährt noch am selben Tag an die Ostfront, um einen größeren Giftgaseinsatz vorzubereiten.
Seit 1991 verleiht die «Deutsche Sektion der Ärzte für die Verhütung des Atomkrieges, Ärzte in sozialer Verantwortung» die Clara-Immerwahr-Auszeichnung.

Quellen. Stadtarchiv Breslau; Universitätsarchiv Breslau; Archiv zur Geschichte der Max-Planck-Gesellschaft

Veröffentlichungen. Potentiale von CU-Elektroden in Lösungen analytisch wichtiger CU-Niederschläge. In: Zeitschrift für anorganische Chemie 1900 (24), S. 269–279; Zur Kenntnis der Löslichkeit von Schwermetallniederschlägen auf elektrochemischem Wege. In: Zeitschrift für Elektrochemie 1901, S. 477–488

Literatur. Gerit von Leitner: Der Fall Clara Immerwahr. Ein Leben für eine humane Wissenschaft. München 1993; dies.: Die Hälfte des Lebens, femina doctissima Clara Immerwahr. Ein Dokumentar-Hörspiel. SFB und WDR 3 am 18. 10. 1990

Jutta Dick

Jacob, Mathilde

Übersetzerin, Sekretärin

8. 3. 1873, Berlin –
14. 4. 1943, Theresienstadt
Vater: Julius Jacob, 1839–1907,
Fleischer; Mutter: Emilie,
geb. Bernhard, 1849–1933

Mathilde Jacob ist bekannt geworden als die treue, zuverlässige Freundin und Sekretärin von → Rosa Luxemburg und Paul Levi – ihr eigenes Leben steht dabei meist im Hintergrund.
Sie wächst als ältestes von sieben Kindern im Berliner Norden auf. Das bescheidene Einkommen des Vaters reicht nicht aus, um die Familie zu ernähren, so daß Mathilde schon frühzeitig mitverdienen muß. Von 1892 bis 1899 arbeitet sie als Buchhalterin im Versicherungsgewerbe und gründet danach ein eigenes Schreib- und Übersetzungsbüro. Ihre Kunden kommen aus Gewerkschafts- und SPD-Kreisen, denn durch ihren Bruder Harry (1878–1943) hat sie Kontakte zur Arbeiterbewegung. Sie wird selbst überzeugte Sozialistin. Im Dezember 1913 lernt Mathilde Jacob im Rahmen eines Auftrags für die «Sozialdemo-

Mathilde Jacob (links)

kratische Korrespondenz» Rosa Luxemburg kennen, arbeitet seitdem regelmäßig für die prominente Sozialistin und wird bald deren Vertraute und Freundin. Als Rosa Luxemburg während des Ersten Weltkriegs inhaftiert wird, schreibt sie an Mathilde Jacob 148 Briefe, die später als «Briefe aus dem Gefängnis» veröffentlicht werden. Aus diesen Briefen wird deutlich, welche Rolle Mathilde Jacob in Rosa Luxemburgs Leben spielt: die eines Ankers, an dem sich die verfolgte Kämpferin festhalten kann. Mit ihrer Hilfe gelingt es im Jahre 1915, Rosa Luxemburgs «Junius-Broschüre» aus dem Gefängnis herauszuschmuggeln. Mathilde Jacob tippt das Manuskript, bereitet die Veröffentlichung vor und schmuggelt auch weitere Artikel und Geheimbotschaften Rosa Luxemburgs aus dem Gefängnis. Doch ist Mathilde Jacob auch am politischen Kampf beteiligt. Während der Novemberrevolution 1918 gehört sie zum engsten Kreis um Rosa Luxemburg, Leo Jogiches, Karl Liebknecht und Paul Levi. Selbst vorübergehend inhaftiert, entgeht sie bei der herrschenden Pogromstimmung nur knapp ihrer Verfolgung, muß jedoch die Leiche ihrer Freundin, die am 31. Mai 1919 aus dem Landwehrkanal gezogen wird, identifizieren.

Politisch arbeitet Mathilde Jacob von nun an eng mit Paul Levi zusammen und wird Redakteurin der von ihm herausgegebenen Zeitung «Unser Weg (Sowjet)». Sie verläßt mit ihm 1921 die KPD und wird Mitarbeiterin beim Vertrieb seiner Zeitung «Sozialistische Politik und Wirtschaft». Als Levi 1930 stirbt, zieht sich Mathilde Jacob aus dem politischen Leben zurück. Ende 1939 kann sie den bei ihr aufbewahrten Teilnachlaß Rosa Luxemburgs dem amerikanischen Historiker Ralph H. Lutz übergeben und so vor dem Zugriff der Nazis retten. Seit den dreißiger Jahren versucht Mathilde Jacob vergeblich zu emigrieren. Alt, einsam und arm lebt sie bis zu ihrer Deportation nach Theresienstadt am 27. Juli 1942 in Berlin. Als Freunde in den USA bei einem internationalen Hilfskomitee endlich die Summe von 500 Dollar auftreiben können, ist es zu spät – zu diesem Zeitpunkt ist Mathilde Jacob bereits tot. Die genauen Umstände ihres Todes sind nicht bekannt.

Veröffentlichungen. Aus dem Gefängnis in den Kampf. In: Leipziger Volkszeitung, 15. 1. 1929; Von Rosa Luxemburg und ihren Freunden in Krieg und Revolution 1914–1919. Hg. und eingel. von Sibylle Quack und Rüdiger Zimmermann. In: Internationale Wissenschaftliche Korrespondenz zur Geschichte der deutschen Arbeiterbewegung (IWK) 24 (1988), Heft 4, S. 435–515; Erinnerungen an Rosa Luxemburg. In: Andreas Lixl-Purcell (Hg.): Erinnerungen deutsch-jüdischer Frauen 1900–1990. Leipzig 1992, S. 105–119

Literatur. Heinz Knobloch: «Meine liebste Mathilde.» Das unauffällige Leben der

Mathilde Jacob. Berlin 1986; Agnes F. Peterson: A Working Woman: Mathilde Jacob, 1873–1942. In: IWK 18 (1973), Heft 2, S. 51–55; Rosa Luxemburg: Ich umarme Sie in großer Sehnsucht. Briefe aus dem Gefängnis 1915–1918. Bonn 1980

Sibylle Quack

Jacobi, Lotte (Johanna Alexandra) **Fotografin**

17. 8. 1896, Thorn/Westpreußen – 6. 5. 1990, Concord/New Hampshire
Vater: Sigismund Jacobi, 1866–1935, Fotograf; Mutter: Maria, geb. Lublinski, 1872–1950, Mitarbeiterin im Atelier

Als Lotte Jacobi zur Welt kommt, ist ihr Vater, Sigismund Jacobi, bereits in dritter Generation als Fotograf tätig – sein Großvater hat noch bei Louis Daguerre Kamera und Lizenz gekauft. Seit 1898 besitzt er ein Atelier in Posen, er führt die Zwölfjährige in die Technik der Fotografie ein, und es entstehen die ersten Fotos mit einer selbstgebauten Lochkamera. Danach schenkt ihr der Vater eine 9x12-cm-Ernemann-Plattenkamera. Von 1914 bis 1916 studiert Lotte Jacobi an der Akademie Posen Kunstgeschichte und Literatur und heiratet im letzten Studienjahr den Holzhändler Fritz Honig. 1917 wird ihr Sohn Jochen, später John F. Hunter (1917–1985) geboren. Zunächst arbeitet Lotte Jacobi im väterlichen Atelier, bis sie 1920 nach Berlin geht, wohin auch der Vater 1921 sein Atelier verlegt. 1925 entschließt sie sich zu einer zweijährigen Fotografie- und Film-Ausbildung an der Bayerischen Staatslehranstalt für Lichtbildwesen in München und übernimmt danach – ihre Schwester Ruth Jacobi, die auch als Fotografin tätig ist, übersiedelt in die USA – das väterliche Atelier im Berliner Westen. Unter ihrer Leitung wird es zu einem der bekanntesten modernen Porträt-Ateliers der Stadt. Sie arbeitet in großem Umfang für die illustrierte Presse, beschäftigt sich auch mit Tanz- und Theater-Fotografie und Reportagen. Ihr Engagement für eine linke Politik und die Porträtserie Ernst Thälmann für die Wahlen 1932 vermitteln ihr eine ausgedehnte Reise in die Sowjetunion: Moskau, Tadschikistan und Usbekistan. Die inzwischen erfolgte Machtübernahme durch die Nationalsozialisten stellt die aus jüdisch-liberaler Familie stammende Fotojournalistin beruflich und existentiell vor zunehmende Schwierigkeiten – auch wenn sie sich 1931 von der jüdischen Religionszugehörigkeit getrennt hat.

Lotte Jacobi: Selbstbildnis. Berlin, um 1930

In den nächsten zwei Jahren versucht sie durch Kooperation mit dem Folkwang Archiv als «Bender und Jacobi» und «Behms Bilderdienst» das Atelier zu erhalten, aber alle Versuche scheitern, so daß sie 1935 – nach dem Tod des Vaters – mit der Familie in die USA nach New York emigriert. Sie richtet dort sofort wieder ein Atelier ein, aber der Neubeginn ist überaus schwierig. Obwohl sie sich einen Namen als Porträtistin machen kann, erreicht sie in den USA nicht mehr das Ansehen, das sie im Berlin der zwanziger Jahre hatte.
Neben ihrer fotografischen Arbeit ist Lotte Jacobi in Hilfskomitees für Flüchtlinge tätig. 1940 heiratet sie den jüdischen Verleger Erich Reiss

(1887–1951). Mitte der vierziger Jahre beginnt sie mit kameraloser Fotografie zu experimentieren, woraus die ganz eigenständigen «Photogenics» entstehen. Ab 1952 richtet sie in ihrem Atelier auch Kunstausstellungen (F. G. Kuttner, Louise Nevelson, Rudi Lesser, Josef Scharl) aus, ein Engagement, das sie auch beibehält, als sie sich 1955 aufs Land nach Deering, New Hampshire, zurückzieht. In ihren Fotografien tauchen nun verstärkt Natur-Motive auf. Als Gasthörerin an der Universität in Durham, New Hampshire, belegt Lotte Jacobi 1961/62 die Fächer Graphik, Kunstgeschichte, Gartenbau, Medienwissenschaften und Französisch. Zum erstenmal nach dem Zweiten Weltkrieg reist sie 1962/63 wieder nach Europa, nach Berlin und Posen, um Städte und Freunde wiederzusehen. In New Hampshire ist sie maßgeblich an der Förderung der Fotografie und der Einrichtung einer fotografischen Abteilung (1971) im Museum der Stadt Manchester beteiligt. Ihr lebenslanges politisches Engagement gipfelt 1976 in der Entsendung als Delegierte der Demokratischen Partei. Für ihr fotografisches Werk wird sie in den siebziger und achtziger Jahren mit mehreren Doktortiteln und Auszeichnungen geehrt, 1983 erhält sie den Erich-Salomon-Preis der Deutschen Gesellschaft für Photographie.

Quellen. Lotte Jacobi Negative Archive, Media Services, Dimond Library, University of New Hampshire, USA; Lotte Jacobi Dokumenten-Nachlaß, Special Collections, Dimond Library, University of New Hampshire, USA

Fotojournalistische Arbeiten. Der Querschnitt; Uhu; Die Dame; Berliner Illustrirte Zeitung; Der Tanz; Das Theater; Die Schaffende Frau; Die Funkwoche; Tempo; Arbeiter-Illustrierte Zeitung; Zeitbilder; New York Herald Tribune; Life; Time; The New York Times Magazine; Modern Photography; American Photographer; Aperture; Camera; New Hampshire Profiles

Einzelausstellungen (Auswahl). Retrospektive 1927–1959, Currier Gallery of Art, Manchester/New Hampshire 1959 (Wanderausstellung); Retrospektive, 303 Gallery, New York City, New York 1964; Retrospektive, Staatliche Landesbildstelle, Hamburg 1973; Menschen von gestern und heute, Museum Folkwang, Essen 1973; Jacobi Place, The Gallery Halls, Manchester/New Hampshire 1977; Retrospektive, Alfred, New York 1980; Photographien einer Reise durch die Sowjetunion 1932/33, Das Verborgene Museum, Berlin 1989; Lotte Jacobi 1896–1990. Berlin – New York – Deering, Museum Folkwang, Essen 1990; Lotte Jacobi – Portraits, Galerie Bodo Niemann, Berlin 1993

Literatur (Auswahl). Fotografinnen. Essen 1970 (Ausstellungskatalog); Menschen von gestern und heute. Lotte Jacobi. Essen 1974 (Ausstellungskatalog); Jacobi Place. Portrait of a Photographer. Manchester/New Hampshire 1977 (Ausstellungskatalog); Lotte Jacobi. Danburry/New Hampshire 1978; Recollections: Ten Women of Photography. Hg. von Margareta K. Mitchell. New York 1979; Portrait: Theory.

Hg. von Kelly Wise. New York 1981; Berlin – New York. Schriftsteller in den dreißiger Jahren, fotografiert von Lotte Jacobi. Marbach am Neckar 1982; Lotte Jacobi. Theatre & Dance Photographs. Woodstock/Vermont 1982; Lotte Jacobi – Rußland 1932/33. Hg. von Marion Beckers, Elisabeth Moortgat. Berlin 1988; Lotte Jacobi 1896–1990. Berlin – New York – Deering. Essen 1990 (Ausstellungskatalog)

Marion Beckers

Jacobs, Dore (Debora) **Tanzpädagogin**

27. 6. 1894, Essen – 5. 3. 1979, Essen
Vater: Ernst Marcus, 1856–1928, Amtsrichter, Philosoph; Mutter: Berta, geb. Auerbach, 1869–1918

Dore Jacobs, 1949

«Mit Jüdchen, Jüdchen geh ich nicht!» – solche Spottrufe beherrschen die Kindheit der dunklen Dore Jacobs und prägen die Erziehung im Elternhaus. Sowohl der Vater, der Amtsrichter und Kantforscher Ernst Marcus, als auch die Mutter, die Frauenrechtlerin und Begründerin des Vereins «Frauenwohl», haben das Ziel, die Begabungen ihrer Kinder zu fördern, um sie zu selbstbewußten Menschen heranwachsen zu lassen. Ernst Marcus vermittelt spielerisch Anfangsgründe der Logik und Geometrie, legt aber in gleichem Maße Gewicht auf Musikalität und Körperbildung. Er regt die Kinder an, zu Mozart-Sonaten zu tanzen, und initiiert Bewegungsunterricht nach der Methode Jacques Dalcrozes. Nach dem Besuch einer privaten evangelischen Mädchenschule, wo sie sehr unter Antisemitismus zu leiden hat, kommt Dore Jacobs auf das neueröffnete Realgymnasium. Als die Genehmigung für die zweite Mädchenklasse verweigert wird, richten die Eltern in ihrer Wohnung ein Klassenzimmer ein, in dem zwölf Mädchen bis zur Aufnahme in die Schule Privatunterricht erhalten. Mathematiklehrer ist Artur Jacobs, der spätere Ehemann von Dore. Er weckt ihr Interesse an Mathematik und Physik, so daß sie nach dem Abitur 1911 in Heidelberg das Studium dieser Fächer beginnt. Jedoch erkennt sie, daß ihre eigentliche Begabung auf dem Gebiet der Bewegung, des Tanzes liegt, und tritt in die Schule von Jacques Dalcroze in Dresden-Hellerau ein. Nach dem Abschlußexamen 1914 kehrt sie nach Essen zurück und heiratet Artur Jacobs. Mit seiner Unterstützung vertieft Dore ihre Kenntnisse in Bonn. In dieser Zeit hört sie Martin Buber, lernt den Chassidismus kennen und gewinnt eine positive Haltung zum Judentum, das für sie bis dahin «eine belanglose und das Leben erschwerende Nebensache» (Jacobs 1990, S. 26) ist. Durch die Begegnung mit dem Wirtschaftspolitiker Julius Simon wird Dore Jacobs zur begeisterten Zionistin und will nach Israel auswandern. Jedoch hält die damit verbundene Trennung von ihrem Mann und dem 1918 geborenen Sohn Gottfried sie davon ab. Statt dessen begründet sie in Essen den jüdischen Jugend-Wanderbund «Blau-Weiß» und ist aktiv in der von ihrem Mann begründeten Gemeinschaft «Der Bund – Orden für sozialistische Politik und Lebensgestaltung». In dieser Zeit erwächst aus der Ideenwelt des «Bundes» und den tanzpädagogischen Vorstellungen von Dore Jacobs die «Ausbildungsstätte für Körperbildung und rhythmische Erziehung»; 1927 wird ein eigenes Haus bezogen. Die von Dore Jacobs entwickelte Methode gründet «auf Entfaltung der innerleiblichen Lebensvorgänge, Atmung und Blutkreislauf, und auf ihre Wechselwirkung mit dem äußeren Bewegungsablauf. Mein Ziel war es: Hemmungen fortzuräumen, die der Wiedergabe musikalischer Vorgänge durch Bewegung aus falschem körperlichen Verhalten erwuchsen.» (Jacobs 1990, S. 92) Die Schule existiert unter Dore Jacobs' Leitung bis 1934 und wird dann verboten. Dem «Bund» gelingt es, Dore Jacobs und weitere jüdische Verfolgte zu verstecken und zu retten; die «Bundeshäuser» in Essen, Wuppertal und Meersburg werden zu Fluchtburgen. Dore Jacobs nutzt die Zeit als «schöpferische Pause» und führt ihr Buch «Die menschliche Bewegung», heute Standardwerk vieler Gymnastikschulen, zu Ende. 1945 wird die Schule unter der Leitung der Bundesgenossin und langjährigen Mitarbeiterin Lisa Jacob wieder eröffnet. Dore Jacobs begleitet die Arbeit der Schule, bleibt aber im Hintergrund. 1975 verfaßt sie für Freunde und Bundesgenossen das Erinnerungsbuch «Gelebte Utopie. Aus dem Leben einer Gemeinschaft».

Quellen. Stadtarchiv Essen; Alte Synagoge Essen; Dore Jacobs-Schule Essen
Veröffentlichungen. Die menschliche Bewegung. Düsseldorf [4]1972; Bewegungsbildung – Menschenbildung. 45 Jahre Bundesschule für Körperbildung Essen. Düsseldorf 1976; Gelebte Utopie. Aus dem Leben einer Gemeinschaft. Hg. von Else Bramesfeld u. a. Essen 1990; Erinnerungen. In: Hermann Schröter: Geschichte und Schicksal der Essener Juden. Hg. von der Stadt Essen. Essen 1980, S. 186–192

Jutta Dick

Jonas, Regina **Rabbinerin**

3. 8. 1902, Berlin – Ende 1944,
ermordet in Auschwitz
Vater: Wolf Jonas;
Mutter: Sara, geb. Hess

Regina Jonas ist die erste und bis in die siebziger Jahre hinein einzige ordinierte Rabbinerin. Nach ihrem Reifeabschluß besucht sie von 1924 bis 1930 die Hochschule für Wissenschaft des Judentums in Berlin und schreibt ihre religionsgesetzliche Prüfungsarbeit über das Thema «Kann die Frau das rabbinische Amt bekleiden?» Talmudprofessor Eduard Baneth nimmt ihre Arbeit mit der Schlußfolgerung, daß «ausser Vorurteil und Ungewohntsein hal.(achisch) fast nichts dem Bekleiden des rabb. Amtes seitens der Frau entgegen steht» mit dem Prädikat «gut» an. Ihre mündlichen Prüfungen besteht sie am 22. Juli 1930 in den Fächern Religionsphilosophie (Julius Guttmann), Jüdische Geschichte (Ismar Elbogen), Religionsgeschichte und Pädagogik (Leo Baeck) und Talmudische Wissenschaft (Eduard Baneth), wird jedoch erst später ordiniert. Das «Israelitische Familienblatt» meldet am 4. Juni 1931: «Wir haben über die Nacht die erste jüdische Predigerin in Deutschland bekommen. Als kleine Überraschung sozusagen.» Erst 1935 wendet sich Jonas «im Auftrage des Liberalen Rabbiner-Verbandes» an Max Dienemann in Offenbach, der ihr das Rabbinatsdiplom mit der folgenden Begründung bescheinigt: «Da ich erkannt habe, daß ihr Herz mit G'tt und Israel ist, und daß sie ihre Seele für das Ziel, das sie sich gesetzt hat, hingibt, und daß sie gottesfürchtig ist, und da sie die Prüfung bestanden hat, die ich ihr in religionsgesetzlichen Gegenständen abgenommen habe, bezeuge ich ihr, daß sie fähig ist, Fragen des Religionsgesetzes zu beantworten, und *daß sie dazu geeignet ist, das rabbinische Amt zu bekleiden.*» (Hervorh. im Original)
Sie unterrichtet Religionslehre an öffentlichen Lyzeen und an Schulen

Regina Jonas, um 1939

der jüdischen Gemeinde, wird aber erst 1937 offiziell von der Jüdischen Gemeinde zu Berlin ins Beamtenverhältnis übernommen. Ihre Einstellungsurkunde weist sie als Lehrerin aus, die aber auch verpflichtet ist, «die rabbinisch-seelsorgerische Betreuung in den Sozialanstalten der Gemeinde auszuüben», insbesondere im Jüdischen Krankenhaus und diversen Altersheimen. Darüber hinaus hält sie zahlreiche Vorträge zur Stellung der Frau im Judentum und zu anderen biblischen, geschichtlichen und theologischen Themen u. a. auf Einladung des «Jüdischen Frauenbundes», des Berliner «Zionistischen Vereins» und der «Women's International Zionist Organisation» (WIZO). Besonders nach 1938 vertritt sie häufig Gemeinderabbiner, die ausgewandert oder von den Nazis verhaftet und deportiert worden sind. Im Winter 1940/41 reist sie durch Deutschland und predigt in Pommern, Braunschweig, Frankfurt (Oder), Wolfenbüttel und Bremen. Trotz Zwangsarbeit in einer Berliner Kartonagenfabrik setzt sie auch 1942 ihre Rabbinertätigkeit fort. Am 6. November 1942 wird sie, gemeinsam mit ihrer Mutter, nach Theresienstadt deportiert. Dort arbeitet sie mit Dr. Victor Frankl in dessen Referat «Psychische Hygiene» und kümmert sich um die seelsorgerische Betreuung der Neuankömmlinge. Eine Liste mit 23 Vortragsthemen befindet sich im Theresienstädter Archiv, darunter auch Notizen einer Predigt, die ihr Leben und Werk zusammenfassen: «Unser jüdisches Volk ist von Gott in die Geschichte gesandt worden als ein ‹gesegnetes Volk›. Von Gott ‹gesegnet› sein heisst, wohin man tritt, in jeder Lebenslage, Segen, Güte, Treue spenden – Demut vor Gott, selbstlose hingebungsvolle Liebe zu seinen Geschöpfen erhalten die Welt. Diese Grundpfeiler der Welt zu errichten war und ist Israels Aufgabe. – Mann und Frau, Frau und Mann haben diese Pflicht in gleicher jüd. Treue übernommen. Diesem Ideal dient auch unsere ernste, prüfungsreiche, Theresienstädter Arbeit ... Diener Gottes zu sein, als solche rücken wir aus irdischen in ewige Sphären.»
Am 12. Dezember 1944 wird Rabbinerin Regina Jonas nach Auschwitz deportiert, von wo sie nicht zurückkehrt.

Quellen. Archiv Pamatnik, Terezin; Bundesarchiv, Abteilung Potsdam; Yad Vashem, Jerusalem; Landesarchiv Berlin

Veröffentlichungen. Eine Jom Kippur Mahnung. In: Jüdisches Gemeindeblatt für Berlin, 2. 10. 1938, S. 3; Häusliche Gebräuche. In: Jüdisches Nachrichtenblatt, 3. 3. 1939, S. 2; Über die Seelenfeier. In: Ebd., 24. 5. 1939, S. 5

Literatur. Eine Monographie über Rabbinerin Regina Jonas ist in Vorbereitung.

Katharina von Kellenbach

Jourdan, Berta **Politikerin, Pädagogin**

21. 6. 1892, Frankfurt a. M. – 4. 12. 1981, Frankfurt a. M.

Berta Jourdan wächst im Frankfurt der Jahrhundertwende heran. Ihr Vater ist Geschäftsmann von eher bescheidenem Format. Berta besucht in Wiesbaden ein jüdisches Mädchenpensionat. 1913 legt sie dort ihr Lehrerinnenexamen ab und arbeitet anschließend als Sonderschullehrerin in Frankfurt. 1917 schließt sie sich der SPD an und ist in den beiden letzten Kriegsjahren in der Kriegsfürsorge tätig. 1924 vertritt sie als Parteitagsdelegierte den Bezirk Hessen-Frankfurt und engagiert sich anschließend bis 1928 als Stadtverordnete in Frankfurt in der Schul- und Lehrerpolitik. Von 1928 bis 1933 ist sie als SPD-Abgeordnete Mitglied des Preußischen Landtags. Nach dem Tod des Vaters löst sie sich vom Judentum. Wie für die meisten Sozialistinnen oder Sozialdemokratinnen spielt für sie die Religion keine Rolle. Als Religionsbekenntnis gibt sie «Dissidentin» an.

Um ihre Mutter nicht allein in Deutschland zurückzulassen, verschiebt sie bei dem Machtantritt der Nationalsozialisten zunächst ihre Auswanderungspläne. Von 1933 bis 1938 arbeitet sie als Lehrerin an einer privaten jüdischen Schule in Frankfurt. Als ihre Mutter stirbt, emigriert sie im Januar 1939 nach Rhodesien, wo sie zwischen 1942 und 1965 als Sonderschulpädagogin in Bulawayo und von 1944 bis 1957 als UN-Berichterstatterin für rhodesische Schulfragen tätig ist. Die offizielle rassistische Politik in Rhodesien ist ihr unerträglich. Im Konflikt um die Apartheid-Politik der Regierung Ian Smith entschließt sie sich, das Land zu verlassen. 1966 kehrt sie nach Frankfurt a. M. zurück und nimmt wieder am Parteileben der SPD teil. Sie schließt sich der dortigen jüdischen Gemeinde an und verbringt seit 1979 ihren Lebensabend im jüdischen Altenheim in Frankfurt.

Literatur. Christl Wickert: Unsere Erwählten. Sozialdemokratische Frauen im Deutschen Reichstag und im Preußischen Landtag 1919–1933, 2 Bde. Göttingen 1986; dies.: Sozialistin, Parlamentarierin, Jüdin. Die Beispiele Käte Frankenthal, Berta Jourdan, Adele Schreiber-Krieger, Toni Sender und Hedwig Wachenheim. In: Ludger Heid, Arnold Paucker (Hg.): Juden und deutsche Arbeiterbewegung. Soziale Utopien und religiös-kulturelle Traditionen. Tübingen 1992, S. 155–164

Ludger Heid

Kaléko, Mascha **Lyrikerin**

7. 6. 1907, Schidlow/Polen – 21. 1. 1975, Zürich
Vater: Fischel Engel, 1884–1956, Kultusbeamter; Mutter: Shoshana, geb. Offen, 1883–1975

Auf der Flucht vor blutigen Pogromen in Galizien kommt die Familie Engel zu Beginn des Ersten Weltkriegs nach Deutschland. Mascha (eigentlich Golda Malka) besucht zwischen 1914 und 1916 die Volksschule in Frankfurt a. M., während ihr Vater als «feindlicher Ausländer» in der Kriegszeit interniert ist. Die Mutter zieht mit den beiden Töchtern für zwei Jahre nach Marburg an der Lahn. Nach dem Weltkrieg übersiedelt die Familie nach Berlin, wo sie eine Wohnung im sogenannten Scheunenviertel, dem Wohnviertel vorwiegend ostjüdischer Einwanderer, bezieht. Mascha Kaléko beginnt 1925 eine Bürolehre im Berliner «Arbeiterfürsorgeamt der jüdischen Organisationen Deutschlands». Neben ihrer Bürotätigkeit schreibt sie Gedichte, belegt Abendkurse in Psychologie und Philosophie an der Lessing-Hochschule und der Humboldt-Universität. Im Juli 1928 heiratet sie Saul Aron Kaléko, einen hebräischen Sprachphilologen. Ende der zwanziger Jahre findet Mascha Kaléko im Romanischen Café Anschluß an die literarische Avantgarde Berlins. Ihre ersten beiden Gedichte werden 1929 im «Querschnitt» veröffentlicht, 1930 folgen weitere Publikationen durch Vermittlung von Monty Jacobs in der «Vossischen Zeitung». Jahrelang schreibt sie Gedichte für die «Vossische» und für das «Berliner Tageblatt», wodurch sie zu einer «Berühmtheit» in Berlin wird. Hermann Hesse, Thomas Mann und Alfred Polgar äußern sich begeistert. Im «KüKa» («Künstlerkabarett») liest sie ihre Gedichte, Stars wie Rosa Valetti und Tatjana Sais singen dort ihre Chansons. Die Resonanz beim Publikum ist so groß, daß der Rowohlt Verlag 1933

ihren ersten Gedichtband «Das lyrische Stenogrammheft» herausbringt. Zwei Jahre später folgt das «Kleine Lesebuch für Große». In ihren Gedichten spiegelt sich das Berliner «Milljöh»: die Arbeitswelt der kleinen Leute in der Großstadt, die soziale Ungerechtigkeit wie das bescheidene Glück im Leben der Angestellten, Verkäuferinnen und kleinen Beamten. Ihre literarischen Vorbilder sind Kurt Tucholsky, Walter Mehring, in späteren Jahren Heinrich Heine. Im September 1938 emigriert sie mit ihrem Lebensgefährten, dem chassidischen Synagogalmusiker Chemjo Vinaver, und dem Sohn Ewjatar (Steven) in

die USA, ihre Gedichte sind von der nationalsozialistischen Zensur verboten. In New York unterstützt sie ihren Mann bei den Vorbereitungen seiner Konzerte und fördert das künstlerische Talent ihres Sohnes. Um den Lebensunterhalt zu sichern, schreibt sie Werbetexte für Toilettenartikel und Unterwäsche sowie Reportagen. Mascha Kaléko verfaßt auch in New York Gedichte. Sie spiegeln die Erfahrungen der Emigration wider und erscheinen in der deutschsprachigen Exilzeitung «Aufbau» in New York. Eines ihrer wenigen Prosastücke entsteht – «Lower Eastside» –, das das Leben der ostjüdischen Einwanderer in Manhattan schildert. Ihre Gedichte sind ernster, bekommen religiöse Inhalte und sprechen von der Sehnsucht nach Deutschland.
Im November 1944 erhält sie die amerikanische Staatsbürgerschaft. 1945 erscheint in Cambridge/Massachusetts der Gedichtband «Verse für Zeitgenossen».
1948 stellt Alfred Polgar die Verbindung zu Ernst Rowohlt wieder her. 1956 kommt Mascha Kaléko nach Berlin. Die Erfahrungen, die sie mit diesem Besuch macht, hält sie in Gedichten fest. Als ihr 1960 der Fontane-Preis der Akademie der Künste in Berlin verliehen werden soll, lehnt sie ab, da ein Jurymitglied eine NS-Vergangenheit hatte. Im gleichen Jahr siedelt sie nach Jerusalem über. Den frühen Tod ihres Sohnes (1968) und des Lebenspartners (1973) nicht verwindend, stirbt sie 1975 in Zürich. In diesem Jahr erreicht ihr «Lyrisches Stenogrammheft» eine Auflage von 100 000 Exemplaren. Ihr Grab befindet sich auf dem Israelitischen Friedhof Friesenberg in Zürich.

Quellen. Der Nachlaß befindet sich im Besitz von Gisela Zoch-Westphal, Zürich
Veröffentlichungen (Auswahl). Das lyrische Stenogrammheft. Berlin 1933; Kleines Lesebuch für Große. Berlin 1935; Verse für Zeitgenossen. Cambridge/Mass. 1945; Der Papagei, die Mamagei und andere komische Tiere. Hannover 1961; Verse in Dur und Moll. Olten, Freiburg i. Br. 1967; Das himmelgraue Poesie-Album der Mascha Kaléko. Berlin 1968; Der Gott der kleinen Webfehler. Spaziergänge durch New Yorks Lower Eastside und Greenwich Village. Düsseldorf 1977; In meinen Träumen läutet es Sturm. Gedichte und Epigramme aus dem Nachlaß. Hg. von Gisela Zoch-Westphal. München 1977; Heute ist morgen schon gestern. Gedichte aus dem Nachlaß. Hg. von Gisela Zoch-Westphal. Berlin 1980; Ich bin von anno dazumal. Chansons, Lieder, Gedichte. Hg. von Gisela Zoch-Westphal. Berlin 1984
Literatur. Astrid Wellershoff: Vertreibung aus dem «kleinen Glück». Das lyrische Werk der Mascha Kaléko (Phil. Diss.). Aachen 1982; Gisela Zoch-Westphal: Aus den sechs Leben der Mascha Kaléko. Berlin 1987

Ludger Heid

Kantorowicz, Gertrud

Kunsthistorikerin, Dichterin

9. 10. 1876, Posen –
19. 4. 1945, Theresienstadt

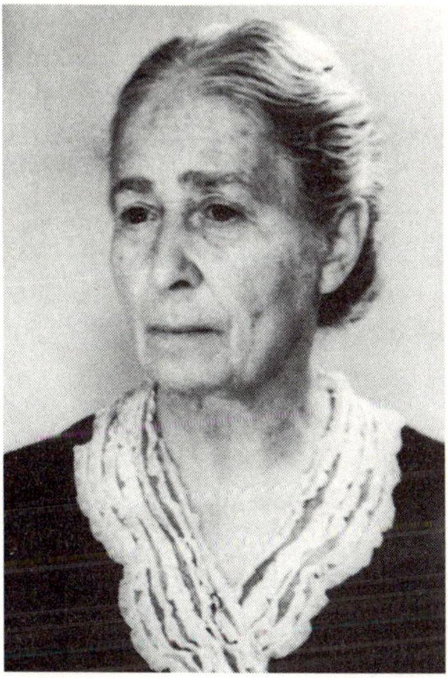

Gertrud Kantorowicz stammt aus einer angesehenen Posener Familie: zu ihren Verwandten zählen der Afrikaforscher und Entdecker der Nilquellen Richard Kandt (1867–1918) und der Mediävist Ernst Kantorowicz (1895–1963). Ihr Vater und ihr Onkel Joseph Kantorowicz leiteten eine weltbekannte Spirituosenfabrik gleichen Namens. Die gebildete und musikalische Mutter, aus der sephardischen Familie Pauly, spielte eine große Rolle im kulturellen Leben Posens. Gertrud Kantorowicz geht zum Studium der Archäologie, Kunstgeschichte und Philosophie nach Berlin, später nach München und promoviert in Zürich mit einer Arbeit «Über den Meister des Emmausbildes in San Salvatore in Venedig» (Neu-Ruppin 1904). In Berlin begegnet sie zwei Menschen, die für ihr Leben von entscheidendem Einfluß sein sollten: Stefan George und Georg Simmel. Gertrud Kantorowicz wird neben der Freundin → Edith Landmann-Kalischer die einzige Frau sein, deren Arbeiten George in die «Blätter für die Kunst» aufnimmt (unter dem Pseudonym «Gert. Pauly»: «Einer Toten…, IV, 4, 1900). Nach dem Studium lebt sie längere Zeit im selben Haus wie George im Berliner Westend, und obwohl dieser sich seit dem Weltkrieg merklich von ihr distanziert, bleibt er für sie wegweisend. Der Mann, den sie liebt, ist der Soziologe Georg Simmel, der sie zu der Übersetzung von Henri Bergsons «Evolution créatrice» (Jena 1912) anregt und im Umgang mit ihr seinen, wie Michael Landmann meint, kühnsten Gedanken, das «individuelle Gesetz», faßt. Er ist der Vater ihrer Tochter Angela, die, Simmel zuliebe, nicht bei Gertrud

Kantorowicz aufwächst, später klassische Philologie studiert und als Gärtnerin nach Palästina geht. Daß Angela 1942 durch einen Sturz von einem morschen Baum ums Leben kommt, erfährt die Mutter nicht mehr. Nach Simmels Tod 1918 zieht sich Gertrud Kantorowicz mit ihrer Tochter nach Herrlingen bei Ulm zurück und widmet sich einer Studie über «Das Wesen der griechischen Kunst», die jedoch erst 1934 im wesentlichen abgeschlossen wird (Heidelberg 1961); eine Arbeit, die, wie Hugo Marcus meint, «Eine Begegnung von Simmel und Wölfflin» sei. Vorarbeiten zu einer Abhandlung über «Das untranszendente Wesen der Kunst» entstehen, eine Arbeit über Adalbert Stifter ist geplant. Lange Zeit beschäftigt sich Gertrud Kantorowicz mit der Übersetzung der Sonette Michelangelos. Die theoretische Arbeit bildet jedoch nie einen roten Faden im Leben von Gertrud Kantorowicz, sie lebt in den Beziehungen zu Menschen, im ermunternden und beflügelnden Gespräch. Ihre Bereitschaft zu helfen, die manchmal, wie zum Beispiel im Falle → Margarete Susmans, zum allzu tiefen Eingriff in das Leben eines anderen führt, übersteigt in den Jahren des Nationalsozialismus, wo sie vielen zur Flucht verhilft, fast auch ihre eigenen Kräfte. Erst 1942 entschließt sich Gertrud Kantorowicz, zusammen mit anderen Frauen, darunter die Schwester von Margarete Susman und die Mutter von Ernst Kantorowicz, zur Flucht. Die Frauen werden an der Schweizer Grenze aufgebracht, nur eine kann in die Schweiz entkommen.

Gertrud Kantorowicz wird nach Theresienstadt deportiert, wo sie, nachdem die SS bereits abgezogen war, an Entkräftung stirbt. Ihre «Verse aus Theresienstadt» gibt ihr Bruder als Privatdruck heraus (1948).

Veröffentlichungen. Über den Märchenstil der Malerei und die sienesische Kunst des Quattrocento. Berlin 1910; (Hg.:) Georg Simmel. Fragmente und Aufsätze aus dem Nachlaß. München 1923

Literatur. Michael Landmann: Gertrud Kantorowicz. In: Figuren um Stefan George. Zehn Portraits. Amsterdam 1982; Margarete Susman: Ich habe viele Leben gelebt. Erinnerungen. Stuttgart 1964; Sabine Lepsius: Ein Berliner Künstlerleben um die Jahrhundertwende. München 1972

Hanna Delf

Karminski, Hannah

Sozialarbeiterin, Vorstandsmitglied des «Jüdischen Frauenbunds»

24. 4. 1897, Berlin – 1942 (deportiert)

Hannah Karminski. Foto: Jim Strong

In Berlin geboren und aufgewachsen, besucht Hannah Karminski dort die Luisenschule und das Pestalozzi-Fröbel-Haus, wo sie das Kindergärtnerinnen-Diplom erwirbt. Anschließend studiert sie Sozialarbeit an dem von Gertrud Bäumer geleiteten Sozialpädagogischen Institut in Hamburg. Um die Leitung eines jüdischen Mädchenklubs zu übernehmen, zieht Hannah Karminski Mitte der zwanziger Jahre nach Frankfurt a. M., wo sie prägende und für ihren weiteren Lebensweg entscheidende Begegnungen erwarten: Nicht nur mit Franz Rosenzweig und dem Jüdischen Lehrhaus, sondern auch mit → Bertha Pappenheim und Bettina Brenner, den führenden Mitgliedern des «Jüdischen Frauenbunds» (JFB). Mit der fast 40 Jahre älteren Bertha Pappenheim schließt sie tiefe, lebenslange Freundschaft und wird ihre engste Kollegin. Bertha Pappenheim ist es schließlich auch, die sie als Mitarbeiterin für den JFB gewinnt. 1924 tritt Hannah Karminski in den JFB ein und übernimmt bald dessen Hauptgeschäftsführung sowie die Redaktion der monatlich erscheinenden «Blätter des Jüdischen Frauenbundes für Frauenarbeit und Frauenbewegung». Nach der Zwangsauflösung des JFB 1938 arbeitet sie in der «Reichsvertretung der deutschen Juden», wo sie als Leiterin der Abteilung «Fürsorge und Auswandererberatung» jüdische Frauen und Kinder bei der Emigration unterstützt. Sie selbst verläßt Deutschland, trotz vielfacher Gelegenheit dazu, nicht, im Dezember 1942 wird sie verhaftet und deportiert.

In ihrer sozialpädagogischen Tätigkeit fühlt sich Hannah Karminski einer gewissermaßen feministischen wie auch einer zutiefst jüdischen Tradition verpflichtet. Ebenso wie → Cora Berliner gehört sie, die von Zeitgenossen als «herzerfreuende Erscheinung» charakterisiert wird – «immer freundlich, Tag und Nacht der Arbeit hingegeben» (Straus 1961, S. 259) –, bereits zur zweiten (und letzten!) Generation deutsch-jüdischer Feministinnen und kann von den Errungenschaften der Frauenbewegung profitieren. Solide ausgebildet und geschult, versteht sie sich als professionelle Sozialarbeiterin und setzt sich für die Berufstätigkeit und Gleichberechtigung jüdischer Frauen und Mädchen innerhalb der Gemeinde ein. Anders als die älteren Feministinnen verbringt sie wenig Zeit mit den vom JFB betreuten Kindern und Jugendlichen, denn ihr hauptsächliches Engagement gilt einer straffen und effektiven Organisation. All dies geschieht aus ihrem tiefempfundenen Bekenntnis zum Judentum heraus. So ist für die 32jährige Hannah Karminski der «Hauptwesenszug der jüdischen Frauenbewegung von heute der Wille der jüdischen Frau, sich innerhalb der sie umgebenden Kultur den Eigenbezirk jüdischen Lebens zu erhalten und wieder neu zu schaffen». Und noch im Jahre 1938 ruft sie ihre Leserinnen dazu auf, beizutragen, «daß auf dem Blatt jüdische Geschichte, das wir zu beschreiben haben, das Thema weitergeführt wird, das vor Jahrtausenden jüdische Menschen begonnen haben; das Thema und das Bekenntnis: Judentum als Lebensgrundlage».

Veröffentlichungen. Internationale jüdische Frauenarbeit. In: Der Morgen, Jg. 5, Nr. 3, 1929, S. 280–287; zahlreiche Artikel in: Blätter des JFB

Literatur. Rahel Straus: Wir lebten in Deutschland. Stuttgart 1961; E. G. Lowenthal (Hg.): Bewährung im Untergang. Ein Gedenkbuch. Stuttgart 1965, S. 89–93; Marion A. Kaplan: Die jüdische Frauenbewegung in Deutschland. Hamburg 1981, S. 148–150

Bettina Kratz-Ritter

Kaulla, Chaile (Karoline) Raphael

Hoffaktorin, «Hofbanquierin»

1739, Buchau/Oberschwaben – 19. 3. 1809, Hechingen/Hohenzollern
Vater: Raphael Kaulla, Vorsteher der jüdischen Gemeinde in Buchau, Hofjude in Sigmaringen, Hoffaktor in Hechingen; Mutter: Rebekka von Regensburg

Chaile Raphael Kaulla kommt aus einer wohlhabenden jüdischen Familie, die ihr eine sorgfältige Erziehung bieten kann, zu der – ganz im Zeichen der Begeisterung der jüdischen Oberschicht für das Gedankengut der Aufklärung – auch der Unterricht in deutscher Sprache gehört.
1757 heiratet Chaile Kaulla Akiba Auerbach; da sich ihr Mann ausschließlich einem religiös akzentuierten Gelehrtendasein widmet, muß Chaile für den materiellen Unterhalt der Familie und die Erziehung der zahlreichen Kinder sorgen. Sie kann diese für das damalige jüdische Alltagsleben paradigmatische Rollenverteilung nutzen, um eine erfolgreiche Karriere im Wirtschaftsleben zu beginnen.
Chaile Kaulla ist in jeder Beziehung eine Ausnahmegestalt. Anders als die vielen jüdischen Frauen, die die Unternehmen interimistisch bis zur Geschäftsfähigkeit der Kinder tatkräftig führen und dann bescheiden in den Hintergrund treten, führt Chaile das Handelshaus Kaulla selbstbewußt von Anfang an als Chefin und vertritt es auch nach außen hin – gegenüber Landesfürsten, Beamten und Geschäftspartnern. Unterstützt wird sie von ihrem fähigen Bruder und Teilhaber der Firma, Jakob Raphael. Die Basis des Geschäfts sind zunächst der Pferdehandel und Juwelenlieferungen, zeitweise auch der Salzhandel. Chaile Kaulla wird 1768 zur Hoffaktorin der Familie Fürstenberg in Donaueschingen ernannt. 1769 gelingt es ihr, freies Geleit für sich und ihre Waren zu erhalten. Einen größeren Umfang gewinnen ihre Geschäfte, als sie Hoffaktorin für das Fürstentum Hohenzollern wird und die Firma ihren Sitz nach Hechingen verlegt. 1770 ernennt Herzog Karl Eugen von Württemberg Chaile zur Hoffaktorin; sie darf sich aber zunächst nicht in den Residenzen Stuttgart und Ludwigsburg niederlassen. 1777 wird ihr nach mannigfachen erfolglosen Bemühungen die Zollfreiheit für Lieferungen an den Hof – und damit eine deutliche Privilegierung gegenüber der Konkurrenz – zugestanden. Schon früh-

*Madame Kaulla, ihr Bruder Jakob Raphael und dessen Sohn.
Kopie eines wahrscheinlich aus dem Jahr 1797 stammenden, verschollenen Ölgemäldes*

zeitig betreiben die beiden Kaullas neben dem Waren- und Pferdehandel ein Bankgeschäft, doch kommen die ganz großen ökonomischen Erfolge erst mit den napoleonischen Kriegen, als die Kaullas als Heereslieferanten für die Armee des deutschen Kaisers und die Kreiskontingente auftreten, das Haus Hohenzollern-Hechingen bei der Aufbringung der französischen Kontribution unterstützen und als Vermittler in der Subsidienpolitik deutscher Fürsten fungieren. 1802 gründen die Geschwister auf Anregung Herzog Friedrichs von Württemberg ein eigenes Bankhaus, M. u. J. [Madame und Jakob] Kaulla; die Finanzgeschäfte werden also vom Warenhandel getrennt. Im gleichen Jahr beteiligt sich das Bankhaus Kaulla an der Gründung der Württembergischen Hofbank; die Kaullas halten die Hälfte des Gründungskapitals, der Herzog und spätere König bringt die andere Hälfte ein. Gegen die Etablierung dieser vom Landesherrn privilegier-

ten Privatbank regt sich in der Kaufmannschaft erbitterter, aber erfolgloser Widerstand. Nachkommen der Familie Kaulla sitzen in den Leitungsgremien der Bank, bis diese 1924 im Zuge des großen Privatbankensterbens in der Deutschen Bank aufgeht. Daß das Bankhaus überhaupt so lange überlebt hat, verdankt es seinen lukrativen Beziehungen zu den Rothschilds und einem vorsichtigen und konservativen Geschäftsgebaren.
Madame Kaulla ist also schließlich «Kgl. Württembergische Hofbanquière» geworden. Das Haus Habsburg verleiht ihr 1807 die große goldene Ehrenkette mit Medaille. 1806 erhalten fünf Mitglieder der Familie Kaulla mit allen Nachkommen die vollen Untertanenrechte in Württemberg. Madame Kaulla, die die jüdischen Religionsgesetze stets streng beachtet, unterstützt großzügig karitative Einrichtungen: sie stiftet eine Talmudschule in Hechingen und initiiert die hochdotierte Kaullaische Familienstiftung. Die Inschrift ihres Grabsteins auf dem jüdischen Friedhof in Hechingen hält das Gedenken an die bedeutendste Hoffaktorin in Deutschland wach: «Hier ruht ein Weib, das groß in ihrem Volke, groß in ihrem Vaterlande gewesen.»

Quellen. Hauptstaatsarchiv Stuttgart

Literatur. Heinrich Schnee: Die Hoffinanz und der moderne Staat. Geschichte und System der Hoffaktoren an deutschen Fürstenhöfen im Zeitalter des Absolutismus, Bd. IV. Berlin 1963; ders.: Madame Kaulla. Deutschlands bedeutendste Hoffaktorin und ihre Familie, 1739–1809. In: Lebensbilder aus Schwaben und Franken, Bd. 9. Stuttgart 1963, S. 85–104; Selma Stern: The Court Jew. Philadelphia 1950; Ernst Klein: Die Kgl. Württembergische Hofbank. In: Jahrbücher für Nationalökonomie und Statistik, Bd. 179 (1966), S. 324–343

Elfi Pracht

Kautsky, Luise **Publizistin, Übersetzerin**

11. 8. 1864, Wien –
Dezember 1944, Auschwitz
Vater: Ronsperger, Konditor

Luise Kautsky arbeitet schon früh in der elterlichen Konditorei in Wien mit. Noch nicht erwachsen, erlebt sie den Freitod des Vaters. Mehr ist über ihre Kindheit kaum bekannt. Zum Judentum entwickelt sie keine Beziehung, sie bekennt sich zum Sozialismus. Sie ist bereits Sozialistin, als sie ihren Mann, Karl Kautsky, den bedeutenden Theoretiker des Marxismus, kennenlernt und 1890 heiratet. Das Ehepaar

Kautsky zieht nach Stuttgart, wo Karl Kautsky die «Neue Zeit» herausgibt und sie seine Mitarbeiterin wird. Sie liest und beurteilt nicht nur als «brillante Sekundantin» (Luise Kautsky zum Gedenken, S. 7) die Artikel ihres Mannes, sondern macht sich auch als Übersetzerin aus dem Englischen und Französischen einen Namen. So überträgt sie die von D. B. Rjasanov herausgegebene zweibändige Sammlung politischer Aufsätze über Marx und Engels aus dem Russischen ins Deutsche, übersetzt Louis Boudins Buch «Das theoretische System von Karl Marx» sowie Paul Lafargues «Ursprung und Entwicklung des Begriffs

der Seele». Sie schreibt zahlreiche biographische Skizzen und persönliche Erinnerungen an Frauen und Männer der sozialistischen Bewegung und ist Mitarbeiterin der sozialdemokratischen Frauenzeitschrift «Die Gleichheit». Luise Kautskys Versuch, mit einem Mann zu leben, der mehr Verständnis für ihre Bedürfnisse hat, führt zu einer kurzzeitigen Trennung der Kautskys.
Luise Kautsky bleibt eng mit → Rosa Luxemburg befreundet. Trotz ihrer unterschiedlichen politischen Auffassung halten beide Frauen an ihrer Freundschaft fest, die aber dann doch, zur großen Enttäuschung Rosa Luxemburgs, während der Novemberrevolution 1918 zerbricht. Zusammen mit → Mathilde Jacob unternimmt Luise Kautsky während des Ersten Weltkriegs alles, um Rosa Luxemburg das Leben im Gefängnis zu erleichtern. Ihr Verdienst ist es, die Briefe herauszugeben, die Rosa Luxemburg aus dem Gefängnis an Sophie Liebknecht gerichtet hat, und damit der Nachwelt ein vorurteilsfreies Bild von der Begründerin des Spartakusbundes zu geben. 1923 veröffentlicht sie «Briefe Rosa Luxemburgs an Karl Kautsky 1896–1918»; sie sammelt Rosa Luxemburgs Briefe an andere Adressaten und rettet sie ins holländische Exil. Luise Kautskys «Gedenkbuch», 1929 erschienen, ist die erste Biographie über Rosa Luxemburg. Nachdem Luise Kautsky ihren Wohnsitz nach Berlin verlegt hat, übernimmt sie für kurze Zeit ein Mandat als Abgeordnete der USPD in der Berliner Stadtverordnetenversammlung. 1924 übersiedelt die Familie Kautsky mit ihren drei Söhnen nach Wien. Luise und Karl Kautsky ziehen sich aus der Parteipolitik zurück. Nach dem «Anschluß» Österreichs folgt Luise Kautsky ihrem Mann über Prag nach Amsterdam ins Exil. Den Rat, zu ihren beiden älteren in den USA lebenden Söhnen zu fahren, lehnt sie ebenso ab wie das Angebot der Labour Party, nach England überzusiedeln. Sie sorgt sich um ihren fast fünfzigjährigen Sohn Benedikt, der im KZ Buchenwald inhaftiert ist. In Amsterdam wird sie, seit dem deutschen Einmarsch in den Niederlanden verborgen lebend, kurz nach ihrem 80. Geburtstag von der Gestapo aufgespürt und über das holländische Durchgangslager Westerbork in das KZ Auschwitz-Birkenau deportiert. Sie ist jetzt zwar nur wenige Kilometer von ihrem Sohn entfernt, der inzwischen über Buchenwald nach Auschwitz verschleppt worden ist, doch trennen Mutter und Sohn unüberwindbare Stacheldrahtzäune. Am 28. November 1944 wird der Krankenbau, in dem sich Luise Kautsky befindet, in ein zwei Kilometer entferntes Zigeunerlager verlegt. Dort stirbt sie Anfang Dezember 1944.

Quellen. Der Nachlaß befindet sich im Internationaal Instituut voor Sociale Geschiedenis, Amsterdam

Veröffentlichungen. Rosa Luxemburg: Briefe aus dem Gefängnis. Berlin 1920; Briefe an Karl und Luise Kautsky (1896–1918). Hg. von Luise Kautsky. Berlin 1928; Rosa Luxemburg. Ein Gedenkbuch. Berlin 1929; Rosa Luxemburg: Briefe an Freunde. Nach dem von Luise Kautsky fertiggestellten Manuskript hg. von Benedikt Kautsky. Hamburg 1950

Literatur. Luise Kautsky zum Gedenken. New York 1945; Susanne Miller: Jüdische Frauen in der Arbeiterbewegung. Rosa Luxemburg und Luise Kautsky. In: Ludger Heid, Arnold Paucker (Hg.): Juden und deutsche Arbeiterbewegung. Soziale Utopien und religiös-kulturelle Traditionen. Tübingen 1992, S. 147–153; Tod einer Emigrantin – wie die Witwe Karl Kautskys starb. In: Walter Zadek (Hg.): Sie flohen vor dem Hakenkreuz. Selbstzeugnisse der Emigranten. Ein Lesebuch für Deutsche. Reinbek bei Hamburg 1981, S. 117/118

Ludger Heid

Kempner, Friederike **Schriftstellerin**

25. 6. 1836, Opatow/Posen – 23. 2. 1904, Gut Friederikenhof bei Reichenthal/Schlesien
Vater: Joachim Kempner, Rittergutsbesitzer; Mutter: Marie, geb. Aschkenasy, ?–1868

Friederike Kempner wächst in einer assimilierten Gutsbesitzerfamilie auf. Von Kind an wird ihr die Pflicht der Fürsorge gegenüber Armen und Schwachen vermittelt, der sie ihr Leben lang nachkommen wird. Vor allem aber setzt sie sich seit ihrem fünfzehnten Lebensjahr für den Bau von Leichenhäusern ein, um vorschnellen Beerdigungen entgegenzuwirken und so Lebendbestattungen zu vermeiden. Eine «Denkschrift» dazu läßt sie ca. 1850 privat drucken und findet Gelegenheit, diese König Friedrich Wilhelm IV. von Preußen persönlich zu überreichen. Am 23. November 1868 meldet die «Schlesische Zeitung», daß, infolge des Gesuchs von Friederike Kempner, Wilhelm I. allen Regierungen den Befehl erteilt habe, zu berichten, wie weit der Bau von Leichenhäusern vorgeschritten sei. Schließlich ordnet ein königliches Reskript vom 7. März 1871 eine Wartefrist von fünf Tagen zwischen Tod und Beerdigung an. Während des deutsch-französischen Krieges 1870/71 entsteht «Ein Manifest an die Elsässer und Lothringer»; Friederike

Kempner wird dafür die «Kriegsdenkmünze für Pflichttreue im Krieg» verliehen.

Die sozialpolitischen Bestrebungen der Friederike Kempner sind vergessen; ihre Gedichte, die sie zeitlebens verfaßt und veröffentlicht hat, jedoch nicht. Sie ist als der «schlesische Schwan» nahezu ein Synonym für unfreiwillig komische Gedichte, die, mit hohem Anspruch begonnen, aufgrund mißlungener sprachlicher Bilder kläglich scheitern. Doch gerade deshalb finden sie Anklang und werden immer wieder publiziert.

Die achte Auflage ihrer Gedichte leitet Friederike Kempner 1903 mit dem Vierzeiler ein:

Ihr Blätter ohne Zahl
Mit regem Dankgefühl
Send' ich euch wieder mal
Ins menschliche Gewühl!

Quellen. Friederike Kempners Autobiographie vom Jahre 1884. Aus dem Nachlaß Brümmer der Staatsbibliothek Preußischer Kulturbesitz hg. von Gerhard Fachnicke. In: Jahrbuch der schlesischen Friedrich-Wilhelm-Universität zu Breslau, Bd. XXX. Sigmaringen 1989, S. 141–171

Veröffentlichungen. Denkschrift über die Nothwendigkeit einer gesetzlichen Einführung von Leichenhäusern. Privatdruck ²1851 (1. Auflage bibliographisch nicht zu ermitteln); Novellen. Leipzig 1861; Bereznize. Dresden ²1865; Nettelbeck oder Patriot und Kosmopolit. Dresden 1868; Gegen die Einzelhaft oder das Zellengefängnis. Breslau 1869 (anonyme Ausgabe bibliographisch nicht zu ermitteln); Antigonos. Berlin 1880; Jahel. Berlin 1886; Der faule Fleck im Staate Dänemark oder W. Roger Bacon. Berlin ²1893; Nettelbeck. Stuttgart ²1893; Rudolf II. oder der Majestätsbrief. Berlin 1896; Novellen. Berlin 1898; (Hg.:) Auszüge aus den berühmtesten Philosophen von Plato bis auf unsere Zeit in beliebiger Zeit- und Reihenfolge. 1. Lieferung, Breslau 1883, 2. Lieferung, ebd. 1886; Das Büchlein von der Menschheit. Berlin o. J. [1885] (im Anhang: Gegen die Einzelhaft); Die Nachtigall im Tintenfaß. Gedichte. Hg. von Walter Meckauer. München 1936; Die sämtlichen Gedichte der Friederike Kempner. Mit einem Nachwort von Peter Horst Neumann. Bremen 1964; Sie wissen, was ich meine... Gedichte. Frankfurt a. M. 1982; Gedichte. Berlin 1988; Dichterleben, Himmelsgabe. Sämtliche Gedichte. Hg. von Nick Barkow. Berlin 1989 (Originalausgabe unter dem Titel: Friederike Kempner. Gedichte)

Literatur. Gerhart Herrmann Mostar: Friederike Kempner, der Schlesische Schwan. Das Genie der unfreiwilligen Komik. München [6]1974; M. Krohn: Friederike Kempner, die «Schlesische Nachtigall», als Kämpferin für Menschenrecht. In: Jahrbuch der Schlesischen Friedrich-Wilhelm-Universität zu Breslau, Bd. VII. Sigmaringen 1962, S. 223–246; Jüdisches Lexikon, Bd. III, S. 652; Franz Brümmer: Lexikon der deutschen Dichter und Prosaisten des 19. Jahrhunderts. Leipzig 1885, Bd. I, S. 409 f.

Jutta Dick

Klein, Melanie **Psychoanalytikerin**

30. 3. 1882, Wien –
22. 9. 1960, London
Vater: Moritz Reizes,
1828–1900, Arzt;
Mutter: Libussa, geb. Deutsch,
1852–1914

Melanie Kleins Eltern sind bemüht, ihre orthodox-jüdischen Traditionen hinter sich zu lassen – der Vater war selbst Talmudschüler, der Urgroßvater Rabbiner –, und so wächst Melanie Klein in Wien ohne jeglichen Bezug zum Judentum auf. Die Familie ermöglicht der Tochter, 1899 in Wien ein Studium der Kunst und Geschichte aufzunehmen, das sie jedoch ohne Abschluß beendet. Ihre Ehe mit Arthur Klein (1903), der Umzug nach Rosenberg und die Geburt ihrer Kinder Melitta (1904), Hans (1907–1934) und Erich (1914) bestimmen für ein Jahrzehnt ihr Leben. Die Übersiedlung nach Budapest markiert kurz vor Beginn des Ersten Weltkriegs die berufliche Wende in Melanie Kleins Leben: Sie kommt mit Schriften Sigmund Freuds in Berührung und sucht therapeutische Hilfe bei einem von dessen engsten Freunden: Sándor Ferenczi. Er ermutigt Melanie Klein, selbst als Psychoanalytikerin tätig zu werden, woraufhin sie mit der Analyse ihrer eigenen Kinder beginnt. Durch ihre Aufnahme in die «Ungarische Psychoanalytische Gesellschaft» erhält sie 1919 offiziell die Anerkennung als Psychoanalytikerin.

Angelehnt an die klassische Psychoanalyse, beschäftigt sich Melanie Klein mit der frühkindlichen Persönlichkeitsentwicklung, die sie aus der Sicht einer Kinderanalytikerin erweitert und konkretisiert. Innerhalb der praktischen Arbeit mit Kindern entwickelt sie eine Spieltherapie, in der sie jedes Agieren des Kindes als eine Symbolhandlung auffaßt und diese Symbole deutet und aufklärt. In ihrer Karriere als Psychoanalytikerin spielen zwei weitere, eng mit Sigmund Freud befreundete Analytiker eine bedeutende Rolle: Karl Abraham und Ernest Jones. Der berufliche Werdegang ihres Mannes führt Melanie Klein 1921 nach Berlin und zu Karl Abraham. Nachdem ihre Ehe mit Arthur Klein scheitert, ist sie gezwungen, zur Sicherung des Lebensunterhalts in Berlin über die Arbeit mit den eigenen Kindern hinaus als Psychoanalytikerin tätig zu werden. Hier schreibt sie mehrere Artikel und erhält Eintritt in die «Psychoanalytische Gesellschaft Berlins». Innerhalb der Gesellschaft stößt Melanie Kleins theoretische Arbeit und Interpretation zunehmend auf Kritik, gegen die sie Karl Abraham bis zu seinem Tod 1925 zu schützen sucht. Eine von Ernest Jones organisierte, sehr erfolgreiche Vortragsreihe Melanie Kleins in England ermöglicht ihr, 1926 von Berlin nach London zu wechseln.

Die «Britische Psychoanalytische Gesellschaft» nimmt sie nicht nur als Mitglied auf, sondern erhält durch ihre theoretische und praktische Arbeit ihr Profil. Erst der «Schulenstreit» mit der kinderanalytischen Prägung → Anna Freuds untergräbt 1927 die herausragende Position Melanie Kleins innerhalb der Gesellschaft. Indem beide Parteien ein voneinander getrenntes Ausbildungsinstitut mit eigenen Richtlinien gründen – Melanie Klein die Tavistock-Klinik und Anna Freud die Hampstead-Klinik –, vermeiden sie eine Spaltung der psychoanalytischen Bewegung.

Zu dieser Enttäuschung im beruflichen Leben kommt die erbitterte Feindschaft ihrer Tochter Melitta Schmiedeberg hinzu, die Melanie Klein von den vierziger Jahren bis zu ihrem Tod 1960 als persönliche Kränkung erlebt.

Quellen. Melanie-Klein-Trust, London

Veröffentlichungen (Auswahl). Aus dem infantilen Seelenleben. Der Familienroman in statu nascendi. In: Internationale Zeitschrift für Psychoanalyse, (1920), S. 151–155; Eine Kinderentwicklung. In: Imago 7 (1921); The Importance of Symbol-Formation in the Development of the Ego. In: Intern. J. Psychoanal. 11 (1930), S. 57–72; deutsch: Die Bedeutung der Symbolbildung für die Ich-Entwicklung. In: Int. Ztschr. Psychoanal. 16 (1930), S. 57–72; The Psycho-Analysis of Children. London 1932, deutsch: Die Psychoanalyse des Kindes. Wien 1934; (gemeinsam mit Joan Riviere:) Love, Hate and Reparation. Tavistock/London 1937, deutsch: Seelische Urkonflikte. Liebe, Haß und Schuldgefühl. München 1974; Sammlung älterer Auf-

sätze in: Das Seelenleben des Kleinkindes und andere Beiträge zur Psychoanalyse. Reinbek bei Hamburg 1972
Literatur (Auswahl). Elisabeth Bott Spillius (Hg.): Melanie Klein heute. Entwicklungen in Theorie und Praxis, 2 Bde. München, Wien 1990/91; Phyllis Grosskurth: Melanie Klein. Ihr Leben und ihr Werk. Stuttgart 1991; Ulli Olvedi: Melanie Klein (1882–1960). In: Dies.: Frauen um Freud. Die Pionierinnen der Psychoanalyse. Freiburg i. B. 1992, S. 91–116; Uwe Henrik Peters: Melanie Klein und Anna Freud – keine Freundschaft. In: Ders.: Psychiatrie im Exil. Die Emigration der Dynamischen Psychiatrie aus Deutschland 1933–1939. Düsseldorf 1992, S. 249–262; Paul Roazen: Melanie Klein: «Die Englische Schule». In: Ders.: Sigmund Freud und sein Kreis. Eine biographische Geschichte der Psychoanalyse. Bergisch Gladbach 1976, S. 457–465; Hanna Segal: Melanie Klein. Eine Einführung in ihr Werk. München 1974; Inge Stephan: «Die bedeutendste Erscheinung der Psychoanalyse seit Freud»? Melanie Klein (1882–1960). In: Dies.: Die Gründerinnen der Psychoanalyse. Eine Entmythologisierung Sigmund Freuds in zwölf Frauenporträts. Stuttgart 1992, S. 251–275

Christiane Humrich

Klinger, Ruth

Schauspielerin, Sekretärin, diplomatische Beamtin, Journalistin

13. 3. 1906, Prag – 15. 12. 1989, Zürich
Vater: Gustav Klinger, 1879–?, KZ Zamosce/Polen, Kaufmann; Mutter: Regina, geb. Basch, 1882–1920

Bereits als Dreizehnjährige erlebt Ruth Klinger im Mai 1919 hautnah die tödliche Dynamik antisemitischer Ausschreitungen: Das elterliche Geschäft wird geplündert, die Eltern werden schwer mißhandelt, die Mutter stirbt an ihren Verletzungen. Nach dem Tod der Mutter besucht Ruth Klinger von 1921 bis 1923 die Schauspielschule an der Deutschen Akademie für Musik und darstellende Kunst in Prag und erhält hier von 1923 bis 1925 ihr erstes Engagement am Neuen Deutschen Theater. Seit 1926 in Berlin übernimmt sie Rollen an verschiedenen Bühnen – u. a. spielt sie 150mal das «Jettchen Gebert» am Theater in der Klosterstraße. 1930 gründet sie zusammen mit dem jiddischen Volksliedsänger Maxim Sakaschansky, den sie am 30. April 1931 heiratet, das jüdisch-literarische Kabarett «Kaftan» in Berlin, das beide bis 1933 leiten. Der «Kaftan» ist das einzige jiddische Kabarett

Ruth Klinger im Lustspiel «Renaissance», Berlin 1929

in Deutschland und genießt, anerkannt als «Kammerkunstbühne», hohes Ansehen bei Presse und Publikum. 1931 und 1932 geht der «Kaftan» auf Tournee und gibt in deutschen, belgischen, niederländischen, österreichischen und tschechischen Städten mehr als hundert Vorstellungen. Ab 1933 wird die Fortführung des «Kaftan» unmöglich: Am 1. April 1933 muß das Ehepaar Sakaschansky fluchtartig Berlin verlassen und emigriert nach Palästina, wo Ruth Klinger sich mehrfach von Sakaschansky trennt, ein ärmliches Leben führt und sich mit Gelegenheitsjobs über Wasser hält. Auch mit der Herausgabe eines

Handbuchs über Künstler in Palästina (1946) kann sie sich nicht das erhoffte Auskommen sichern. Weitere publizistische Versuche scheitern. Erst in den Jahren 1940 bis 1947 kann sie wieder an ihre künstlerischen Erfolge anknüpfen, veranstaltet als Solistin «literarisch-künstlerische Abende». Eingeführt wird sie dabei meist von Arnold Zweig, dem Ruth Klinger zwischen 1943 und 1947 als Sekretärin zur Hand geht, oder von Max Brod, mit dem sie in reger Korrespondenz steht. In den Jahren 1947 bis Anfang 1953 lebt sie wieder in Prag, zuerst als Auslandskorrespondentin der deutschsprachigen Tel Aviver Zeitung «Jedioth Chadaschoth», ab 1948 – bis zu den berüchtigten antisemitischen Slansky-Prozessen 1953 – als Sekretärin an der ersten israelischen Gesandtschaft in Prag. In der tschechoslowakischen Hauptstadt steht sie in engem Kontakt mit Egon Erwin Kisch. Von 1953 bis 1957 ist sie als Beamtin im israelischen Außenministerium tätig, von 1956 bis 1961 wird sie an die Botschaft Israels in Bern geschickt, um anschließend eine Aufgabe am israelischen Generalkonsulat in Zürich zu übernehmen. Von 1966 bis 1971 arbeitet sie als Rabbinatssekretärin in Zürich. In den Jahren 1974 bis 1977 verfaßt Ruth Klinger ihren Lebensbericht «Zeugin einer Zeit», den sie im Selbstverlag herausbringt.

Quellen. Der Nachlaß befindet sich im Salomon Ludwig Steinheim-Institut für deutsch-jüdische Geschichte, Duisburg; Beth Hatefutsoth (Museum of the Jewish Diaspora), Tel Aviv; Hebräische Universität, Jerusalem

Veröffentlichungen. Art and Artists in Palestine. Hg. von Ruth Klinger, Tel Aviv 1946 (engl./hebr.); Die Frau im Kaftan. Lebensbericht einer Schauspielerin. Hg. und eingel. von Ludger Heid. Gerlingen 1992; Schallplatte: Ruth Klinger, Melodramen, Satiren und Songs (am Flügel: Gerhardt Bronner). Zürich 1970

Literatur. Ludger Heid, Marina Sassenberg: Ruth Klinger und das jüdisch-literarische Kabarett Kaftan. In: Ruth Klinger: Die Frau im Kaftan. Hg. von Ludger Heid. Gerlingen 1992, S. 10–31

Ludger Heid

Kolmar, Gertrud (Sarah) **Dichterin**

10. 12. 1894, Berlin – nach März 1943, vermutlich Auschwitz
Vater: Ludwig Chodziesner, Rechtsanwalt; Mutter Elise, geb. Hirschfeld

Gertrud Kolmars Biographie weist zwei grundlegend unterschiedliche Lebensabschnitte auf, die sich auch in ihrem literarischen Schaffen widerspiegeln. Der erste Abschnitt verläuft im Zeichen eines Daseins voller Annehmlichkeiten und des uneingeschränkten Auslebens eines ungestümen weiblichen Temperaments. Die Dichterin wächst in einer wohlhabenden Berliner Rechtsanwaltsfamilie auf, wird Englisch- und Französischlehrerin und befaßt sich einige Jahre lang mit der Erziehung behinderter Kinder. Vorherrschend in ihren frühen Gedichten ist das Gefühl der Liebe, das Verlangen, sich rückhaltlos dem geliebten Mann hinzugeben, der (für die Dichterin unerfüllt gebliebene) Wunsch nach einem Kind. Da die junge Schriftstellerin keinerlei Interesse zeigt, mit ihren Gedichten an die Öffentlichkeit zu treten, erscheint ihr Erstlingsband 1917 durch Initiative des Vaters.

Bis zur Veröffentlichung des zweiten Gedichtbandes vergehen dann 17 Jahre. Die Dichterin fühlt sich ihrem Vaterland eng verbunden, wie der (1927/28 geschriebene und 1934 veröffentlichte) Gedichtzyklus «Preussische Wappen» zeigt, in dem sie, ausgehend von alten Stadtwappen, versucht, die Besonderheiten historischer deutscher Landschaften und ihrer Bewohner nachzuzeichnen. Nach der Machtübernahme durch die Nationalsozialisten weigert sich Gertrud Kolmar, ins Exil zu gehen, und bleibt zusammen mit ihrem Vater weiter in der eleganten Villa der Familie in einem Berliner Vorort wohnen, zu deren Verlassen man sie dann 1938 zwingt. Im gleichen Jahr wird von den

Nationalsozialisten Gertrud Kolmars gerade erschienener dritter Gedichtband «Die Frau und die Tiere» verboten, die Auflage «aus rassenpolitischen Gründen» vernichtet. In dieser Sammlung kommen das Solidaritätsgefühl der Dichterin mit der Tier- und Pflanzenwelt und ihre Neigung zur Flucht in die Natur zum Ausdruck. Damit wird abrupt ihr dichterisches Werk beendet, das seit 1933, mit Erscheinen des Zyklus «Das Wort der Stummen», neue Akzente bekommen hat: «Verzweifeln will ich, will aufweinen, elend, verletzt, / Und singen dem Vogel gleich, dem Nadeln das Auge stechen!» («An die Gefangenen») Das Bild des Schlachthofes, das sie in dem Gedicht «Die Gefangenen» heraufbeschwört, ist gleichsam eine Vorausahnung der Greuel der späteren Vernichtungslager. In anderen Gedichten wiederum erscheint Robespierre der Dichterin als eine Verkörperung der Starken und Gerechten, die die Schwachen in Schutz nehmen. In ihrer zweiten Lebens- und Schaffensperiode empfindet Gertrud Kolmar stärker als je zuvor ihre Bindung an das jüdische Volk: «(...) ich liebe dich, ich liebe dich, mein Volk, / Und will dich ganz mit Armen umschlingen heiß und fest, / So wie ein Weib den Gatten, der am Pranger steht, am Kolk, / Die Mutter den geschmähten Sohn nicht einsam sinken lässt» («Wir Juden»). Ein «Knebel» erstickte den «blutenden Schrei» auf den Lippen ihres Volkes, seine zitternden Arme waren «nun grausam eingeschnürt», und die Dichterin erhebt ihre Stimme voller Verzweiflung zum Himmel: «Gerechtigkeit! Gerechtigkeit! Gerechtigkeit!» Aus den Briefen an ihre in die Schweiz geflohene Schwester Hilde aus den Jahren 1938 bis 1943 – die nach dem Krieg in Buchform veröffentlicht wurden – wissen wir, daß Gertrud Kolmar in dieser Zeit anfängt, Hebräisch zu lernen, und sogar versucht, in dieser Sprache, die sie «Vätersprache» nennt, Gedichte zu schreiben. Von Juli 1941 bis Anfang 1943 ist sie Zwangsarbeiterin in einer Munitionsfabrik. Danach wird sie in ein KZ (vermutlich nach Auschwitz) deportiert. Das genaue Todesdatum und der Ort, an dem sie umkommt, sind unbekannt.

Veröffentlichungen. Gertrud Kolmar: Gedichte. Nachwort von Ulla Hahn, München 1960; Susanne. Erzählung. Frankfurt a. M. 1993

Literatur. Lawrence L. Langer: Survival through Art. The Career of Gertrud Kolmar. In: Leo Baeck Institute Yearbook XXIII. London 1978; Beatrice von Eichmann-Leutenegger: Gertrud Kolmar. Leben und Werk in Texten und Bildern. Frankfurt a. M. 1993

Avram Andrei Baleanu
(Deutsch von Hans Joachim Kemper)

Konopka, Gisela

Sozialpädagogin, Hochschullehrerin

11. 2. 1910, Berlin
Vater: Mendel Peiper, um 1885–1934, Kleinhändler;
Mutter: Bronia, geb. Buttermann, um 1889 – Okt. 1967, Schneiderin

Die «Mutter der Gruppenpädagogik» wird in eine behütende ostjüdische Kleinbürgerfamilie hineingeboren. Ihre Eltern machen sie frühzeitig mit humanistischer Literatur vertraut. Sie ertrotzt sich den Besuch einer höheren Schule, der sie begeistert. Außerschulische Bildungs- und Gemeinschaftserlebnisse zunächst in der jüdischen, später der sozialistischen Jugendbewegung sind ihr nicht weniger wichtig. Mit dem Schulabschluß verläßt sie das Elternhaus, das immer orthodoxer und beengender wird, und beginnt mit achtzehn Jahren in Hamburg ein Studium der Pädagogik. Ihren Lebensunterhalt verdient sie sich mit Fabrikarbeit. Bei ihrem gewerkschaftlichen und politischen Engagement im «Internationalen Sozialistischen Kampfbund» begegnet sie ihrem künftigen Mann Erhard alias Paul Konopka. Mit ihm beteiligt sie sich aktiv am Widerstand gegen den Nationalsozialismus, unter dessen Herrschaft sie zwar noch 1933 ihr Examen als Lehrerin «glanzvoll» bestehen, aber nicht mehr an deutschen Schulen tätig werden kann. 1936 wird sie verhaftet und macht im berüchtigten Hamburger Zuchthaus und KZ Fuhlsbüttel Leidenserfahrungen, die sie nachhaltig prägen. Nach ihrer Freilassung bereitet sie die Emigration ihrer Mutter nach Palästina vor und verläßt selbst Deutschland, weil ihr eine wirksame oppositionelle Arbeit kaum noch möglich erscheint. Sie gelangt über die Tschechoslowakei, Österreich und Frankreich 1941 in letzter Minute in die USA. In Pittsburgh absolviert sie ein zweites Studium (Sozialarbeit), das in Amerika einen höheren akademischen Standard hat als in Deutschland. Die Konopkas arbeiten mit fortschrittlichen Gewerkschaftskreisen und mit Gruppen zusammen, die sich für die Bürgerrechte der Schwarzen einsetzen.

Während des Studiums kann Gisela Konopka häufig Bezüge zur früheren Ausbildung und zu reformpädagogischen Ansätzen in der Weimarer Republik herstellen, die sie in dem bestätigen, was sie weiß und will. In der anschließenden Praxis nimmt sie sich zunächst unterprivilegierter Kinder an und erhält bald eine Anleiter-Funktion. Sie

Gisela Konopka, um 1966

beginnt eine Hochschulkarriere, in der sie sich ständig neue Wirkungsfelder erschließt (wie zum Beispiel in der Heimerziehung speziell für Mädchen, in der Schulsozialarbeit usw.). Die Liste ihrer Publikationen und Aktivitäten, die ihr in den USA und weltweit großes Ansehen eintragen, ist lang. Von 1947 bis 1978 lehrt sie als Professor of Social Work an der Universität von Minnesota in Minneapolis; ihren Doctor of Social Welfare erwirbt sie 1957 an der Columbia University in New York. 1949 geht sie zum erstenmal im Auftrag der amerikanischen Besatzungsmacht als «visiting expert» nach Westdeutschland und trägt in den fünfziger und frühen sechziger Jahren entscheidend zur Qualifizierung von Multiplikatoren in der Jugend- und Erwachsenenbildung bei, indem sie ihr Spezialgebiet, die «Gruppenpädagogik» oder «soziale Gruppenarbeit», nicht nur verbal vermittelt, sondern im Umgang mit den Menschen praktisch demonstriert. Sie überzeugt durch ihre Warmherzigkeit und unprofessorale Art des Unterrichts. In Fortbildungsveranstaltungen mit jungen Sozialarbeiterinnen versucht sie erste Gespräche über die Nazi-Zeit, indem sie sich mit ihrer eigenen Geschichte offen einbringt. Das Bundesverdienstkreuz, das sie 1975 für ihre Leistungen in den Nachkriegsjahren bekommt, ist nur eine Ehrung unter vielen. Nach ihrer Emeritierung 1978 hat die Universität von Minnesota zu ihrem Gedächtnis eine «Gisela Konopka Lectureship» gestiftet. Der Tag, an dem sie alljährlich stattfindet, wird anläßlich ihres 80. Geburtstages durch den Gouverneur von Minnesota offiziell zum «Gisa Konopka Day» erklärt. An internationalen Kongressen in vielen Ländern nimmt sie weiterhin als Vortragende teil.

Quellen. Privatarchiv Gisela Konopka, Minneapolis, Archiv der Universität von Minnesota, Minneapolis

Veröffentlichungen. Soziale Gruppenarbeit: ein helfender Prozeß. Weinheim 1968; Heime – Lückenbüßer oder Lebenschance? Soziale Gruppenarbeit in offenen und geschlossenen Einrichtungen. Wiesbaden 1971; Gisela Konopka. In: L. J. Pongratz (Hg.): Pädagogik in Selbstdarstellungen, Bd. IV. Hamburg 1982, S. 207–239; Eduard C. Lindeman and Social Work Philosophy. Minneapolis 1958; Courage and Love. Edina/Minnesota 1988 (Autobiographie)

Literatur. International Biographical Dictionary of Central European Emigrés 1933–1945, Vol. II, Part 1, hg. von Herbert A. Strauss, Werner Röder. München u. a. 1983, S. 647 f.; Hildegard Feidel-Mertz: Exil und Rückkehr. In: Sozialarbeit extra, 3/1983; dies.: Exil als Chance. Zum Beispiel die Sozialpädagogin Gisela Konopka. In: Beate Schmeichel-Falckenberg: Frauen im Exil. Freiburg i. Br. 1993; C. W. Müller: Wie Helfen zum Beruf wurde, Bd. 2. Weinheim 1989, S. 32–65

Hildegard Feidel-Mertz

Kraus, Hertha Sozialarbeiterin, Hochschullehrerin

11. 9. 1897, Prag – 16. 5. 1968, Haverford/Pennsylvania
Vater: Alois Kraus, 1863–1953, Professor für Wirtschaftsgeographie; Mutter: Hedwig, geb. Rosen

Hertha Kraus siedelt als Kind Anfang des Jahrhunderts mit ihren Eltern nach Frankfurt a. M. über, wo ihr Vater bis zu seiner «Entpflichtung» 1933 als Hochschullehrer tätig ist. Sie macht als Jüngste ihres Jahrgangs 1916 Abitur und studiert an der Frankfurter Universität zunächst Wirtschaftswissenschaft, wendet sich aber dann unter dem Einfluß von Prof. Christian Klumker, der den seinerzeit einzigen deutschen Lehrstuhl für Fürsorgewesen innehat, den Sozialwissenschaften zu. Sie promoviert 1919 mit dem Prädikat «summa cum laude» zum Dr. rer. pol.; ihre Dissertation behandelt «Aufgaben und Wege einer Fürsorgestatistik». Mit der Bedeutung statistischer Daten für die Sozialarbeit wird sie sich auch später noch beschäftigen.

Nach dem November 1918 leitet Hertha Kraus das Hilfskomitee und von 1920 bis 1923 die Kinderernährungsstelle der amerikanischen Quäker in Berlin-Brandenburg. Gleichzeitig lernt sie durch die Mitarbeit in der von Dr. Friedrich Siegmund-Schultze begründeten «Sozialen Arbeitsgemeinschaft Ost» neue Formen stadtteil- bzw. nachbarschaftsbezogener Sozialarbeit kennen, die sie dann anwendet und ausbaut. Als sie am 1. April 1923 zur Direktorin der Abteilung für öffentliche Wohlfahrtspflege der Stadt Köln berufen wird, ist sie mit 26 Jahren die jüngste Inhaberin eines solchen Amtes in Deutschland. Zugleich arbeitet sie auf Bezirksebene in verschiedenen sozialen Verbänden und Einrichtungen mit und betätigt sich als Dozentin an der

Schule für Sozialarbeit in Köln. Sie wandelt leerstehende Kasernen in Wohnungen und kombinierte Heime für alte und pflegebedürftige Menschen um, wie sie sich überhaupt bemüht, Einrichtungen der sozialen Fürsorge produktiv miteinander zu verknüpfen. Unter anderem richtet sie auch ein Nachbarschaftshaus der Quäker ein, zu deren auf praktisch ausgeübte Toleranz und Nächstenliebe zielenden Bestrebungen sie sich ein Leben lang bekennt.

Nach ihrer Entlassung 1933 emigriert sie mit ihrer ganzen Familie in die USA, die ihr von einer längeren Studienreise 1931 her schon vertraut sind. Sie wird zunächst Beraterin einer Forschungsgruppe für Gemeindearbeit und Wohnungsbau, lehrt Sozialarbeit am Margaret Morrison College und am Carnegie Institute of Technology in Pittsburgh und übernimmt von 1936 an bis zu ihrer Emeritierung 1963 eine Professur für Sozial- und Wirtschaftsgeschichte am Bryn Mawr College bei Philadelphia, der bedeutendsten Ausbildungsstätte für Sozialarbeit in den USA, die ausschließlich weiblichen Studierenden zugänglich ist. Darüber hinaus unterrichtet sie zeitweise an mehreren anderen Hochschulen, wirkt mit an verschiedenen Hilfsprogrammen der Quäker für Flüchtlinge und berät staatliche Dienststellen in Fragen der sozialen Sicherheit, des Wohnungswesens oder der Rehabilitation. 1948 ist sie Sonderberaterin der Wohlfahrtsstelle der amerikanischen Militärregierung in Deutschland, 1950 Sonderberaterin für Sozialpolitik bei der Alliierten Hohen Kommission. Wenn auch ihre Ratschläge nicht immer angemessen gewürdigt werden, so werden doch auf ihren Vorschlag hin insgesamt 13 Nachbarschaftsheime eingerichtet.

Durch zahlreiche Veröffentlichungen und Vorträge hat Hertha Kraus Kenntnisse von spezifisch amerikanischen Methoden der Sozialarbeit wie Einzelfallhilfe (Casework) und Gemeinwesenarbeit vermittelt und zu den Traditionen eines demokratisch verfaßten Einwanderungslandes in Beziehung gesetzt. Ihr kommt auch das Verdienst daran zu, daß sich schon 1950 wieder eine deutsche Delegation am internationalen Gespräch über Sozialarbeit beteiligen kann.

Quellen. Nachlaß School of Social Work, Bryn Mawr, Philadelphia/Penn., USA; Stadtarchiv Köln

Veröffentlichungen. The Plight of Refugees in a Preoccupied World. In: Proceedings the National Conference of Social Work. New York 1940; (Hg.:) Social Casework in USA. Theorie und Praxis der Einzelfallhilfe. Frankfurt a. M. 1950; Von Mensch zu Mensch. Casework als soziale Aufgabe. Frankfurt a. M. 1949; zahlreiche Aufsätze in deutschen und amerikanischen Fachzeitschriften

Literatur. Hildegard Feidel-Mertz: Sozialarbeit im Exil. In: Sozialarbeit extra, 3

(1986); dies.: Pädagogik im Exil. Frankfurt a. M. 1990; C. W. Müller: Wie Helfen zum Beruf wurde, Bd. 2. Weinheim 1989; Biographisches Handbuch der deutschsprachigen Emigration nach 1933. Hg. und bearb. von Werner Röder und Herbert A. Straus, Bd. 1, S. 391. München u. a. 1980

Hildegard Feidel-Mertz

Kurz, Selma **Sängerin**

15. 10. 1874, Biala/Galizien – 10. 5. 1933, Wien

Selma Kurz, 1903

Als Kind armer deutsch-jüdischer Eltern – der Vater repariert Schirme – wächst Selma Kurz im galizischen Bielitz (Biala) auf. Bis zu ihrem dreizehnten Lebensjahr geht sie in eine Klosterschule, dann kommt sie in die Lehre zu einer Schneidermeisterin. Der Kantor der örtlichen Synagoge, Ignatz Goldmann, entdeckt ihre Stimme. Jeden Morgen unterrichtet er sie eine Stunde, dann geht sie nähen. Bald singt sie kleine Soli in der Synagoge. Goldmann ist es auch, der bei den Gemeindemitgliedern Geld für eine Fahrkarte nach Wien sammelt. Dort singt sie vor, und ihre Stimme wird für ausbildungswürdig befunden. Wer aber soll das Studium bezahlen? Goldmann findet einen Mäzen (Fürst Nikolaus Esterházy), und so kann sie mit knapp achtzehn Jahren ihr Studium in Wien bei Johann Ress, einem renommierten Stimmbildner, aufnehmen. Empfehlungen führen sie in wichtige Wiener Familien ein, die sich ihrer annehmen und sie auch finanziell unterstützen. Als sie drei Jahre später bei einem Schülerkonzert, zu dem sämtliche Kritiker und Talentsucher eingeladen sind, auftritt, rühmt die Kritik einmütig die «Poesie, echte Wärme und Innigkeit» ihrer Stimme, und der Hamburger Operndirektor Pollini engagiert sie vom Fleck weg. Sie aber entscheidet sich für Frankfurt

a. M. Dort debütiert sie gleich in einer Hauptrolle, nämlich als Elisabeth in Richard Wagners «Tannhäuser» (19. 9. 1896). Fünf Tage später singt sie – heute unvorstellbar – die Carmen. (Für Kostüm, Schminke, Schmuck und Strümpfe muß sie übrigens, wie damals üblich, selbst sorgen.) Nach diesem gelungenen Doppeldebüt schreibt ihre Mäzenatin, sie betrachte ihre Mission als «beendet mit dem freudigen Bewußtsein, einem armen Ding ein bissel zu ihrer Existenz beigetragen zu haben» (Halban, S. 50). Sie nimmt weiter Unterricht, und zwar bei Marie Schröder-Hanfstängl. Eine von zwei Wochenstunden bezahlt der Intendant, reicht doch ihre Gage gerade, um die Eltern zu unterstützen. Auch hier nehmen sie führende Familien wie die Familien Oppenheim und Rothschild unter ihre Fittiche. Im Mai 1898 singt Selma Kurz dem damaligen Direktor der Wiener Hofoper, Gustav Mahler, vor. Er engagiert sie nicht nur, sondern verliebt sich auch in sie. Sie aber will singen. Erst zehn Jahre später heiratet sie den Arzt Josef Halban unter der Bedingung, daß er sie nicht an ihrer Berufsausübung hindern dürfe. Sie läßt sich mit ihm katholisch trauen, tritt aber erst kurz vor ihrem Tod zum katholischen Glauben über. Von 1899 (Debüt 3. 9. 1899 als Mignon) bis 1929 bleibt sie an der Wiener Staatsoper, unternimmt aber von dort aus – auch den ganzen Ersten Weltkrieg hindurch – Gastspiele in London, Paris, Monaco, Budapest, Prag, Amsterdam und Warschau. In die USA reist sie nur ein einziges Mal (1920/21) und zu spät. Ihre Stimme, die sich im Laufe der Zeit vom Mezzo- zum Koloratursopran entwickelt, ist vor allem mit der Rolle der Zerbinetta verbunden. Richard Strauss hat sie ihr sozusagen in die Kehle geschrieben. Die berühmte Sopranistin Maria Jeritza über Selma Kurz: «Diese warme süße Stimme, diese technische Vollendung, diese Vielseitigkeit: Gilda und Butterfly, Traviata und Tosca … Und vollends die Zerbinetta der Kurz! Wenn ich als Ariadne neben ihr auf der Bühne stand, wußte ich fast nicht, ob ich weitersingen soll oder applaudieren» (Halban, S. 124). Ihre unendlich langen Triller sind so berühmt (Mahler hat diese Fähigkeit ihrer Stimme entdeckt), daß ihre Schallplattenfirma bei Vertragsabschluß auf mindestens einem Triller pro Platte besteht. Mehr als 200 Aufnahmen ihrer Stimme sind erhalten geblieben, die frühesten stammen von 1900, die letzten von 1926 (Gramophone, His Masters Voice).

Literatur. Desi Halban: Selma Kurz. Die Sängerin und ihre Zeit. Stuttgart, Zürich o. J. [1983]; Heinrich Goldmann: Selma Kurz. Wien 1933

Beatrix Borchard

Lachmann, Hedwig **Lyrikerin, Übersetzerin**

21. 8. 1865, Stolp/Pommern –
21. 2. 1918, Krumbach/Schwaben
Vater: Isaak Lachmann, 1838–1900,
Kantor; Mutter: Wilhemine,
geb. Wohlgemuth, 1841–1917

Hedwig Lachmann wird als Älteste von sechs Geschwistern geboren. Im April 1873 läßt sich die Familie in Hürben/Krumbach nieder, wo Isaak Lachmann die Stelle des Kantors und Religionslehrers übernimmt. Seine Leidenschaft gilt dem Sammeln von Synagogengesängen (Leipzig 1899). Hedwig Lachmann besucht die Fernsemersche Höhere Töchterschule in Krumbach und macht, dank ihrer großen Sprachbegabung, bereits im Alter von 15 Jahren in Augsburg das Sprachlehrerinnenexamen. 1882 tritt sie ihre erste Hauslehrerinnenstelle in England an, es folgen Dresden und 1887 Budapest. Seit 1889 lebt Hedwig Lachmann in Berlin, wo sie neben ihren Hauslehrerstellen einen schwerkranken Onkel und dessen taube Frau pflegt. Es erscheinen u. a. Gedichte Edgar Allan Poes in ihrer Übersetzung (Berlin 1891). Dies und ihre gelegentlichen journalistischen Arbeiten führen Hedwig Lachmann in den Kreis um Richard und → Paula Dehmel. Er, führender Lyriker seiner Zeit, wird ihr literarischer Mentor und ihre erste große Liebe. Eine «Ehe zu dritt», wie Dehmel sie sich wünscht, lehnt sie jedoch vehement ab und reist nach langen Kämpfen 1895 nach Budapest. Im Frühjahr 1899 lernt Hedwig Lachmann den jüdisch-sozialistischen Schriftsteller Gustav Landauer (1870–1919) kennen. Landauer, selbst in einer tiefen Lebenskrise, schreibt ihr aus dem Tegeler Gefängnis Liebesbriefe und gewinnt an ihrem Widerstand neuen Halt. Nach dem Tod des Vaters (Mai 1900) entschließen sich die beiden, nach England zu gehen. Bereits im Frühsommer 1902 kehren sie nach Hermsdorf bei Berlin zurück, wo Erich Mühsam eine Wohnung für sie gefunden hatte. Im August wird die erste Tochter Gudula geboren. Im selben Jahr erscheint der Gedichtband «Im Bilde. Eigenes und Nachdichtungen». Ihre Übersetzung von Oscar Wildes «Salome» (Leipzig 1903) wird von Max Reinhardt im Theater «Schall und Rauch» erfolgreich uraufgeführt und 1905 von Richard Strauss vertont. Nach Landauers Scheidung heiraten Hedwig Lachmann und Gustav Landauer 1903. Durch gemeinsame Übersetzungen, Landauers publizistische Arbeiten und die Unterstützung der Familie halten sie

Julie Wolf-Thorn: Hedwig Lachmann

sich ökonomisch über Wasser. 1906 wird die zweite Tochter Brigitte geboren. Hedwig Lachmann lebt ein sehr zurückgezogenes Leben. Sie schreibt Gedichte, auch für Gustav Landauers Zeitschrift «Der Sozialist». Die Zeit dafür wie für ihre Übersetzungen muß sie sich von der ihr obliegenden Versorgung des Haushalts abringen. Gleichwohl steht die Familie im Zentrum ihres Lebens – mehr denn je im Ersten Weltkrieg. Seit dem Tod ihrer Mutter 1917 lebt Hedwig Lachmann mit den beiden Töchtern in Krumbach, wohin auch Gustav Landauer im Sommer übersiedelt. Sie erkrankt an der damals grassierenden «Spanischen Grippe» und erliegt am 21. Februar 1918 einer Lungenentzündung.

Veröffentlichungen. Im Bilde. Eigenes und Nachdichtungen. Wilde-Übertragungen von Hedwig Lachmann. Berlin 1902; Oscar Wilde. Berlin 1905 (Die Dichtung 34); Übersetzungen: Honoré de Balzac: Verlorene Illusionen. Leipzig 1909; (gemeinsam mit Gustav Landauer:) Der Tod Arthurs. Leipzig 1912; Oscar Wilde: Das Bildnis des Dorian Gray. Leipzig 1907; Oscar Wilde: Der Sozialismus und die Seele des Menschen. Leipzig 1907

Literatur. Gustav Landauer: Wie Hedwig Lachmann starb. Privatdruck; Annegret Walz: Hedwig Lachmann (unveröffentlichtes Manuskript); Julius Bab: Richard Dehmel. O. O. 1926; Gustav Landauer. Lebensgang in Briefen. Hg. von Martin Buber und Ina Britschgi-Schimmer. Frankfurt a. M. 1929

Hanna Delf

Landmann-Kalischer, Edith Philosophin

1877, Berlin – 1951, Basel
Vater: Moritz Kalischer, 1836–1908, Bankkommissionär in Berlin;
Mutter: Henriette, geb. Skolny

Edith Landmann wächst in einer wohlhabenden Bankiersfamilie, in liberaler und aufgeklärter Atmosphäre auf. Noch der Großvater Loebel Kalischer (1799–1891), der aus Thorn nach Berlin gekommen war, und dessen Bruder, der Rabbiner und Zionist vor Herzl Zwi Kalischer, waren fromme Juden. Für die Bildung Edith Kalischers bleibt die Weimarer Klassik bestimmend, der sie selbst Stefan George zurechnet. Sie besucht zeitweilig die Kurse Helene Langes und ist mit der Frauenrechtlerin → Alice Salomon bekannt. Ihr Studienwunsch wird gegen die gesamte Familie vom Vater unterstützt, der sie persönlich nach Zürich begleitet. Trotz ihrer eher traditionalen Wertorientierung wendet sich Edith Landmann sozialistischen Ideen zu: Sie besucht Vorträge von August Bebel und wird als Studentin in Zürich Mitglied des «Sozialistischen Klubs». Hier lernt sie den Ökonomen Julius Landmann (1877–1931) aus Lemberg kennen, den sie 1903 heiratet. Aus dieser Ehe gehen drei Kinder hervor: Georg Peter, der Philosoph Michael Landmann und die frühverstorbene Tochter Eva. Ihr Philosophiestudium setzt Edith Landmann in Berlin bei Georg Simmel, Max Dessoir und Gregor Itelson fort und promoviert in Zürich mit einer Arbeit zur «Analyse der ästhetischen Kontemplation» (Zürich 1901). Mit der Abhandlung über den «Erkenntniswert ästhetischer Urteile» (Archiv für Psychologie 5, 1905) nimmt Edith Landmann an der Debatte um Sein, Sinn und die wissenschaftliche Geltung des Werturteils teil und macht sich mit weiteren Arbeiten zur Ästhetik, die auch Stefan George interessieren, einen Namen. In die bereits 1910 konzipierte «Lehre vom Schönen» (1940; Wien 1952) ist der – auch von George geteilte –Schönheitsglaube jener Jahre eingeflossen. Schon in ihrem Aufsatz «Philosophie der Werte» (Archiv für Psychologie 18, 1910) ist eine Wendung zum Objektiven, gegen den erkenntnistheoretischen Subjektivismus Kants, vollzogen, den Edith Landmann in «Transzendenz des Erkennens» (Berlin 1923) als realistische Erkenntnistheorie fundiert. Die Idee zu dieser Arbeit sei ihr bei ihrem ersten Gespräch mit George gekommen (Landmann 1980). Er sollte fortan ihr geistiges

Interesse bestimmen. Im Umgang mit George und seinem Kreis, dem auch Julius Landmann angehört, entfernt sie sich von der Philosophie. Zum 50. Geburtstag Georges schenkt sie ihm ihre «Georgika» (Heidelberg 1920), die erste George-Monographie und Zeugnis dessen, was sie vom «Meister» erwartet: vollkommener Mensch und Erzieher, neuer Anfang oder letzter Großer in einer kleinlichen Welt. Neben George ist es die griechische Antike, die das Denken Edith Landmanns bestimmt. Mit 35 Jahren lernt sie Griechisch und macht die Antike zu ihrer Welt. Edith Landmann lebt in einer Sphäre des Idealen, unbegabt fürs Alltägliche, und neigt dazu, «die Wirklichkeit nur wahrzunehmen durch einen Schleier von Traum und Glauben» (Landmann 1980, S. 130) – eine Priesterin im Tempel der Griechen, Dantes, Shakespeares und der deutschen Klassik. 1933 bricht diese Welt für

Edith Landmann zusammen. Der Tod Georges und Julius Landmanns, der Gesinnungsumschwung einiger Georgianer zeigen ihr die Grenzen der ästhetischen Kultur. Im Sommer 1933 schreibt Edith Landmann den Aufruf «Omaruru – an die deutschen Juden, die zum Geheimen Deutschland hielten», worin sie für ein Siedlungsprojekt der Gleichgesinnten außerhalb Deutschlands plädiert: neue Gemeinschaft, Kloster oder Orden im Georgischen Geiste. Edith Landmann versteht sich nun als Jüdin und Zionistin. Von Basel aus, wo sie von 1939 bis 1948 mit Renata von Scheliha lebt, erlebt sie die Gründung des Staates Israel. Aufzeichnungen aus dem Jahre 1948 über Assimilation und Zionismus. In: Emuna 10, Köln 1975, 1. Suppl.-Bd.

Veröffentlichungen. Gespräche mit Stefan George. Düsseldorf 1963; Stefan George und die Griechen. Idee einer neuen Ethik. Aus dem Nachlaß erschienen. Amsterdam 1971

Literatur. Michael Landmann: Erinnerungen an Stefan George. Seine Freundschaft mit Edith und Julius Landmann. Amsterdam 1980; Edith Landmann-Gedenkheft. Castrum Peregrini 25. Amsterdam 1955 (mit Bibliographie); Margarete Susman: Ich habe viele Leben gelebt. Stuttgart 1964; Michael Winkler: Der George-Kreis. Stuttgart 1972

Hanna Delf

Landowska, Wanda Alexandra

Cembalistin und Pianistin

5. 7. 1879, Warschau –
16. 8. 1959, Lakeville/Connecticut
Vater: Rechtsanwalt;
Mutter: Sprachforscherin

Mit vier Jahren beginnt Wanda Alexandra Landowska – der Vater ist ein großer Musikliebhaber – Klavier zu spielen. Ausgebildet am Warschauer Konservatorium von Jan Kleczynski und Michalowski, studiert sie zunächst Komposition bei Heinrich Urban in Berlin. Im Jahre 1900 emigriert sie wie viele Polen nach Paris, wo sie ihren Landsmann, den Schriftsteller Henri Lew, heiratet. Mit ihm zusammen schreibt sie 1909 ein Buch mit dem Titel «Die alte Musik», ihr Lebensthema, mit dem sie sich bis zum Tode musikalisch und wissenschaftlich auseinandersetzt. Denn seit ihrem ersten Auftritt als Cembalistin (1903) kämpft sie dafür, daß ältere Musik auf den Instrumenten gespielt wird, für die sie komponiert wurde, und nicht auf einem modernen Konzertflügel. So läßt sie

sich 1912 von Pleyel ein von Johann Sebastian Bach benutztes Cembalo nachbauen. Von 1900 bis 1913 arbeitet sie in Paris an der Schola Cantorum, von 1913 bis 1919 an der Berliner Königlichen Hochschule für Musik, wo für sie eine erste Professur für Cembalo eingerichtet wird.
In den Kriegsjahren werden sie und ihr Mann als zivile Kriegsgefangene in Deutschland zurückgehalten. Als ihr Mann stirbt, verläßt sie Berlin in Richtung Schweiz, um sich 1920 schließlich in Paris niederzulassen. Von dort aus geht sie auf ausgedehnte Konzertreisen und gibt regelmäßig Meisterkurse. 1925 gründet sie in Saint-Leu-la-Forêt (Val d'Oise) eine eigene Schule für alte Musik, die «Ecole de Musique Ancienne». Mitten in der Natur läßt sie einen Konzertsaal bauen und gibt dort im Sommer Interpretationskurse, zu denen Musiker und Amateure aus aller Welt zusammenkommen. 1933 spielt sie hier auch zum erstenmal Bachs «Goldberg-Variationen», die sie zuvor «fünfundvierzig Jahre geübt hatte». 1940 flieht sie vor den deutschen Truppen auf die Ostseite der Pyrenäen. Ihre Bibliothek und ihre reiche Instrumentensammlung werden von Deutschen geplündert (und niemals zurückerstattet). 1941 emigriert Wanda Landowska in die USA (seit 1947 in Lakeville). Über ihre Auftritte, ihre Schallplatten, ihre wissenschaftlichen Veröffentlichungen wird sie zur unangefochtenen Autorität in Fragen alter Musik. Eine Anekdote charakterisiert vielleicht am besten ihr Selbstverständnis: Eines Abends geriet sie mit einer anderen Bach-Spezialistin in eine Diskussion über die Verzierungstechnik bei Bach. «Schön, meine Liebe», hörte man die Landowska sagen, «Sie fahren fort, Bach auf Ihre Art zu interpretieren, ich ihn auf seine Art.» Lebenslange Forschungsarbeit und vollendete Technik machen sie zu einer bahnbrechenden Erscheinung, von deren Spiel – in unseren Ohren eher romantisch als historisch – Schallplattenaufnahmen wie die der «Goldberg-Variationen» oder des «Wohltemperierten Klaviers» von Johann Sebastian Bach Zeugnis ablegen.

Veröffentlichungen. La musique ancienne. Paris 1909, engl. New York 1924; Bach und die französische Klaviermusik. In: Bach-Jahrbuch 7 (1910); Die C-dur-Fuge des Wohltemperierten Klaviers I. In: Bach-Jahrbuch 10 (1913); Commentaries for the Treasury of Harpsichord Music. New York 1947; Gesammelte Schriften. Hg. von D. Restout und R. Hawkins. New York 1964, London 1965
Literatur. B. Gavoty, R. Hauert: Wanda Landowska. Genf 1957

Beatrix Borchard

Langgässer, Elisabeth

Schriftstellerin

23. 2. 1899, Alzey –
25. 7. 1950, Rheinzabern
Vater: Eduard Langgässer, Baurat;
Mutter: Eugenie, geb. Dienst

Elisabeth Langgässer.
Foto: Käthe Augenstein

Eduard Langgässer läßt sich einen Tag vor seiner Hochzeit taufen, und seine Tochter Elisabeth wächst in einem katholischen Milieu auf. Als sie zehn Jahre alt ist, stirbt der Vater, und die jüdische Herkunft gerät in Vergessenheit. Elisabeth Langgässer wird Lehrerin. 1924 erscheint ihr erster Gedichtband «Wendekreis des Lammes. Ein Hymnus der Erlösung». Als 1929 ihre Tochter Cordelia nichtehelich geboren wird, verliert sie ihre Anstellung und geht nach Berlin. Vater der Tochter ist der jüdische Sozialdemokrat und Staatsrechtler Hermann Heller. Er ist verheiratet und lehnt jeden weiteren Kontakt ab, erkennt aber die Vaterschaft an, was sich wenige Jahre später als verhängnisvoll erweisen wird. In Berlin ist Elisabeth Langgässer 1929/30 als Dozentin an der Sozialen Frauenschule tätig und widmet sich dann ganz der schriftstellerischen Tätigkeit. Sie gehört zum Kreis um Oskar Loerke, Günter Eich und Peter Huchel, die in der Zeitschrift «Kolonne» publizieren.

Es erscheinen die autobiographisch gefärbten Texte «Proserpina – eine Kindheitsmythe» (1933) und «Gang durch das Ried» (1936). Die Texte lassen Elisabeth Langgässer ebenso von einem romantischen Katholizismus geprägt erscheinen als von heidnischen Mythen gefesselt. 1932 wird ihr der Literaturpreis der deutschen Staatsbürgerinnen verliehen. Ihrer jüdischen Herkunft versucht sie zu entkommen, sie ist ihr fremd. Dem Augustinus-Forscher und Heidegger-Schüler Wilhelm Hoffmann, der 1935 ihr Ehemann wird, vertraut sie 1933 als Geheimnis an, «daß ich keine Arierin bin, erzählte von meinem Vater und meinem Verhältnis zu dem schmerzlich geliebten Deutschland. Als Antwort küßte er mich auf die Stirn – er war *vollkommen* gelassen geblieben bei dieser Eröffnung – und sagte, das sei ja das Schlimme, daß man jetzt das Blut über den Geist stelle.» (Langgässer 1990, S. 182) Durch die «privilegierte Mischehe» mit einem «reinen Arier», aus der drei Töchter hervorgehen, ist die «Halbjüdin» Elisabeth Langgässer geschützt, jedoch nicht ihre Tochter Cordelia, die aufgrund der Rassegesetze als «Volljüdin» eingestuft wird. Späte Bemühungen um Emigration scheitern, und Cordelia wird 1944 nach Theresienstadt deportiert.

Für Elisabeth Langgässer ist es hingegen unbegreiflich, als sie im Mai 1936 als «Mischling ersten Grades» aus der Reichsschrifttumskammer ausgeschlossen wird und Schreibverbot erhält, sogar ihre Autorschaft für «Uralt Lavendel»-Werbetexte muß geheimgehalten werden. Im selben Jahr beginnt sie ihren Roman «Das unauslöschliche Siegel», den sie 1945 beendet. Dieser Roman und der folgende, die postum erschienene «Märkische Argonautenfahrt», zeigen Elisabeth Langgässers Verhältnis zum Judentum, das durch sie eine ebenso mythische Interpretation und Bearbeitung erfährt wie das Christentum.

Erst 1946 wird bekannt, daß ihre Tochter Cordelia Auschwitz überlebt hat, in Rheinzabern findet 1949 ein erstes und letztes Treffen zwischen Mutter und Tochter statt.

Quellen. Schiller-Nationalmuseum und Deutsches Literaturarchiv, Marbach am Neckar (vgl. Literaturwissenschaftliches Jahrbuch der Görres-Gesellschaft. N. F. 10, 1969, S. 349–371); Alles Außen ist Innen. In: Welt und Wort 4 (1949) (Selbstporträt)

Veröffentlichungen. Gesammelte Werke in Einzelausgaben. Hamburg 1959–1964; Ausgewählte Erzählungen. Düsseldorf 1979. Gedichte. Frankfurt a. M. 1981; Hörspiele. Mainz 1986; Briefe 1924–1950. Hg. von Elisabeth Hoffmann. Düsseldorf 1990; (Hg.:) Herz zum Hafen: Frauengedichte der Gegenwart. Leipzig 1933

Literatur (Auswahl). Frederik Hetmann: Schlafe, meine Rose ... Die Lebensgeschichte der Elisabeth Langgässer. 1986; Karlheinz Müller: Elisabeth Langgässer. Eine biographische Skizze. Düsseldorf 1990; Luise Rinser: Elisabeth Langgässer. In: Dies.: An den Frieden glauben. Über Literatur, Poltik und Religion 1944–1967. Hg. von Hans-Rüdiger Schwab. Frankfurt a. M. 1990, S. 55–72; Anthony W. Riley: Alles Außen ist Innen»: Zu Leben und Werk Elisabeth Langgässers unter der Hitler-Diktatur. Mit einem Erstdruck des Aufsatzes ‹Die Welt vor den Toren der Kirche› (um 1925). In: Christliches Exil und christlicher Widerstand; Elisabeth Hoffmann: Jüdin – Deutsche – Katholikin. Fragen nach der Identität am Beispiel von Elisabeth Langgässer (1899–1950) und Cordelia Edvardson (*1929). In: Jutta Dick, Barbara Hahn (Hg.): Von einer Welt in die andere. Jüdinnen im 19. und 20. Jahrhundert. Wien 1993, S. 286–295

Jutta Dick

Lasker-Schüler, Else (Elisabeth) **Schriftstellerin**

11. 2. 1869, Wuppertal-Elberfeld – 22. 1. 1945, Jerusalem
Vater: Aaron Schüler; Mutter: Jeanette, geb. Kissing, ?–1890

Else Lasker-Schülers Kinderzeit im Schoß der Familie erscheint in ihrer Prosa gleichsam als goldenes Zeitalter. Aus nostalgischer Sicht beschreibt die Dichterin ihre Geburtsstadt Wuppertal in dem Schauspiel «Die Wupper» (1909), von ihr selbst «eine Stadtballade» genannt, das dennoch gleichzeitig mit scharfem Blick die in dieser Stadt gegen Ende des vergangenen Jahrhunderts herrschenden Konflikte widerspiegelt. 1894 heiratet sie Berthold Lasker und zieht mit ihm nach Berlin, wo sie rasch zu einer vertrauten Erscheinung in der Künstler-Boheme und in den literarischen Cafés wird.
«Der schwarze Schwan Israels, eine Sappho, der die Welt entzwei gegangen ist», so feiert sie Peter Hille nach dem Erscheinen ihres ersten Gedichtbandes «Styx» (1902). Ihre Dichtung ist, ohne die traditionellen Formen zu verlassen, Ausdruck eines heftigen und eigenwilligen Temperamentes. Voller Leidenschaft sind ihre Liebesgedichte und ebenso die Gedichte, die Personen gewidmet sind, die sie schätzt, die ihr nahestehen, die sie liebt (Gottfried Benn, der Dichter-Vagabund Peter Hille, Franz Werfel, Georg Trakl, George Grosz, Franz Marc u. a.).
In ihrer zum Mythischen neigenden Vorstellung werden nahe Freunde

oder Persönlichkeiten, von denen sie in ihrem schriftstellerischen Schaffen beeinflußt ist, zu Rittern, Prinzen, Königen, Heiligen. Ein Großteil ihrer Werke besitzt autobiographischen Charakter.

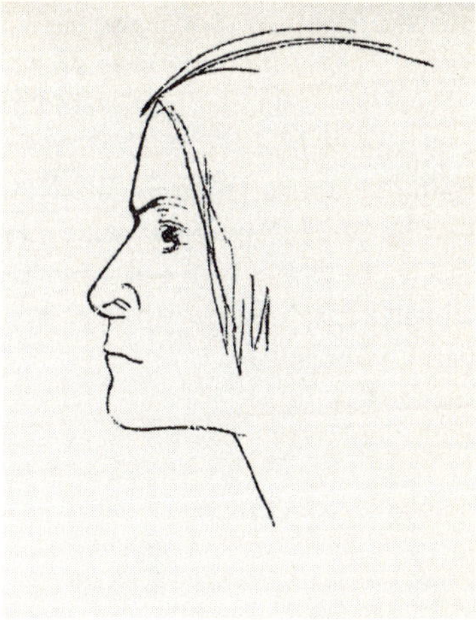

Else Lasker-Schüler. Porträtzeichnung ihres Sohnes Paul, etwa 1930-32

Else Lasker-Schülers unkonventionelles Verhalten, ihr nach Unabhängigkeit strebendes, knabenhaftes Wesen, das nicht bereit ist, sich den Regeln zu fügen, die zu ihrer Zeit für Frauen der «vornehmen Gesellschaft» gelten, die Verwendung von hochherrschaftlichen Pseudonymen mit orientalischem Beigeschmack (Prinzessin Tino von Bagdad, Prinz Jussuf von Theben) entspringen nicht nur einer reichen Phantasie, sondern auch dem ihr ureigenen Bedürfnis, gegen soziale Vorurteile zu kämpfen und sich als Frau zu behaupten. Die konformistische bürgerliche Gesellschaft erscheint ihr als eine kalte Welt, die sie im Namen der Freiheit des einzelnen und der Liebe zu den Menschen ablehnt: «Ich habe Liebe in die Welt gebracht – / Daß blau zu blühen jedes Herz vermag ...» («Gebet»).

.Obwohl ihr Großvater Rabbiner in Geseke bei Paderborn war und in ihrer Familie die jüdischen religiösen Traditionen gepflegt werden, wächst Else Lasker-Schüler in einem vom Streben nach Assimilation geprägten Milieu auf. Doch erlebt sie in ihrer Kindheit auch antisemitische Ausschreitungen, die ihr einen schmerzhaften Schock versetzen. So ist die Dichterin ihr ganzes Leben lang von dem Wunschziel beseelt, eine «Brücke» zwischen Menschen verschiedener Religionen zu bauen.

Else Lasker-Schülers ständige Suche nach Gott gipfelt in ihrem Spätwerk in Versen von tiefer Religiosität: «Da ich dein Kind bin, schäme ich mich nicht, / Dir ganz mein Herz vertrauend zu entfalten. / Schenk mir ein Lichtchen von dem ewigen Licht!» – («Ein Lied an Gott»). 1933, ein Jahr nach der Verleihung des Kleist-Preises, ist Else Lasker-Schüler gezwungen, Deutschland zu verlassen und in die Schweiz zu emigrieren. Ihre erste Reise nach Palästina 1934 regt sie zu einem Buch voller Hoffnung und Bewunderung für die zionistischen Pioniere an: «Das Hebräerland». In diesem Land verbringt sie von 1939 an die letzten Jahre ihres Lebens. Dort entstehen auch die Gedichte ihres letzten Sammelbandes «Mein blaues Klavier» (1943). Das von ihr in unzähligen Versen besungene «Ewige Jerusalem-Eden» hat ihr auf dem Ölberg die letzte Ruhestätte errichtet. Die Literaturkritik der Nachkriegszeit würdigt Else Lasker-Schüler als eine der wichtigsten deutschsprachigen Dichterinnen.

Quellen. Else Lasker-Schüler-Gesellschaft, Wuppertal

Veröffentlichungen (Auswahl). Styx. Gedichte. Berlin 1902; Das Peter-Hille-Buch. Stuttgart 1906; Die Nächte Tino von Bagdads. Stuttgart 1907; Die Wupper. Schauspiel in 5 Aufzügen. Berlin 1909; Hebräische Balladen, Berlin-Wilmersdorf 1913; Gesichte. Essays und Geschichten. Leipzig 1913; Gesammelte Werke (in 3 Bänden). München 1961–1962 (Neudruck in 8 Bänden, München 1986); Verse und Prosa aus dem Nachlaß. Hg. von Werner Kraft. München 1964; Lieber gestreifter Tiger. Briefe, Bd. 1, hg. von Margarete Kupper. München 1969; Wo ist mein buntes Theben. Briefe, Bd. 2, hg. von Margarete Kupper. München 1969; Ichundich. Nachlaßschauspiel. Hg. von Margarete Kupper. In: Jahrbuch der Deutschen Schillergesellschaft. Jg. 14 (1970), S. 46–84

Literatur (Auswahl). Jakob Hessing: Else Lasker-Schüler. Biographie einer deutsch-jüdischen Dichterin. Karlsruhe 1985; Silvia Schlenstedt: Bilder neuer Welten. In: Schreibende Frauen vom Mittelalter bis zur Gegenwart. Hg. von Hiltrud Gnüg und Renate Möhrmann. Stuttgart 1985

Avram Andrei Baleanu
(Deutsch von Hans Joachim Kemper)

Lazarus, Nahida Ruth

Schauspielerin und Schriftstellerin

3. 2. 1849, Berlin – 12. 1. 1928, Meran

Nahida Lazarus, geb. Sturmhoefel, verw. Remy, war zuerst Schauspielerin, schrieb dann Dramen und Theaterkritiken, später auch Romane, bis sie 1891 ihr erstes theoretisches Buch vorlegte, das den Titel «Das jüdische Weib» trägt. In kürzester Zeit erlebte es mehrere Auflagen; die Ausgabe von 1922 wird von ihr mit den Sätzen eingeleitet: «Als ich dieses Buch schrieb, war ich Christin. Heute bin ich Jüdin; ich mußte Jüdin werden, nachdem ich durch meine Forschungen erkannt und vollends in meinen Kulturstudien über das Judentum bekannt, was die jüdische Religion bedeutet. Die Gesinnung also, welche diese Werke diktierte, ist nicht nur dieselbe geblieben, sondern sie ist bestärkt und – besiegelt.» (S. III.) Diese Konversion beschreibt sie in einem autobiographischen Roman «Ich suchte Dich», in dem das Christentum als brutale und unmenschliche Kultur erscheint, der sie durch den Übertritt zum Judentum zu entrinnen versucht. Der Roman endet mit der Heirat mit Moritz Lazarus, dem großen Theoretiker des Judentums. In all ihren Texten erscheint das Judentum als die menschlichste Kultur, denn «die hebräischen Gesetze sind nicht nur menschenfreundlicher und seelenkundiger, sondern auch die ungeschriebenen Gebräuche zeugen für Zartheit und Rücksichtnahme.» (Ebenda, S. 30) Frauen würden nur im Judentum geachtet und als Bewahrerinnen der gesamten Kultur angesehen, während in anderen Religionen «das Weib als nicht viel mehr denn ein macht- und willenloses Hausgeschöpf oder allenfalls im öffentlichen Dienst als Luxus- und Vergnügungsgegenstand» (ebenda, S. 22) erscheint.

Quellen. The Jewish National and University Library Jerusalem (dort auch Nachlaß Moritz Lazarus)

Veröffentlichungen (Auswahl). Das jüdische Weib. Leipzig 1891, [2]1892, [3]1895, dritte (wohlfeile) Auflage Berlin 1922; Culturstudien über das Judentum. Berlin 1893; Ich suchte Dich. Berlin 1895

Barbara Hahn

Lehmann, Lilli **Sängerin**

24. 11. 1848, Würzburg – 17. 5. 1929, Berlin

Vater: Karl August Lehmann, Sänger; Mutter: Maria Theresa, geb. Loew, 1807–1883, Sopranistin und Harfenistin

Lilli Lehmann, geb. Elisabeth Maria Loew, wächst in Prag auf und wird gemeinsam mit ihrer Schwester Marie (1851–1931) von der Mutter sorgfältig ausgebildet. Die Mutter ist jüdischer Abstammung. Der Vater spielt für ihre Ausbildung keine Rolle, da die Mutter sich früh von ihm trennt. Die Familie lebt in sehr beschränkten Verhältnissen, die Mutter unterrichtet, spielt Harfe im Prager Orchester und näht nachts, um zusätzlich Geld zu verdienen. Die Kinder werden sehr früh in ihre

Arbeit mit einbezogen: «Von meinem fünften Jahre an wohnte ich täglich Gesangsstunden bei, begleitete schon mit neun Jahren am Klavier, sang alle fehlenden Stimmen mit, in französischer, italienischer, deutscher und böhmischer Sprache, lernte alle Opern kennen. (...) Solange meine Mutter lebte, war sie meine strengste, stets unzufriedene Kritikerin. Schließlich wurde ich es selbst.» (Lehmann 1913, S. 6) Mit 17 Jahren debütiert Lilli Lehmann am Landestheater Prag als erster Knabe in Wolfgang Amadeus Mozarts «Zauberflöte». In kürzester Zeit erarbeitet sie sich ein breites Rollenrepertoire und wechselt 1868 nach Danzig, wo sie in einer einzigen Saison 28 neue Rollen übernimmt. Über Leipzig kommt sie 1869 nach Berlin und wird als erste Koloratursängerin an die Hofoper engagiert. Hier singt sie mit Unterbrechungen bis 1910 die denkbar unterschiedlichsten Rollen. Da die Mutter mit Richard Wagner befreundet ist, kommt Lilli Lehmann früh mit dessen Musik in Berührung und wirkt 1876 gemeinsam mit ihrer Schwester voll Enthusiasmus bei der Uraufführung des «Rings» in Bayreuth als Woglinde, Ortlinde und Waldvogel mit. In ihren Erinnerungen «Mein Weg» (1913) beschreibt sie ausführlich die Probenarbeiten. 1885 wird sie zum erstenmal an die Metropolitan Opera, New York, engagiert. Bis 1899 tritt sie auch hier regelmäßig auf. Als Brünhilde in den amerikanischen Erstaufführungen von «Siegfried» und «Götterdämmerung» und als Isolde wird sie zur bedeutendsten Wagnersängerin ihrer Generation, obwohl sie eigentlich ein hoher Koloratursopran ist. 1888 heiratet sie den Tenor Paul Kalisch. Zurück in Berlin (1891), unterrichtet sie Schüler aus aller Welt, baut von 1901 bis 1910 die Salzburger Mozart-Feste mit auf und singt die Donna Anna in ihrer eigenen «Don Giovanni»-Inszenierung. Als sie 1910 von der Bühne abtritt, hat sie 170 Rollen gesungen, von Koloraturpartien bis zum hochdramatischen Wagner-Fach, auch als Lieder- und Oratoriensängerin hat sie sich einen Namen gemacht. 1902 veröffentlicht sie unter dem

Titel «Meine Gesangskunst» eine grundlegende Studie zur Gesangstechnik, ihre regelmäßigen Kurse am Salzburger Mozarteum werden weltberühmt. Von der stilistischen Spannbreite ihrer Gesangskunst zeugen einige Schallplattenaufnahmen von Liedern und Arien aus den späten Jahren (sie ist 61 Jahre alt, als sie ihre ersten Aufnahmen macht). Ihr Resümee: «Stolz bin ich meinen eigenen Weg gegangen, den Weg des Wollens, Wissens und Könnens, im Einklang mit meinem Streben und meinen Kräften. Dank meiner Erziehung, meinem Talent und Fleiß konnte ich ihn mit wachsender Autorität beschreiten.» (Lehmann 1913, S. 217)

Veröffentlichungen. Mein Weg. Leipzig 1913; Meine Gesangskunst. Berlin 1902; Schallplattenaufnahmen: Arien (Mozart, Händel, Bellini, Verdi, Meyerbeer, Beethoven) und Lieder auf Odeon (1905–1907)

Literatur. Peter Lorenz: Lilli Lehmanns Wirken für Salzburg. In: Österreichische Musikzeitschrift 27 (1972)

Beatrix Borchard

Leichter, Käthe **Soziologin und Publizistin**

20. 8. 1895, Wien –
Februar 1942, bei Magdeburg

In ihrer Kindheit, die sie in einem der stattlichen Gründerzeithäuser am Wiener innerstädtischen Rudolfsplatz verbringt, lernt «Kathl» Leichter, geb. Pick, jüdische Traditionen durch den Großvater kennen: «Für ihn wurde rituell gekocht, ihm hatten meine Schwester und ich täglich in der Früh das ‹Sch'ma Jisroel› aufzusagen, wofür wir dann jede ein Kokosbusserl erhielten ...» (Leichter 1973, S. 2). Die Eltern haben sich längst von diesen Traditionen entfernt und eröffnen ihr die Welt der klassischen Bildung, vor allem der Vater, k. u. k. Gerichtsadvokat und Jurist, wissensdurstig und reiselustig.

Durch ihn gefördert, entwickelt sie früh einen ausgeprägten Sinn für Gerechtigkeit und setzt sich zunehmend gegen Ungerechtigkeiten ein. Während ihrer Mittelschulzeit an der Schule des Beamtentöchtervereins in der Josefstadt (1906–1912) führt dies vor allem zu schlechten Noten im Betragen. Kriegsbegeistert kocht sie 1914 «Berge von Zwetschken zu Kriegsmarmelade», strickt «Shawls und Pulswärmer für unsere Feldgrauen». Neben ihrem Studium der Staatswissenschaft, das sie seit 1914 an der Universität in Wien aufgenommen hat, arbeitet sie

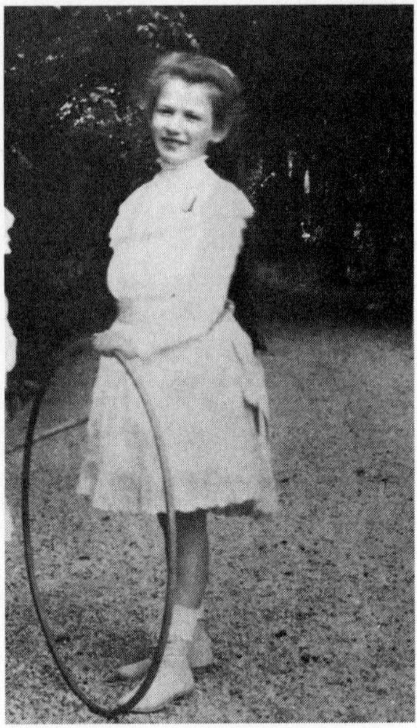

drei Jahre lang als Leiterin eines Horts für Kinder, deren Väter eingerückt sind. Zum erstenmal betritt sie Wiener Arbeiterwohnungen, «mit der dunklen Küche auf dem Gang, mit dem Zimmer in dem geschlafen, gegessen, geliebt und gestorben wurde». Zum erstenmal spricht sie mit den Frauen, «die tagsüber in der Munitionsfabrik gewesen waren oder Tag und Nacht an der Nähmaschine saßen, um für zwanzig Heller pro Stück Kriegshemden zu nähen» (Leichter 1973, S. 352). Die Lektüre der gerade Zwanzigjährigen wechselt abrupt von Rilke, Hoffmannsthal und Baudelaire zu Victor Hugos «Les Misérables» und Gerhart Hauptmanns «Die Weber», zu Maxim Gorki, Heinrich Mann und Romain Rolland, vor allem aber zu Ferdinand Lassalle. Der Studentin imponiert Carl Grünberg, der «umschweifend und pedantisch» zwar und «ohne rhetorisches Pathos» doziert, aber zugleich abseits eines modischen «Kathedersozialismus» «wie ein *Wilder* innerhalb der Wiener Nationalökonomie» als einziger wirklichen Sozialismus lehrt. Dies ist der Ausgangspunkt für Käthe Leichters Weg zur Soziologie. 1917 – sie hat gerade ihre erste politische Rede in einer Studentenversammlung gehalten – immatrikuliert sie sich an der Universität Heidelberg, um dort 1918 über «Die handelspolitischen Beziehungen Österreich-Ungarns zu Italien» zum Dr. phil. zu promovieren (Frauen sind in Wien zu Abschlußprüfungen nicht zugelassen). Zu der Gruppe sozialistischer Studenten, der sie sich anschließt, zählt u. a. auch Ernst Toller. Als Mitglied der Neuen Linken und engagiert in der Rätebewegung, arbeitet sie von 1919 bis 1925 als Gutachterin und Referentin in der österreichischen Staatskommission für Sozialisierung, um anschließend bei der Arbeiterkammer in Wien das Referat «Frauenarbeit» aufzubauen. Erste Untersuchungsergebnisse über die Lage der Hausgehilfinnen liegen bereits 1926 vor; es folgen Untersuchungen über Heim-

arbeiterinnen und Dokumentationen zur Frauenarbeit in Österreich und zur Situation arbeitsloser Frauen (1928). Ihr publizistisches Wirken in den Jahren 1925 bis 1933 erstreckt sich vor allem auf die «Arbeiter-Zeitung», das Frauenblatt «Die Unzufriedene», den sozialdemokratischen «Kampf» sowie «Arbeit und Wirtschaft». 1930 erscheint das von ihr herausgegebene (?) «Handbuch der Frauenarbeit in Österreich».
Seit Beginn der dreißiger Jahre kämpft sie gegen den immer offener auftretenden Faschismus. Wissenschaftliches Arbeiten wird für die Sozialistin und Jüdin Käthe Leichter immer schwieriger, Veröffentlichen unmöglich; Aussicht auf Mitarbeit hat sie 1934 nur noch beim New Yorker Institute of Social Research, dem 1933 fast komplett nach New York emigrierten Frankfurter Institut für Sozialforschung. Nachdem im selben Jahr die Sozialdemokratie in Österreich verboten wird, geht Käthe Leichter zusammen mit ihrem Mann Otto in den Untergrund, beteiligt sich an der Organisation von Widerstandsgruppen. Unter größter Gefahr referiert sie als «Maria Mahler» 1936 anläßlich einer vom Internationalen Frauenkomitee der Sozialistischen Arbeiter-Internationale veranstalteten Studienwoche in Brüssel über «Die Gewerkschaften im Faschismus». Es war Käthe Leichters letztes Auftreten vor einer internationalen Öffentlichkeit.
Noch bevor sie nach dem Anschluß Österreichs 1938 ihrem Mann über die tschechische Grenze folgen kann, wird sie von der Gestapo verhaftet, am 14. Oktober 1939 ins KZ Ravensbrück deportiert. Zusammen mit 1500 anderen Häftlingen wird Käthe Leichter in der Nähe von Magdeburg im Februar 1942 von den Nazis ermordet.

Quellen. Dokumentationsarchiv des Österreichischen Widerstands, Wien; Verein für Geschichte der Österreichischen Arbeiterbewegung, Wien
Veröffentlichungen. Erfahrungen des österreichischen Sozialisierungsversuchs. In: Der lebendige Marxismus. Festgabe zum 70. Geburtstag Karl Kautskys. Jena 1924; Die Entwicklung der Frauenarbeit nach dem Krieg. In: Handbuch der Frauenarbeit in Österreich. Wien 1930; Vom revolutionären Syndikalismus zur Verstaatlichung der Gewerkschaften. In: Festschrift für Carl Grünberg. Zum 70. Geburtstag. Leipzig 1932; ausführliche Bibliographie der Werke von und über Käthe Leichter. In: Herbert Steiner (Hg.): Käthe Leichter. Leben und Werk. Wien 1973, S. 229–231
Literatur. Marianne Pollak: Käthe Leichter. Zum 20. Gedenktag ihrer Ermordung. In: Zukunft, März 1962; Otto Leichter: Käthe Leichter. In: Werk und Widerhall. Wien 1964, S. 234 ff.; Herbert Steiner (Hg.): Käthe Leichter. Leben und Werk. Wien 1973 (Veröffentlichungen des Ludwig-Boltzmann-Instituts für Geschichte der Arbeiterbewegung, hg. von o. Prof. Dr. Karl R. Stadler)

Marina Sassenberg

Lewald, Fanny **Schriftstellerin**

24. 3. 1811, Königsberg – 5. 8. 1889, Dresden
Vater: David Markus (seit 1831 Lewald), 1787–1846, Kaufmann und Stadtrat; Mutter: Zipora, geb. Assur, 1790–1842

M. Stohl: Fanny Lewald

In ihrer auch heute noch lesenswerten sechsbändigen Autobiographie «Meine Lebensgeschichte» (1861/62) schildert Fanny Lewald ihr Schicksal als älteste Tochter einer liberalen Königsberger Kaufmannsfamilie. Obwohl sie bis ins vierzehnte Lebensjahr eine gute Privatschule besuchen kann und zu Hause stark gefördert wird, beneidet sie doch zutiefst die beiden Brüder, die Jura und Medizin studieren können. Für Mädchen aus wohlhabendem Elternhaus kam jedoch eine Berufsausbildung nicht in Frage; sie hatten auf einen standesgemäßen Ehemann zu warten. So durchlebt sie «Leidensjahre» als «höhere Tochter» im Elternhaus, beschäftigt mit vielfach unnützen häuslichen Aufgaben, die der Vater minutiös festlegt. Sie beginnt, weibliche Fähigkeiten, die sie in ihrer vorbildlich wirtschaftenden Mutter verkörpert sieht, zu verachten, zugleich steigt ihre Bewunderung für den gebildeten, zärtlichen, gleichwohl strengen Vater, dem alle im Haus aufs Wort gehorchen. Anfang 1830 läßt er sie zum Protestantismus konvertieren. Bitter bemerkt sie, daß der fast abgöttisch verehrte Vater sie mit Rücksicht auf die fünf unverheirateten Schwestern 1832/33 auf einer Geschäftsreise durch Deutschland «wie eine elende Ware», für die sich «zu Hause kein Käufer» gefunden, an den Mann zu bringen sucht (Lewald 1988/89, Bd. II, S. 10). Da sie sich einer Versorgungsehe standhaft widersetzt und ihre tiefe Zuneigung zu ihrem Breslauer Vetter Heinrich Simon unerwidert bleibt, sieht sie sich bereits als alternde Frau, die sich und der Familie zur Last fällt. Vor dem traurigen Schicksal einer

«Berufstante» bewahrt sie ihr Onkel August Lewald, der Herausgeber der vielgelesenen Zeitschrift «Europa» in Stuttgart, der sie aufgrund ihrer Briefe zu schriftstellerischer Arbeit ermuntert. Die beiden 1843 – mit Rücksicht auf die Familie – noch anonym bei Brockhaus veröffentlichten Romane «Clementine», in dem sie sich gegen die Konvenienzehe ausspricht, und «Jenny», worin sie leidenschaftlich für die Judenemanzipation plädiert, bringen den literarischen Durchbruch. Mit Erlaubnis des Vaters kann sie sich 1845 als freie Schriftstellerin in Berlin niederlassen. Der im selben Jahr publizierte Roman «Eine Lebensfrage», in dem sie die Möglichkeit der Ehescheidung befürwortet, erscheint wie eine Vorausahnung ihres künftigen Lebens. Einen Herzenswusch erfüllt sie sich, als sie 1845/46 eine große Italienreise antritt. In der Künstlerkolonie Roms, wo sie die Bekanntschaft Ottilie von Goethes und Adele Schopenhauers macht, erlebt sie sich unabhängig vom «deutschbürgerlichen Kalender» als junge, vitale Schriftstellerin. Hier lernt sie ihren künftigen Lebensgefährten, den verheirateten Literatur- und Kunsthistoriker Adolph Stahr (1805–1876) kennen, den sie 1855, nach jahrelangen Scheidungsquerelen, heiraten kann. Ihre glücklichste Lebensphase beginnt. Nach dem Vorbild von → Henriette Herz, → Rahel Varnhagen und Sarah Levy richtet sie in ihrer Berliner Wohnung einen Salon ein; zu den illustren Gästen zählen u. a. Ferdinand Lassalle, Berthold Auerbach, Gustav Freytag, Friedrich Spielhagen und der junge Theodor Fontane. Ihr Werk umfaßt 27 Romane, darunter das breitangelegte achtbändige Werk «Von Geschlecht zu Geschlecht» (1864–1866), mehr als 30 Erzählungen und Novellen, zahlreiche literarische Porträts, Reisebeschreibungen, Zeitungs- und Zeitschriftenartikel. Als weitgereiste, erfahrene, wirtschaftlich eigenständige Frau äußert sie sich wiederholt zum Thema Frauenemanzipation, zur Frauenbildung und -erwerbstätigkeit, zum Frauenstimmrecht und zur Dienstmädchenproblematik, wobei sie jedoch die partriarchale Prägung des Elternhauses nicht überwinden kann.

Quellen. Nachlaß, Handschriften-Abteilung der Deutschen Staatsbibliothek, Berlin

Veröffentlichungen. Gesammelte Werke in 12 Bänden. Berlin 1871; Meine Lebensgeschichte, 3 Abteilungen (6 Bde.). Berlin 1861/62, neu hg. in 3 Bänden von Ulrike Helmer. Frankfurt a. M. 1988/89; Jenny, 2 Bde. Leipzig 1843, neu hg. von Ulrike Helmer. Frankfurt a. M. 1988; Politische Schriften für und wider die Frauen. Hg. von Ulrike Helmer. Frankfurt a. M. 1989 (enthält die «Osterbriefe für die Frauen» [1863] und «Für und wider die Frauen» [1870]); Freiheit des Herzens. Lebensge-

schichte – Briefe – Erinnerungen. Mit einem Nachwort von Gerhard Wolf, hg. von Günter de Bruyn und Gerhard Wolf. Frankfurt a. M., Berlin 1992
Literatur. Brigitta van Rheinberg: Fanny Lewald – Geschichte einer Emanzipation. Eine historische Biographie unter besonderer Berücksichtigung des Emanzipationsgedankens. Tübingen 1987 (Diss.); Maya Fassmann: Jüdinnen in der deutschen Frauenbewegung 1865–1919. Hildesheim 1994 (Wissenschaftliche Abhandlungen des Salomon Ludwig Steinheim-Instituts, Bd. 6)

Maya Fassmann

Liebermann, Mischket **Schauspielerin**

18. 11. 1905; Tytschin/Galizien
Vater: Pinchus Elieeser, Rabbiner

Mischket Liebermann wächst als fünftes von acht Kindern in den ärmlichen Verhältnissen eines galizischen Schtetls heran. In ihrem Dorf gibt es zwei Gotteshäuser, «den Tempel mit der Goldkuppel, in dem die Reichen beteten und die alte, eingefallene Betstube für die Armen» (Liebermann 1977, S. 13), in der Mischkets Vater Rabbiner ist. Aus Angst vor Pogromen flieht die Familie 1914 nach Berlin. Im sogenannten Scheunenviertel kann der Vater bald eine orthodoxe Gemeinde um sich sammeln und als Rabbiner praktizieren. Obwohl Mischket Liebermann an ihrem Vater hängt, überwiegt ihre Angst vor seinem religiösen Fanatismus und davor, ebenso gegen ihren Willen verheiratet zu werden wie ihre Schwestern und daran zu zerbrechen (eine ihrer Schwestern muß in psychiatrische Behandlung und wird später in Berlin-Herzberg im Rahmen des «Euthanasieprogramms» ermordet). Noch nicht sechzehnjährig, entflieht sie dem Elternhaus. In diese Zeit fallen ihre ersten Kontakte zur Arbeiterbewegung: 1921 erlebt sie auf dem Alexanderplatz die Trauerkundgebung für die ermordeten Sozialisten → Rosa Luxemburg und Karl Liebknecht, die sie tief beeindruckt. Nunmehr ohne familiäre Bindung, schließt sich Mischket Liebermann Freunden an, die, Kommunisten und in «wilder Ehe» lebend, ebenso aus dem gesellschaftlichen Rahmen fallen wie sie. Sie nehmen sie mit zu Veranstaltungen der KPD, der «Roten Hilfe» und zum «Klub der jüdischen Arbeiter». Ihre Tätigkeit als Bürokraft bei Honig & Co. gibt sie bald auf. Mit achtzehn Jahren steht für sie fest: «Ich werde Schauspielerin.» (Liebermann 1977, S. 55). Seit ihrer Schulzeit ist sie fasziniert von Alexander Moissi, → Elisabeth Bergner, Fritz Kortner und Alexander Granach, die sie heimlich im Deutschen Theater sieht. Granach vermittelt ihr 1923 den ersten privaten Schauspielunterricht bei Heinz Goldberg. Nach Auftritten auf Parteiveranstaltungen engagiert sie Heinz Hilpert ans Deutsche Theater mit einer Rolle als rumänische Jüdin in «Bronx-Expreß» von Schalom Asch.

Seit 1925 Mitglied der KPD, der sie zeitlebens angehört, erhält sie während eines Urlaubsaufenthalts in der Sowjetunion 1927 ein Engagement am Jüdischen Staatstheater in Minsk, wo sie u. a. in der Rolle der Mutter Möller in Ernst Tollers «Hoppla, wir leben» reüssiert. Nach 1933 macht Mischket Liebermann zunächst in Moskau «Kunst im Klub», was vor allem bei den deutschen Emigranten ankommt, und schließt sich danach einem deutschsprachigen Kolchostheater an – zunächst als Schauspielerin, später als Direktorin. Das Ensemble unter der Leitung von Maxim Vallentin setzt sich zum großen Teil zusammen aus deutschen Emigranten wie dem späteren Theater- und Filmemacher der DDR, Curt Trepte, Hermann Greid vom Düsseldorfer Schauspielhaus, Amy Frank und Friedrich Richter, beide Mitglieder der 1930 von Greid gegründeten «Truppe im Westen». Zum Repertoire des Wandertheaters zählen neben Heinrich von Kleists «Zerbrochenem Krug» und Anton Tschechows «Heiratsantrag» auch «Die Moorsoldaten». Als die Gruppe sich trennt, verläßt Mischket Liebermann das Theater und wird während des Kriegs verantwortlich für die politische Schulung deutscher Kriegsgefangener. Nach 1945 kehrt sie nach Berlin zurück und beteiligt sich am kulturpolitischen Aufbau der DDR.

Veröffentlichungen. Aus dem Ghetto in die Welt. Rabbitochter. Schauspielerin. Politruk. Arbeit unter deutschen Kriegsgefangenen. Berlin (DDR) 1977
Literatur. Erinnerungen deutsch-jüdischer Frauen 1900–1990. Hg. von Andreas Lixl-Purcell. Leipzig 1992, S. 126–143

Redaktion

Liepman, Ruth **Juristin, Literaturagentin**

1909, Polch bei Koblenz
Vater: Isidor Theo Lilienstein, 1882–?, Arzt; Mutter: Hilde Johanna, geb. Stern, 1880–1966

«Vielleicht ist Glück nicht nur Zufall»: Der Titel ihrer Erinnerungen spiegelt die Lebenseinstellung der Ruth Liepman wider, die heute eine der vier erfolgreichsten Literaturagentinnen für den deutschsprachigen Raum ist. In ihrer Lebensgeschichte spielen Glück, aber auch selbstbewußtes und entschlossenes Handeln eine entscheidende Rolle. Die Eltern stammen aus dem jüdischen Bürgertum: Der Vater wächst in einer Usinger Getreidehändlerfamilie auf und ist während seines Medizinstudiums Mitglied in der schlagenden jüdischen Verbindung «Veda», die Mutter kommt aus einer Emser Kaufmannsfamilie. Theo Lilienstein entschließt sich noch vor dem Ersten Weltkrieg, mit seiner Familie nach Hamburg zu ziehen und eine Praxis zu eröffnen. Ihre ersten Schuljahre verbringt Ruth Liepman auf dem Hamburger Mädchenlyzeum des Dr. Loewenberg, Dichter und Freund von Detlev Liliencron und Richard Dehmel. Gegen den Willen ihrer Eltern, die sie lieber auf einer renommierten Hamburger Mädchenschule sehen würden, besucht sie dann bis zum Abitur 1928 die reformpädagogische Lichtwarkschule, auf der Reisen ebenso zum Lehrplan zählen wie Theateraufführungen und Diskussionen über Tagespolitik. 1928 findet sie zur KPD, geht nach dem Abitur drei Monate als Textilarbeiterin in eine Harburger Fabrik, um «so (zu) leben wie die Arbeiter» (Liepman 1993, S. 56) und macht ihren Weg innerhalb der Partei. Sie studiert Jura in Hamburg und Berlin und legt bereits nach dreieinhalb Jahren ihr Examen als Referendarin ab. Zum Zweiten Staatsexamen wird sie 1933 gar nicht erst zugelassen, kann aber 1934 noch im Schnellverfahren promovieren. Im selben Jahr emigriert sie nach Amsterdam, arbeitet dort als Weberin und Sekretärin. Als Kommunistin, die sie trotz ihrer kritischen Haltung bis zu ihrem Ausschluß aus der Partei bleibt, und als Jüdin ist Ruth Liepman doppelt gefährdet. Nach dem Einmarsch der Deutschen in Holland 1940 bemüht sie sich, die durch ihre Heirat mit dem Architekten Oskar Stock Schweizer Staatsbürgerin geworden ist, als Sekretärin des Schweizer Konsuls und Rechtsanwalts W. S. Lanz um Auswanderungsmöglichkeiten für Juden aus Holland. 1943 flüchtet sie in die Illegalität und lebt bis zur Befreiung 1945 ge-

Ruth Liepman. Foto: Isolde Ohlbaum, München

tarnt bei einer Familie in Beverwijk als Hausmädchen. Auf einer Reise nach Hamburg im Auftrag der holländischen Firma Polak & Schwarz, bei der sie bis 1948 arbeitet, lernt sie 1945 ihren späteren Mann, den Schriftsteller Heinz Liepman, kennen. Zusammen mit ihm begründet Ruth Liepman in Hamburg die erste Literaturagentur in Deutschland, die das Ehepaar zusammen mit seinem Wohnsitz 1961 nach Zürich verlegt. Nach dem Tod ihres Mannes 1966 führt Ruth Liepman die Agentur allein weiter. Namhafte Autoren wie Norman Mailer oder Eric Malpass verdanken ihr den Erfolg im deutschsprachigen Raum. Zusammen mit ihren acht Mitarbeitern betreut sie unter anderen die Nachlässe von Erich Fromm, Norbert Elias, → Anne Frank. Darüber hinaus initiiert sie auch Buchprojekte, so 1963 die Herausgabe des Werks der Malerin → Charlotte Salomon.

Veröffentlichung. Vielleicht ist Glück nicht nur Zufall. Erinnerungen. Köln 1993

Redaktion

Lion, Hildegard Gudilla

Lehrerin, Sozialpädagogin

14. 5. 1893, Hamburg – 8. 4. 1970, Hindhead/Surrey (England)

Vater: Eugen Lion, Kaufmann; Mutter: geb. Wedeles

Hilde Lion erhält die für Mädchen seinerzeit übliche Lyzeumsbildung, die sie auf eine Tätigkeit als Lehrerin vorbereitet. 1917 nimmt sie ein Studium am neugegründeten Sozialpädagogischen Institut in Hamburg auf, das sie mit der Qualifikation als Lehrerin und Sozialpädagogin abschließt. Sie wird u.a. von Gertrud Bäumer (1873–1954) und Marie Baum (1874–1964) unterrichtet, führenden Vertreterinnen der bürgerlichen Frauenbewegung, die Hilde Lion später als besonders einflußreich für ihre Entwicklung bezeichnen wird. Schon 1916 begegnet sie erstmals Gertrud Bäumer bei einer Versammlung des «Bundes Deutscher Frauenvereine», was ihr Interesse und Engagement bei der politischen Organisierung von Frauen während der Weimarer Republik angeregt haben dürfte.

Wie ihre Mentorinnen hat sie der Deutschen Demokratischen Partei angehört, für die sie auch vor 1918/19 und nach ihren Studienjahren als Parteisekretärin in Frankfurt a. M. und Hamburg (1924/25) fungiert hat.

Hilde Lion studiert Volkswirtschaft und Pädagogik in Freiburg, Ham-

burg, Berlin und schließlich in Köln, wo sie 1924 zum Dr. rer. pol. promoviert. Ihre Dissertation über «Die klassenkämpferische und die katholisch-konfessionelle deutsche Frauenbewegung» erscheint unter dem Titel «Zur Soziologie der Frauenbewegung» 1926 unverändert als Band 2 der Schriftenreihe der Deutschen Akademie für soziale und pädagogische Frauenarbeit in Berlin. An dieser von → Alice Salomon gegründeten Einrichtung wird sie 1928 als Studienleiterin und 1929 als Direktorin tätig, nachdem sie zunächst von 1925 an unterrichtende und leitende Funktionen an Anna von Gierkes «Sozialpädagogischem Seminar des Vereins Jugendheim in Charlottenburg» innehat. Als Alice Salomon, die Präsidentin der Akademie, 1933 aufgefordert wird, Hilde Lion wegen ihrer jüdischen Herkunft zu entlassen, zieht sie es vor, statt dessen die Akademie zu schließen.
Neben ihrer Tätigkeit in der Aus- und Weiterbildung für typische Frauenberufe ist Hilde Lion auch als Vorsitzende der «Vereinigung der Dozentinnen an sozialpädagogischen Lehranstalten» verbandspolitisch aktiv. Sie hält Referate auf Tagungen wie zum Beispiel 1928 der Fröbelverbandstagung in Breslau und 1932 der Pfingstversammlung des «Reichsverbandes der Volksschullehrerinnen» in Berlin. 1932 nimmt sie außerdem an der II. Internationalen Konferenz für soziale Arbeit und der sich anschließenden Tagung des «Internationalen Komitees sozialer Schulen» teil. In zahlreichen Aufsätzen und Beiträgen zu Sammelwerken setzt sie sich vor allem mit Fragen der Ausbildung für die soziale Arbeit und der Frauenbewegung, zuletzt insbesondere mit der Problematik eines freiwilligen Arbeitsdienstes für Mädchen und Frauen auseinander.
Sofort nach Hitlers Machtübernahme emigriert sie mit Hilfe eines Forschungsstipendiums nach Großbritannien und gründet dort, von den Quäkern unterstützt, die Stoatley Rough School in Haslemere/Surrey, die sie bis 1960 gemeinsam mit ihrer langjährigen Lebens- und Arbeitspartnerin Emmy Wolff (1890–1969) betreibt. Die Heimschule hat sich zunächst vor allem bemüht, alleinstehenden Flüchtlingskindern einen Familienersatz zu bieten und zugleich pädagogisch zwischen den Kulturen zu vermitteln. Nach 1945 werden Kontakte zu Berliner Sozialpädagoginnen geknüpft, die 1948 die Schule besuchen. In den fünfziger Jahren stehen jeweils einige Freiplätze für Kinder von DDR-Flüchtlingen zur Verfügung.

Quellen. London School of Economics (Schulakten von Stoatley Rough)
Veröffentlichungen. Zur Soziologie der Frauenbewegung. Berlin 1926; Von weiblicher

Gefolgschaft. In: Hilde Lion u. a. (Hg.): Dritte Generation – Für Gertrud Bäumer. Berlin 1923; Die allgemeinen Frauenzeitschriften in Deutschland. In: Emmy Wolff (Hg.): Frauengenerationen in Bildern. Berlin 1928; Aufsätze in den Zeitschriften «Die Hilfe», «Die Frau», «Deutsche Lehrerinnenzeitung», «Frankfurter Zeitung»
Literatur. Biographisches Handbuch der deutschsprachigen Emigration nach 1933. München u. a. 1983, Bd. I, S. 448; Hildegard Feidel-Mertz: Schulen im Exil. Reinbek bei Hamburg 1983; Lexikon der Frau, Bd. 2. Zürich 1950; Monika Simmel-Joachim: Hilde Lion zum 100. Geburtstag (1893–1970). In: Ariadne 23, Mai 1993

Hildegard Feidel-Mertz

Löwenherz, Johanna

Frauenrechtlerin

12. 3. 1857, Rheinbrohl – 17. 5. 1937, Rheinbrohl
Vater: Heimann Löwenherz, 1811–1897, Kaufmann, Steinbruchbesitzer;
Mutter: Fanni, geb. Jacobsohn, 1826–1902

Die Biographie Johanna Löwenherz' läßt sich bis heute nur sehr lükkenhaft rekonstruieren. Ihr Biograph, Wolfgang Dietz, gibt an, daß sie «als Tochter einer wohlhabenden jüdischen Familie in Rheinbrohl geboren und in der israelitischen Religion erzogen» wird. (Dietz 1989, S. 31) Über ihre Ausbildung lassen sich keine belegbaren Aussagen treffen, Cornelia Kunze weist darauf hin, daß sie «am Conservatorium in Stuttgart eine Ausbildung in Klavierspiel und Gesang erhalten haben» soll und in der Lage sei, Esperanto zu unterrichten. (Kunze, S. 1)
Durch ihre Herkunft steht Johanna Löwenherz zunächst der bürgerlichen Frauenbewegung nahe, wechselt aber zur sozialistischen Frauenbewegung über, für die sie zahlreiche Agitationsreisen unternimmt. Mit diesem politischen Standortwechsel löst sie sich – so Wolfgang Dietz – auch von ihrer religiösen Bindung. Sie ist eine der aktivsten Vertreterinnen der Sozialdemokratischen Partei im Raum Neuwied und Mitbegründerin des dortigen sozialistischen «Volksbildungsvereins». Obwohl Johanna Löwenherz innerhalb der SPD wegen ihrer politischen Anschauung nicht unumstritten ist, wird sie zu den Gesamtparteitagen in Frankfurt 1894 und Gotha 1896 sowie zu den Provinzialparteitagen in Duisburg 1895, Essen 1897 und Neuwied 1897

delegiert. Sie referiert über Fragen der sozialen, wirtschaftlichen, gesellschaftlichen und rechtlichen Gleichstellung der Frauen und setzt sich mit der innerparteilichen Opposition vom linken Flügel um Clara Zetkin auseinander. Ihre politischen Grundüberzeugungen, vor allem zur Frauenfrage, bringt sie in der Monographie «Prostitution oder Produktion, Eigentum oder Ehe? Studie zur Frauenbewegung» (Neuwied, München 1895), die als ihr Hauptwerk gilt, zum Ausdruck.

Wegen ihrer politischen Einstellung wird Johanna Löwenherz von den Nazis verfolgt und vom 14. April bis 5. Mai 1933 in «Schutzhaft» genommen. In einem am 7. Dezember 1933 erstellten lokalen Verzeichnis führender Persönlichkeiten der KPD, SPD und der Gewerkschaften wird ihr Name im Zusammenhang mit der KPD erwähnt. Ob sie tatsächlich von der SPD zur KPD übergewechselt ist, bleibt ungeklärt.

Am 4. April 1937, also kurz vor ihrem Tod am 17. Mai, verfügt sie testamentarisch, daß ihr Haus und sämtliche Grundstücke einer «wohltätigen Stiftung zum Besten von Frauen» (Dietz 1987, S. 47) zufallen sollen. Nachdem zunächst der Nationalsozialismus die Vollstreckung ihres letzten Willens verhindert, vergehen schließlich 38 Jahre, bis 1984 ein neuer Nachlaßverwalter bestellt wird, der den Landkreis Neuwied über Inhalt und Intention des Testamentes unterrichtet (Brief von Wolfgang Dietz an die Verf., 16. 11. 1992). Am 30. Juli 1985 tritt der Landkreis Neuwied das Erbe Johanna Löwenherz' an und gründet die Stiftung «Ehrenpreis des Landkreises Neuwied – Johanna-Löwenherz-Stiftung», die die Förderung von Frauen, die sich um die Sache der Frauen verdient gemacht haben, zum Ziel hat. Am 17. Juli 1987 wird der erste Johanna-Löwenherz-Preis an Simone Veil verliehen.

Quellen. Ausführlich siehe: Wolfgang Dietz 1987 und Cornelia Kunze

Veröffentlichungen. Der Drachenfels. Neuwied, Berlin 1890 (unpolitische Abhandlung); Prostitution oder Produktion, Eigentum oder Ehe? Studie zur Frauenbewegung. Neuwied, München 1895; Wird die Sozialdemokratie den Frauen Wort halten? Neuwied 1895

Literatur. Wolfgang Dietz: Johanna Löwenherz. Eine Biographie. Hg. von der Kreisverwaltung Neuwied aus Anlaß der 130. Wiederkehr ihres Geburtstages, der 50. Wiederkehr ihres Todestages sowie der damit verbundenen Gründung der «Johanna-Löwenherz-Stiftung». Neuwied 1987; Wolfgang Dietz: Erstmalige Verleihung des Johanna-Löwenherz-Preises. In: Heimat-Jahrbuch des Landkreises Neuwied 1989. Neuwied 1989, S. 28–33; Cornelia Kunze. Wer war Johanna Löwenherz? Oder der Versuch der Skizzierung des Lebens einer politisch engagierten Jüdin in Deutschland um die Jahrhundertwende. Unveröff. MS, 8 S.

Monika Hübsch-Faust

Lucca, Pauline **Sängerin**

25. 4. 1841, Wien –
28. 2. 1908, Wien

«Die Wiener Nachtigall» hieß die Sängerin bei ihren Zeitgenossen, und mit diesem Ruf ist Pauline Lucca in die Operngeschichte eingegangen. Sie studiert Gesang bei Uffmann und Richard Lewy und wird 1856 an der Wiener Hofoper als Chorsängerin engagiert. 1859 debütiert sie als Solistin in der Rolle der Elvira in Giuseppe Verdis «Ernani» am Stadttheater Olmütz. Im darauffolgenden Jahr singt sie in Prag die Rolle der Valentine in Giacomo Meyerbeers «Hugenotten» und die Titelrolle in Vincenzo Bellinis «Norma». Giacomo Meyerbeer, der

Pauline Lucca und Otto von Bismarck, 1864

Generalmusikdirektor der Berliner Hofoper, ist von dem Talent der Sängerin angetan und engagiert sie 1861 als Solistin mit einem damals wie heute außergewöhnlichen Vertrag auf Lebensdauer. Pauline Lucca wird eine der glänzenden Persönlichkeiten des Berliner Musiklebens. Trotzdem gibt sie 1872 nach einem Zerwürfnis mit Mathilde Mallinger, der Primadonna des Hauses, ihr Engagement an der Berliner Oper auf. In den Jahren 1863 bis 1868, 1870 bis 1872 und 1882 bis 1884 wird Pauline Lucca zu Gastspielen an die Londoner Covent Garden Opera eingeladen, wo sie unter anderem bei der Londoner Premiere von Meyerbeers «Afrikanerin» (1865) die Rolle der Selica singt. 1862 tritt sie zum erstenmal als Solistin an der Wiener Hofoper auf, zu deren Ehrenmitgliedern sie dann von 1874 bis 1889 gehört.
Große Erfolge erringt sie auf einer Tournee durch Nordamerika (1872–1874) sowie in Paris (1872), Brüssel (1876), Sankt Petersburg und Moskau (1877), Madrid (1878) und an bedeutenden Opernbühnen in verschiedenen Städten Deutschlands. Mit ihrer zweieinhalb Oktaven umspannenden Stimme interpretiert Pauline Lucca etwa 60 Rollen als dramatischer Sopran oder Koloratursopran, unter anderem die Margarete in Charles Gounods «Faust», den Cherubin in «Figaros Hochzeit» von Wolfgang Amadeus Mozart und gilt als die beste Carmen ihrer Zeit. Das ungewöhnlich große Echo auf ihre Interpretation von Rollen in Meyerbeer-Opern veranlassen den Komponisten, Gesangspartituren eigens für sie zu schreiben.
1889 zieht sich Pauline Lucca von der Opernbühne zurück und setzt ihre künstlerische Tätigkeit als Gesang-Meisterin in Gmunden fort.

Literatur (Auswahl). A. Jansen-Mara, D. Weisse-Zehrer: Die Wiener Nachtigall. Der Lebensweg der Pauline Lucca. Berlin 1935

Avram Andrei Baleanu
(Deutsch von Hans Joachim Kemper)

Luxemburg, Rosa (Rosalie Luksenburg)

Politikerin

5. 3. 1870, Zamosc – 15. 1. 1919, Berlin
Vater: Eliasch Luksenburg, Holzhändler

Bereits als Schülerin in Warschau engagiert sich Rosa Luxemburg in der polnischen Arbeiterbewegung. 1889 geht sie nach Zürich, wo sie Volkswirtschaft, klassische und moderne Philosophie sowie Statistik studiert. 1897 promoviert sie mit einer Arbeit über «Die industrielle Entwicklung Polens», schließt sich dann der Sozialdemokratischen Partei Deutschlands an. Bald ergeben sich Konflikte mit der Parteispitze, die sich vom Konzept der sozialen Revolution entfernt. In «Sozialreform und Revolution» von 1899 schreibt sie: «Für die Sozialdemokratie besteht zwischen der Sozialreform und der sozialen Revolution ein unzertrennlicher Zusammenhang, indem ihr der Kampf um die Sozialreform das Mittel, die soziale Umwälzung aber der Zweck ist.» (Werke, Bd. I/1, S. 369) Mit ihren Kritiken ist sie unzufrieden: «Ich habe das Bedürfnis, so zu schreiben, daß ich auf die Menschen wie der Blitz wirke. (...) Aber wie, was, wo? Das weiß ich noch nicht.» (An Leo Jogisches, in: Briefe, Bd. 1, S. 307) Ihr Ton wird schärfer, auch witziger, wenn sie gegen den gemütlichen Reformismus der deutschen Sozialdemokratie in «Massenstreik, Partei, Gewerkschaft» (1905) schreibt: «Madame Geschichte dreht den bürokratischen Schablonenmenschen, die an den Toren des deutschen Gewerkschaftsglücks grimmig Wache halten, von weitem lachend eine Nase.» (Werke, Bd. 2, S. 117) Früh schon kritisiert sie den russischen Bolschewismus, dem sie «sterilen Nachtwächtergeist», zu starke Kontrolle und «Schurigelung» der Arbeiterbewegung vorwirft: «Fehltritte, die eine wirklich revolutionäre Arbeiterbewegung begeht, sind unermeßlich fruchtbarer und wertvoller als die Unfehlbarkeit des allerbesten ‹Zentralkomitees›.» (Werke, Bd. I/2, S. 434 f.) Daß die Sozialdemokratie sich 1914 nicht gegen den Krieg stellt, enttäuscht sie tief. Sie sei mit «Selbstmordgedanken» zu Bett gegangen, schreibt sie im Oktober (an Paul Levi, in: Quack 1983, S. 233). Da sie diesen Schwenk nicht mitmacht, sondern mit aller Macht gegen den Krieg arbeitet, wird sie wiederholt zu langen Gefängnisstrafen verurteilt. Im Gefängnis entsteht ihr großes theoretisches Werk «Die Akkumulation des Kapitals», das sie wie im «Rausch» schreibt: «(...) ich schwöre Dir, daß es von Anfang bis Ende die erste Niederschrift ist, die ich ungelesen in Druck gab» (an Luise Kautsky, in: Briefe, Bd. 5, S. 74 f.). Mehr und mehr zweifelt sie daran, daß ihre Bücher und ebenso ihre politischen Artikel eine Wirkung haben. Als «Mensch ohne Haut» (ebenda, S. 169) sieht sie dem Massenschlachten zu. Ende 1918 wird sie aus dem Gefängnis befreit. Ein paar Wochen nur, in denen sie Tag und Nacht für eine Revolution kämpft, von deren Sieg sie zu diesem Zeitpunkt nicht überzeugt ist. Dann wird sie von konterrevolutionären Offizieren mit dem Gewehrkolben erschlagen und in den Landwehrkanal geworfen.

Quellen. Internationes Institut für Sozialgeschichte, Amsterdam

Veröffentlichungen. Gesammelte Werke. Hg. vom Institut für Marxismus-Leninismus beim ZK der SED, 5 Bde. Berlin (DDR) 1974 ff.; Gesammelte Briefe. Hg. vom Institut für Marxismus-Leninismus beim ZK der SED, 5 Bde. Berlin (DDR) 1984/85

Literatur (Auswahl). Elzbieta Ettinger: Rosa Luxemburg. Ein Leben. Aus dem Amerikanischen von Barbara Bortfeldt. Berlin 1990; Paul Frölich: Rosa Luxemburg. Gedanke und Tat. Paris 1939; Henriette Holst-van der Schalk: Rosa Luxemburg. Ihr Leben und ihr Wirken. Zürich 1937; Luise Kautsky: Rosa Luxemburg. Ein Gedenkbuch. Berlin 1929; Peter Nettl: Rosa Luxemburg. Aus dem Englischen von Karl Römer. Köln 1970; Sibylle Quack: Geistig frei und niemandes Knecht. Paul Levi – Rosa Luxemburg. Politische Arbeit und persönliche Beziehung. Mit 50 unveröffentlichten Briefen. Köln 1983

Barbara Hahn

Madame d'Ora Fotografin

(eigentl. Dora Philippine Kallmus) *20. 3. 1881, Wien – 30. 10. 1963,*
Frohnleiten/Steiermark
Vater: Dr. Philipp Kallmus, ?–1914,
Notar am Hofgericht Wien

Das großbürgerliche Leben in der Wiener Innenstadt prägt die ersten 30 Jahre von Dora Kallmus. Die Mutter stirbt früh, an ihre Stelle treten für Dora und ihre Schwester Anna die Großmutter und eine Gouvernante. Dora Kallmus' Wunsch, Schauspielerin zu werden, wird von der Familie ebensowenig akzeptiert wie die Überlegung, in der Modebranche zu arbeiten. Als sie mit einer kleinen Kodak, ihrer ersten Kamera, während eines Urlaubs in Südfrankreich im Jahr 1900 überraschend gute Resultate beim Fotografieren erzielt, steht ihr Entschluß fest: Sie will Fotografin werden. Einblick in die Atelierarbeit erhält sie 1905 im Sommeratelier des Gesellschaftsfotografen Hans Makart, dem Sohn des Malers, dem sie bei der Arbeit zuschauen darf. Die Ausbildung an der k. u. k. Lehr- und Versuchsanstalt für Photographie und Reproduktionsverfahren in Wien ist ihr als Frau noch verwehrt, doch sie erhält die Sondererlaubnis, an den Vorträgen teilzunehmen. Die «k. u. k. Photographische Gesellschaft» nimmt sie Ende 1905 als erstes weibliches Mitglied auf. Bei dem Porträtfotografen Nicola Perscheid in Berlin vervollkommnet sie von Januar bis Mai 1907 ihre Fähigkeiten im Fotografieren, Kopieren und Retuschieren. In Wien erhält sie nach ihrer Rückkehr den Gewerbeschein und richtet ein elegantes Atelier ein. Sie engagiert Arthur Benda, Perscheids technisch begabten Assistenten, als Mitarbeiter und eröffnet im Herbst 1907 das Atelier «d'Ora», sie selbst wird nun unter dem Namen «Madame d'Ora» bekannt. Ihre Kunden kommen aus der Wiener Intelligenz, aus Adels-, Wissenschafts- und Kunstkreisen. Durch Ausstellungen, Veröffentlichungen in Zeitschriften und Werbeblättern macht sie sich einen Namen. Ihr größter Auftrag ist 1916, die Krönung Kaiser Karls zum König von Ungarn zu fotografieren. Großes Aufsehen und finanziellen Erfolg erreicht das Atelier noch während der Kriegszeit 1917 durch eine Porträtserie der kaiserlichen Familie. Aus dieser Zeit stammt auch d'Oras Kontakt zu den Wiener Werkstätten, die richtungweisend für die Mode waren, und sie beginnt in diesem Genre zu fotografieren; bis Ende der dreißiger Jahre und dann wieder in den fünfziger Jahren macht sie für die in- und ausländische Presse Modeaufnahmen. Für die

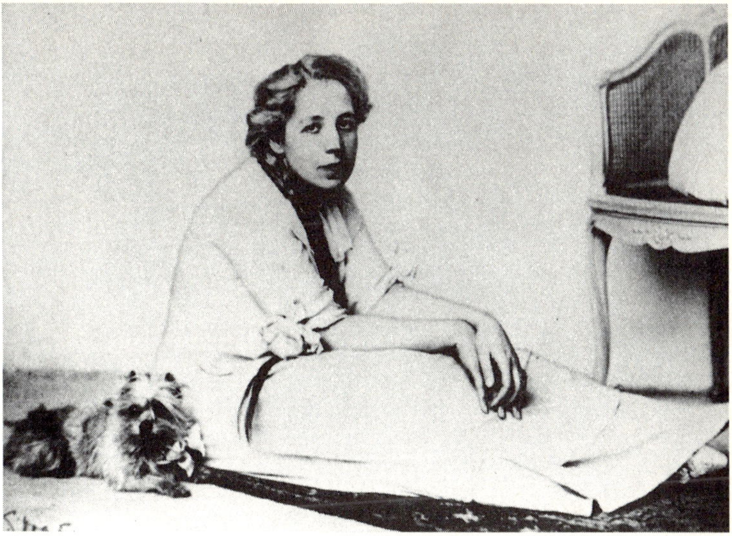

Madame d'Ora. Foto: A. Benda, um 1908

fotografische Darstellung von Tänzern und Tänzerinnen, der sie sich seit 1915 zunehmend widmet, findet sie immer neue Bildlösungen und szenische Arrangements. Währenddessen zeichnet Arthur Benda für die technischen Feinheiten und die Edeldruckverfahren der Abzüge verantwortlich. Zwischen 1921 und 1926 verlegt d'Ora ihr Atelier in den Sommermonaten nach Karlsbad; mehrfache Arbeitsaufenthalte in Paris in diesen Jahren bewegen sie, 1925 dort ein ständiges Atelier einzurichten. 1927 schließlich löst sie sich ganz von ihrem Wiener Atelier und verkauft es an Benda. In Paris gewinnt sie sehr bald wieder einen Kundenkreis aus der Künstler- und Intellektuellenszene und bleibt auch mit regelmäßigen Aufträgen an verschiedene Modezeitschriften vertraglich gebunden, wie zum Beispiel «Die Dame» aus dem Ullstein Verlag, Berlin, der seine Verpflichtungen ihr gegenüber trotz ihrer jüdischen Herkunft noch bis 1935 einhält. Der Einmarsch der deutschen Truppen in Frankreich 1940 zwingt sie schließlich zum Verkauf ihres Ateliers. Den Krieg über hält sie sich in einem Kloster und auf einem Bauernhof in der Ardèche versteckt. Ihre Schwester Anna, mit der sie bis zur Übersiedlung nach Paris zusammengewohnt hat, kommt in einem Konzentrationslager um. 1946/47 besucht Madame d'Ora zum erstenmal wieder Österreich und macht Aufnahmen in Flüchtlingslagern. Ihre Art und Weise zu fotografieren hat sich verändert, sie wendet sich – auch wenn Mode- und Porträtaufnahmen weiterhin ihren Unterhalt sichern – anderen Themen zu: Dafür stehen beispielhaft ihre Schlachthaus-Bilder (ca. 1950-58) aus Paris, die ebenso überraschend wie schockierend sind. Durch einen Unfall 1959 wird sie pflegebedürftig, 1961 übersiedelt sie wieder nach Österreich.

Quellen. Museum für Kunst und Gewerbe, Hamburg; Sammlung Hans Frank, Bad Ischl; Österreichische Nationalbibliothek, Bildarchiv und Theatersammlung, Wien

Fotojournalistische Tätigkeit. Erdgeist; Die Bühne; Die Dame; Die Damenwelt; Wiener Salonblatt; Die Woche; Das Wiener Magazin; Vu; Officiel de la Couture et la Mode; Das Magazin; Femina; Moderne Welt; Madame; Querschnitt; Der Tanz; Uhu

Einzelausstellungen. Kunstsalon Heller, Wien 1909; Kunstsalon Heller, Wien 1912; Kunstsalon Keller und Reiner, Berlin 1913; Galerie Arnot, Wien 1916; Galerie Montaigne, Paris 1958; Staatliche Lichtbildstelle, Hamburg 1969; Landeslichtbildstelle, Bremen 1971

Veröffentlichungen. H. H. Ewer: Bild und Photo. München 1914 (Werbebroschüre); Le portrait élégant. 12 Fotos. Karlsbad 1921; Die Tänze des Lasters, des Grauens und der Ekstase. Anita Berber, Sebastian Droste. Wien 1922 (16 Fotos); Hundeporträts (mit Text). In: Die Dame 4 (1926); Die Jadefigur (mit Text). In: Das Magazin 39 (1927); Das Auto und die Tänzerin (mit Text). In: Die Dame 19 (1929); Komagiku heißt die kleine Tänzerin (mit Text). In: Das Magazin 69 (1930); Kinderphotos (mit Text). In: Madame, November 1955; Maurice Chevalier, 27 Photos. Genf, Monaco 1955

Literatur. IV. Kollektivausstellung der Wiener Porträtphotographin Mme. d'Ora. Kunstsalon Keller und Reiner. Berlin 1913 (Ausstellungskatalog); Madame d'Ora zwischen Atelier und Abattoirs (Ausstellungskatalog), Landesbildstelle Bremen 1971; Portraits et Récherches. 60 ans de la photographie. Galerie Montaigne, Paris 1958, Ausstellungskatalog; Perscheid-Benda-Madame d'Ora. Museum für Kunst und Gewerbe. Hamburg 1980 (Ausstellungskatalog); Monika Faber: Madame d'Ora. Wien – Paris. Wien, München 1983; Claudia Gabriele Philipp: Zu den Schlachthausbildern von Madame d'Ora. In: Fotogeschichte 12 (1984), S. 55–66; Monika Faber: Dekor und Ironie. In: Kairos 5–6 (1987), S. 88–93; Eva Gerber, Sonja Rotter, Marietta Schneider: Madame d'Ora und Trude Fleischmann. In: Dies. (Hg.): Die Frauen Wiens. Wien 1992, S. 443; Monika Faber: «Mein Wunsch und meine Aufgabe». Dora Kallmus. In: Frauen Kunst Wissenschaft 14 (1992), S. 15–27

Marion Beckers

Mannheim, Lucie **Schauspielerin**

30. 4. 1899, Berlin –
18. 7. 1976, Braunlage/Harz
Vater: Louis Mannheim;
Mutter: Gertrude, geb. Zander

Lucie Mannheim absolviert ihren ersten Bühnenauftritt mit dreizehn Jahren als Käthi in Wilhelm Meyer-Försters Schmonzette «Alt-Heidelberg», aufgeführt im Tanzsaal «Weltbühne» in Berlin-Hirschgarten. Auf den Besuch der Reicherschen Hochschule für dramatische Kunst folgt ein erstes Engagement an das Deutsche Theater in Libau; hier kann Lucie Mannheim in den damals modernen Stücken von Arthur Schnitzler und Max Halbe erste künstlerische Erfahrungen sammeln. 1916 kommt sie ans Schauspielhaus nach Königsberg, wo Leopold Jessner als Intendant wirkt. Nach ihrem großen Erfolg als Hedwig in Henrik Ibsens «Wildente» wird Lucie Mannheim von Julius Bab an Friedrich Kayßler empfohlen, der die Freie Volksbühne in Berlin leitet. Dort arbeitet die junge Schauspielerin von 1918 bis 1922; dort lernt sie während einer Inszenierung von Anton Tschechows «Kirschgarten» auch Jürgen Fehling kennen, der während der nächsten Jahre ihr bevorzugter Regisseur wird und dem sie auch privat verbunden ist. Lucie Mannheim und Fehling werden nachhaltig geprägt von der Begegnung mit dem Theaterreformer Konstantin Stanislawski, der die Durchsetzung einer realistischen und psychologisch, sublimen Schauspielkunst fördert. Fehling ist begeistert von dem breiten Rollenspektrum der Mannheim.
Als Jessner 1922 die Leitung des Preußischen Staatstheaters am Gendarmenmarkt übernimmt, engagiert er sogleich Mannheim und Fehling. Als Piperkarcka in Hauptmanns «Ratten» (1922), als Lieschen Puderbach in Else Lasker-Schülers «Die Wupper», 1926 in Tschechows «Drei Schwestern», 1927 als Marie in Georg Büchners «Woyzeck», als Marie in den «Soldaten» von J. M. R. Lenz und schließlich 1930 als Ibsens Nora wird Lucie Mannheim zum Publikumsliebling der Berliner. Ein Jahr später schreiben Günther Bibo und Emil Rameau für sie das Singspiel «Die göttliche Jette». Neben ihrer Arbeit am Staatstheater kann die Mannheim sich Ausflüge in Rudolf Nelsons Kabarett und in die Revuen Friedrich Hollaenders leisten.
1933 wird Lucie Mannheim entlassen. Die Erfahrung, einer unerwünschten und verfolgten Minderheit anzugehören, trifft sie tief und unerwartet; ihr Jüdisch-Sein ist ihr nie bewußt gewesen. Schon im eng-

Lucie Mannheim als Witwe Popowa in Tschechows Einakter «Der Bär»

lischen Exil, kehrt sie nach einer Intervention Käthe Dorschs bei Hermann Göring noch einmal nach Berlin zurück, um in Leo Falls Operette «Die Kaiserin» an der Volksbühne zu spielen. Ihr letzter Auftritt in Nazi-Deutschland ist ein triumphaler Erfolg. Eine denkwürdige Audienz bei Göring, der sie gern in Berlin halten will, bleibt allerdings ohne greifbare Resultate. Die sich verschlechternden Arbeitsbedingungen und menschlichen Enttäuschungen führen zu einem schweren psychischen Zusammenbruch. Lucie Mannheim emigriert schließlich nach Franzensbad (Tschechoslowakei), hält sich zeitweise auch in Wien auf, um 1934 endgültig nach England zu gehen. Dort kann sie schnell wieder als Künstlerin Fuß fassen. In Bruno Franks Gesellschaftsstück «Nina» erlebt sie in London einen spektakulären Erfolg. Alfred Hitchcock engagiert sie für seinen Kriminalfilm «Die 39 Stufen». Lucie Mannheim versucht sich auch als Regisseurin und baut eine eigene Theatertruppe auf. 1941 heiratet sie den Schauspieler Marius Goring, der bald Produktionsleiter der deutschsprachigen Abteilung der BBC wird; mit ihm tritt sie auch häufig im Theater auf. Schon 1947 kommt Lucie Mannheim als Truppenbetreuerin bei der britischen Besatzungsarmee nach Deutschland zurück. Obwohl sie nach wie vor vom Publikum gefeiert wird, kann sie im neuen Berliner Staatstheater, dem Schiller-Theater, keine künstlerische Plattform mehr finden. Die Verleihung des Titels «Berliner Staatsschauspielerin» 1963 und 1967 des Filmbandes in Gold für ihr eher unerhebliches Filmschaffen hat Lucie Mannheim mit leiser Ironie akzeptiert.

Literatur. Rolf Lehnhardt: Die Lucie Mannheim-Story, Geschichte eines Schauspielerlebens. Remagen-Rolandseck 1973; Alfred Kerr: Mit Schleuder und Harfe. Theaterkritiken aus drei Jahrzehnten, 1985; Aufbau, New York, 6. 8. 1976

Elfi Pracht

Massary, Fritzi — Sängerin

(eig. Friederike Massarik) *21. 3. 1882, Wien*
30. 1. 1969, Los Angeles

Über ihre Kindheit und Jugend weiß man nur, daß sie im Wiener Kasernenviertel der Hoch- und Deutschmeister als Tochter jüdischer Eltern aufwächst und daß der Vater Kaufmann war. Auch über ihren Weg zur Bühne herrscht Unklarheit. Wahrscheinlich wird sie mit kaum sechzehn Jahren an das Wiener Carl-Theater engagiert, und zwar für den Chor einer Rußland-Tournee. Ihr Debüt erlebt sie also in Moskau, aber es ist noch lange nicht der Beginn ihrer beispiellosen Karriere. In kleinen Rollen tritt sie 1899 in Linz, 1900 im Hamburger Carl-Schultze-Theater auf. 1901 kehrt sie nach Wien zurück und ist bis 1904 an Danzers Orpheum, einem Sommertheater, engagiert. In dieser Zeit läßt sie sich protestantisch taufen. 1903 wird sie Mutter einer Tochter (die spätere Lisl Frank). Am Orpheum entdeckt sie der Direktor des Berliner Metropoltheaters und engagiert sie. Dies ist der entscheidene Schritt. An den verschiedensten Revuetheatern Berlins wird aus einer Allerweltssoubrette «die Massary», eine Meisterin der Vortragskunst, Idol einer ganzen Generation. 1904 hat sie in einer Revue ihren ersten sensationellen Erfolg, aber den Durchbruch bringt 1911 ihr Gastspiel bei den Münchener Opernfestspielen an Max

Reinhardts Künstlertheater in der «Schönen Helena» von Jacques Offenbach (neben Maria Jeritza). Seitdem beherrscht sie die Szene in Berlin, dem damaligen Zentrum des Kabaretts, der Revuen und Operetten, und so manches Stück wird für sie geschrieben. So kreiert sie zum Beispiel 1915 die Titelrolle der Operette «Die Kaiserin» von Leo Fall. Unter Bruno Walter singt sie die «Lustige Witwe» von Franz Léhar und die Rolle der Adele in der «Fledermaus» von Johann Strauß. Bis 1930 sind Massary-Premieren die Höhepunkte jeder Saison, Berlin taumelt in einem regelrechten Massary-Fieber. Oscar Bie, Verfasser einer Studie über Fritzi Massary, versucht, dem Geheimnis ihres Erfolges auf die Spur zu kommen, und beobachtet sie bei der Probenarbeit: «In dem Augenblick, in dem sie die Bühne betritt, wird sie ein anderer Mensch. Plötzlich fährt eine Lust zu spielen durch ihren Körper ... Ganz gleich, was sie zu spielen hat, Dialog, Lied, Couplet, es überkommt sie wie eine innere Vision...» (1920,

S. 22) Neben ihrer phänomenalen Intuition erscheint ihm ihr «eiserner Arbeitswille» als wesentliches Moment ihres Erfolges. Zwar können wir sie heute nicht mehr sehen, aber hören: Die erhaltenen Tonaufnahmen zeugen von ihrer meisterlichen Vortragskunst. Berühmt ihr «Warum soll eine Frau kein Verhältnis haben?» aus «Eine Frau, die weiß, was sie will» von Oscar Straus oder «Josef, ach Josef, was bist du denn so keusch» aus «Madame Pompadour» von Leo Fall. In dieser Aufnahme hört man auch einen der hervorragendsten Schauspieler seiner Zeit, den Wiener Charakterdarsteller Max Pallenberg (1877–1934), den sie 1916 geheiratet hat. 1932 nimmt sie Abschied von Berlin, 1933 von Wien. Sie muß emigrieren. Damit ist ihre einzigartige Karriere beendet; zurückgezogen lebt sie bis ins hohe Alter in Beverly Hills, wo sie auch stirbt.

Veröffentlichungen. Schallplattenaufnahmen aus den Jahren 1928 bis 1932 auf EMI
Literatur. Oscar Bie: Fritzi Massary. Berlin 1920; Otto Schneidereit: Fritzi Massary. Berlin 1970

Beatrix Borchard

May, Henriette **Lehrerin, Sozialarbeiterin**

25. 3. 1862, Berlin – 14. 5. 1928, Berlin

Sich um die Nöte und Probleme ihrer Mitmenschen zu kümmern ist für Henriette May, geb. Lövinson, die als Älteste zusammen mit zahlreichen Geschwistern aufwächst, eine frühe Erfahrung. Sie selbst bleibt kinderlos, macht sich aber die Erziehung von Kindern und die Sorge für bedürftige Erwachsene zur Lebensaufgabe. «Nur durch Glücklichmachen gelangt man zum Glücklichsein!» wird ihr als Lebensmaxime nachgesagt (Zentralwohlfahrtsstelle und Jüdischer Frauenbund 1928,

S. 26 f.). Diese findet Henriette May, «jüdische Frau kat'-exochen» (ebenda), in einem bewußten Judentum begründet, das ihr von ihrem religiösen Elternhaus vermittelt worden ist.

In Berlin geboren und aufgewachsen, besucht sie dort die Königliche Augusta-Schule sowie das Lehrerinnenseminar und arbeitet anschließend als Erzieherin in Berlin und London. Rückblickend fühlt sie sich «durch gut preußischen Drill im Elternhaus, in Schule und Seminar für das Leben geformt» (ebenda, S. 14).

An der Gründung des «Jüdischen Frauenbundes» im Jahre 1904 ist Henriette May als Vorstandsmitglied und Schriftführerin maßgeblich beteiligt. Vor allem der Schutz von Frauen und Kindern liegt ihr am Herzen: Kampf gegen den Mädchenhandel, Heime für Pogrom- und Kriegswaisen, eine Reisesteuerkasse für erholungsbedürftige Mütter (nach ihrem Tod umbenannt in «Henriette May-Gedächtnisfonds») sind die Schwerpunkte ihrer Tätigkeit. Als ehemalige Lehrerin solidarisiert sie sich mit den oftmals arbeitslosen oder im Alter unversorgten jüdischen Lehrerinnen und gründet, neben einem Berufsverband, das Berliner «Israelitische Lehrerinnenheim». Darüber hinaus ist sie führendes Mitglied zahlreicher wohltätiger Institutionen: Im «Berliner Asylverein für Obdachlose» (Vorstand), im «Hilfsverein der deutschen Juden» (Mitglied des geschäftsführenden Ausschusses), im «Israelitischen Frauenunterstützungsverein» (Vorsitzende), in der «Jüdischen Kinderhilfe» (Mitgründerin). In der «Zentralwohlfahrtsstelle der deutschen Juden» ist sie Gründungs- und Vorstandsmitglied und seit 1918 Ehrenmitglied des «Centralvereins deutscher Staatsbürger jüdischen Glaubens» (CV), dessen Vorstand sie als erste Frau angehört.

Zu ihrem Begräbnis auf dem jüdischen Friedhof in Berlin-Weißensee finden sich zahlreiche Trauergäste ein. Institutionen und Vereinigungen zeigen in anschließenden Gedenkfeierlichkeiten ihre Verbundenheit mit Leben und Werk von Henriette May.

Literatur. Henriette May zum Gedächtnis. Hg. von der Zentralwohlfahrtsstelle und dem Jüdischen Frauenbund; CV-Zeitung, 25. 5. 1928; Israelitisches Familienblatt, 24. Mai 1928; Marion Kaplan: Die jüdische Frauenbewegung in Deutschland. Hamburg 1981, S. 143 f; Walter Tetzlaff: 2000 Kurzbiographien bedeutender deutscher Juden. Lindhorst 1982, S. 228; Joseph Walk: Kurzbiographien zur Geschichte der Juden. München 1988, S. 259

Bettina Kratz-Ritter

Mayer, Helene

Fechterin, Hochschullehrerin

20. 12. 1910, Offenbach/Main – 15. 10. 1953, Heidelberg
Vater: Ludwig Mayer, 1876–1931, Arzt, Vorsitzender der jüdischen Gemeinde und des CV in Offenbach; Mutter: Rahel, geb. Becker, 1883–1958

Sport-Karikaturen Bild 5

Bereits mit 14 Jahren, im Jahre 1925, wird Helene Mayer deutsche Florettmeisterin. 1928 gewinnt sie bei den Olympischen Spielen in Amsterdam die Goldmedaille im Florettfechten und erringt bis 1930 sechs nationale Meistertitel. 1929, 1931 und 1937 wird sie Einzel-Weltmeisterin und 1937 mit der Mannschaft WM-Zweite; 1929 und 1931 ist sie Europameisterin. Helene Mayer ist Deutschlands erste Fechterin von Weltklasse.

1929 nimmt sie an der Universität in Frankfurt a.M. ein Studium des internationalen Rechts auf, das sie 1930 an der Pariser Sorbonne fortsetzt. Nach den Olympischen Spielen 1932 in Los Angeles, wo sie einen für sie enttäuschenden fünften Platz erreicht, bleibt sie in den USA, schließt ihr Studium am Scripps College in Claremont/Kalifornien ab und baut sich eine Existenz als Hochschullehrerin auf. Insgesamt achtmal gewinnt sie die amerikanische Meisterschaft im Damenflorett.

Im Vorfeld der Olympischen Spiele 1936 in Berlin wird in den USA ein Boykott der Spiele diskutiert. Der Fall Helene Mayer steht exemplarisch für die Diskriminierung jüdischer Sportler in Deutschland. Die USA machen ihre eigene Teilnahme von der Helene Mayers abhängig, die als Jüdin laut den nationalsozialistischen Rassegesetzen voraussichtlich nicht für Deutschland starten darf. Helene Mayer, die aufgrund eines «Arierparagraphen» bereits aus der Mitgliederliste ihres Offenbacher Fecht-Clubs gestrichen ist, wird von der Reichssportführung schließlich auf Intervention des Internationalen Olympischen Komitees (IOC) hin, sogar ohne Teilnahme an den olympischen Ausscheidungskämpfen, doch ins deutsche Team aufgenommen.

Helene Mayer besteht gegenüber dem «Reichssportführer» auf einer vorherigen Klärung ihrer Staatsbürgerrechte, ohne deren Bestätigung sie nicht «mit voller Überzeugung für Deutschland kämpfen» könne. Sie erhält diese Garantie und erfüllt damit zugleich die ihr als «Halbjüdin» von der «Reichssportführung» zugedachte Alibifunktion für die «korrekte» Behandlung jüdischer Sportler in Deutschland. Als sie in Deutschland eintrifft, darf darüber nur eine kurze Meldung in der Lokalpresse von Offenbach, Hamburg und Bremen veröffentlicht werden. Die Presse erhält Anweisung, ihre «nicht-arische Abstammung und ihre Medaillen-Chancen» nicht zu kommentieren. Helene Mayer gewinnt in Berlin die Silbermedaille.

1937 wird sie für die deutsche Mannschaft noch in weiteren offiziellen Länderkämpfen eingesetzt. Nach dem Gewinn der Weltmeisterschaft 1937 in Paris emigriert sie endgültig in die USA. Sie wird Dozentin, später Professorin am Mills College und an der University of California in Berkeley.

1952 kehrt sie nach Deutschland zurück, heiratet im Mai desselben Jahres in München Baron Erwin Falkner von Sonnenburg, einen Diplomingenieur, und läßt sich in Heidelberg nieder. Helene Mayer stirbt ein Jahr später, genau an dem Tag, als in Köln die Deutschen Fechtmeisterschaften des Jahres 1953 beginnen, in Heidelberg an einem Krebsleiden.

Literatur. Hajo Bernett: Der jüdische Sport im nationalsozialistischen Deutschland 1933–1938. Schorndorf 1978; Klaus Dieter Güse, Andreas Schirmer: Faszination Fechten. Vom wundersamen Aufstieg eines Sports in Deutschland. Bad Homburg 1986; Hans Joachim Teichler: 1936 – ein olympisches Trauma. Als die Spiele ihre Unschuld verloren. In: Manfred Blödorn (Hg.): Sport und Olympische Spiele. Reinbek bei Hamburg 1984

Ludger Heid

Meerbaum-Eisinger, Selma

Dichterin

15. 8. 1924 Czernowitz –
16. 12. 1942 KZ Michajlovka
Vater: Max Meerbaum;
Mutter: Frieda Meerbaum
(später Eisinger)

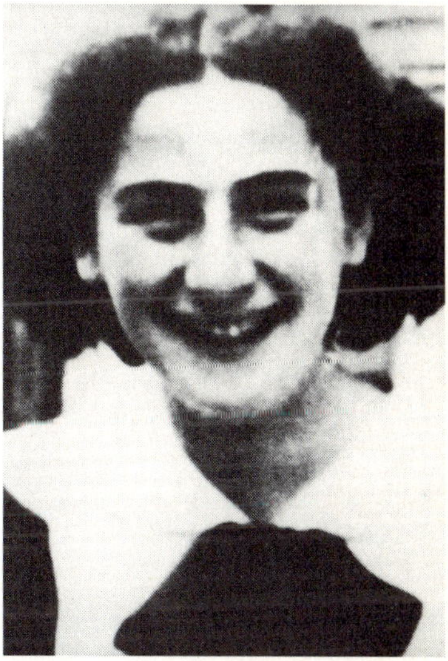

«Das ist das Schwerste: sich verschenken / und wissen, daß man überflüssig ist, / sich ganz zu geben und zu denken, / daß man wie Rauch ins Nichts verfließt.» Dieses kurze Gedicht mit dem Titel «Tragik», das letzte, das Selma Meerbaum-Eisinger geschrieben hat, ist gleichsam ein Resümee ihres ganzen Lebens und literarischen Schaffens. Mit gerade achtzehn Jahren stirbt sie im Konzentrationslager Michajlovka an Typhus. Ihr Vater ist lange vor dem Krieg verstorben. Ihre Mutter und ihr Stiefvater Leo Eisinger kommen in demselben Lager um.

Ihr Jugendfreund Leizer Fischman verliert sein Leben bei dem Versuch, nach Palästina zu gelangen. Die junge Dichterin hat nur ein paar Fotografien und ein Heft mit 57 Gedichten hinterlassen.

Bei Selma Meerbaums Geburt gehört ihre Vaterstadt Czernowitz noch zu Rumänien. Ihre Muttersprache und die Sprache ihrer Dichtung ist jedoch Deutsch. Über einen Urgroßvater mütterlicherseits ist sie mit Paul Celan verwandt. Ebenso wie dieser wächst sie in der von deutscher Kultur und jüdischen Traditionen durchdrungenen und vom Zusammenleben mehrerer Nationalitäten geprägten Bukowina auf.

Mit 15 Jahren beginnt sie zu schreiben, Verse von überraschender gedanklicher Reife und bemerkenswerter künstlerischer Qualität. In ihren Gedichten vermischen sich Traum und Hoffnung immer mit unruhiger Ungewißheit und einem bitteren Vorgefühl des unglückseligen

Endes. Wie → Anne Frank, mit der sie oft verglichen wird, schreibt sie ihre Gedichte unter Lebensgefahr und verwebt in sie das Zeugnis ihrer Liebe zum Leben: «Ich möchte leben, / Ich möchte lachen und Lasten haben / und möchte kämpfen und lieben und hassen / und möchte den Himmel mit Händen fassen / und möchte frei sein und atmen und schrein. / Ich will nicht sterben. Nein. / Nein.» Das Gedichtheft, dem sie den Titel «Blütenlese» gibt, ist ihrem Freund Leizer Fischman gewidmet, dem sie sich mit Schwermut und Feinfühligkeit zuwendet: «Spürst du es nicht, wenn ich um dich weine, / bist du wirklich so weit? / Und bist du mir doch das Schönste, das Eine, / um das ich sie trage, die Einsamkeit.» Im Juni 1942, bevor sie deportiert wird, vertraut sie das Gedichtheft ihrer Freundin Else Schächter an, die es Leizer Fischman zuschickt. Dieser wiederum gibt das Heft bei seiner Abreise nach Palästina, das er nicht erreichen wird, einer guten Freundin Selmas, Renée Abramovici-Michaeli, in Verwahrung, die es dann auf ihrem Weg durch ganz Europa mit sich trägt und schließlich nach Israel bringt. Dort wird es in der siebziger Jahren wiederentdeckt.

Veröffentlichungen. Selma Meerbaum-Eisinger: Ich bin in Sehnsucht eingehüllt. Gedichte eines jüdischen Mädchens an seinen Freund. Hg. und eingel. von Jürgen Serke. Hamburg 1980

Avram Andrei Baleanu
(Deutsch von Hans Joachim Kemper)

Meidner, Else **Malerin, Graphikerin**

2. 9. 1901, Berlin – 5. 5. 1987, London
Vater: Dr. Heinrich Meyer, Arzt;
Mutter: Margaret, geb. Fürst

Gegen den Widerstand ihrer Familie studiert Else Meidner von 1918 bis 1925 an der Schule des Berliner Kunstgewerbemuseums bei Adolf Meyer und im Atelier Lewin-Funke bei Ludwig Meidner (1884–1966), den sie 1927 heiratet. Der Ehe entstammt der seit 1951 in Israel lebende Sohn David.

Für ein radiertes Alfred-Döblin-Porträt erhält Else Meidner 1929 den Zweiten Preis des Graphikwettbewerbs der Zeitschrift «Die Schaffenden». 1932 beteiligt sie sich an der Gruppenausstellung der «Juryfreien Kunstschau» in Berlin. Ermunterung und Anerkennung sprechen ihr u. a. Käthe Kollwitz, Max Hermann-Neiße und Max Osborn zu.

Else Meidner: Selbstporträt

1933 wird sie mit Ausstellungsverbot belegt. Die Familie siedelt 1935 nach Köln und 1939 nach London über, wo sie, krank und vereinsamt, außerordentlich entbehrungsreiche Emigrationsjahre verbringt. Else Meidner nimmt zeitweilig eine Stelle als Dienstmädchen an, um für den Lebensunterhalt der Familie zu sorgen. Ihrer wachsenden Entfremdung von Ludwig Meidner und den damit einhergehenden Rivalitäten auf künstlerischem Gebiet hat sie nichts entgegenzusetzen. Trotz mehrfacher Wiederannäherungsversuche kann die Lebensgemeinschaft nicht mehr gefestigt werden. Else Meidner leidet unter der vermeintlichen künstlerischen Dominanz ihres Mannes, obwohl dieser sie zu den «bedeutendsten europäischen Zeichnerinnen in den 30er Jahren» zählt. Das heute fast ausschließlich in israelischem Privatbesitz befindliche Œuvre umfaßt Bildnisse, Figurenbilder, Akte, Landschaf-

ten (Gemälde, Gouachen, Zeichnungen, Graphik) in eindringlichem Realismus. Künstlerisches Vorbild von Else Meidners frühen Figurendarstellungen ist Rembrandt. In den Emigrationsjahren treten religiöse Themen in fauvistisch-expressionistischer Farbgebung hinzu.
Die Trennung der Ehepartner vollzieht sich 1953, als Ludwig Meidner nach Deutschland zurückkehrt, Else Meidner die britische Staatsangehörigkeit erlangt und sich definitiv zum Bleiben in England entschließt. Londoner Privatgalerien richten ihr zwischen 1949 und 1972 fünf Einzelausstellungen ein, das Frankfurter Kunstkabinett Hannah Becker vom Rath stellt sie 1954, das Darmstädter Justus-Liebig-Haus 1969 in Einzelpräsentationen vor. Einem größeren Publikum wird Else Meidner 1991 durch die Ausstellungstournee der Sammlung Fishman in Frankfurt a. M. und Emden bekannt.
Else Meidner bilanziert ihr Kunstschaffen am 6. Oktober 1969 in einem Brief an Joseph Paul Hodin: «Der bildende Künstler spricht mit dem Pinsel und dem Zeichenstift. Ich weiß nichts von den Stiländerungen, noch von Einflüssen ... Weder habe ich mich geändert, noch hat mich irgend jemand beeinflußt ... Oft fand Ludwig eine Verwandtschaft mit Malern, die ich noch nicht kannte, zum Beispiel mit Bonnard ... Vielleicht sind Gauguin, Delacroix besondere Lieblinge ... Ich sah nicht rechts noch links, und alles Abstrakte ist mir verhaßt.» (Hodin 1979, S. 54)

Einzelausstellungen (Auswahl). Kunstkabinett Hannah Becker vom Rath, Frankfurt a. M. 1954; Mathiessen Gallery, London 1956; Beaux Arts Gallery, London 1959; Ben Uri Gallery, London 1964 und 1972; Justus-Liebig-Haus, Darmstadt 1969
Gruppenausstellungen (Auswahl). Ludwig und Else Meidner. Ben Uri Gallery, London 1949; Juryfreie Kunstschau, Berlin 1932; Vom Expressionismus zum Widerstand. Kunst in Deutschland 1909–1936. Die Sammlung Marvin und Janet Fishman, Kunsthalle Schirn, Frankfurt a. M., und Kunsthalle Emden 1991
Literatur (Auswahl). Max Hermann-Neiße: Meine Erlebnisse mit der bildenden Kunst. In: Das Kunstblatt, XIII. Jg., H. 3, 1929, S. 79; Max Osborn: Bei den Juryfreien. In: Vossische Zeitung, 11. 5. 1932; Else Meidner. In: Art News and Review, 24. Okt. 1959; Else Meidner. In: Studio 159, Nr. 805, Mai 1960, S. 164 ff.; Joseph Paul Hodin: Aus den Erinnerungen von Else Meidner. In: Darmstädter Schriften, Bd. 42, Darmstadt 1979; Reinhold Heller (Hg.): Vom Expressionismus zum Widerstand. Kunst in Deutschland 1909–1936. Die Sammlung Marvin und Janet Fishman. München 1991, S. 95, S. 185 f., S. 230 (Ausstellungskatalog); Joseph Paul Hodin: Else und Ludwig Meidner in England. In: Gerda Breuer, Ines Wagemann: Ludwig Meidner, Bd. 1. Stuttgart 1991, S. 182–188

Hildegard Reinhardt

Meitner, Lise (Elise) **Physikerin**

7. 11. 1878, Wien –
27. 10. 1968, Cambridge
Vater: Dr. Philipp Meitner, Rechtsanwalt;
Mutter: Hedwig, geb. Skowran

«Unsere Madame Curie» nennt Albert Einstein in seinen Erinnerungen die wohl «bekannteste Naturwissenschaftlerin, die bei einer Nobelpreisverleihung leer ausging». Tatsächlich hat sich Lise Meitner nach ihrer Promotion an der Universität Wien 1906 bei Marie Curie an der Pariser Sorbonne beworben, erhält jedoch eine Absage. Zu diesem Zeitpunkt hat sie bereits einen steinigen Bildungsweg hinter sich, auch wenn sie bei ihrer Familie, vor allem beim Vater, jederzeit Unterstützung findet.

Lise Meitners Geburt wird zwar noch bei der Israelitischen Kultusgemeinde angezeigt, doch wird sie wie ihre sieben Geschwister protestantisch erzogen. Nach Abschluß der Bürgerschule 1892 bereitet sie sich auf ihr Examen als Französischlehrerin vor, was sie aber nicht befriedigt. Der Wunsch, Physik zu studieren, wird immer deutlicher – angeblich schon seit früher Kindheit empfindet sie die (lebenslange) Faszination für Physik, als sie zum erstenmal die Regenbogenfarben betrachtet, die ein Ölfleck auf einer Wasserpfütze erzeugt. 1901 legt sie nach privater Vorbereitung als Externe an einem Jungen-Gymnasium das Abitur ab und beginnt noch im gleichen Jahr in Wien mit dem Studium der Fächer Physik und Mathematik. Begeistert hört sie die Vorlesungen Ludwig Boltzmanns, der ihr Interesse für theoretische Physik weckt. Nach bestandenem Doktorexamen 1905/06, das sie allerdings in experimenteller Physik über «Wärmeleitung in inhomogenen Körpern» ablegt, beginnt sie, am Institut für theoretische Physik zusammen mit dem ehemaligen Assistenten Boltzmanns, Stefan Meyer, auf dem noch jungen Gebiet der Radioaktivität zu arbeiten, und schreibt ihre ersten Arbeiten über Alpha- und Beta-Strahlen. Nach der Absage aus Paris beschließt sie 1907, nach Berlin zu gehen, um sich bei Max Planck weiterzubilden. Dort wendet sie sich auf der Suche nach einem Laborplatz an den gleichaltrigen, soeben habilitierten Radiochemiker Otto Hahn am Chemischen Institut der Universität, und es beginnt eine 31 Jahre dauernde fruchtbare Zusammenarbeit. Zunächst noch unbezahlter «Gast» im Keller des Chemischen

Lise Meitner, vor 1938. Foto: Atelier Lotte Meitner-Graf, Wien

Instituts, wird Lise Meitner 1912 im neugegründeten Kaiser-Wilhelm-Institut für Chemie in Berlin-Dahlem Assistentin von Max Planck (und damit erste weibliche Assistentin der Physik in Preußen) und ab 1917 Leiterin der physikalisch-radioaktiven Abteilung. Ihre wichtigste Arbeit in dieser Zeit ist 1918 die Entdeckung des zweitschwersten natürlichen Elementes, des Protaktiniums (Element 91). Zwischen 1920 und 1934 entstehen unabhängig von Hahn in ihrer Abteilung Grundlagenstudien in Nuklearphysik. Vier Jahre nach ihrer Habilitation wird sie 1926 außerordentliche Professorin für experimentelle Kernphysik und lehrt an der Universität Berlin, bis ihr die Nationalsozialisten 1933 die Venia legendi aberkennen. Die 1934 zusammen mit Hahn begonnenen Forschungsarbeiten zur Neutronenbestrahlung von Uran – 1935 stößt noch der analytische Chemiker Fritz Straßmann zum Forschungsteam – kann sie nicht mehr zu Ende führen. Ihre österreichische Staatsbürgerschaft und ihr quasiprivater Status beim Kaiser-

Wilhelm-Institut, die sie 1933 vor der Entlassung bewahrt haben, werden nach dem Anschluß Österreichs 1938 aufgehoben. Am 13. Juli 1938 flieht sie mit Hilfe holländischer Physiker nach Schweden. Im Dezember 1938 erklären Hahn und Straßmann die erfolgreiche Spaltung eines Urankerns. Obwohl bekannt ist, daß die Forschungen unter der Leitung Lise Meitners stattgefunden haben, wird ihre grundlegende Mitwirkung an der Entdeckung nicht anerkannt. 1939 veröffentlicht Lise Meitner zusammen mit ihrem Neffen Robert Frisch die erste theoretische Interpretation der Kernspaltung, doch wird 1944 Otto Hahn allein mit dem Nobelpreis für Chemie ausgezeichnet. Lise Meitner verwindet dieses Unrecht nicht, auch wenn sie in den folgenden Jahren zahlreiche Auszeichnungen erhält (1946 allein vier Ehrendoktorwürden und «Frau des Jahres» in den USA, 1949 zusammen mit Hahn die Goldene Max-Planck-Medaille, 1955 den Otto-Hahn-Preis für Physik und Chemie, 1966, zusammen mit Hahn und Straßmann, den amerikanischen Enrico-Fermi-Preis). Nach schwierigen Jahren in der Emigration in Schweden, ohne Geräte und Mitarbeiter, am Nobel-Institut für Physik, findet sie Arbeit in Stockholm später am Royal Institute of Technology, und erhält ein Jahr bevor sie schwedische Staatsbürgerin wird, 1947 eine Professur in Stockholm, wird aber trotz allem in Schweden nicht heimisch. 1950 entsteht ihre letzte bedeutende Arbeit über die Spaltung und das Schalenmodell der Atomkerne. Im hohen Alter zieht sie 1960 zu Robert Frisch nach Cambridge, England, um dort ihren Lebensabend zu verbringen.

Veröffentlichungen (Auswahl). Atomvorgänge und ihre Sichtbarmachung. Stuttgart 1926; (zusammen mit Max Delbrück:) Der Aufbau der Atomkerne: natürliche und künstliche Kernumwandlung. Berlin 1935; (zusammen mit Robert Frisch:) Disintegration of Uranium by Neutrons: A New Type of Nuclear Reaction. In: Nature 143 (1939), S. 471; Die β-Strahlung der Actiniumreihe und der Nachweis, daß die β-Strahlen erst nach erfolgtem Atomzerfall emittiert werden. In: Zeitschrift für Physik 34 (1925), S. 807; (zusammen mit K. Philipp:) Die bei Neutronenanregung auftretenden Elektronenbahnen. In: Naturwissenschaften 21 (1933), S. 286

Literatur. Otto Frisch: Lise Meitner 1878–1968. In: Biog. Mem. Fell. Roy. Soc. London 16 (1970), S. 405 (enthält eine Aufstellung ihrer Preise und Veröffentlichungen); Charlotte Kerner: Lise Meitner. Atomphysikerin. Weinheim 1986; Ruth Lewin Sime: Lise Meitner's Escape from Germany. In: American Journal of Physics 58 (1990), S. 262; Ruth Lewin Sime: Lise Meitner und die Kernspaltung: ‹Fallout› der Entdeckung. In: Angewandte Chemie 103 (1991), S. 956; Ulla Fölsing: Lise Meitner. In: Dies.: Nobel-Frauen. Naturwissenschaftlerinnen im Porträt. München 1990, S. 146–156

Ruth Lewin Sime/Redaktion

Mendelssohn-Bartholdy, Fanny

Komponistin, Pianistin, Dirigentin

14. 11. 1805, Hamburg – 14. 5. 1847, Berlin
Vater: Abraham Mendelssohn; Mutter: Lea, geb. Salomon

Der Vater, Abraham Mendelssohn, Sohn des Philosophen Moses Mendelssohn, ist Bankier, die Mutter, Lea Salomon, stammt ebenfalls aus einer bedeutenden jüdischen Familie und ist eine hervorragende Pianistin. So ist sie es auch, die an ihrer ältesten Tochter «Bachsche Fugenfinger» entdeckt und ihr den ersten Klavierunterricht gibt. So wächst Fanny Mendelssohn musikalisch im Geiste Bachs auf, während die Konzertprogramme der Zeit durch Virtuosenmusik beherrscht werden. Sie beginnt sehr früh zu komponieren. Gemeinsam mit ihrem vier Jahre jüngeren Bruder Felix erhält sie Kompositonsunterricht bei Carl Friedrich Zelter und Klavierunterricht bei Ludwig Berger. Berger ist ein früher Beethovenbewunderer und macht die Geschwister auch mit dessen späten Werken bekannt. 1816 werden die Kinder, 1822 die Eltern protestantisch getauft, die Familie nimmt den Beinamen «Bartholdy» an. Die enge musikalische Gemeinschaft zwischen den Geschwistern löst sich, als der Bruder auf Kunstreisen durch halb Europa geht und sich systematisch auf den Musikerberuf vorbereitet. Fanny dagegen muß zu Hause bleiben. Anders als andere Frauen ihrer Generation ist sie zwar professionell ausgebildet, aber «die Musik solle immer nur Zierde, niemals aber Grundbaß ihres Tuns und Seins werden», so der Vater. Dennoch kann sie sich ein musikalisches Betätigungsfeld schaffen: die «Sonntagsmusiken» in der Leipziger Straße 3, die der Vater eigentlich für den Sohn ins Leben gerufen hat, um Felix die Gelegenheit zu geben, eigene Kompositionen vor geladenen Gästen aufzuführen. Jeden Sonntag findet sich im Hause Mendelssohn die Elite der Berliner Gesellschaft ein, und es ist eine Ehre für die Mitglieder der Hofkapelle, die Sänger der Königlichen Oper und auch für jeden durchreisenden Künstler, bei diesen Konzerten mitzuwirken. Als der Bruder in die Welt hinauszieht, baut Fanny Mendelssohn-Bartholdy die «Sonntagsmusiken» weiter aus: Sie stellt die Programme zusammen, spielt, dirigiert, baut sich einen eigenen Chor auf und bringt ganze Opern im Gartensaal des elterlichen Hauses zur Aufführung, so zum Beispiel Glucks «Orpheus und Eurydike». In einer Zeit, in der das öffentliche Musikleben noch nicht institutionalisiert war, kann sie in diesem halböffentlichen Rahmen wesentlich das Berliner Musikleben mitprägen. Gleichzeitig komponiert sie intensiv, und zwar nicht nur Lieder mit und ohne Worte, wie man lange geglaubt hat, sondern Kammermusikwerke, den Klavierzyklus «Das Jahr», ein Oratorium, die Symphoniekantaten «Hiob» und «Lobgesang» und vieles mehr. Erst kurz vor ihrem frühen Tod beginnt sie gegen den Willen des Bruders, aber mit Unterstützung ihres Mannes, des Malers Wilhelm Hensel, den sie 1839 geheiratet hat, ihre Werke zu publizieren. Erst seitdem ein Großteil ihres kompositorischen Nachlasses im Mendelssohn-Archiv der Berliner Staatsbibliothek liegt, kann man eine Vorstellung von ihrer bedeutenden kompositorischen Arbeit gewinnen.

Veröffentlichte Kompositionen. 6 Lieder in op. 8 und op. 9 von Felix Mendelssohn-Bartholdy (1827); 6 Lieder, op. 1 (1846); 4 Lieder für das Pianoforte, op. 2 (1846); Gartenlieder, 6 Gesänge für Sopran, Alt, Tenor und Baß, op. 3 (1847); Six Mélodies pour le Piano, op. 4 (1847); Six Mélodies pour le Piano, op. 5 (1847); 4 Lieder für das Pianoforte, op. 6 (1847); 6 Lieder op. 7 (1848); 2 Bagatellen (1848); Pastorella (1848); 4 Lieder für das Pianoforte op. 8 (1850); 6 Lieder op. 9 (1850); Klaviertrio d-moll op. 11 (1980); Das Jahr. Klavierzyklus (1989); Klavierquartett As-Dur (1990); Streichquartett Es-Dur (1991), Lobgesang, Kantate für Soli, Chor und Orchester (1992); Hiob, Kantate für Soli, Chor und Orchester (1992)

Literatur. Marcia J. Citron (Hg.): The Letters of Fanny Hensel to Felix Mendelssohn. [New York] o. J.; Sebastian Hensel: Die Familie Mendelssohn. Berlin ²1880; Fanny Mendelssohn: Italienisches Tagebuch. Hg. von Eva Weissweiler, Frankfurt a. M. 1982; Victoria Sirota: The Life and Works of Fanny Mendelssohn-Hensel. Boston 1981; Eva Weissweiler: Fanny Mendelssohn. Ein Portrait in Briefen. Berlin 1985

Beatrix Borchard

Mendelssohn, Henriette **Lehrerin**

23. 8. 1768, Berlin –
9. 11. 1831, Berlin
Vater: Moses Mendelssohn, 1729–1786, Philosoph; Mutter: Fromet, geb. Guggenheim, 1737–1812

Wilhelm Hensel: Henriette Mendelssohn. Zeichnung

Henriette Mendelssohn ist die jüngste Schwester → Dorothea Schlegels; die beiden sind einander sehr verbunden. 1798 wohnt Henriette in Berlin bei Dorothea und lernt dort August Wilhelm Schlegel kennen. Entgegen den Erwartungen kommt es zu keiner Verbindung, und Friedrich Schlegel schreibt: «Übrigens hatte ich ehedem geglaubt, er und Henriette wären eben gut genug füreinander. Sie versteht sich immer noch etwas zu gut für ihn; aber so gehört sichs ja wohl?» Henriette Mendelssohn bleibt unverheiratet. Sie arbeitet als Erzieherin, ab 1799 bei einer jüdischen Familie in Wien. Dort verkehrt sie bei → Fanny von Arnstein. Einige Jahre später eröffnet sie in Paris, vermutlich auf Initiative ihres dort lebenden Bruders Abraham, ein Mädchenpensionat. In ihrem Gartenhaus in der Rue Richer treffen sich u. a. Madame de Staël, Benjamin Constant, Helmina von Chézy, Alexander und Wilhelm von Humboldt sowie Karl August Varnhagen von Ense. Dieser beschreibt sie in seinen «Denkwürdigkeiten» als unansehnlich und etwas verwachsen, ihrem Vater ähnlich, doch von anziehendem Wesen. «Fräulein Mendelssohn huldigte durchaus der Vernunft und wies alle anderen Quellen der Erkenntnis durchaus zurück.» Es kommt zum Bruch mit Dorothea, als diese 1803 zum Protestantismus, 1808 zum Katholizismus konvertiert. Jedoch tritt 1812 auch Henriette Mendelssohn zum katholischen Glauben über, als ihr die Erziehung der einzigen Tochter des Generals Sebastiani, Fanny, anvertraut wird. Der Katholizismus verbindet die beiden Schwestern wieder, und Henriette schreibt der in Wien lebenden Dorothea während der Befreiungskriege: «Es ist mir, als wäre *Patriotismus* keine christliche Tugend, und als wäre der Nationalhaß unvereinbar mit der Liebe, die Christus gelehrt und zu der er uns ermahnt ... Für die Menschen hat der Herr gelitten, nicht für diese oder jene Nation!» Als Fanny Sebastiani 1824 heiratet, reisen Abraham Mendelssohn-Bartholdy und sein Sohn Felix nach Paris und holen Henriette nach Berlin. Bis zu ihrem Tod 1831 lebt sie dort, eng verbunden mit der Familie des Bruders.

Quellen. Sammlung Preußischer Kulturbesitz, Staatsbibliothek Berlin; Sammlung Varnhagen, Biblioteka Jagiellonska, Krakau

Literatur. Sebastian Hensel: Die Familie Mendelssohn 1729–1847. Nach Briefen und Tagebüchern. Berlin [15]1908; Meyer Kayserling: Die jüdischen Frauen in der Geschichte. Literatur und Kunst. Hildesheim, Zürich, New York 1991 (Nachdruck der Ausgabe Leipzig 1879); Felix Gilbert: Künstler, Bankiers und Gelehrte. Tübingen 1975

Jutta Dick

Meyer-Gerstein, Senta **Publizistin**

26. 4. 1905, Hamburg –
18. 3. 1993, Port Orange, Florida
Vater: Abraham Meyer, Inhaber von «Wichmanns Flaggengeschäft» mit einem Atelier für Handstickerei

Senta Meyer-Gerstein stammt aus einem bürgerlichen, konservativen jüdisch-religiösen Elternhaus. «Wir waren keine orthodoxen Juden, wir nannten uns konservativ», erinnert sich Senta Meyer-Gerstein 1991 (zitiert nach Lixl-Purcell 1992, S. 275).

Sie besucht die Jüdische Mädchenschule, dann das Oberlyzeum in Hamburg. Hier erlebt sie, die Deutschtum und Judentum als Einheit gelebt und erfahren hat, die ersten antisemitischen Angriffe auf ihre Person. «Und so mußte ich mich ganz plötzlich in einer absolut neuen Rolle sehen (...). Ich hatte mein Judentum zu verteidigen.» (Ueckert-Hilbert 1988, S. 213) Als Konsequenz, so ihre Biographin, studiert sie Geschichte und Ethik des Judentums sowie Geschichte, Philosophie,

Literatur und Kunstgeschichte an der Universität in Hamburg. 1926 sucht sie Franz Rosenzweig in Frankfurt a. M. auf, später steht sie auch in Kontakt mit Martin Buber und Leo Baeck. Der Besuch bestärkt ihre Haltung, dem Antisemitismus ein «jüdisches Ethos» entgegenzusetzen, eine Idee, die sie durch ihre Arbeit in der «Deutsch-Jüdischen Jugend» (D.J.J.), der Jugendorganisation des «Zentralvereins deutscher Staatsbürger jüdischen Glaubens», realisiert. Als Leiterin einer Arbeitsgemeinschaft über «Deutsch-jüdische Grundfragen» hält sie Vorträge, betreibt «Aufklärungsarbeit in nichtjüdischen Kreisen», berät vor allem alleinstehende Jugendliche in Fragen der Auswanderung und fordert, insbesondere Frauen dafür beruflich zu qualifizieren. Sie wird Berichterstatterin für jüdische Zeitschriften, u. a. für das «Hamburgische Israelitische Familienblatt», die «Jüdisch-Liberale Zeitung», Berlin, die «Israelitische Zeitung», das «Jüdische Gemeindeblatt», Hamburg, die «Jüdische Rundschau», Berlin, die «CV-Zeitung», Berlin, und die «Blätter des Jüdischen Kulturbundes», Hamburg. Seit 1936 betreibt Senta Meyer-Gerstein für sich und ihre Familie die Auswanderung in die USA, doch erst Mitte März 1939 liegen alle Papiere vor, um Hamburg zu verlassen.
Aufgrund ihres handwerklichen Geschicks und ihres Einfallsreichtums gelingt es ihr, in den USA beruflich Fuß zu fassen. Sie arbeitet zunächst als Smoknäherin in einer Fabrik, gründet dann für berufstätige Emigrantenehepaare ein «Babyhome», in dem sie die Kinder rund um die Uhr betreut. Nach fast drei Jahren gibt sie diese Tätigkeit aus familiären Gründen auf und wird Verwalterin eines «Rooming House». Schließlich gründet sie eine Firma zur Herstellung von handgefertigtem Modeschmuck. Sie arbeitet ehrenamtlich in den verschiedensten jüdischen Organisationen, u. a. für den «National Council of Jewish Women», und gründet einen Kreis für jüdisch-christliche Verständigung. Für ihr soziales Engagement werden ihr in den USA zahlreiche Auszeichnungen verliehen.

Quellen. Leo Baeck Institute, New York; Teilnachlaß Salomon Ludwig Steinheim-Institut, Duisburg
Literatur. Arbeit in New York. In: Andreas Lixl-Purcell: Erinnerungen deutsch-jüdischer Frauen 1900–1990. Leipzig 1992, S. 275–279; Charlotte Ueckert-Hilbert: Senta Meyer-Gerstein. Eine Hamburger Jüdin in der Emigration. In: Hamburger Zustände. Jahrbuch zur Geschichte der Region Hamburg 1 (1988), S. 209–225

Monika Hübsch-Faust

Moholy, Lucia Fotografin

18. 1. 1894, Prag – 17. 5. 1989, Zollikon/Schweiz

Lucia Moholy, geb. Schulz, wächst im Prager Vorort Karolinenthal auf; der Vater ist als Rechtsanwalt für tschechische Nationalisten und als Armenanwalt tätig. Die Familie ist bürgerlich-sozialistisch orientiert, und obwohl Lucia laut Geburtsurkunde «mosaischen Glaubens» ist, wird sie eher atheistisch erzogen – sie selbst negiert später ihre jüdische Herkunft völlig. Lucia Schulz besucht das Lyzeum, besteht 1910 die Matura und studiert an der k. u. k. Frauenbildungsanstalt in Prag das Lehrfach für Englisch und Philosophie. Nach dem Examen 1912 arbeitet sie zeitweise in der Anwaltskanzlei des Vaters und hört an der Prager Universität Vorlesungen in Philosophie und Kunstgeschichte.
1914 geht Lucia Schulz nach Wiesbaden, wo sie im Verlag der «Wiesbadener Zeitung» angestellt ist und gelegentlich Theaterkritiken schreibt. 1917 siedelt sie nach Leipzig über und wird für den Teubner-Verlag tätig; ab 1918 arbeitet sie nacheinander für Kurt Wolff, den Hyperion-Verlag und Ernst Rowohlt, in dessen Verlag sie bis 1923 als Lektorin und Pressereferentin tätig ist. 1918 und 1919 verbringt sie den Sommer jeweils auf dem Barkenhoff Heinrich Vogelers in Worpswede, dort entstehen erste eigene Fotografien als Dokumente des Zusammenlebens. Unter dem Pseudonym «Ulrich Steffen» publiziert sie 1919 ein längeres Gedicht, das einen Spendenaufruf für Bernhard Hoetgers Bremer Revolutionsdenkmal begleitet. Im Herbst 1920 begegnet sie erstmals dem ungarischen Künstler László Moholy-Nagy und heiratet ihn am 18. Januar 1921. Durch ihre Verlagsarbeit finanziert sie den gemeinsamen Lebensunterhalt, bis Moholy-Nagy am 1. April 1923 ans Bauhaus nach Weimar berufen wird. Lucia Moholy entfaltet für diese Institution ein umfangreiches Wirken, das von theoretischer Wissensvermittlung bis zu Buchkonzeptionen reicht, aber auch die gesamte fotografische Technik der Schule umfaßt. Zur besseren Handhabung dieser Technik studiert sie 1924/25 an der Hochschule für Graphik und Buchkunst Reproduktionstechnik, gemeinsam mit Walter Peterhans. Schon zu dieser Zeit entstehen am Bauhaus große Bildserien von Lucia Moholy, in erster Linie Architekturaufnahmen des Gesamtkomplexes sowie zahlreiche Porträts von Lehrenden, Besuchern und Studenten. 1928 verlassen László und Lucia Moholy-Nagy das Bauhaus; sie arbeitet als Theaterfotografin und für László Moholy-Nagy. 1929 trennt sich

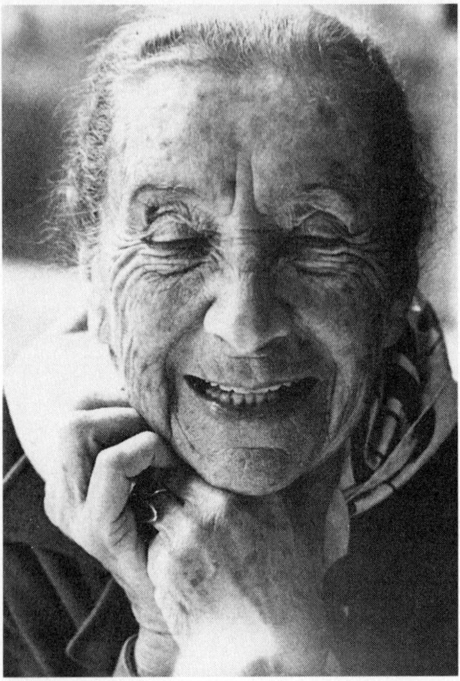

Lucia Moholy, 1980.
Foto: Erika Kampe,
Hamburg

das Ehepaar. Lucia Moholy lebt seitdem mit Theodor Neubauer zusammen, einem kommunistischen Reichtagsabgeordneten und späteren Widerstandskämpfer. Von 1929 bis 1931 unterrichtete Lucia Moholy Fotografie an der privaten Kunstschule Johannes Ittens. Sie selbst hat in dieser Zeit vor allem auf Reisen Bilder gemacht, vorwiegend Landschaftsstudien aus Jugoslawien.
Im August 1933 wird Theodor Neubauer in Lucia Moholys Wohnung verhaftet; sie selbst kann fliehen. Freunde deponieren ihr Negativarchiv sowie Teile ihrer Kunstsammlung bei Walter Gropius; das Archiv ist seither verschwunden. Lucia Moholy emigriert über Prag und Wien nach Frankreich; ab Frühjahr 1934 lebt sie in London, wo sie schnell zur Prominentenporträtistin wird und ein lang geplantes Buch zur Kulturgeschichte der Fotografie verfaßt. Durch die erst jetzt rechtskräftig gewordene Scheidung ist sie wieder tschechische Staatsbürgerin und seit 1939 britische. 1942 wird Lucia Moholy Leiterin eines Mikrofilm-Service der britischen Armee, der u. a. im Auftrag der Rockefeller-Stif-

tung unersetzliche Kulturdokumente aufnimmt; diese Idee trägt Lucia Moholy 1945 bei der UNESCO-Gründungsversammlung vor.
1947 richtet Lucia Moholy, die weiterhin den Aslib-Microfilm-Service in London leitet, die staatliche Gesundheitsbibliothek der tschechischen Regierung Benesch ein; zwischen 1949 und 1957 arbeitet sie mehrere Jahre in verschiedenen Ländern des Nahen und Mittleren Ostens, um deren Nationalbibliotheken mit Hilfe von Mikrofilmprojekten aufbauen zu helfen. Nach einjährigem Aufenthalt in Berlin läßt sie sich 1959 in Zürich nieder, wo sie biographische Sammlungen herausgibt und als freie Korrespondentin für Kunstzeitschriften arbeitet. Die Wiederentdeckung des Bauhauses, über das sie ab 1946 regelmäßig publiziert, wird von ihr überaus kritisch begleitet. Dies hat ihre Wiederentdeckung als Fotografin, Theoretikerin und Zeitzeugin eher verhindert. Am 17. Mai 1989 stirbt Lucia Moholy in Zollikon bei Zürich.

Veröffentlichungen. A Hundred Years of Photography. Harmondsworth 1939; Marginalien zu Moholy-Nagy. Dokumentarische Ungereimtheiten … Krefeld 1972
Literatur. Rolf Sachsse: Lucia Moholy. Düsseldorf 1985; Jeannine Fiedler (Hg.): Fotografie am Bauhaus. Berlin 1989 (Ausstellungskatalog)

Rolf Sachsse

Morgenstern, Lina

Schriftstellerin, Vereinsgründerin, Frauenrechtlerin

25. 11. 1830, Breslau –
16. 12. 1909, Berlin
Vater: Albert Bauer, Leiter einer Filiale der Königlichen Porzellanmanufaktur in Breslau und Möbelfabrikant,
Mutter: Fanny, geb. Adler

Lina Morgenstern stammt aus einer wohlhabenden Breslauer Familie, die die revolutionären Ereignisse von 1848 mit Sympathie verfolgt. Noch im Revolutionsjahr, an ihrem achtzehnten Geburtstag, gründet Lina Morgenstern mit Hilfe ihrer Mutter den «Pfennigverein zur Unterstützung armer Schulkinder». Trotz des jahrelangen Widerstands der Eltern heiratet sie 1854 den Kaufmann Theodor Morgenstern, mit dem sie sich in Berlin niederläßt. Doch gerät der junge Mann bald – wie von den Eltern befürchtet – in geschäftliche Schwierigkeiten. In

dieser bedrückenden Situation besinnt sich Lina Morgenstern auf die Erwerbsmöglichkeiten, die ihr als bürgerlicher Frau offenstehen. Nach intensiven Fröbel-Studien unter Anleitung der Baronin Bertha von Marenholtz-Bülow veröffentlicht sie einen Artikel über die Fröbelschen Kindergärten in der von → Jenny Hirsch redigierten Modezeitschrift «Bazar». Ein Lehrbuch für Kindergärtnerinnen – «Das Paradies der Kindheit» – und mehrere Kinderbücher folgen. Ihr eigentliches Talent kommt jedoch in der Vereinsarbeit zum Tragen. Nach einigen Jahren als Vorsitzende des «Frauenvereins zur Beförderung der Fröbelschen Kindergärten» (1862–1866) ruft sie 1866, zu Beginn des Deutschen Krieges, den «Verein der Berliner Volksküchen» ins Leben. Die konsumgenossenschaftliche Einrichtung gewährt bürgerlichen Frauen als aufsichtführenden «Ehrendamen» neue außerhäusliche Funktionen. Nach wie vor werden jedoch bezahlte Verwaltungsposten ausschließlich Männern, so auch Theodor Morgenstern, übertragen. Während des deutsch-französischen Krieges (1870/71) erregt der Einsatz des «Volksküchenvereins», der im Auftrag des Proviantamts die Truppenverpflegung auf den ost- und niederschlesischen Bahnhöfen übernommen hat, großes Aufsehen. Mit Unterstützung einflußreicher Kreise gründet Lina Morgenstern weitere Vereine, so den «Berliner Kinderschutzverein» (1869), der die hohe Sterblichkeit der unehelich geborenen Kinder Berlins bekämpft. Während ihrer im selben Jahr gegründeten «Akademie zur wissenschaftlichen Fortbildung für Damen» und dem «Arbeiterinnen-Bildungsverein» kein dauerhafter Erfolg beschieden ist, trifft sie mit ihrem 1873 gegründeten «Berliner Hausfrauenverein» erneut ein Bedürfnis der Zeit. Ein von Theodor Morgenstern geleitetes, dem Verein angeschlossenes Konsum-Geschäft ermöglicht Hausfrauen während der Teuerung der Gründerjahre günstige Einkäufe. Mit der von Lina Morgenstern von 1874 bis 1904 redigierten «Deutschen Hausfrauen-Zeitung», Dienstbotenvermittlung (1874), einer Kochschule (1878) und mit Lehrkursen für häusliche Krankenpflege (1887) rundet der Verein sein Angebot ab. Doch die Erfolge der mittlerweile stadtbekannten «Suppenlina», die gute Beziehungen zur Kaiserin Augusta unterhält, rufen antisemitische Widersacher auf den Plan. Während der von Oberhofprediger Adolf Stoecker initiierten «Berliner Bewegung» (1879–85) wird sie zum Ziel gehässiger Angriffe. Boykott-Aufrufe gegen jüdische Geschäfte bewirken den Austritt eines Drittels der Mitglieder des Hausfrauenvereins. Theodor Morgenstern muß erneut Konkurs anmelden. Mit äußerstem Geschick gelingt es seiner Frau, der Familie eine neue Erwerbsquelle aufzutun, indem sie den Verlag der «Deutschen Hausfrauen-Zeitung» übernimmt und ihren Mann als Geschäftsführer einsetzt. Mit Beleidigungsklagen wehrt sie sich gegen ungerechte Verleumdungen. Doch die Anfeindungen und Prozesse zermürben ihre Gesundheit. Nach einem von Kaiserin Augusta finanzierten Kuraufenthalt in San Remo 1886 zieht sie sich zunehmend aus der Öffentlichkeit zurück, um sich literarischen Arbeiten zu widmen. So entsteht u. a. die dreibändige Prachtausgabe «Die Frauen des 19. Jahrhunderts» (1888–91) mit mehr als 250 Biographien und das zweibändige Werk «Frauenarbeit in Deutschland» (1893). Neben ihrer umfangreichen eigenen Vereinstätigkeit findet Lina Morgenstern noch Zeit, sich in nationalen und internationalen Frauenverbänden zu engagieren. Sie ist von 1871 bis 1885 im Vorstand des «Allgemeinen Deutschen Frauenvereins». Bei der Gründung des «Bundes deutscher Frauenvereine» 1894 in Berlin gehört sie zu den wenigen Frauenrechtlerinnen, die für die Aufnahme der sozialdemokratischen Arbeiterinnenvereine stimmen. Mit ihren eigenen frauenpolitischen Unternehmungen beschwört sie manche Mißstimmung herauf, da es ihr nicht gegeben ist, sich mit diplomatischem Geschick in die organisierte Frauenbewegung einzugliedern. Doch kann sie für sich das Verdienst in Anspruch nehmen, mit dem von ihr einberufenen «Internationalen Kongreß für Frauenwerke und Frauenbestrebungen» vom 19. bis 26. Septemer 1896 erstmals die führenden ausländischen Frauenrechtlerinnen in Deutschland versammelt zu haben.

Veröffentlichungen. Die Storchstraße. Hundert Bilder aus der Kinderwelt in Erzählungen und Liedern. Breslau 1861; Das Paradies der Kindheit durch Spiel, Gesang und Beschäftigung. Ein praktisches Handbuch für alle Freunde der Kinderwelt. Berlin 1861; Die Frauen des 19. Jahrhunderts. Biographische und culturhistorische Zeit- und Charactergemälde, Bd. 1–3. Berlin 1888–91; Festschrift zum 25jährigen Jubiläum des Vereins der Berliner Volksküchen von 1866. Berlin 1891; Frauenarbeit in Deutschland. 2 Teile. Berlin 1893; Gedenkblatt zum 25jährigen Jubiläum des Kinderschutzvereins. Berlin 1894

Literatur. Clara Roth: Lina Morgenstern. In: Schlesische Lebensbilder, Bd. 1: Schlesier des 19. Jahrhunderts. Hg. von Friedrich Andreae u. a. Breslau 1922, S. 81–84; Helene Lange: Lina Morgenstern. In: Dies.: Kampfzeiten, Bd. 2. Berlin 1928, S. 348–352; Daniela Weiland: Lina Morgenstern. In: Dies.: Geschichte der Frauenemanzipation in Deutschland und Österreich. Düsseldorf 1983, S. 173–177; Maya Fassmann: Jüdinnen in der deutschen Frauenbewegung 1865–1919. Hildesheim 1994 (Wissenschaftliche Abhandlungen des Salomon Ludwig Steinheim-Instituts, Bd. 6)

Maya Fassmann

Mosheim, Grete **Schauspielerin**

8. 1. 1905, Berlin –
29. 12. 1986, New York
Vater: Dr. Marcus Mosheim, Sanitätsrat; Mutter: Clara Mosheim, 1875–1970

Grete Mosheim verlebt ihre Kindheit am Moritzplatz in Berlin-Kreuzberg; typisch berlinerische Eigenschaften wie nüchterner Realismus und ein gesundes Selbstbewußtsein prägen denn auch ihren Charakter. Die Eltern fördern den Drang des jungen Mädchens zur Bühne. Obwohl Grete Mosheim zunächst eine Karriere als Ballettänzerin ins Auge gefaßt hat, besucht sie dann doch die Schauspielschule des Deutschen Theaters. 1922 debütiert sie als Wendla in Frank Wedekinds «Frühlings Erwachen» bei Max Reinhardt. Der Durchbruch bei Publikum und Kritik gelingt ihr, als sie von einem Tag zum anderen die Rolle der erkrankten Hauptdarstellerin in dem amerikanischen Stück «Der sprechende Affe» übernehmen muß. Bis 1931 ist sie beim Deutschen Theater engagiert, 1931/32 beim Lessing-Theater und am Theater Die Tribüne. Bis 1934 folgen Auftritte im Metropoltheater, im Komödienhaus und an der Volksbühne.

Grete Mosheim hat also stets an großen Berliner Bühnen gespielt; die Wanderschaft durch die Provinz blieb ihr erspart. Verheiratet ist sie damals mit dem Schauspieler Oskar Homolka. Die junge Schauspielerin verkörpert ganz unterschiedliche Rollen: sie ist das Gretchen in Goethes «Faust» ebenso wie die erste deutschsprachige Eliza Doolittle in George Bernard Shaws «Pygmalion», Lysistrata und auch die Käthi in der Schnulze «Alt-Heidelberg». In «Zyankali», dem Film nach Friedrich Wolfs Schauspiel, spielt sie das schwangere Mädchen.

Grete Mosheim war ein «elfenhafter» Star, physisch äußerst fragil, doch sprach man allgemein von der «gläsernen Mosheim-Härte». Im Kontrast zu der mysteriös-schillernden → Elisabeth Bergner war die Mosheim unpathetisch, unprätentiös und realistisch. Präzision und Disziplin waren zudem ihre Stärken.

Der Theaterkritiker Friedrich Luft, der sie sehr bewunderte, schrieb am 8. Januar 1985 in der «Welt»: «Sie hatte, möchte man sprechen, mozartische Qualitäten: Sie konnte Melodien, die tief auf Moll gesetzt waren, mühelos und ganz sicher in Dur intonieren. Sie war eher herb. Sie war, ohne das intellektuell bewirken zu wollen, eine Repräsentantin der neuen Sachlichkeit. Sie agierte ohne Umwege direkt in das Herz des Zuschauers. Sie konnte bei aller körperlichen Unerheblichkeit deutlich Kontur zeigen. Sie war ein Schatz der Berliner Bühnen, war – schon in jungen Jahren – ein Star.»

1934, als die nationalsozialistische Gleichschaltung des Theaterbetriebs in vollem Gange ist, erkennt Grete Mosheim, daß sie als «Halbjüdin» ihre Berliner Karriere nicht mehr werde fortsetzen können. Sie geht zunächst nach Klagenfurt und von dort nach London, wo sie intensiv die englische Sprache erlernt und bald in Alice Campbells Stück «Two Share a Dwelling» auftreten kann. In England lernt Grete Mosheim auch ihren zweiten Ehemann kennen, den milliardenschweren amerikanischen Eisenbahnkönig Howard Gould, dem sie 1938 in die USA folgt. Während ihrer Ehe mit Gould – bis 1951 – zieht sie sich von der Bühne völlig zurück. 1951 heiratet sie den UN-Korrespondenten der «Times», Robert Cooper.

1952 kann Boleslaw Barlog die Schauspielerin zu einem Gastspiel im Berliner Schloßparktheater überreden. Als Sally Bowles in John van Drutens «Ich bin eine Kamera» nach Christopher Isherwoods «Leb

wohl Berlin» (Vorlage für das Musical «Cabaret») feiert sie Triumphe. Sie kehrt seitdem immer wieder nach Berlin – meistens ins Renaissancetheater – zurück, tritt aber auch in Düsseldorf, Hamburg, Köln, Frankfurt a. M. und Zürich auf. Ihr Wohnsitz bleibt allerdings New York. In der Nachkriegszeit begeistert Grete Mosheim ihre Zuschauer vor allem mit psychologisch nuancierten Darstellungen der Frauenrollen in modernen angloamerikanischen Dramen (zum Beispiel von Eugene O'Neill, Tennessee Williams, Thornton Wilder und Edward Albee). Sie interpretiert die Claire Zachanassian in Dürrenmatts «Besuch der alten Dame», ist eine eher untypische «Mutter Wolffen» und spielt die Hauptrolle in Hartmut Langes «Frau von Kauenhofen» sowie in Colin Higgins «Harold and Maud». 1969 steht sie in München zusammen mit → Therese Giehse in Joseph Kesselrings «Arsen und Spitzenhäubchen» auf der Bühne. Eine Glanzleistung liefert sie als Winnie in Samuel Becketts «Glückliche Tage».

Am 29. Dezember 1989 stirbt die Schauspielerin im Alter von 81 Jahren in New York.

Literatur. Julius Bab: Die Mosheim und die Mannheim oder der Triumph der Berliner Range. In: Max Reinhardt in Berlin. Hg. von Knut Boeser und Renate Vatková. Berlin 1984, S. 115–117

Elfi Pracht

Muehsam-Edelheim, Margaret T.

Journalistin, Verbandsfunktionärin

18. 9. 1891, Berlin – 25. 5. 1975, New York
Vater: Hugo Meseritz, Fabrikant; Mutter: Alisa, in der Frauenbewegung tätig

Nach dem Studium der Rechtswissenschaft in Berlin werden sie und Margarete Berent als einzige Frauen unter insgesamt 128 Doktoranden 1914 in Erlangen zum Dr. jur. promoviert. Da ihr als Frau die Zulassung zur Rechtsanwältin verwehrt bleibt, arbeitet sie in den Jahren 1914 bis 1922 beim Ullstein-Verlag, für den sie zunächst als Assistentin, später als Leiterin der Rechtsabteilung der Berliner Morgenpost tätig ist. Seit 1924 ist sie Schriftleiterin und Auslandskorrespondentin, in den Jahren 1934 bis 1938 stellvertretende Chefredakteurin der «CV-Zeitung», die seit 1922 wöchentlich erscheint. Sie arbeitet eng mit Alfred Hirschberg zusammen. Darüber hinaus ist sie in zahlreichen Organisationen tätig, so zum Beispiel zehn Jahre lang als Mitglied des Ehrengerichts des Reichsverbands der Deutschen Presse, als Präsidentin der «Demokratischen Frauenorganisation für Großberlin», Stadtverordnete der DDP in Berlin und als Schriftführerin des Vorstands der «Organisation for Rehabilitation through Training» (ORT) in Berlin. Sie ist aktiv in der Frauenbewegung und Dozentin der Lessing-Hochschule.

Im April 1938 emigriert sie über England in die USA. Dort untersucht sie 1938/39 für das «American Jewish Committee» die Auswirkungen der nationalsozialistischen Gesetze auf die Lage der deutschen Juden. Von 1939 bis 1942 ist sie Schriftleiterin des «ORT Economic Bulletin», später Pressechefin der ORT, daneben in den Jahren 1940 bis 1942 auch im Pressedienst des National Refugee Service tätig. 1942/43

übernimmt sie die Schriftleitung beim Office of War Information. Als Stipendiatin der «World Students Organisation» und des «Council of Jewish Women» studiert sie an der Harvard und Columbia University.

Für das Leo Baeck Institute in New York ist sie seit dessen Gründung (1955) bis zu ihrer Pensionierung (1975) tätig. Margaret T. Muehsam-Edelheim ist Mitgründerin des «Frauenhilfsausschusses» und von 1960 bis 1973 Schriftleiterin der «LBI-News». Sie leitet die Public-Relations-Abteilung, wird Vorstandsmitglied des LBI New York und knüpft mit der Sammlung von Memoiren und Nachlässen des Deutschen Judentums wieder an ihre ursprünglichen Wurzeln an. 1974/75 ist sie Mitgründerin und Vorstandsmitglied der «Congregation Habonim».

Quellen. Leo Baeck Institute, New York; Interview mit Marion S. Kaplan, New York, 23. Oktober 1974

Veröffentlichungen (Auswahl). Das Pressedelikt als Begehungsform der gemeinen Delikte. Diss., 1914; Der Journalismus als Frauenberuf. In: Die Kultur der Frau. Eine Lebenssymphonie der Frau des XX. Jahrhunderts. Hg. von Ada Schmidt-Beil. Berlin 1931; Das Schönheitsideal der modernen Frau. In: Die Kultur der Frau. Eine Lebenssymphonie der Frau des XX. Jahrhunderts. Hg. von Ada Schmidt-Beil. Berlin 1931; The Jewish Press in Germany. In: Yearbook LBI, 1956; Die Haltung der jüdischen Presse gegenüber der nationalsozialistischen Bedrohung. In: R. Weltsch (Hg.): Deutsches Judentum. Aufstieg und Krise. Gestalten, Ideen, Werke. Stuttgart

1963; Ein Gang durch die Bibliothek des LBI. In: Bulletin LBI, 1959; Das Archiv LBI. In: Bulletin LBI, 1960; zahlreiche Artikel, u. a. in «Deutsche Juristen-Zeitung», «Blätter für Fortbildungsschulrecht», «Statistische Monatshefte», «CV-Zeitung» sowie zahlreiche Beiträge in der deutschsprachigen Presse in den USA
Literatur. Birthday Tributes. Margaret T. Muehsam-Edelheim. In: AJR-Information. London, Oktober 1971, S. 12; Margaret T. Muehsam, 1891–1975. In: LBI News, New York, Kap. XVI, Nr. 2, S. 7; Werner Rosenstock: In Memoriam Dr. Margaret T. Muehsam-Edelheim. In: AJR-Information. London, Juli 1975, S. 10; Biographisches Handbuch der deutschsprachigen Emigration nach 1933. München u. a. 1980, Bd. I, S. 511

Monika Hübsch-Faust

Münzer, Friedl **Schauspielerin**

4. 9. 1892, Wien – 13. 1. 1967, Köln

Nach der Schauspielausbildung bei Professor Weingarten in Wien beginnen für Friedl Münzer die Wanderjahre durch die Provinz. Ihr erstes Engagement erhält sie in Mährisch-Ostrau, wo sie die Hilde Wrangel in Henrik Ibsens «Frau vom Meer» spielt – immerhin neben einem Star wie → Irene Triesch. Über die Stationen Weimar und Bremen kommt Friedl Münzer nach Berlin an das Theater in der Königgrätzer Straße, wo sie 1923 Fritz Rémond, der Direktor der Vereinigten Cölner Stadttheater, in einem Einakter von Arthur Schnitzler und in dem Lustspiel «Die verlorene Tochter» sieht. Rémond will die «Rothaarige» sofort für das Kölner Schauspielhaus gewinnen, was der Berliner Vertrag allerdings zunächst verhindert. Nach Gastspielen in der Domstadt, bei denen sie ihr Publikum als Helena in Shakespeares «Sommernachtstraum» begeistert, entscheidet sie sich 1926 endgültig für Köln – eine Liebe auf den ersten Blick, wie sie später betont. Friedl Münzer bleibt vierzig Jahre lang am dem eher konventionelle Dramatik und Inszenierung pflegenden Schauspielhaus, obwohl sie in der Folgezeit zahlreiche Angebote von anderen Bühnen bekommt. Sie spielt Schillers «Turandot», seine Prinzessin Eboli im «Don Carlos» neben Heinrich George, Franz Grillparzers «Jüdin von Toledo», in sozialkritischen Stücken Georg Kaisers und Carl Sternheims, in Bertolt Brechts «Dreigroschenoper», aber auch die Wirtin Josepha Voglhuber im «Weißen Rößl». Vor allem war sie in zahllosen Gesellschaftsstücken die mondäne Salondame. «Haltung, Esprit und Charme sind ihr Fach. Das Fach einer großen Dame», schreibt der Schriftsteller Wilhelm Unger später über die Schauspielerin. Friedl Münzer ist eine «Kölner Institution». Um so härter wird es sie getroffen haben, als sie 1933 das Ensemble verlassen muß. Da die Bühne ihr ganzer Lebensinhalt ist, schließt sie sich dem «Jüdischen Kulturbund Rhein-Ruhr» (JKRR) an, dessen Zuschauer und Aktive ausschließlich Juden sein müssen. Obwohl Friedl Münzer offenbar evangelisch getauft ist und Konvertiten oder Dissidenten beim JKRR sonst nicht wohlgelitten sind, wird sie schnell die «Mittelpunktschauspielerin» des Kulturbundtheaters. Auf der kleinen Bühne der Bürgergesellschaft am Appellhofplatz oder in der Rheinlandloge spielt sie 1933 die Manitschka in «Sonkin und der Haupttreffer» von Semen Juschkewitsch, 1934 Goethes Stella und die Hauptrolle in Carlo Goldonis «Mirandolina» sowie die Kaiserin Popäa in der Premiere des Schauspiels «Joseph ben Matthias» von Julius Wolffsohn. 1936 unternimmt sie Gastspielreisen zu anderen Kulturbundbühnen und wirkt noch im Oktober 1938 in Ladislaus Fodors Lustspiel «Arm wie eine Kirchenmaus» mit. Als nach dem Novemberpogrom die Kulturbundbühnen auf Anweisung der Gestapo ihre Arbeit wiederaufnehmen müssen, findet man die Kölnerin beim «Jüdischen Kulturbund» in Berlin. «Friedl Sara Münzer» steht nun im Programmheft. Wie die Schauspielerin die Kriegsjahre überlebt hat, wissen wir nicht genau. Wilhelm Unger spricht von «auf Reisen gehen», «untertauchen». Möglicherweise ist sie zeitweise in Österreich bei ihrer Familie. Als sie 1945 von Wilhelm Pilgram und Alois Garg aufgefordert wird, an das Kölner Schauspielhaus zurückzukehren, sagt sie mit Tränen in den Augen zu. «Ein neuer Lebensabschnitt hatte begonnen. Köln war mir, ich war Köln treu geblieben.» Auf die Jahre zwischen 1933 und 1945 will die Schauspielerin in der Nachkriegszeit nicht mehr angesprochen werden. Die großen Erfolge, die sie nach 1945 hat, und die Solidarität, die sie in der Zeit des Nationalsozialismus durch Kölner Bürger erfahren hat, machen ihr die Reintegration relativ leicht. Friedl Münzer engagiert sich als die große alte Dame des Kölner Theaters auch für die sozialen Belange ihrer Kollegen: Sie ist Schiedsrichterin der Bühnengenossenschaft für Nordrhein-Westfalen, Mitglied des Personalrats der Kölner Theater, Vorstandsmitglied des Bühnenversorgungswerks für die Bundesrepublik Deutschland. 1962 wird sie zum Ehrenmitglied der Bühnen der Stadt Köln ernannt. Friedl Münzer stirbt kurz nach den Feiern zu ihrem vierzigjährigen Bühnenjubiläum.

Literatur. Wilhelm Unger: Eine große Künstlerin und eine große Dame. In: Kölner Stadt-Anzeiger, 14./15. 1. 1967; Elfi Pracht: Jüdische Kulturarbeit in Köln 1933–1941. In: Geschichte in Köln 29 (1991), S. 119–155

Elfi Pracht

Nathorff, Hertha **Ärztin, Psychotherapeutin**

5. 6. 1895, Laupheim/Württemberg
Vater: Arthur Einstein, 1865–1940, Kaufmann;
Mutter: Mathilde Einstein, 1865–1940

Die Eltern ermöglichen ihrer ältesten Tochter, die sie musisch und künstlerisch fördern, als einziges Mädchen die Jungen-Lateinschule der Stadt Laupheim und später das Jungen-Gymnasium in Ulm zu besuchen. Mit Beginn des Ersten Weltkrieges gibt Hertha Nathorff, angespornt durch den Wunsch zu helfen, ihre Vorstellung von einer Karriere als Opernsängerin auf und beginnt in Heidelberg mit dem Studium der Medizin. Nebenbei arbeitet sie an der Heidelberger chirurgischen Universitätsklinik als Nachtwache und in München als Lehrkraft in Abendkursen für Arbeiter. Eine erste Zurückweisung aufgrund ihrer jüdischen Abstammung erfährt Hertha Nathorff während ihrer Praktikantenzeit an der Universitätsfrauenklinik in Freiburg. Dort begrüßt man sie mit dem Satz: «Daß Sie Einstein heißen, ist hier keine Empfehlung für Sie.» (Nathorff 1988, S. 25) Nach Beendigung ihres Studiums in Heidelberg absolviert Hertha Nathorff die Assistentenzeit in Berlin und übernimmt dort am 1. April 1923 als leitende Ärztin ein Entbindungs- und Säuglingsheim des Deutschen Roten Kreuzes. Im Oktober desselben Jahres heiratet sie den Oberarzt ihrer Ausbildungszeit, Erich Nathorff, und eröffnet in der gemeinsamen Wohnung im Osten Berlins eine Praxis. Durch ihren 1925 geborenen Sohn, den

Umzug in den Berliner Westen und ihre aufblühende ärztliche Praxis fühlt sich Hertha Nathorff ausgefüllt und zufrieden. Die Liebe zu ihrem Beruf ermöglicht ihr nicht nur, die finanziellen Schwierigkeiten des Entbindungs- und Säuglingsheimes zu überwinden, sondern darüber hinaus das anfänglich für 30 Frauen geplante Heim zu einer Klinik auszubauen, in der 200 Frauen betreut und versorgt werden können. In ehrenamtlicher Arbeit gründet sie am Charlottenburger Krankenhaus ein Projekt zur Frauen- und Eheberatung, von dessen Leitung sie nach fünfjähriger Tätigkeit am 25. April 1933 zurücktreten muß. Mit dem Entzug ihrer ärztlichen Zulassung muß Hertha Nathorff den Beruf aufgeben, mit dem sie sich identifiziert. Am 27. April 1939 emigriert sie mit ihrem Mann über Großbritannien in die USA, nachdem Erich Nathorff vom 10. November bis 16. Dezember 1938 im Konzentrationslager interniert war und ihr Sohn bereits im März 1939 mit einem Kindertransport Großbritannien erreicht hat. Mittellos und ohne ärztliche Approbation, versucht Hertha Nathorff in New York als Küchenhilfe, Nachtkrankenschwester, private Krankenpflegerin und Hausangestellte den Lebensunterhalt der Familie zu sichern und ihrem Mann die in den USA vorgeschriebenen Examina, die ihn zur Ausübung des Arztberufes berechtigen, zu ermöglichen. Nach seiner erfolgreichen Prüfung ist sie in seiner neueröffneten Praxis bis zu seinem Tod 1954 als Arzthelferin tätig und erarbeitet durch ihre außerhäuslichen Pflegedienste die für eine Arztpraxis notwendigen medizinischen Apparaturen. Darüber hinaus initiiert Hertha Nathorff verschiedene Gruppen für emigrierte Frauen. Sie hält medizinische und psychologische Vorträge im deutschsprachigen Radioprogramm sowie im «Literarischen Verein», schreibt Artikel und Gedichte in deutsch-amerikanischen Zeitungen und Zeitschriften.

1940 erhält sie einen Preis der Harvard University für ihr Tagebuch von 1933 bis 1939 und wird 1967 für ihre zahlreichen Aktivitäten mit dem Bundesverdienstkreuz ausgezeichnet. Hertha Nathorff hat keine Gelegenheit, sich auf die Zusatzprüfung für Ärzte vorzubereiten. Da ihr akademischer Grad in Psychologie jedoch in den USA anerkannt wird, verdient sie nach dem Tod ihres Mannes – angebunden an das Alfred Adler-Institut – als Psychotherapeutin ihren Lebensunterhalt. Obgleich Hertha Nathorff die USA nicht als ihre Heimat betrachtet, hat sie Deutschland nicht mehr betreten.

Quellen. Der gesamte schriftliche Nachlaß befindet sich im Archiv des Instituts für Zeitgeschichte, München

Veröffentlichungen (Auswahl). Das Tagebuch der Hertha Nathorff. Berlin–New York. Aufzeichnungen 1933 bis 1945. Hg. und eingeleitet von Wolfgang Benz. Frankfurt a. M. 1988

Literatur (Auswahl). Miriam Koerner: Das Exil der Hertha Nathorff. In: Frau – Verfolgung und Widerstand. Dachauer Hefte 3 (1987), S. 231–249; Renate Wall: Verbrannt, verboten, vergessen. Kleines Lexikon deutschsprachiger Schriftstellerinnen 1933 bis 1945. Köln 1989, S. 136 f.

Christiane Humrich

Neuda, Fanny **Schriftstellerin**

6. 3. 1819, Eibenschitz/Mähren – 16. 4. 1894, Meran

So populär und verbreitet das Frauengebetbuch «Stunden der Andacht» bis in die Mitte dieses Jahrhunderts hinein war, so wenig wissen wir heute über das Leben der Verfasserin Fanny Neuda. Aus einer Rabbinerfamilie stammend – der Bruder, Abraham Adolf Schmiedl, war Rabbiner ebenso wie der Vater –, hält sich Fanny Schmiedl auch bei der Wahl ihres Ehemannes an die Familientradition: Sie heiratet den religiös aufgeschlossenen und weltlich gebildeten Abraham Neuda (1812–1854), der als Rabbiner in Loschitz/Mähren amtiert. Als dieser erst zweiundvierzigjährig stirbt, setzt ihm seine junge Witwe «ein Denkmal liebender Erinnerung»: ihre persönliche Gebetesammlung in Buchform. Mit 28 Auflagen ein regelrechter «Bestseller», wird es bald zum maßgeblichen Frauengebetbuch seiner Zeit. Dies ist um so erstaunlicher, als sich im Erscheinungsjahr 1855 bereits ungezählte Exemplare dieser zu Anfang des Jahrhunderts entstandenen literarischen Gattung auf dem Markt befinden. Doch im Gegensatz zu diesen ausschließlich von Männern verfaßten Werken sind die Gebete Fanny

Neudas die ersten, die von einer Frau für Frauen geschrieben werden. Die Verkaufszahlen lassen darauf schließen, daß sich Fanny Neudas Hoffnung, daß ihre Gebetstexte «als das Ergebnis eines weiblichen Herzens umso eher im Herzen der Frauen ihr Echo finden» mögen, erfüllt hat.

Inhaltlich zeichnen sich die Texte – neben einem besonders innigen Andachtsstil – durch konservative Theologie und den für die deutsch-jüdische Bourgeoisie jener Epoche typischen Geist bürgerlicher Moral aus. So empfiehlt sie, in der Erziehung jüdischer Mädchen sowohl die Bildungsgüter der deutschen Klassik zu vermitteln als auch – durch gezielte Förderung der dem weiblichen Geschlecht angeborenen Religiosität – «die Veredelung des Herzens, die Hebung und Kräftigung der religiösen Gefühle» anzustreben.

Durch den großen Erfolg ermutigt, setzt Fanny Neuda ihre schriftstellerische Tätigkeit mit Erzählungen fort, die, ebenfalls mit pädagogischem Impetus, jüdische Frauen- und Familienlebenswelten darstellen.

Veröffentlichungen. Stunden der Andacht. Ein Gebet- und Erbauungsbuch für Israels Frauen und Jungfrauen zur öffentlichen und häuslichen Andacht, sowie für alle Verhältnisse des weiblichen Lebens. Prag 1855; Naomi (Erzählung). Prag, Leipzig 1867; Jugend-Erzählungen aus dem israelitischen Familienleben. Prag 1876, ^{2}1890

Literatur. Sophie Pataky: Lexikon deutscher Frauen der Feder, Bd. 2. Berlin 1898, S. 84; Neues Lexikon des Judentums. München 1992, S. 337; Pnina Navé Levinson: Eva und ihre Schwestern. Gütersloh 1992, S. 201 f.; Wilma A. Iggers: Jüdinnen in Böhmen und Mähren um 1900. In: Jutta Dick, Barbara Hahn (Hg.): Von einer Welt in die andere. Jüdinnen im 19. und 20. Jahrhundert. Wien 1993, S. 157–166

Bettina Kratz-Ritter

Noether, Amalie Emmy

Mathematikerin

23. 5. 1882, Erlangen – 14. 4. 1935, Bryn Mawr/Pennsylvania
Vater: Max Noether, 1844–1921, Mathematiker; Mutter: Ida Amalia, geb. Kaufmann, 1852–1915

«‹Noethersche Gleichungen›, ‹Noethersche Moduln› und ‹Noethersches Theorem› sind Begriffe, die heute in der Mathematik ihren festen Platz haben und die zurückgehen auf Emmy Noether, die Schöpferin der abstrakten axiomatischen Algebra.» (Dick 1970, S. 3)

Emmy Noether stammt aus einer bekannten deutsch-jüdischen Mathematikerfamilie. Zum Zeitpunkt ihrer Geburt ist ihr Vater, Max Noether, Professor der Mathematik an der Universität Erlangen und Hauptrepräsentant der algebraisch-geometrischen Schule. Beinahe zwangsläufig wachsen Emmy und ihr zweieinhalb Jahre jüngerer Bruder Fritz in die Gedankenwelt der Mathematik hinein. Emmy Noethers Bildungsweg folgt zunächst dem konservativ-bürgerlichen Erziehungsmuster der Zeit: Höhere Töchterschule, Erlangen, 1900 Examen als Englisch- und Französischlehrerin in Ansbach. 1903 besteht sie die Reifeprüfung am Königlichen Realgymnasium, Nürnberg. Fast ebenso unvermeidlich führen sie auch ihre ersten wissenschaftlichen Schritte an die Erlanger Universität zu Paul Gordan, einem Kollegen ihres Vaters, bei dem sie 1907 mit einer Arbeit über ein invariantentheoretisches Thema promoviert.

Ihr eigentlicher Mentor wird nach Gordans Emeritierung dessen Nachfolger Ernst Fischer (1875–1954). Mit ihm kann sie «Mathematik reden». Sie sucht den wissenschaftlichen Diskurs: als Mitglied mathematischer Vereinigungen («Circolo matematico di Palermo» seit

1908, «Deutsche Mathematische Vereinigung» seit 1909) wie auch später als Professorin an der Universität Göttingen im Kreis ihrer Studenten, der «Noether-Knaben».
Als Felix Klein und David Hilbert, die zu diesem Zeitpunkt über die allgemeine Relativitätstheorie arbeiten, die «Invariantenspezialistin» 1915 um Unterstützung bitten, kann sie dem Ruf ins «Weltzentrum der Mathematik» (Dick 1970, S. 27) nicht widerstehen. In dieser Zeit entstehen ihre Arbeiten über Differentialvarianten, später, zusammen mit Schmeidler, ihre Arbeit über modultheoretische Begriffe, die methodisch ihre inzwischen klassische «Idealtheorie in Ringbereichen» (1921) vorbereitet. Unter Hilberts Namen hält sie in Göttingen Seminare ab, wie schon von 1913 bis 1916 in Erlangen unter dem ihres Vaters. Erst 1919 wird ihre Habilitationsschrift anerkannt, und noch im gleichen Jahr hält «der Noether», wie sie unter Kollegen genannt wird, seine erste Vorlesung über «Analytische Geometrie».
Trotz ihrer umfangreichen wissenschaftlichen Tätigkeit – u. a. ist sie (ungenannte) Redakteurin bei den «Mathematischen Annalen» –, bleibt sie von den politischen Verhältnissen nicht unbeeindruckt: 1919 tritt sie zunächst der USPD bei, 1922 der SPD (bis 1924). Zeit ihres Lebens bleibt sie entschiedene Pazifistin.
Zur «Noether-Schule», die sich in ihrer Göttinger Zeit (1915–33) entwickelt, zählen u. a. Wolfgang Krull, Gottfried Köthe, der Niederländer B. L. van der Waerden, später auch André Weil, der Bruder der französischen Philosophin Simone Weil, und, nach ihrem Gastaufenthalt in Moskau, auch russische Wissenschaftler, so der Polarforscher und Geophysiker Otto Julewitsch Schmidt. Für ihr wissenschaftliches Werk erhält sie 1932 zusammen mit Emil Artin den Ackermann-Teubner-Gedächtnispreis für Arithmetik und Algebra. 1933 entziehen ihr die Nationalsozialisten die Lehrerlaubnis. Noch im selben Jahr geht Emmy Noether in die USA, zunächst als Gastprofessorin, dann endgültig. Bis zu ihrem Tod – sie stirbt an den Folgen einer Tumoroperation – lehrt sie an der Frauenhochschule Bryn Mawr College.

Quellen. Teilkorrespondenzen an den Universitäten Göttingen und Erlangen (handgeschriebener Lebenslauf)
Veröffentlichungen (Auswahl). Ausführliche Bibliographie in: Auguste Dick 1970, S. 40–42; Gesammelte Abhandlungen. Hg. von N. Jacobson. Heidelberg 1983 u. a.
Literatur (Auswahl). Auguste Dick: Emmy Noether 1882–1935. Basel, Stuttgart 1970 (Beihefte zur Zeitschrift «Elemente der Mathematik», Nr. 13); Hans Wußing, Wolfgang Arnold: Emmy Noether. In: Biographien bedeutender Mathematiker.

Berlin (DDR) 1975, S. 504–513. B. Srinivasan, J. D. Sally (Hg.): Emmy Noether in Bryn Mawr. Proceedings of a Symposium. Berlin 1983; Cordula Tollmien: Die Habilitation von Emmy Noether an der Universität Göttingen. In: NTM. Schriftenreihe der Naturwissenschaften, Technik und Medizin, Jg. 28, Nr. 1. Leipzig 1991, S. 13–32

Marina Sassenberg

Oppenheimer, Olga **Malerin, Graphikerin**

9. 6. 1886, Köln – 4. 7. 1941, Lublin
Vater: Max Oppenheimer, 1852–1922, Tuchgrossist; Mutter: Emilie, geb. Oppenheim, 1865–1934

Nach Studienaufenthalten 1907 in München und 1909 in Paris bei Paul Sérusier an der Académie Ranson richtet Olga Oppenheimer in dem von ihrem Vater erbauten Kölner Gereonshaus eine Mal- und Zeichenschule ein. Im selben Haus befindet sich ihr Atelier, das zum Treffpunkt des Kölner «Gereonsklubs» wird, eines «wichtigen Umschlagplatzes für moderne Kunst in Westdeutschland» (Joachim Heusinger von Waldegg).

Von 1910 bis 1913 ist Olga Oppenheimer mit Figurenbildern und Stilleben (Gemälden, Holzschnitten) an avantgardistischen Kölner und Bonner Ausstellungen, 1912 am Kölner «Sonderbund» sowie 1913 – als einzige deutsche Ausstellerin – an der «Armory Show» in New York, Boston und Chicago beteiligt. In Köln tritt sie neben Franz M. Jansen 1911 als Gründungsmitglied des «Kölner Künstlerbundes» hervor sowie als Mitglied der 1911 abgespaltenen «Kölner Sezession». Durch die Vermittlung August Mackes nimmt Olga Oppenheimer 1913 an der Präsentation «Rheinische Expressionisten» des

Bonner Kunstsalons Cohen teil. Im gleichen Jahr heiratet Olga Oppenheimer den Kölner Gastronomen Adolf R. Worringer; aus der Ehe gehen zwei Söhne hervor.

Parallel zur bildnerischen Arbeit vollzieht sich Olga Oppenheimers Wirken als Kunstvermittlerin. Mit Emmy Worringer und August Macke organisiert sie von 1911 bis 1913 die literarischen und Ausstellungsaktivitäten des «Gereonsklubs», eines neuerungsfreudigen Privatklubs von Künstlern und Kunstwissenschaftlern. Der «Gereonsklub» richtet Franz Marc, Paul Klee, Robert Delaunay, der «Neuen Künstlervereinigung München», dem «Blauen Reiter» u. a. erste Ausstellungen im Rheinland ein. Die Rehabilitierung des heute in Privatbesitz befindlichen, lediglich in fünf Arbeiten noch nachweisbaren zwischen 1907 und 1916 entstandenen Œuvres beginnt erst mit den Ausstellungen «Die Rheinischen Expressionisten» (Bonn, Krefeld, Wuppertal 1979) und «Max Ernst in Köln» (Köln 1980). Diese Arbeiten legen eine stilistische Nähe zur «Münchener Sezession», zum Umkreis der «Jugend», dem «Neu-Dachauer Kreis» um Adolf Hölzel sowie den Künstlern von Pont-Aven nahe.

Eine psychische Erkrankung zwingt die Künstlerin 1916 zur Aufgabe ihrer bildnerischen Tätigkeit und erfordert von 1918 bis 1941 ihre Unterbringung in der Heilanstalt Waldbreitbach bei Neuwied. Im Rahmen des sogenannten Euthanasieprogramms der Nationalsozialisten wird sie von dort aus 1941 nach Lublin deportiert und ermordet. Nach Joachim Heusinger von Waldegg ist «Olga Oppenheimer, Förderin der jungen Kunst im Westen und Ausstellungsveranstalterin, ... für die Köln-Bonner Szene vor dem Ersten Weltkrieg von großer Signifikanz.» (Heusinger von Waldegg 1979, S. 357)

Ausstellungen (Auswahl). II. Ausstellung des Kölner Künstlerbundes, Wallraf-Richartz-Museum, Köln 1910. Sonderbund, Ausstellungshalle am Aachener Tor, Köln 1912; Rheinische Expressionisten, Kunstsalon Cohen, Bonn 1913; Armory Show. Armory of the 69th Infantry, New York, danach: Art Institute, Chicago und Boston, Copley Hall, 1913; Die Rheinischen Expressionisten – August Macke und seine Malerfreunde, Städtisches Kunstmuseum, Bonn, danach: Kaiser-Wilhelm-Museum, Krefeld, Von der Heydt-Museum, Wuppertal 1979

Literatur (Auswahl). Hildegard Reinhardt: Olga Oppenheimer. In: Kölner Museumsbulletin 1 (1991); dies.: Olga Oppenheimer und die Kölner Sezession. In: Wegweiser durch das jüdische Rheinland. Hg. von Ludger Heid und Julius H. Schoeps in Verbindung mit Marina Sassenberg. Berlin 1992, S. 341–345; Joachim Heusinger von Waldegg: Olga Oppenheimer. In: Die Rheinischen Expressionisten – August Macke und seine Malerfreunde. Recklinghausen 1979, S. 353–358; Elisabeth Erdmann-Macke: Erinnerungen an August Macke. Stuttgart 1962; August Macke – Franz Marc. Briefwechsel. Hg. von Wolfgang Macke. Köln 1964; August Macke. Briefe an Elisabeth und die Freunde. Hg. von Werner Frese und Ernst-Gerhard Güse. München 1987, S. 298

Hildegard Reinhardt

Orska, Maria Schauspielerin

15. 3. 1896 (auch 16. 3. 1893 und 1894 werden genannt), Nikolajew/Ukraine – 15. 5. 1930, Wien

Maria Orska wächst als Daisy – manche Quellen nennen auch den Vornamen Rahel – Orska in einer großbürgerlichen russisch-jüdischen Familie auf. Der Vater ist Jurist, ein Onkel Direktor des Österreichischen Lloyd, die Schwester heiratet in den Adel ein. Maria Orska liebte es, ihre Herkunft mit widersprüchlichen und geheimnisvollen Erzählungen zu umgeben, so daß wir heute kaum über gesicherte Angaben verfügen. Als Schauspielerin scheint sie zum erstenmal in Sankt Petersburg aufgetreten zu sein, wo sie von Ferdinand Gregori entdeckt wird. 1909 studiert sie kurzzeitig am Konservatorium in Wien Musik, Gesang und dramatische Kunst. Als Gregori zum Intendanten des Mannheimer Hoftheaters berufen wird, engagiert er die junge Schauspielerin zusammen mit Fritz Kortner. Maria Orska fühlt sich in Mannheim künstlerisch unterfordert und nimmt 1911 einen Ruf an das Hamburger Schauspielhaus an, das damals von Carl Hagemann geleitet wird. In der Hansestadt fällt sie allerdings in erster Linie wegen ihres als skandalös empfundenen Privatlebens auf. 1914 wird die Schauspielerin dann von Rudolf Bernauer und Carl Meinhard nach Berlin geholt. Nachdem sie in dem englischen Reißer «Mr. Wu» debütiert hat, bekommt sie im November 1914 die Chance, sich in August Strindbergs «Rausch» als ernsthafte Schauspielerin zu profilieren. Sie legt in der Folgezeit alle Relikte theatralischer Effekthascherei und Manieriertheit ab und entwickelt sich zu einer kongenialen Interpretin der Frauenrollen Frank Wedekinds, August Strindbergs und Oscar Wildes. Nach dem spektakularen Erfolg in Strindbergs «Kameraden» 1916 gilt sie als «Berlins modernste Schauspielerin» und als Star des Theaters in der Königgrätzer Straße (Hebbel-Theater). Das Publikum goutiert die Orska vor allem aber auch als erotisches Symbol ihrer Zeit.

Sie spielt den Vamp, die hypernervöse, rätselhafte und skandalumwitterte Diva, doch bleibt sie letztlich ein unsicheres, extrem anpassungsfähiges, labiles Geschöpf, das gezwungen wird, gemäß einem kollektiven Phantasiebild zu leben. Auf der Bühne feiert sie Triumphe als Salome, als Kaiserin Katharina in Lajos Birós und Menyhért Lengyels Erfolgsstück «Die Zarin», in Victorien Sardous «Cyprienne» und vor allem als Lulu in Wedekinds «Erdgeist».
Daß sie die Rolle des Vamps auch im Privatleben – eigentlich gegen ihre emotionalen Bedürfnisse – weiterspielt, wird vom bürgerlichen Publikum nicht geduldet: «Keinem Menschen und keiner Frau ist in der Öffentlichkeit je größeres Unrecht geschehen – niemand ist fälschlicherweise als eine zwar interessante, aber im Grunde verworfene, das heißt betont sexual-pathologische Frau gezeichnet und angeprangert worden als sie.» (Carl Hagemann 1948, S. 145)

Auch die Kritiker reagieren ausgesprochen ambivalent: Alfred Kerr lobt ihr psychologisch äußerst differenziertes Spiel, für ihn hat sie «etwas Königliches». Siegfried Jacobsohn verurteilt sie unbarmherzig als die «Schauspielerin für die Kriegsgewinnler». Maria Orska ist nur eine ganz kurze Zeit lang ein Star und fällt bald der Vergessenheit anheim: Bereits 1922 bricht ihre Karriere ab. In der Ehe mit dem selbstbewußten, kultivierten und äußerst wohlhabenden Bankier und Lebemann Hans von Bleichröder findet sie keinen Halt. Als sie nach 1925 noch einige Male in Reinhardt-Inszenierungen am Lessing-Theater, am Deutschen Theater und am Deutschen Künstlertheater auftritt, ist sie schon rettungslos dem Morphium verfallen.
Nach einer erschütternden Interpretation der Effie in Wedekinds «Schloß Wetterstein» kommt es zum Zusammenbruch. Am 15. März 1930 verübt die unglückliche und verzweifelte junge Frau mit einer Überdosis Veronal Selbstmord.

Literatur. Arnold Zweig: Juden auf der deutschen Bühne. Berlin 1928; Alfred Polgar: Ja und Nein. Darstellungen von Darstellungen. Hamburg 1956, S. 163 f.; Alfred Kerr: Das Mimenreich. Berlin 1917, S. 454–458; Ottomar Starke: Was mein Leben anlangt. Erinnerungen. Berlin 1956, S. 47–49, S. 132; Carl Hagemann: Bühne und Welt. Wiesbaden 1948, S. 144–146; Rudolf Bernauer: Das Theater meines Lebens. Berlin 1955

Elfi Pracht

Palmer, Lilli — Schauspielerin

24. 5. 1914, Posen –
27. 1. 1986, Los Angeles
Vater: Alfred Peiser, ?–1934, Medizinalrat;
Mutter: Rose, geb. Lissmann, ?–1964, Schauspielerin

Als Tochter eines Arztes und einer Schauspielerin, die ihren Beruf schon in jungen Jahren aufgibt, um sich der Familie zu widmen, legt sich Lilli Marie Peiser den Künstlernamen Lilli Palmer zu. Nach einer kurzfristigen Tätigkeit 1932 am Hessischen Landestheater in Darmstadt wird ihr «aus rassepolitischen Gründen» ein Engagement am Frankfurter Schauspielhaus verweigert. Sie geht nach Paris, wo sie zusammen mit ihrer Schwester Irene Kabarettprogramme aufführt («Les Sœurs Viennoises») und debütiert als Filmschauspielerin mit kleinen

Rollen in London. 1943 heiratet sie den Schauspieler Rex Harrison. Beide zusammen spielen in «The Rake's Progress» (1945), einem großen englischen Leinwanderfolg, und bekommen Verträge nach Hollywood. Hier übernimmt Lilli Palmer Film-Hauptrollen, unter anderem (als Partnerin von Gary Cooper) die einer antifaschistischen Partisanenkämpferin in «Cloak and Dagger» (dt. Titel: «Im Geheimdienst»). Nach einem Skandal im Starmilieu verlassen die Eheleute Harrison-Palmer Hollywood, gehen nach New York und spielen am Broadway Theater. Am New Yorker National Theater erlebt Lilli Palmer ihren wichtigsten Bühnenerfolg mit der weiblichen Hauptrolle in George Bernard Shaws Bühnenstück «Caesar and Cleopatra» (1949). 1954 kehrt sie nach Deutschland zurück, um in dem Film «Feuerwerk» unter der Regie von Kurt Hoffmann mitzuwirken. Der zweite Film, den sie in der Bundesrepublik Deutschland dreht, «Teufel in Seide» (mit Curd Jürgens als Partner), bringt ihr die Auszeichnung als «beste deutsche Schauspielerin des Jahres» ein (1955). Sie spielt weitere Filmrollen in Deutschland, anderen europäischen Ländern und in Amerika, teilweise an der Seite ihres zweiten Mannes, des argentinischen Schriftstellers und Schauspielers Carlos Thompson. 1974 verleiht ihr Gustav Heinemann anläßlich ihres 60. Geburtstages das Große Verdienstkreuz des Verdienstordens der Bundesrepublik Deutschland, und 1978 erhält sie den Deutschen Filmpreis in Gold für langjähriges und hervorragendes Wirken im deutschen Film. In den über 70 Streifen ihres Filmschaffens stellt Lilli Palmer äußerst unterschiedliche Rollen überzeugend dar, von der krankhaft eifersüchtigen Ehefrau in «Teufel in Seide» bis hin zu der in Modigliani verliebten Journalistin in «Montparnasse 19» oder von der geheimnisvollen Anastasia in «Die letzte Zarentochter» bis hin zu der glänzenden Erfolgsschauspielerin in «Julia, du bist zauberhaft». Manche ihrer Filme, musikalische Komödien und Melodramen, sind inzwischen vergessen.

Jedoch behalten Produktionen wie «The Four Poster» (dt. Titel: «Das Himmelbett»), für die Lilli Palmer 1953 beim Festival von Venedig den Volpi-Pokal als beste Schauspielerin erhält, oder «Operation Crossbow» («Beste Schauspielerin» beim Festival von San Sebastián 1965) einen festen Platz in der Geschichte der Filmkunst. 1980 spielt Lilli Palmer eine Rolle in dem amerikanischen Fernsehfilm «Das Tagebuch der Anne Frank». Bis zu ihrem Tod macht die vielseitige und populäre Künstlerin Sendungen für das deutsche Fernsehen, beschäftigt sich mit Malerei und veröffentlicht mehrere Romane sowie einen Band mit Geschichten nach einer Fernsehserie.

Quellen. Performing Arts Research Center, Lincoln Center, New York
Ausstellung. Galerie Lambert Monet, Köln 1978
Veröffentlichungen. Dicke Lilli – gutes Kind. München 1974; Der rote Rabe. Locarno 1977 (Autobiographie); Umarmen hat seine Zeit. München 1979; Nachtmusik. München 1981; Eine Frau bleibt eine Frau. Ascona 1982; Um eine Nasenlänge. München 1984; Wenn der Nachtvogel schreit. München 1986
Literatur. Joachim Weno: Lilli Palmer. Berlin 1957; O. Huebner: Lilli Palmer. Ihre Filme – ihr Leben. München 1986; Biographisches Handbuch der deutschsprachigen Emigration nach 1933. München u. a. 1980, Bd. II, Teil 2, S. 885

Avram Andrei Baleanu
(Deutsch von Hans Joachim Kemper)

Pappenheim, Bertha

Sozialarbeiterin, Frauenrechtlerin

(Pseudonym: Paul Berthold) *27. 2. 1859, Wien – 28. 5. 1936, Isenburg*

Als «Anna O.» geht Bertha Pappenheim in die Geschichte der Psychoanalyse ein. Sie ist die Patientin, die in Josef Breuers und Sigmund Freuds «Studien über Hysterie» einen Ehrenplatz einnimmt, da ihre Behandlung, laut Breuer, die Keimzelle der Psychoanalyse enthalten habe. Anna O. habe durch ihren «kräftigen Intellekt» die «talking cure», die Redekur, mit entdeckt. (Breuer 1978, S. 348) Als Hintergrund der Krankheit sieht er die orthodox-jüdische Familie, die der überdurchschnittlich begabten Tochter nichts anbietet, außer der zu dieser Zeit üblichen Bildung für junge Mädchen, die Vorbereitung auf eine standesgemäße Eheschließung ist. Bertha Pappenheim flüchtet sich in Tagträume, in ihr «Privattheater», wie sie es selbst nennt, und zuletzt in die hysterische Erkrankung, die 1880 die Hinzuziehung eines Arztes notwendig macht.

1889 zieht Bertha Pappenheim nach Frankfurt a. M. und beginnt, sich im Sozialwesen und in der Frauenbewegung zu engagieren. Schon Breuer konstatiert während seiner Behandlung, daß sie «gütig und philanthropisch, Werken der Barmherzigkeit zugeneigt, energisch» (ebenda) sei. Es ist Bertha Pappenheims Bestreben, durch Bildung und berufliche Qualifizierung die Situation jüdischer Mädchen und Frauen zu verbessern. Ihre Aktivitäten finden jedoch immer im Rahmen eines orthodoxen Judentums statt. So benutzt sie selbst für ihre Arbeit den Begriff «Mizwa».

Um ihren Forderungen mehr Schlagkraft zu verleihen, gründet sie 1904 den «Jüdischen Frauenbund» (JFB), den sie zwanzig Jahre lang leiten wird, und sie macht die «Blätter des JFB» zu ihrem Sprachrohr. 1907 entsteht auf Bertha Pappenheims Initiative das Erziehungsheim des «JFB» in Isenburg, das sie mit Strenge führt. Ebenfalls auf Anregung von Bertha Pappenheim wird 1917 die «Zentralwohlfahrtsstelle der deutschen Juden» begründet. In den zwanziger Jahren beschäftigt sich Bertha Pappenheim mit dem Problem des Mädchenhandels und der Prostitution jüdischer Frauen. Sie unternimmt Studienreisen u. a. nach Palästina und Osteuropa; die Ergebnisse ihrer Erhebungen veröffentlicht sie 1930 in dem vielbeachteten Band «Sisyphus-Arbeit».

Im JFB findet ihre jugendliche Erkrankung nie Erwähnung, und auch ihre spätere Biographin → Dora Edinger verschweigt sie.

Unter dem Pseudonym Paul Berthold veröffentlicht Bertha Pappenheim seit 1899 literarische Texte, in denen sie, über die praktische Arbeit hinausweisend, die Probleme, um deren Lösung sie sich bemüht, verarbeitet. Einen Hinweis auf die Gefühle Bertha Pappenheims gibt ein Gedicht aus ihrem Nachlaß:

«Mir ward die Liebe nicht – –
Drum leb? ich wie die Pflanze
Im Keller ohne Licht.
Mir ward die Liebe nicht – –
Drum tön ich wie die Geige,
Der man den Boden bricht.
Mir ward die Liebe nicht – –
Drum wühl ich mich in Arbeit
Und leb? mich wund an Pflicht.
Mir ward die Liebe nicht – –
Drum denk? ich gern des Todes
Als freundliches Gesicht.»
(Colin 1993, S. 210)

Quellen. Leo Baeck Institute, New York; Deutsches Zentralinstitut für soziale Fragen, Berlin-Dahlem, Archiv
Veröffentlichungen (Auswahl). (Paul Berthold:) Frauenrecht, Schauspiel in drei Aufzügen. Dresden 1899; In der Trödelbude – Geschichten. Lahr 1890; Zur Judenfrage in Galizien. Frankfurt a. M. 1900; Zur Lage der jüdischen Bevölkerung in Galizien. Frankfurt a. M. 1904; Tragische Momente: Drei Lebensbilder. Frankfurt a. M. 1913; Kämpfe. Sechs Erzählungen. Frankfurt a. M. 1916; Sisyphus-Arbeit – Reisebriefe aus den Jahren 1911 und 1912. Leipzig 1924; Sisyphus-Arbeit. Zweite Folge. Berlin 1929; Gebete. Ausgewählt und hg. vom Jüdischen Frauenbund, mit einem Nachwort von Margarete Susman. Berlin 1936; (Hg.:) Die Memoiren der Glückel von Hameln. Autorisierte Übertragung (aus dem Jüdisch-Deutschen) nach der Ausgabe des David Kaufmann. Wien 1910, Privatdruck
Literatur (Auswahl). Dora Edinger: Bertha Pappenheim: Freud's Anna O. Highland Parl/Illinois 1968; dies.: Bertha Pappenheim – Leben und Schriften. Frankfurt a. M. 1963; Sigmund Freud und Josef Breuer. Studien über Hysterie. Frankfurt a. M. 1970; Josef Breuer: Krankengeschichte Bertha Pappenheim (1882). In: Albrecht Hirschmüller: Physiologie und Psychoanalyse im Leben und Werk Josef Breuers, Nachtrag 4 zu Jahrbuch der Psychoanalyse X (1978), S. 348–362; Marion Kaplan: Die jüdische Frauenbewegung in Deutschland. Organisation und Ziele des Jüdischen Frauenbundes 1904–1938. Hamburg 1981; Amy Diana Colin: Metamorphosen einer Frau. Von Anna O. zu Bertha Pappenheim. In: Jutta Dick, Barbara Hahn (Hg.): Von einer Welt in die andere. Jüdinnen im 19. und 20. Jahrhundert. Wien 1993, S. 197–215

Jutta Dick

Rée, Anita **Malerin**

9. 2. 1885, Hamburg –
12. 12. 1933, Kampen auf Sylt
Vater: Israel Rée, 1850–?, Kaufmann;
Mutter: Clara, geb. Hahn, 1858,
Venezuela –?

Anita Rée wächst in Hamburg zusammen mit ihrer Schwester Emilie im bürgerlich-liberalen Milieu einer alteingesessenen jüdischen Kaufmannsfamilie auf. Die Hamburger Linie handelt seit Generationen vor allem mit Getreide, mit ostindischen Waren der seit 1727 in Dänemark ansässige Zweig der Familie. Der protestantisch geprägten Erziehung im assimilierten Elternhaus folgt die der Zeit angemessene Bildung höherer Töchter. Während Emilie den vorgezeichneten Weg als Gattin, Mutter und Hausfrau wählt, bricht Anita aus der gewohnten Welt aus, entwickelt eigene Ideen und Lebensentwürfe. Unsicher über das eigene Talent, beschließt sie 1906, obwohl sie bereits seit einem Jahr Schülerin von Arthur Siebelist ist, eine «Koryphäe» auf dem Gebiet der Malerei um Rat zu fragen. Max Liebermann bestätigt sie nach einem persönlichen Gespräch auf ihrem Weg, mehr als nur eine «dilettierende höhere Tochter» zu werden.
1910 trennt sie sich nach persönlichen Differenzen von ihrem Lehrer Arthur Siebelist, um zunächst mit den Matisse-Schülern Friedrich Ahlers-Hestermann und Franz Nölken zusammenzuarbeiten. 1912/13 lernt sie in Paris bei Fernand Léger Aktzeichnen – zu diesem Zeitpunkt für Frauen in Deutschland ein gesellschaftlicher Skandal, wenn nicht gar unmöglich. Ihren ersten großen Erfolg hat Anita Rée 1913 mit ihrer Ausstellung bei Commeter in Hamburg, weitere Ausstellungen folgen vor allem in Hamburg, aber auch in Genf (1920), Dresden (1921), Stockholm (1922) und Berlin (1928). 1919 gehört sie zu den sieben weiblichen Gründungsmitgliedern der «Hamburger Sezession». Der Erste Weltkrieg belastet die politisch bislang indifferente Künstlerin sehr, vor allem der «Steckrübenwinter» 1917/18, den sie in Hamburg erlebt. Ihre Eindrücke von Hunger und Elend verarbeitet sie zum Bildnis der «Blauen Frau», das zum «Sensationsstück im Stillen der hiesigen Sezession» (Bruhns 1986, S. 60) wird. Im Kreis um Margit Durrieu, bei Pauli oder Ida Dehmel trifft sie sich mit Künstlern (→ Gretchen Wohlwill, Alma del Banco, Franz Radziwill u. a.) und Mäzenen und reift in dieser Zeit zur anerkannten Porträtistin.

Während eines dreijährigen Aufenthalts in Positano (1922–25) beginnt sie, sich der Neuen Sachlichkeit zuzuwenden. Man zählt sie nunmehr zu den «besten deutschen Malern der Moderne» (ebenda, S. 105). In ihren italienischen Motiven setzt sie immer wieder die Unregelmäßigkeit der Natur der strengen Geometrie der Architektur gegenüber, greift bei ihren Stadtlandschaften («Città Morta», «Weiße Bäume») Metaphysisches auf: «Ihr Positano ist ein magisches, geheimnisvoll Erlebtes, in dem die äußere Erscheinung der Objekte Zeit, Kultur und nicht zuletzt Natur reflektiert.» (Ebenda, S. 88) Ende der zwanziger Jahre befaßt sie sich zunehmend mit alttestamentarischen

Anita Rée: Selbstporträt

Themen. «Die klugen und die törichten Jungfrauen» heißt ein monumentales Wandbild, das sie für eine Hamburger Schule anfertigt; für die St. Ansgar-Kirche erhält sie, trotz einer antisemitischen Hetzkampagne, 1931 den Auftrag zur Gestaltung eines Triptychons.
Bei allem künstlerischen Erfolg ist Anita Rée privat unfähig zu einer engen menschlichen Bindung und leidet zugleich an ihrer Einsamkeit. Gehemmt und scheu im Umgang mit anderen Menschen, beschäftigt sie sich zeitlebens mit dem Freitod. Zukunftsangst, Isolation und Verarmungswahn verdichten sich am Vorabend des Nationalsozialismus zu unüberwindlichen Bedrohungen. Am 12. Dezember 1933 nimmt sich Anita Rée in Kampen auf Sylt, wo sie seit 1932 in ärmlichen Verhältnissen wohnt, das Leben.

Quellen. Briefnachlaß im Archiv der Hamburger Kunsthalle

Werke. Ein ausführliches Werkverzeichnis befindet sich im Anhang der Monographie von Maike Bruhns

Literatur. Maike Bruhns: Anita Rée. Leben und Werk einer Hamburger Malerin 1885–1933. Hamburg 1986; Carl Georg Heise und Hildegard Heise (Hg.): Anita Rée. Ein Gedenkbuch von ihren Freunden. Hamburg 1969

Marina Sassenberg

Reichmann, Eva Gabriele **Publizistin**

16. 1. 1897, Lublinitz/Oberschlesien
Vater: Adolf Jungmann, 1859–?, Rechtsanwalt; Mutter: Agnes, geb. Roth, 1866–?, Theresienstadt

Eva Gabriele Reichmann wächst in einem jüdisch-religiös geprägten und assimilierten Elternhaus in Oppeln auf, das dem Rabbiner der Gemeinde, Leo Baeck, freundschaftlich verbunden ist. Sie studiert von 1917 bis 1921 Nationalökonomie in Breslau, München, Berlin und Heidelberg und promoviert 1921 mit einer Arbeit zum Thema «Spontaneität und Ideologie als Faktoren der modernen sozialen Bewegung» zum Dr. phil in Heidelberg. 1922/23 ist sie als Angestellte beim Internationalen Schuh- und Lederarbeiterverband in Nürnberg, 1923/24 im Sekretariat der Metallhandlung Rawack & Grünfeld in Berlin tätig. In den Jahren 1924 bis 1938 wirkt sie als kulturpolitische Referentin in der Leitung des «Central Vereins deutscher Staatsbürger jüdischen Glaubens, Berlin» und ist gleichzeitig ständige Mitarbeiterin der «CV-

Eva G. Reichmann mit Richard von Weizsäcker, 1984

Zeitung». 1933 übernimmt sie die Schriftleitung von dessen Monatsausgabe «Der Morgen».
Im April 1939 emigriert sie mit einem Kollektivvisum nach England und genießt dort die Unterstützung durch den Purview Fund, New York. 1942/43 arbeitet sie im Abhördienst der BBC in Evesham. Mit finanzieller Hilfe des «American Jewish Committee» studiert sie in den Jahren 1943 bis 1945 an der London School of Economics und erwirbt 1945 dort den Ph.D. mit einer Arbeit über «The Social Sources of National-Socialist Antisemitism». In den Jahren 1945 bis 1959 ist sie zunächst Mitarbeiterin, dann Leiterin der Forschungsabteilung der Wiener Library in London sowie Vorstandsmitglied und Mitarbeiterin des Leo Baeck Institute. 1959 geht sie in den Ruhestand und lebt seitdem als Dozentin und freie Schriftstellerin in London.
Eva Gabriele Reichmanns Denken ist geprägt von Leo Baeck, «dem Lehrer meiner Jugend». Demzufolge stehen das Judentum und die

deutsch-jüdische Beziehungsgeschichte im Mittelpunkt ihres wissenschaftlichen und publizistischen Wirkens, wie die zahlreichen Aufsätze und Vorträge, die sie zu diesen Fragen verfaßt hat, belegen (siehe hierzu vor allem den Sammelband «Größe und Verhängnis deutsch-jüdischer Existenz»). Insbesondere ihre 1956 ins Deutsche übersetzte und seitdem in mehrfachen Auflagen erschienene Doktorarbeit «Die Flucht in den Haß» enthält eine historische, soziologische und sozialpsychologische Analyse des Antisemitismus in Deutschland. Trotz ihrer Erfahrungen unter dem Nationalsozialismus ist sie überzeugt, daß die These von der Kollektivschuld unhaltbar sei. Sie setzt sich ein für den Dialog zwischen Juden und Deutschen, hält zahlreiche Vorträge, so zum Beispiel auf dem Evangelischen Kirchentag in Berlin 1961 («das größte aller Erlebnisse»). Für dieses Engagement und ihren Einsatz für Demokratie, Freiheit und Toleranz erhält sie 1969 das Bundesverdienstkreuz Erster Klasse, 1970 die Buber-Rosenzweig-Medaille, 1982 den Moses-Mendelssohn-Preis sowie 1983 das Große Bundesverdienstkreuz. Eva Gabriele Reichmann ist Mitglied und Mitarbeiterin verschiedener Gesellschaften für christlich-jüdische Zusammenarbeit, jüdischer Organisationen sowie Vorstandsmitglied und wissenschaftliche Mitarbeiterin des Leo Baeck Institute.

Veröffentlichungen (Auswahl). Hostages of Civilisation. The Social Sources of National-Socialist Antisemitism. 1950, deutsch: Die Flucht in den Haß. Die Ursachen der deutschen Judenkatastrophe. Frankfurt a. M. 1956; Worte des Gedenkens für Leo Baeck. Im Auftrag des Council of Jews from Germany – London hg. von Eva G. Reichmann. Heidelberg 1959; Zeitgeschichte als politische und moralische Aufgabe. Hamburg 1962; Größe und Verhängnis deutsch-jüdischer Existenz. Zeugnisse einer tragischen Begegnung. Heidelberg 1974; Der Bewußtseinswandel der deutschen Juden. In: Werner Mosse, Arnold Paucker (Hg.): Deutsches Judentum in Krieg und Revolution 1916–1923. Tübingen 1971, S. 511–612; Toleranz. Eine Dankrede. In: Reden zum Moses-Mendelssohn-Preis 1982 zur Förderung der Toleranz gegenüber Andersdenkenden und zwischen den Völkern, Rassen und Religionen an Eva G. Reichmann. Hg. vom Senator für Wissenschaft und Kulturelle Angelegenheiten, Berlin

Literatur. C. C. Aronsfeld: Eva Reichmann at 90. The Hazards of Emancipation. In: AJR Information, London, Januar 1987, S. 3 f.; Werner Rosenstock: Eva Reichmann at 90. A Personal Tribute. In: AJR Information, London, Januar 1987, S. 4; «Tragt ihn mit Stolz, den gelben Fleck». Gespräch mit Eva Reichmann: In: Ästhetik und Kommunikation. Beiträge zur politischen Erziehung. Deutsche, Linke, Juden 51 (1983), S. 51–70; Biographisches Handbuch der deutschsprachigen Emigration nach 1933. München u. a. 1980, Bd. I, S. 592

Monika Hübsch-Faust

Rewald, Ruth Gustave

Kinder- und Jugendbuchautorin

5. 6. 1906, Berlin – 1942 ?, Auschwitz
Vater: Arthur M. Rewald, 1880–?, Kaufmann;
Mutter: Elsa, geb. Salzmann, 1884–?

Ruth Rewald stammt aus einer assimilierten deutsch-jüdischen Familie in Berlin. Sie studiert Jura in Berlin und Heidelberg, schließt das Studium aber nicht ab. 1929 heiratet sie den jüdischen Rechtsanwalt Hans Schaul, mit dem sie in Berlin ein «jüdisch-intellektuelles Bohemien-Leben» (Krüger 1990, S. 29) führt. 1931 debütiert sie im Rahmen der Kinderbuchserie «Sonne und Regen im Kinderland» mit den beiden Erzählungen «Rudi und sein Radio» und «Peter Meyer liest seine Geschichten vor». In verschiedenen (sozialdemokratischen) Tageszeitungen veröffentlicht sie 1932/33 zahlreiche Kinder-Kurzgeschichten. Mit dem 1932 erscheinenden Buch «Müllerstraße. Jungens von heute» gelingt ihr ein Jugendroman von hoher literarischer und inhaltlicher Qualität, der angesiedelt ist zwischen der proletarisch-revolutionären und bürgerlich-humanistischen Kinder- und Jugendliteratur. Erzählt werden die Erlebnisse von Arbeiterkindern, die ihre Ferien zu Hause verbringen müssen und die ihre anfängliche Aggressivität durch sinnvolle Gruppenaktionen überwinden. Innerhalb von drei Monaten ist die Auflage von 7000 Exemplaren nahezu vergriffen. Das Erscheinen ihres nächsten Buches «Achtung – Renate!», das Weihnachten 1933 auf den Markt kommen soll, ist nicht mehr möglich. (Das Manuskript befindet sich im Nachlaß.)

Unter dem Eindruck der Bücherverbrennungen vom Mai 1933 emigriert Ruth Rewald mit ihrem Mann nach Paris. Sie kauft sich in eine Pariser Buchhandlung ein, die jedoch 1936 schließen muß. Ihr Stuttgarter Verleger D. Gundert teilt ihr im November 1933 mit, daß Bücher von ihr in Deutschland nicht mehr erscheinen können. Ruth Rewald schreibt weiter. Es entsteht «Janko. Der Junge aus Mexiko», ein Jugendroman, der 1934 im renommierten Exilverlag Sebastian Brant in Straßburg mit einer Startauflage von 2500 Exemplaren in deutscher Sprache erscheint. Der Roman wird auch ins Norwegische und Schwedische übersetzt. «Janko» ist von Ruth Rewald als Person angelegt, in der das Exildasein paradigmatisch beschrieben wird – in einer eigenständigen und «kinderleichten» poetischen Umsetzung.

1935 scheitert ihr Versuch, in die USA zu emigrieren. Im folgenden Jahr schließt sie «Tsao und Jing-Ling – Kinderleben in China» ab. Nachdem alle Versuche, das Manuskript unterzubringen, gescheitert sind, erscheint es 1937 als Fortsetzungsgeschichte in einer Schweizer Gewerkschaftszeitung; dies wird durch Lisa Tetzner ermöglicht, mit der Ruth Rewald eine enge und schöpferische Freundschaft verbindet.
Ihre Erlebnisse und Erfahrungen im republikanischen Spanien, wohin sie ihren in den Internationalen Brigaden kämpfenden Mann eine Zeitlang begleitet, verarbeitet sie auf Drängen von Alfred Kantorowicz in ihrem letzten Jugendbuch «Vier spanische Jungen», das 1938 in Paris entsteht, jedoch infolge des deutschen Einmarsches in Frankreich nicht mehr gedruckt werden kann. In diesem auf authentischen Begebenheiten beruhenden Jugendroman erwähnt sie auch die Beteiligung und das mutige Engagement zahlreicher jüdischer Spanienkämpfer auf republikanischer Seite. Das Buch erscheint erst 1987.

In ihrem nicht einmal zehn Jahre umfassenden literarischen Schaffen hat Ruth Rewald der gesellschaftlichen Komponente im Jugendbuch Gewicht gegeben. Auf dem Gebiet der Kinder- und Jugendliteratur leistet sie mit ihren Schriften einen wichtigen Beitrag im Kampf gegen die Unkultur der Nationalsozialisten. Wegen ihrer 1937 geborenen Tochter kann sie 1939/40 noch der allgemeinen Internierungspflicht für deutsche Staatsbürger in Frankreich entgehen. Am 17. Juli 1942 wird Ruth Rewald in dem Dorf Les Rosiers-sur-Loire von der Gestapo verhaftet, nach Auschwitz deportiert und dort ermordet. Ihr Todesdatum ist unbekannt.

Quellen. Der Nachlaß befindet sich im Bundesarchiv, Abteilung Potsdam (Ruth Rewald-Schaul 1932–1939)

Veröffentlichungen. Rudi und sein Radio. Stuttgart 1931; Müllerstraße. Jungens von heute. Stuttgart 1932; Janko. Der Junge aus Mexiko. Straßburg 1934; Vier spanische Jungen. Köln 1987

Literatur. Dirk Krüger: Die deutsch-jüdische Kinder- und Jugendbuchautorin Ruth Rewald und die Kinder- und Jugendliteratur im Exil. Frankfurt a. M. 1990; ders.: Wider das Vergessen. Erinnerungen an die deutsch-jüdische Kinder- und Jugendbuchautorin Ruth Rewald. In: Menora 2, Jahrbuch für deutsch-jüdische Geschichte, hg. von Julius H. Schoeps. München 1991, S. 270–297

Ludger Heid

Richter, Elise **Romanistin**

2. 3. 1865, Wien –
21. 6. 1943, Theresienstadt
Vater: Maximilian Richter, ?–1891?, Arzt; Mutter: Emilie Richter, ?–1889

Strenge Religiosität, ohne Anbindung an eine Konfession, und bürgerliche Mädchenbildung kennzeichnen den kindlichen Alltag der Elise Richter. Zusammen mit ihrer Schwester erhält sie Privatunterricht bei einer norddeutschen Erzieherin, einem «richtigen preußischen Feldwebel». Den Wunsch zu studieren halten die Eltern für «unmädchenhaft», so daß Elise Richter im Anschluß an den häuslichen Unterricht zunächst ‹drauflosliest›: Herders «Ideen zur Philosophie der Geschichte der Menschheit» und Theodor Mommsens «Römische Geschichte», die ihr sprachwissenschaftliches Interesse wecken.

In ihrem zwanzigsten Lebensjahr erkrankt sie an Gelenkrheumatismus und lebt von da an nie völlig schmerzfrei. Sie sucht verstärkt Zuflucht in der Musik, im Lesen und Lernen, empfindet dies jedoch weniger als Therapie denn als «Gaya scienzia», als «fröhliche Wissenschaft» im Sinne Nietzsches, was sie auch als Lebensmotto beibehält. Seit 1891 ist Elise Richter Gasthörerin an der Wiener Universität, u. a. bei Lujo Brentano und Theodor Gompertz. Ihr späterer väterlicher Freund und Mentor Adolf Mussafia, der «erste regelrechte Vertreter der Romanischen Philologie an der Wiener Universität» (Christmann 1980, S. 9), läßt sie jedoch erst nach bestandener Matura (1897) als Externe am Akademischen Gymnasium in Wien zu seinem altfranzösischen Kolleg zu. Nach Abschluß ihres Studiums (1901) bemüht sie sich lange Zeit um eine Dozentur, die ihr jedoch erst 1907, nach vollendeter Habilitation gewährt wird. Damit ist Elise Richter die erste, wenngleich unbezahlte Privatdozentin Österreichs und Deutschlands. Schon mit der Abhandlung «Der innere Zusammenhang in der Entwicklung der romanischen Sprachen» (1911) strebt Elise Richter weg von der systematischen Auffassung der Sprachgeschichte hin zu einer «pragmatischen» Geschichte der romanischen Sprachen, einer «Chronologie der Romanismen» (Christmann 1980, S. 17), und entdeckt die Psychologie als unverzichtbares Element zum Verständnis sprachlichen Geschehens. 1921 wird sie zum a. o. Professor ernannt, doch erst mit der Erteilung eines Lehrauftrags für Sprachwissenschaften und Phonetik an der Universität Wien angemessen für ihre Tätigkeit bezahlt. Ein Jahr später gründet sie auf den Anstoß der «International Federation of University Women» hin den «Verband der akademischen Frauen Österreichs».

Als 1930 ihr grundlegender Forschungsbericht «Die Entwicklung der Phonologie» erscheint, ist das Fach durch die Initiative Elise Richters gerade seit zwei Jahren an der Universität Wien etabliert. Der Titel des Ordinarius bleibt ihr jedoch verwehrt. 1938 wird ihr aufgrund der rassistischen Gesetzgebung der Nationalsozialisten die Lehrerlaubnis entzogen. Das Angebot der «International Federation of University Women», nach England zu emigrieren, lehnt Elise Richter ab. Was für sie zwischen 1905 und 1907 gilt, als sie sich während des zermürbenden Habilitationsverfahrens schon einmal mit Auswanderungsplänen befaßt, gilt erst recht 1938: «Ich hing mit allen Fasern an Wien, an der Landschaft, der Architektur, dem Burgtheater und den philharmonischen Konzerten ... ein klein wenig auch am selbstangelegten Gärtchen. Ich war zu fest eingewurzelt.» (Richter 1928, S. 89) Ihre letzten Arbeiten, darunter sprachpsychologische Betrachtungen zum «Stammausgleich der ablautenden französischen Verben», kann sie 1940 bis 1942 nur noch in den Niederlanden und Italien veröffentlichen. Zusammen mit ihrer Schwester bleibt Elise Richter bis zu ihrer Deportation nach Theresienstadt am 10. Oktober 1942 in der Wohnung ihres ehemals eigenen Hauses im Wiener Cottage. Am 21. Juni 1943 stirbt Elise Richter in Theresienstadt an den Folgen der Deportation.

Quellen. Wiener Stadt- und Landesbibliothek; Teilnachlaß (wissenschaftliche und private Korrespondenz) im Besitz der Handschriftensammlung der Österreichischen Nationalbibliothek, Wien

Veröffentlichungen (Auswahl). Ausführliche Bibliographie siehe Woodbridge 1972; AB im Romanischen. Halle 1904 (Habil.-Schr.); Der innere Zusammenhang in der Entwicklung der romanischen Sprachen. In: Prinzipienfragen der romanischen Sprachwissenschaft 2. Zeitschrift für Romanische Philologie (ZRPh), Beih. 27 (1911), S. 57–143; Erziehung und Entwicklung. In: Führende Frauen Europas. Hg. von Elga Kern. München 1928, S. 70–93; Die Entwicklung der Phonologie. In: Die Neueren Sprachen 38 (1930), S. 529–543; Beiträge zur Geschichte der Romanismen. 1: Chronologische Phonetik des Französischen bis zum Ende des 8. Jhs. In: ZRPh, Beih. 82 (1934); Der Stammausgleich der ablautenden französischen Verben. In: Archivum Romanicum 25 (1941), S. 384–400

Literatur (Auswahl). Hans Helmut Christmann: Frau und «Jüdin» an der Universität. Die Romanistin Elise Richter (Wien 1865 – Theresienstadt 1943). Mainz, Wiesbaden 1980 (Akademie der Wissenschaften und der Literatur, Abhandlungen der Geistes- und sozialwissenschaftlichen Klasse, Jg. 1980, Nr. 2); Benjamin Woodbridge Jr.: A Bibliography of the Writings of Elise Richter. In: Romance Philology 26 (1972), S. 342–360; W. Bandhauer: Ideologiekritische Anmerkungen zu Elise Richter in Konfrontation mit Leo Spitzer. In: Deutsche und österreichische Romanisten als Verfolgte des Nationalsozialismus. Tübingen 1989; Christa Wille: Frohmachende Wissenschaft? In: Initiative Wissenschaft, Heft 1, 1990, S. 21–26 (Teil 1), und Heft 1, 1991, S. 20–22 (Teil 2)

Marina Sassenberg

Ritter-Marcus, Lucie

Malerin und Modedesignerin

20. 1. 1895, Breslau – 4. 8. 1967, Freudenstadt

Lucie Ritter-Marcus besucht, kaum achtzehn Jahre alt, als Studentin der Breslauer Akademie die Malereikurse des Breslauer Künstlers und Dozenten Siegfried Haertel, mit dem sie in den folgenden Jahren eng zusammenarbeitet. Bis 1921, dem Jahr ihrer Heirat mit dem Breslauer Arzt Ernst Marcus, dürfen sie den Sitz des Großherzogs von Sachsen-Weimar in Heinrichau (Schlesien) als Studienort nutzen. Dort entstehen erste Natur- und Detailarbeiten.

Unter der Anleitung von Professor Peter Kowalski findet sie nach 1921 im Bereich der Aquarelltechnik zu der später für sie typischen Farbintensität. Zunehmend entfernt sie sich während dieser Zeit von der naturalistischen Darstellung und entwickelt ihre Bilder aus Eindrükken, die sie aus Märchen und poetischer Literatur gewinnt.

Aus Angst vor der Verfolgung durch das nationalsozialistische Regime verläßt die Künstlerin 1934 ihre Heimatstadt und emigriert mit ihrem Mann in die USA. Sie gibt ihre Malerei auf, um in der Modebranche zu arbeiten, und ist bald mit eigenen Entwürfen in New York und später in Los Angeles erfolgreich. Im Alter zieht es sie 1967 von ihrer Wahlheimat San Francisco aus noch einmal nach Europa. Während dieser Reise stirbt sie jedoch an den Folgen einer langjährigen Krankheit.

Quellen. Nachlaß Lucie Ritter-Marcus, Archival Collection Leo Baeck Institute, New York

Werke. Hauptsächlich im Besitz der Familie Marcus in Kalifornien; eine kleine Sammlung von Modeskizzen und Breslauer Zeichnungen befindet sich im Leo Baeck Institute, New York

Literatur. Ruth Hoffmann: Meine Freunde aus Davids Geschlecht. Berlin 1955

Petra Lindner

Rühle-Gerstel, Alice

Psychologin und Schriftstellerin

24. 3. 1894, Prag –
24. 6. 1943, Mexiko (Selbstmord)

Alice Rühle-Gerstel studiert Germanistik und Philosophie in ihrer Heimatstadt Prag und in München und promoviert 1921 über Friedrich Schlegels Aphorismen. Im selben Jahr heiratet sie Otto Rühle, mit dem sie an einer Synthese von Marxismus und Individualpsychologie arbeitet; aus «einer Überfülle von Theorien und Systemen» greife sie diese heraus, da sie «in ihrer direkten Zugewandtheit zur Praxis des notvollen Lebens die geeignetsten wissenschaftlichen Erklärungsweisen des heutigen Chaos» bieten. (Der Weg zum Wir, S. 13 f.) Mit ihrem Mann gründet sie einen Verlag, «Am anderen Ufer», der Texte zu einer sozialistischen Erziehungstheorie veröffentlicht. 1932 erscheint ihr wichtigstes theoretisches Buch, «Das Frauenproblem der Gegenwart», das in der heutigen feministischen Diskussion viel zuwenig wahrgenommen wird: «Die ganze Welt, wie sie heute ist, ist Männerwelt. Der Raum, in dem sich die Lebensgestaltung und die Zielsetzungen der Frauen vollziehen, ist entliehener Raum; der Raum der Werte und Wirklichkeit gehört den Männern.» (Das Frauenproblem, S. 83) Gegen die Bornierungen von Arbeiterbewegung und Frauenbewegung proklamiert sie, daß es keine Lösung der Frauenfrage ohne Lösung der sozialen Frage gäbe, so wie es «ohne wenigstens versuchsweise, schrittweise Lösung der Geschlechterfrage» auch keine der sozialen gäbe. Substantielle Bestimmungen der Frau oder des Weiblichen sind ihr fremd, «der Charakter der Frau ist eine Chiffre für die Herrschaftsverteilung zwischen den Geschlechtern», heißt es programmatisch (ebenda, S. 67). Da in diesem Buch «die entschiedene Sprache des Manifests neben dem parodistischen Spiel mit weiblichen Rollenvorstellungen und der kleinen dramatischen Erzählung von den täglichen Maskeraden, Wunschwelten, konstruierten Wirklichkeiten steht», ist es bis heute von großer Spannung. (Nordmann 1988, S. 373) 1932 emigriert sie nach Prag, 1936 weiter nach Mexiko, wo sie als Übersetzerin arbeitet. Dort trifft sie Leo Trotzki, dem sie ein Buch widmet, das erst postum erscheint: «Kein Gedicht für Trotzki» (1979). Ebenfalls postum erscheint ihr Emigrationsroman «Der Umbruch oder Hanna und die Freiheit» (1984), «ein bißchen autobiographisch, vermischt mit einer Liebesgeschichte und

Alice Rühle-Gerstel mit ihrem Ehemann Otto Rühle

der Abwendung der Heldin von der Kommunistischen Partei», wie es in einem Brief vom 4. August 1938 heißt.

Veröffentlichungen. Friedrich Schlegel und Chamfort. Phil. Diss. München 1921; Freud und Adler. Elementare Einführung in Psychoanalyse und Individualpsychologie. Dresden 1924; Selbstbewußtsein und Klassenbewußtsein. Dresden 1926; Das Stiefkind. Dresden 1927; Der Weg zum Wir. Versuch einer Verbindung von Marxismus und Individualpsychologie. Dresden 1927, Nachdruck mit einem Geleitwort von Manès Sperber, Bemerkungen von Rainer Schmidt und einer autobiographischen Skizze von Henry Jacoby. München 1980; zusammen mit Otto Rühle: Sexual-Analyse. Psychologie des Liebes- und Ehelebens. Rudolstadt 1929; Das Frauenproblem der Gegenwart. Berlin 1932; Kein Gedicht für Trotzki. Tagebuchaufzeichnungen aus Mexiko. Frankfurt a. M. 1979; Der Umbruch oder Hanna und die Freiheit. Frankfurt a. M. 1984

Literatur. Ingeborg Nordmann: Nachdenken an der Schwelle von Literatur und Theorie. Essayistinnen im 20. Jahrhundert. In: Deutsche Literatur von Frauen. Hg. von Gisela Brinker-Gabler, Bd. 2. München 1988, S. 364–378

Barbara Hahn

Sachs, Nelly (Leonie)

Schriftstellerin

10. 12. 1891, Berlin –
12. 5. 1970, Stockholm
Vater: Georg Wilhelm (William) Sachs, 1858–1930, Gummiwarenfabrikant;
Mutter: Margarete, geb. Karger, 1871–1950

Inspiriert von den Mythen des Alten Testaments, der Mystik der Kabbala, den chassidischen Legenden und der zeitgenössischen Realität, hat Nelly Sachs eine neue poetische Mythologie der Not und des Leidens des Volkes Israel geschaffen.
Die Leidenschaft der Dichterin für die alten Legenden zeigt sich schon in ihrer Jugend. Ihr erstes im Druck erschienenes Buch ist eine Prosasammlung mit dem Titel «Legenden und Erzählungen» (Berlin 1921). Sie veröffentlicht Gedichte in deutschen Zeitungen (1929–32) und in einigen in Deutschland erscheinenden jüdischen Publikationen (1936–38).
Unmittelbar bevor sie deportiert werden soll, erhält sie im Mai 1940 die Genehmigung zur Ausreise nach Schweden, wo sie sich endgültig niederläßt.
Der erlebte nationalsozialistische Terror spiegelt sich in dem kurzen Essay «Leben unter Bedrohung» (1956) wider. Gleich mit ihren ersten Gedichtsammlungen – «In den Wohnungen des Todes» (1947), «Sternverdunkelung» (1949) – findet Nelly Sachs Anerkennung als «die große Dichterin jüdischen Schicksals». Die Tragödie der Shoah wird in ihrem Werk durch erschütternd kraftvolle Bilder ins Bewußtsein gerufen.
Mit seltenem Metaphernreichtum erhebt sie gegen die Menschen und gegen den Himmel ein gewaltiges Klagelied für «Israels Leib», der durch die Schornsteine der Vernichtungslager «aufgelöst in Rauch/ Durch die Luft» dahinschwand. Der Tod hat das Wort Israel in blutroter Farbe «an alle Wände der Erde» gemalt. Und von den Leibern der Überlebenden essen immer noch «die Würmer der Angst» («Chor der Geretteten»). Der Zyklus «Gebete für den toten Bräutigam» ist dem Mann gewidmet, den die Dichterin seit ihrem siebzehnten Lebensjahr liebt und der von den Nazis ermordet wird, dessen Identität jedoch der Literaturforschung verborgen geblieben ist. Die Gründung des Staates

Nelly Sachs.
Foto: Anna Riwkin, Stockholm

Israel ist für Nelly Sachs Inspiration zu einem Zyklus über die neue Heimat des jüdischen Volkes, in der die Jungen «die Sehnsuchtsfahne entfaltet» haben. In den Gedichten der fünfziger Jahre gewinnt neben dem Thema der Beziehung zwischen Opfer und Henker das der Beziehung zwischen Jäger und Gejagten ein herausragendes Schwergewicht (so im Zyklus «Flucht und Verwandlung»). Ausgehend vom Leidensweg des jüdischen Volkes, gelangt Nelly Sachs immer mehr zu einer Vision von allgemeinmenschlicher Tragweite.

Der Titel der Sammlung «Fahrt ins Staublose» (1961) hat symbolische Bedeutung: Er zielt auf den Weg in eine Welt, in welcher der aus der Asche der Toten bestehende Staub nicht mehr das Licht der Sonne und der Sterne verhüllt. Die Dichterin sieht, wie die Liebe, «gestäubt in Martyrium», beginnt, «ihren unsichtbaren Himmel zu küssen», und wartet auf eine Zeit, in der «die Geistergeologie der Liebe» «ihr Schöpfungswort» wiederentdeckt. Eine wichtige Stelle in ihrem Werk nehmen die dramatischen Werke ein, dialogförmige Gedichte mit allegorischen Gestalten. Das bekannteste dieser Werke ist «Eli – Ein Mysterienspiel vom Leiden Israels», geschrieben im Winter 1943/44, 1951 veröffentlicht und 1962 in Dortmund uraufgeführt. Der verschlüsselte Inhalt von Nelly Sachs' szenischen Dichtungen – hierzu gehören u. a. auch «Der magische Tänzer», «Was ist ein Opfer?», «Abram in Salz», «Beryll sieht in der Nacht» – ist eine Suche nach dem göttlichen Geist auf irrationalen, mystischen Wegen, für die sich die Wortsprache als unzulänglich erweist und durch Musik und Tanz ergänzt wird. Nelly Sachs' Dichtung findet in Deutschland und in der Welt starke Resonanz, die Dichterin erhält eine ganze Reihe von Auszeichnungen, unter anderem den Lyrikpreis des Bundesverbandes der Deutschen Industrie (1959), den Droste-Preis für Dichterinnen der Stadt Meersburg (1960), den Friedenspreis des Deutschen Buchhandels (1965); 1961 stiftet die Stadt Dortmund den Nelly-Sachs-Preis und bestimmt sie zur ersten Trägerin dieses Preises. 1966 erhält Nelly Sachs den Nobelpreis für Literatur. Für ihren Vortrag anläßlich seiner Verleihung wählt sie ein Gedicht, das am Schluß noch einmal das in ihrem Werk angestrebte transzendente Ideal zusammenfaßt: «An Stelle von Heimat / halte ich die Verwandlungen der Welt.»

Quellen. Kulturpreisträger-Archiv, Nelly-Sachs-Archiv und Handschriftenabteilung der Stadt- und Landesbibliothek, Dortmund; Handschriftenabteilung, Nelly-Sachs-Zimmer, Königliche Bibliothek, Stockholm

Veröffentlichungen. Fahrt ins Staublose. Die Gedichte der Nelly Sachs, Bd. 1. Frankfurt a. M. 1961; Zeichen im Sand. Die szenischen Dichtungen der Nelly Sachs. Frankfurt a. M. 1962; Suche nach Lebenden. Die Gedichte der Nelly Sachs, Bd. 2. Hg. von Margaretha und Bengt Holmqvist. Frankfurt a. M. 1971

Literatur (Auswahl). Das Buch der Nelly Sachs. Hg. von Bengt Holmqvist. Frankfurt a. M. 1968; Walter A. Berendsohn: Nelly Sachs, Einführung in das Werk der Dichterin jüdischen Schicksals. Darmstadt 1974; Gabriele Fritsch-Vivié: Nelly Sachs. Reinbek bei Hamburg 1993

Avram Andrei Baleanu
(Deutsch von Hans Joachim Kemper)

Salomon, Alice

Sozialarbeiterin und -pädagogin, Ökonomin, Frauenrechtlerin

19. 4. 1872, Berlin –
30. 8. 1948, New York
Vater: Albert Salomon, 1834?–1886, Lederhändler; Mutter: Anna, geb. Potocky-Nelken, 1838–1914

Alice Salomon, Begründerin des sozialen Frauenberufs in Deutschland und Pionierin der Ausbildung zur Sozialarbeit, entstammt einer assimilierten deutsch-jüdischen Familie. Ihre väterlichen Vorfahren sind als Schutzjuden Friedrichs II. seit 1765 in Pommern ansässig und handeln mit Leder, ihre Vorfahren mütterlicherseits sind schlesische Bankiers.

Alice Salomon wird als fünftes von insgesamt sieben Kindern ein Jahr nach der Gleichstellung der Juden im Deutschen Reich geboren. Nach sechs Jahren praktischer Tätigkeit in den «Mädchen- und Frauengruppen für soziale Hilfsarbeit» in Berlin, die dem sozialkritischen Flügel der bürgerlichen Frauenbewegung zuzurechnen sind, übernimmt sie 1899 den Vorsitz der «Gruppen» und leitet seitdem den ersten einjährigen (1908 auf zwei Jahre erweiterten) Ausbildungskurs für berufliche Sozialarbeit. Nach ihrem Studium der Nationalökonomie an der Friedrich-Wilhelm-Universität in Berlin promoviert sie 1906 mit dem noch heute kontroversen Thema «Die Ursachen der ungleichen Entlohnung von Männer- und Frauenarbeit». Seit 1900 ist sie im Vorstand des «Bundes Deutscher Frauenvereine» (BDF), 1908 Gründerin und Leiterin der Sozialen Frauenschule in Berlin-Schöneberg, ein Jahr später Schriftführerin im «Internationalen Frauenbund». Ihr pazifistisches Engagement gegen den Ersten Weltkrieg teilt sie u. a. mit der amerikanischen Sozialreformerin und späteren Friedensnobelpreisträgerin Jane Addams.

Zwischen 1917 und 1933 lädt Alice Salomon als deren Vorsitzende jährlich zur «Konferenz sozialer Frauenschulen Deutschlands» ein, welche u. a. zur staatlichen Anerkennung der «Fürsorge»-Ausbildung beiträgt. Für ihr vielseitiges Engagement – 1925 Initiatorin und bis 1933 Präsidentin der Deutschen Akademie für soziale und pädagogische Frauenarbeit (eine Art Prototyp der heutigen Fachhochschulen), Organisatorin internationaler Sozialarbeitskongresse, 1929 Vorsitzende des «Internationalen Komitees Sozialer Schulen» (jetzt «International Association of Schools of Social Work») – erhält sie 1932 die Ehrendoktorwürde der Medizin der Universität Berlin, die Soziale Frauenschule wird in Alice-Salomon-Schule umbenannt.
Ein Jahr später verliert Alice Salomon nacheinander ihre öffentlichen Ämter – zuvor wurde ihr bereits der Vorsitz im BDF «wegen ihres jüdischen Namens» vorenthalten und ihre Kandidatur für den Vorsitz im «Internationalen Frauenbund» von der deutschen Vertretung abgelehnt. Trotzdem bleibt sie nach 1933 in Deutschland, um jüngeren Kolleginnen zur Emigration zu verhelfen. Auf ihre Positionen in internationalen Organisationen haben die Nationalsozialisten keinen unmittelbaren Zugriff, und so wird sie 1937 nach mehrstündigen Gestapo-Verhören gezwungen, Deutschland binnen weniger Tage zu verlassen.
Alice Salomons Fluchtweg führt über England in die USA, wo sie trotz guter Beziehungen keine Anstellung findet. Unterstützt von früheren Freundinnen, bietet sie über eine Agentur Vorträge und Artikel zu historischen und aktuellen Themen an, schreibt ihre Memoiren «Charakter ist Schicksal» und sucht vergeblich nach einem Verleger (sie werden erst 1983 veröffentlicht).
1944 wird Alice Salomon amerikanische Staatsbürgerin. Mit der Ernennung zur Ehrenpräsidentin des «Internationalen Frauenbundes» und der «Internationalen Vereinigung der Schulen für Sozialarbeit» nach Ende des Zweiten Weltkrieges erfährt sie zwar noch zu Lebzeiten die Würdigung ihres Werkes, doch muß sie ihre Wohnung aus Geldmangel mit Untermietern teilen. Während einer Hitzewelle stirbt sie 1948 allein in ihrer Wohnung.

Quellen. Teilnachlässe im Leo Baeck Institute New York; International Council of Women; Sophia Smith Collection im Smith College, Massachusetts, Social Welfare History Archives, Minneapolis/Minnesota, sowie u. a. im International Council on Social Welfare und International Association of Schools of Social Work, beide Minneapolis/Minnesota

Veröffentlichungen. Jugend- und Arbeitserinnerungen. In: Elga Kern (Hg.): Füh-

rende Frauen Europas. München 1928; Soziale Diagnose. Berlin 1926; Charakter ist Schicksal. Lebenserinnerungen. Hg. von R. Baron und R. Landwehr. Weinheim, Basel 1983; umfassende, kommentierte Bibliographie in: Renate Orywa, Annette Dröge: Alice Salomon in ihren Schriften – eine Bibliographie. Berlin 1989
Literatur. Joachim Wieler: Erinnerung eines zerstörten Lebensabends. Alice Salomon während der NS-Zeit (1933–1937) und im Exil (1937–1948). Darmstadt 1987

Joachim Wieler

Salomon, Charlotte **Malerin**

16. 4. 1917, Berlin –
12. 10. 1943, Auschwitz
Vater: Dr. Albert Salomon, 1883–1976, Arzt;
Mutter: Franziska, geb. Grunwald, ?–1926

Nach dem Selbstmord ihrer Mutter – Charlotte Salomon ist gerade neun Jahre alt – heiratet der Vater 1930 die Sängerin Paula Lindberg. Von ihr erhält sie als Heranwachsende ihre ersten musikalischen Anregungen. In Charlottenburg besucht sie das Fürstin-Bismarck-Gymnasium, das sie kurz vor dem Abitur wegen antisemitischer Anfeindungen verläßt. 1936 beginnt Charlotte Salomon ihr Studium der Gebrauchsgraphik an der Berliner Kunsthochschule bei Ernst Böhm und Ludwig Bartning. Als ihr jedoch der «Sandkuhl-Preis», den sie für ihre Arbeiten erhalten soll, wegen ihrer jüdischen Herkunft verweigert wird, bricht sie das Studium 1938 ab. Als der Vater im gleichen Jahr im KZ Sachsenhausen interniert wird, emigriert Charlotte Salomon zu ihren Großeltern nach Villefranche.
Um den Suizid der Großmutter (1940) psychisch zu verarbeiten, beginnt die Dreiundzwanzigjährige mit der Niederschrift des Bildzyklus «Leben? oder Theater?», ihres Lebensprotokolls als Berliner Jüdin im Schatten zahlreicher familiärer Katastrophen und des Holocaust. Ihre Lebensmaxime faßt sie so zusammen:
«Es gehört zu meiner Eigenschaft als Mensch unter Menschen, sie an das Leid, daß man zu unserer Zeit so gerne sterben läßt, zu erinnern. Doch ich habe dabei nie vergessen, daß ich das Leben liebe und dreifach bejahe. Um das Leben ganz zu lieben, dazu muß man auch seine andere Seite, den Tod, inbegriffen das Leid, umfassen und begreifen.»

Charlotte Salomon mit ihren Großeltern, Dr. F. Grunwald und U. Benda-Grunwald, in Villefranche, 1939

(Salomon 1981, S. 665) In diesem Sinne formuliert sie von 1940 bis 1942 in 1325 Gouachen ihre Lebensgeschichte in der Art filmischer Sequenzen, die bildnerische, skripturale und musikalische Elemente nach dem Vorbild eines Singspiels vermengen. Darin nimmt die verehrte Paula Lindberg in der Figur der «Paulinka Bimbam» einen wichtigen Platz ein.

Charlotte Salomon ist seit 1943 mit dem ebenfalls emigrierten Alexander Nagler verheiratet und im dritten Monat schwanger, als das Paar am 21. September 1943 von Lyon nach Auschwitz deportiert wird. Unmittelbar vor ihrer Deportation übergibt Charlotte Salomon «Leben? oder Theater?» sowie etwa zwanzig Selbstbildnisse Dr. Moridis, einem Arzt in Villefranche, mit den Worten: «Heben Sie es gut auf. Es ist mein ganzes Leben.» (Herzberg 1981, S. VII)

Charlotte Salomons Eltern erhalten 1947 anläßlich eines Besuchs in

Villefranche das autobiographische Material, von dessen Existenz sie nichts ahnten. 1961 wird es erstmals im Amsterdamer Stedelijk Museum der Öffentlichkeit vorgestellt, gefolgt von Präsentationen in Deutschland, Frankreich, Israel, Japan und den USA. Das Werk Charlotte Salomons, das auch mit dem «Tagebuch der Anne Frank» verglichen wird, bilanziert Judith C. E. Belinfante so: «Mit ihrer Überzeugung, daß bodenlose Qual ein unablösbarer Bestandteil menschlicher Existenz ist, und mit ihrem Kampf gegen diese Qual steht sie für eine ganze Generation.» (Herzberg 1981, S. V)

Einzelausstellungen (Auswahl). Fodor Museum, Amsterdam 1961; Dizengoff-Haus, Tel Aviv 1962; Haus am Lützowplatz, Berlin 1965, dann bis 1967 als Wanderausstellung Frankfurt a. M., Baden-Baden, Essen, Bonn, Mannheim, Dresden, Leipzig, Dortmund, Hannover; Jüdisches Historisches Museum, Amsterdam 1972 und 1981, als Wanderausstellung bis 1984 in Berkeley, Washington, D. C., Chicago, Miami, Los Angeles, Toronto, Arnheim; Stedelijk Museum, Arnheim 1976, Akademie der Künste, Berlin 1986; Musée national d'art moderne, Paris 1992, Centre Pompidou, Paris 1993

Veröffentlichungen. Ein Tagebuch in Bildern 1917 bis 1943. Hamburg 1963; Leben? oder Theater? Ein autobiographisches Singspiel in 769 Bildern. Mit einer Einleitung von Judith Herzberg. Köln 1981

Literatur. Christine Fischer-Defoy: Charlotte Salomon – Leben oder Theater? Das «Lebensbild» einer jüdischen Malerin aus Berlin 1917–1943. Berlin 1986; Paula Lindberg-Salomon: «Mein C'est la vie-Leben» in einer bewegten Zeit. Der Lebensweg der jüdischen Künstlerin. Berlin 1992

Filme. Fransz Weisz: Charlotte, 1980; Keith Hin: May You Never Forget My Faith in You, 1986; Richard Dindo: Vie ou théâtre, 1992

Hildegard Reinhardt

Schlegel, Dorothea **Schriftstellerin, Übersetzerin**

24. 10. 1764, Berlin –
3. 8. 1839, Frankfurt
Vater: Moses Mendelssohn, 1729–1786, Philosoph; Mutter: Fromet, geb. Guggenheim, 1737–1812

Am 24. Oktober 1764 wird Fromet und Moses Mendelssohn in Berlin eine Tochter geboren, die sie Brendel nennen. Obgleich Moses Mendelssohn und seine Frau Fromet sich entgegen den jüdischen Traditionen frei gewählt haben, verlobt der Vater schon 1778 seine Tochter Brendel mit dem Kaufmann und Bankier Simon Veit, und fünf Jahre später, am 3. April 1783, findet die Hochzeit statt. Am 4. Januar 1786 stirbt Moses Mendelssohn. 1787 gründen → Henriette Herz und Brendel Veit in Berlin mit den Brüdern Alexander und Wilhelm von Humboldt einen «Tugendbund». Brendel Veit gehört zu dem Kreis, der im Salon der Henriette Herz verkehrt, sie findet dort die geistige Heimat, die sie bei ihrem Ehemann nicht hat. 1790 wird der Sohn Jonas (später Johannes) geboren, 1793 Philipp. Im Sommer 1797 kommt Friedrich Schlegel nach Berlin, lernt bei Henriette Herz Madame Veit kennen, die sich seit einiger Zeit

nicht mehr Brendel, sondern Dorothea nennt, und wird im gleichen Jahr ihr Geliebter. Die Veitsche Ehe wird am 11. Januar 1799 vor dem Berliner Rabbinatsgericht geschieden. Dorothea bezieht zusammen mit ihrem jüngsten Sohn Philipp eine Wohnung in der Berliner Ziegelstraße, im Oktober folgt sie mit ihrem Sohn Friedrich Schlegel nach Jena, wo sie bei August Wilhelm und Caroline Schlegel wohnen. In Jena findet vom 11. bis 14. November 1799 unter Beteiligung der Schlegels, Tiecks, Dorothea Veits, Novalis' und des jungen Philosophen Friedrich Wilhelm Schelling das in die Literaturgeschichte eingegangene Jenaer Romantikertreffen statt. Im gleichen Jahr erscheint Friedrich Schlegels Roman «Lucinde», der einen Skandal hervorruft, da er auch in intimen Details die illegitime Beziehung lobpreise. 1801 wird der erste Band von Dorothea Veits Roman «Florentin» veröffentlicht, herausgegeben von Friedrich Schlegel und ohne Angabe der Verfasserin; der zweite Band wird nie vollendet. Dorothea und Philipp Veit siedeln mit Friedrich Schlegel 1802 nach Paris über. Um die finanzielle Lage zu verbessern, beginnt Dorothea kommentierte Übersetzungen von altfranzösischen Quellen anzufertigen, die jedoch unter dem Namen des Herausgebers Friedrich Schlegel erscheinen. Am 6. April 1804 wird Dorothea Veit in Paris protestantisch getauft und anschließend mit Friedrich Schlegel getraut. Für diese Entscheidung gibt es keinen Hinderungsgrund mehr, da Philipp Veit, wie bei der Scheidung vereinbart, 1806 im Alter von 13 Jahren zu seinem Vater nach Berlin zurückkehren wird. Noch im Monat der Trauung siedelt Schlegel von Paris nach Köln über, wo ihn eine Stelle als Lehrer erwartet, gefolgt von seiner Frau und deren Sohn Philipp. Dorothea Schlegel ist im katholischen Köln sehr einsam, denn dort achtet man Protestanten gering, duldet Juden erst seit der Besetzung durch die Franzosen, und zudem ist Madame Schlegel geschieden. Auch in Köln übersetzt Dorothea. Während ihr Mann die Zeit mit seinem Bruder Karl August Schlegel und Germaine de Staël verbringt, überträgt sie deren neuesten Roman «Corinna oder Italien» ins Deutsche. Die Ausgabe erscheint mit dem Vermerk: «Übersetzt und herausgegeben von Friedrich Schlegel». Der Druck und die Einsamkeit in Köln sind groß, der überall gegenwärtige Katholizismus zieht sie in ihren Bann. Am 16. April 1808 tritt das Ehepaar Schlegel in Köln zum katholischen Glauben über, anschließend begibt sich Friedrich Schlegel nach Wien, wo er 1809 als Hofsekretär in österreichische Dienste tritt. Seine Frau folgt ihm im Herbst. Sie wird in dieser Stadt eine Heimat finden und dort zwanzig recht zufriedene Jahre verbringen. Wien ist eine katholische Stadt, jedoch nicht so eng wie Köln, und durch die ebenfalls aus Berlin stammende → Fanny von Arnstein, mit der die Mendelssohns inzwischen auch verwandtschaftlich verbunden sind, kann Dorothea Schlegel an ihre jüdische Herkunft anknüpfen und an das Salonleben. Die Wiener Zeit erfährt nur eine wesentliche Unterbrechung, als Dorothea von 1818 bis 1820 bei ihren Söhnen in Rom lebt, wo diese sich als Maler niedergelassen haben. Nach dem Tod Friedrich Schlegels 1829 reist Dorothea im darauffolgenden Jahr zu ihrem Sohn Philipp nach Frankfurt a. M. und lebt bis zu ihrem Tod am 3. August 1839 in seinem Haus.

Als Karl August Varnhagen von Ense 1814 anläßlich des Wiener Kongresses Schlegels besucht, schreibt er an Rahel: «... ich kenne nicht peinlicheres als eine Frau, die ihrer Selbständigkeit zu Gunsten des Mannes, und wär's auch der Liebhaber, mit Fleiß entsagt.»

Quellen. Sammlung Varnhagen, Biblioteka Jagiellonska, Krakau, Schachtel 227; Leo Baeck Institute, New York, AR 2187, AR 1823

Veröffentlichungen. Florentin. Hg. von Friedrich Schlegel. Lübeck, Leipzig 1801; (Übersetzung:) Geschichte der Jungfrau von Orléans. Hg. von Friedrich Schlegel. Berlin 1802; Autobiographie der Margaretha von Valois. Übersetzt und hg. v. Friedrich Schlegel. Leipzig 1803; Geschichte des Zauberers Merlin. Leipzig 1804; (Bearbeitung:) Margareth von Valois, Lother und Maller. Eine Rittergeschichte. Frankfurt a. M. 1805

Literatur. Carola Stern: «Ich möchte mir Flügel wünschen». Reinbek bei Hamburg 1990 (darin S. 309 ff. ausführliche Bibliographie)

Jutta Dick

Schlesinger-Eckstein, Therese

Politikerin, Frauenrechtlerin, Schriftstellerin

6. (7.?) 6. 1863, Wien – 5. 6. 1940, Paris

Therese Schlesinger vor ihrer Emigration nach Frankreich, 1939

Therese Ecksteins Mutter stammt aus einer Prager jüdischen Familie und erzieht ihre Kinder im Geist eines auch im religiösen Sinn liberalen, kultivierten Bürgertums. Nach dem Tod ihres Mannes übernimmt sie die Leitung der Pergamentfabrik im fünften Bezirk Wiens und wird zur Ernährerin ihrer vielköpfigen Familie. In ihrem Betrieb richtet sie eine der ersten Schulküchen Wiens ein. Therese wechselt sich mit ihren fünf Schwestern beim Küchendienst ab. Die Nähe zur Fabrik gewährt ihr Einblick in soziale Mißstände. Nach dem Besuch der Volks- und Bürgerschule in Wien erhält sie zunächst Privatunterricht und besucht Vorlesungen an der Wiener Universität, bevor sie 1888 heiratet.

Nach der Geburt ihrer Tochter Anna (1890) erkrankt Therese Schlesinger-Eckstein an Kindbettfieber und behält eine Körperbehinderung zurück. Ihr Mann stirbt früh an Tuberkulose, ihre Tochter leidet an Depressionen und nimmt sich später das Leben. In dieser Zeit stärkster

psychischer Belastungen erhält sie durch ihre Freundinnen Marie Lang und Auguste Fickert Zugang zur bürgerlichen Frauenbewegung und wird Mitglied im «Allgemeinen österreichischen Frauenverein».
Therese Schlesinger-Eckstein beginnt publizistisch zu arbeiten. In der «Volksstimme» fordert sie die Zulassung von Frauen zum Hochschulstudium ein, die Verbesserung des Arbeitsschutzes für Frauen, vor allem aber die Einführung des Frauenwahlrechts. Als Mitglied der Enquetekommission «Zur Lage der Wiener Arbeiterinnen» lernt sie 1896 Adelheid Popp, Anna Boschek und Victor Adler kennen, dem sie zeitlebens freundschaftlich verbunden bleibt. Ein Jahr später wird sie Mitglied der Sozialdemokratischen Partei. Während ihrer Parteiarbeit lernt sie u. a. → Käthe Leichter schätzen, der sie «eine große Zukunft voraussagt». Im Rahmen ihrer politischen Tätigkeit hält sie zahlreiche Vorträge und publiziert Artikel und Aufsätze in der «Volksstimme», der «Arbeiter-Zeitung», in «Die Unzufriedene», «Der Kampf» und der Berliner «Neuen Zeit». 1901 zählt sie zu den Mitgründerinnen des «Vereins sozialdemokratischer Frauen und Mädchen». Von 1919 bis 1923 ist sie Abgeordnete in der Konstituierenden Nationalversammlung und bis 1930 Mitglied des Bundesrats. Aus ihrer Feder stammt der sich auf Frauenfragen beziehende 1926 formulierte Teil des «Linzer Programms» der Sozialdemokraten.
Nach dem Anschluß Österreichs flüchtet sie, da sie aufgrund der antisemitischen Gesetze der Nationalsozialisten in Lebensgefahr ist, nach Frankreich. Ihr letztes Lebensjahr verbringt sie in einem Sanatorium in Blois.

Quellen. Verein für Geschichte der Arbeiterbewegung, Wien

Veröffentlichungen (Auswahl). Die Frau im 19. Jahrhundert. Berlin 1902; Was wollen die Frauen in der Politik. Wien 1909; Der Sozialismus und die geistige Arbeiterin. Wien 1919

Literatur. Marianne Pollak, Gabriele Proft: Therese Schlesinger. In: Die Frau, 28. 1. 1946; M. P. (Marianne Pollak ?): Eine Dame wird Sozialistin. In: Die Frau, 13. 4. 1963; Patricia Steines, Dorit Weinstein: Lea, Sara, Rebecca. Lebensbilder jüdischer Frauen aus den letzten 400 Jahren. In: Die Frauen Wiens. Hg. von Eva Geber, Sonja Rotter, Marietta Schneider. Wien 1992, S. 313–338

Marina Sassenberg

Schönberger-Mahler, Margaret

Ärztin, Psychoanalytikerin

10. 5. 1897, Sopron/Ödenburg, Ungarn – Oktober 1985, USA
Vater: Gusztav Fertoszentmiklos (später Schönberger); Arzt für Allgemeinmedizin; Mutter: Eugenia, geb. Wiener, 1878–1944, Auschwitz

Margaret Schönberger-Mahler bewegt sich in ihrer Kindheit und Jugend zwischen zwei Traditionen: Obwohl sie in Ungarn lebt und mit ihrem Vater ausschließlich ungarisch spricht, wächst sie durch ihre deutschsprachige Mutter mit einer zweiten Sprache auf und ist aufgrund der Nähe ihres Geburtsortes zu Österreich sowohl der ungarischen als auch der österreichischen Kultur verbunden. Ihre Gymnasial- und Studienzeit in Budapest findet durch den herannahenden Wechsel der politischen Verhältnisse Ungarns (1920) ihr Ende. Sie befürchtet, daß es für sie als Jüdin schwierig wird, das Medizinstudium zu beenden, so daß sie bereits 1919 nach München zieht. Ihre erfolgreiche Arbeit als Koassistentin in der Kinderheilkunde, in der sie sich der deskriptiven und experimentellen Forschung verschiedener Kinderkrankheiten zuwendet, schützt sie jedoch auch in München nicht vor dem wachsenden Antisemitismus. 1920 muß sie die Stadt verlassen, zieht zunächst in einen Vorort, den sie, nach einer mehrstündigen, grundlosen Verhaftung, aber ebenfalls verläßt, um noch im selben Jahr nach Jena umzusiedeln. Ihr Aufenthalt als Studentin in Jena endet wiederum abrupt, als die Jenaer Sektion des «Allgemeinen Deutschen Studentenausschusses» versucht, ihr die Zulassung zur Universität zu entziehen. Ihr letztes Semester absolviert sie in Heidelberg und besteht durch die Fürsprache des Arztes Edwin Blos und die

Unterstützung ihrer Professoren 1922 in Jena ihre Prüfung mit Auszeichnung.
Als österreichische Staatsangehörige geht sie zur Erlangung ihrer medizinischen Approbation als Kinderärztin nach Wien. Noch während ihrer Ausbildung befaßt sie sich verstärkt mit der Kinderpsychiatrie und wendet sich, neben der Arbeit in der Klinik und ihrer 1925 eröffneten Privatpraxis, der Anwendung und Interpretation des Rorschachtests als diagnostischem Hilfsmittel im klinischen Bereich zu. 1926 beginnt Margaret Schönberger-Mahler bei → Helene Deutsch eine Ausbildung zur Psychoanalytikerin, muß aber feststellen, daß sie in Wien «im Schatten der Titanen» steht: «Eingeschüchtert von → Anna Freud und zeitweilig auch von Helene Deutsch und dem Wiener Psychoanalytischen Institut generell, war ich in eine Sackgasse geraten: ich fand keine Möglichkeit, die entwicklungsgeschichtlichen und klinischen Einsichten, die ich damals erahnte, auszudrücken. (...) Die Trennung vom Wiener Psychoanalytischen Institut war sicher schmerzhaft, aber sie war auch befreiend und aufbauend.» (Stepansky 1989, S. 132 f.) Trotz dieser Schwierigkeiten gründet Margaret Schönberger-Mahler die erste psychoanalytische Säuglingsklinik Wiens.
Erst 1936 heiratet sie den Chemiker Paul Mahler, mit dem sie 1938 über Großbritannien in die USA emigriert. Als orthodoxe Analytikerin erforscht sie in New York die Entwicklung des Kindes in den ersten Lebensjahren. Zunächst arbeitet sie während der vierziger Jahre, angebunden an ihre unbezahlte Tätigkeit als Chefberaterin im Kinderdienst des Psychiatrischen Instituts des Staates New York, mit psychotischen Kindern und deren Müttern. 1956 gründet sie mit Manuel Furer für die konkrete therapeutische Arbeit am Einstein College einen Kindergarten für psychotische Kinder. In der später als «Masters Kinderzentrum» umbenannten Institution erweitert Margaret Schönberger-Mahler in einer Pilotstudie ihr Forschungsprogramm auf die Arbeit mit durchschnittlichen Säuglingen und Kleinkindern und deren Müttern. Die Interaktion zwischen Mutter und Kind versteht Margaret Schönberger-Mahler im Gegensatz zu Anna Freud als grundlegend für die Entwicklung des Kindes. Sie prägt den Begriff des Loslösungs- und Individuationsprozesses im Kleinkindalter, der den neben der biologischen Geburt bestehenden Prozeß der psychischen Geburt des Menschen beschreibt. Neben ihren umfangreichen Forschungstätigkeiten und der praktisch-therapeutischen Arbeit lehrt Margaret Schönberger-Mahler ab 1940 im Fach Psychiatrie an der Columbia

University und übernimmt 1950 den Vorsitz des Ausbildungsprogrammes für Kinderanalyse in Philadelphia. Obwohl sie nach ihrer Emigration Europa nicht mehr betreten hat, verfügt sie in ihrem Testament, daß sie mit ihrem Mann auf dem jüdischen Friedhof in Sopron beigesetzt wird.

Quellen. Bibliothek der Yale University, New Haven/Massachusetts

Veröffentlichungen (Auswahl). (Gemeinsam mit Judith Silberpfennig:) Der Rorschachsche Formdeutversuch als Hilfsmittel zum Verständnis der Psychologie Hirnkranker. In: Schweizer Archiv für Neurologie und Psychiatrie, 1938; Symbiose und Individuation – Psychosen im frühen Kindesalter. Stuttgart 1972; (gemeinsam mit Fred Pine und Anni Bergmann:) Die psychische Geburt des Menschen. Symbiose und Individuation. Frankfurt a. M. 1978; The Selected Papers of Margaret Schönberger-Mahler. Vol. 1. Infantile Psychosis and Early Contributions, Vol. 2. Seperation – Individuation. New York, London 1979, deutsch (gekürzte Fassung): Studien über die drei ersten Lebensjahre. Stuttgart 1985

Literatur (Auswahl). John B. McDevitt, Calvin F. Settlage (Hg.): Separation – Individuation: Essays in Honor of Margaret S. Mahler. New York 1971; Judith R. Smith: Margaret S. Mahler: M. D. Originelle Denkerin und außergewöhnliche Frau. In: Leah J. Dickstein und Carol C. Nadelson (Hg.): Ärztinnen in Führungspositionen. Washington 1986, S. 111–119; Paul E. Stepansky (Hg.): Margaret Schönberger-Mahler. Mein Leben, mein Werk. München 1989

Christiane Humrich

Schreiber-Krieger, Adele

Schriftstellerin, Journalistin, Politikerin

29. 4. 1872, Wien –
19. 2. 1957, Herrliberg/Zürich
Vater: Josef Schreiber, Arzt, Kaiserlicher Rat und Universitätsdozent; Mutter: Clara, geb. Hermann, 1848–?, Schriftstellerin

Adele Schreiber-Krieger wächst in der Steiermark und in Tirol auf, wo ihr Vater eine Klinik leitet. Sie wird – von wechselnden Gouvernanten – katholisch erzogen. Das Judentum spielt innerhalb der Familie keine Rolle; die Eltern sind zum Katholizismus konvertiert. Sie erhält Privatunterricht und besucht Pensionate in Paris und Stuttgart. In England und Italien durchläuft sie eine journalistische Ausbildung und betätigt sich während vieler Auslandsreisen als Schriftstellerin.

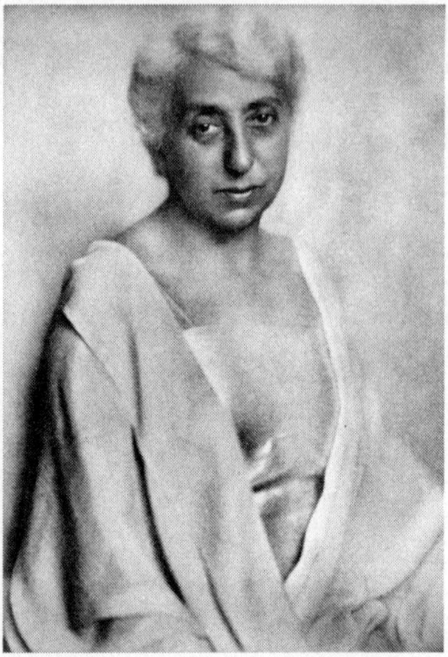

1898 siedelt sie nach Deutschland über, wo sie in Berlin ein Volkswirtschaftsstudium aufnimmt und sich frauenpolitisch sowie im sozialen Bereich engagiert – für die Gleichberechtigung der Frauen, für die Beseitigung der Prostitution, für Wohnungsreform. Seit der Jahrhundertwende beteiligt sie sich an der Initiative für eine Frauenversicherungsbank. 1904 wird sie Erste Vizepräsidentin des von ihr mitbegründeten «Weltbundes für Frauenstimmrecht und staatsbürgerliche Frauenarbeit», ein Amt, das sie bis 1933 innehat. Von 1905 bis 1909 ist sie Mitarbeiterin im «Bund für Mutterschutz und Sexualreform», übernimmt 1910 die Redaktion der Zeitschrift «Die Staatsbürgerin» und ist von 1911 bis 1918 im Vorstand der «Deutschen Gesellschaft für Mutter- und Kindesrecht». Zahlreiche Reisen führen Adele Schreiber-Krieger nach dem Ersten Weltkrieg ins Ausland, wo sie mit ihren in der jeweiligen Landessprache gehaltenen Vorträgen zu einem sich ins Positive wandelnden Deutschlandbild beiträgt. Von 1920 bis 1924 leitet sie die Abteilung «Mutter und Kind» beim Deutschen Roten Kreuz und ist inzwischen mit dem Medizinalrat Dr. Richard Krieger verheiratet, einem Schularzt in Berlin. Für den 1917 gedrehten Stummfilm «Die im Schatten leben», der das Schicksal nichtehelicher Kinder zum Thema hat, schreibt Adele Schreiber das Drehbuch.

Von 1920 bis 1924 und 1928 bis 1932 ist die Sozialdemokratin Mitglied des Deutschen Reichstags und Vorsitzende des bevölkerungspolitischen Ausschusses.

Am 5. März 1933, dem Tag der letzten freien Wahl vor der Nazi-Diktatur in Deutschland, emigriert sie in die Schweiz, um, nach eigener Aussage, ihre internationale Arbeit fortzusetzen. Gemäß ihrem Selbstverständnis als politischer Flüchtling nimmt sie nicht zur Kenntnis, daß die Behörden des nationalsozialistischen Deutschland gegen sie als Jüdin eine Paßsperre verhängen. Von Genf aus emigriert sie 1939 nach England. Im Juli 1939 wird ihr die deutsche Staatsangehörigkeit aberkannt. Während ihrer Emigration in England arbeitet sie mit Sozialdemokraten und Kommunisten zusammen und engagiert sich weiterhin in der internationalen Frauenarbeit. 1944/45 gibt sie im Auftrag des britischen Informationsministeriums Kurse für deutsche Kriegsgefangene in England. Sie wird Mitglied der Labour Party und tritt 1943 in den von der KPD organisierten «Initiativausschuß für die Einheit der deutschen Emigration» ein und wird deshalb aus der SPD ausgeschlossen. Seit 1946 hauptsächlich in der Schweiz lebend, will sie nicht mehr in die Bundesrepublik Deutschland zurückkehren.

Quellen. Bundesarchiv Koblenz (Nachlaß); Deutsches Exilarchiv, Frankfurt a. M., Nr. 2 564

Veröffentlichungen. Kinderwelt und Prostitution. Leipzig 1900; Das Buch vom Kinde. 1906; Unsere Dichterinnen und die neuen Frauenideale. 1910; Hedwig Dohm als Vordenkerin neuer Frauenideale. 1914; Die Frauenfrage im Lichte des Sozialismus. Hg. von Anna Blos (Mitarb. Adele Schreibers). Dresden 1930; Das Reich des Kindes. Berlin 1930; (Mitautorin:) Tyrannos. London 1944

Literatur. M. d. R. Die Reichtagsabgeordneten der Weimarer Republik in der Zeit des Nationalsozialismus. Politische Verfolgung, Emigration und Ausbürgerung 1933–1945. Düsseldorf 1991, S. 513; Franz Osterroth: Biographisches Lexikon des Sozialismus, Bd. I. Hannover 1960, S. 271; Christl Wickert: Unsere Erwählten. Sozialdemokratische Frauen im Deutschen Reichstag und im Preußischen Landtag 1919 bis 1933, 2 Bde. Göttingen 1986; dies.: Sozialistin, Parlamentarierin, Jüdin. Die Beispiele Käte Frankenthal, Berta Jourdan, Adele Schreiber-Krieger, Toni Sender und Hedwig Wachenheim. In: Ludger Heid, Arnold Paucker (Hg.): Juden und deutsche Arbeiterbewegung bis 1933. Soziale Utopien und religiös-kulturelle Traditionen. Tübingen 1992, S. 155–164

Ludger Heid

Schumann-Heink, Ernestine

Sängerin

(eig. Ernestine Rössler)

15. 6. 1861, Lieben bei Prag – 17. 11. 1936, Hollywood
Vater: Leutnant bei der österreichischen Armee (oder Schuster, wie andere Quellen angeben); Mutter: Charlotte Goldmann-Rössler, Altistin

Ernestine Schumann-Heinke als Klytämnestra in Richard Strauss' «Elektra»

Obwohl die Mutter Jüdin ist, wird Ernestine Schumann-Heink in einem Ursulinenkloster in Prag erzogen. Gesangsunterricht bekommt sie seit ihrem 15. Lebensjahr von Marietta Leclair in Graz und debütiert dort bald in einer Aufführung der 9. Symphonie von Beethoven. Weiteren Unterricht erhält sie von Franz Wüllner und G. B. Lamperti. Ihr Bühnendebüt absolviert die Siebzehnjährige am 15. Oktober 1878 in Dresden, und zwar als Azucena in Giuseppe Verdis «Troubadour». Vier Jahre lang wird sie in Dresden nur in kleinen Altpartien eingesetzt. Als sie ohne Einwilligung der Direktion den Sekretär der Oper, Ernst Heink, heiratet, wird sie entlassen. Im Herbst 1883 findet sie wieder ein Engagement, diesmal in Hamburg. Sechs Jahre lang darf sie wieder nur kleine Rollen singen, bis sie dort 1889 ohne Vorbereitung als Carmen in Georges Bizets gleichnamiger Oper einspringt. Mit einem Schlag ist sie berühmt. Bis zu zwanzig Aufführungen im Monat, u. a. unter Gustav Mahler und Bruno Walter, singt sie in den folgenden Jahren, und jetzt Hauptrollen. Bruno Walter in seinen Erinnerungen: «Wir kamen uns nicht näher, ihre eigenwillige Persönlichkeit und ihr originelles Talent widersetzten sich dem Einfluß und den Bemühungen des jungen Musikers, und ich beschränkte mich schließlich auf rein musikalische Verständigung in unseren Proben, denn ich erkannte gern an, daß sie von ihrer bedeutenden Begabung nur ernsten künstlerischen Gebrauch machte.» (Walter, Thema und Variationen 1960, S. 111) Von Hamburg aus gibt sie verschiedene Gastspiele, so als Erda, Fricka und Brangäne im Londoner «Ring» unter Gustav Mahler (1892) und von 1896 bis 1914 mit größtem Erfolg in Bayreuth, von Cosima Wagner als «Meine liebe Erda» begrüßt. Trotz vier Kindern trennt sie sich von ihrem ersten Mann und heiratet den Regisseur Paul Schumann. Mit ihm und nunmehr sechs Kindern geht sie 1897 in die USA, wo sie zunächst in Chicago, dann am 9. Januar 1899 an der Metropolitan Opera in New York als Ortrud in Wagners «Lohengrin» debütiert – wenige Wochen nach Geburt ihres siebten Kindes. An der «Met» erreicht ihre Karriere ihren Höhepunkt, sie gilt – vor allem in Wagner-Partien – als die bedeutendste Altistin ihrer Zeit. Auch als Konzertsängerin wird sie weltberühmt. Ihre Programme reichen von bayrischen Jodlern bis zu «Weiche, Wotan, weiche». Richard Strauss holt sie als Klytämnestra für die Uraufführung seiner «Elektra» am 25. Januar 1909 an die Dresdener Hofoper. Durch Heirat mit dem amerikanischen Rechtsanwalt William Rapp 1905 (1914 Scheidung) inzwischen amerikanische Staatsbürgerin, unterstützt sie im Ersten Weltkrieg die USA. Einer ihrer Söhne kämpft auf deutscher Seite, ein anderer auf amerikanischer. Mit 70 Jahren nimmt sie am 11. März 1932 von der Bühne Abschied – als Erda. Aber sie singt weiter. Durch wöchentliche Auftritte in einem Radioprogramm, das ein Hersteller von Kindernahrung finanziert, wird sie zur «Lieblingsmutter der Nation». Mit 74 Jahren gibt sie ihr Filmdebüt in dem amerikanischen Tonfilm «Here's to Romance» mit so großem Erfolg, daß sie mit Angeboten überhäuft wird. Ihre Altstimme ist ungewöhnlich umfangreich, dabei sehr beweglich. Von der Vielfalt ihres Repertoires und ihrer Ausdrucksmöglichkeiten zeugen Schallplattenaufnahmen aus der Zeit von 1906 bis 1913 auf Columbia, RCA Victor und His Masters Voice.

Literatur. Michel Lawton: Schumann-Heink, the Last of Titans. New York 1928

Beatrix Borchard

Schwerin, Jeanette

Vorkämpferin der weiblichen Sozialarbeit

21. 11. 1852, Berlin –
14. 7. 1899, Berlin
Vater: Dr. Eduard Abarbanell, Sanitätsrat, Mitbegründer des «Berliner Handwerkervereins»;
Mutter: Henriette, geb. Wolffenstein

Der hochbegabten Jeanette Schwerin, die väterlicherseits aus der spanisch-jüdischen Gelehrtenfamilie Abarbanell stammt, werden die Mädchenschulen ihrer Zeit nicht gerecht. So übernimmt die Mutter, beraten durch den Lehrer Dr. Goldbeck, die Verantwortung für den Bildungsweg der Tochter; erst als Siebzehnjährige besucht sie für ein Jahr → Lina Morgensterns «Akademie zur wissenschaftlichen Fortbildung für Damen». An der Seite der sozial engagierten Mutter, die in Lina Morgensterns Vereinen mitarbeitet, lernt das Mädchen die herkömmliche, ehrenamtliche Wohltätigkeit des Berliner Bürgertums kennen, lehnt diese jedoch bald als dilettantisch ab. Erst nach zwanzigjähriger Ehe, als ihr einziger Sohn erwachsen ist, tritt Jeanette Schwerin 1892 zusammen mit ihrem Mann erneut einem Verein, der neugegründeten «Deutschen Gesellschaft für ethische Kultur», bei. Das von zahlreichen jüdischen Intellektuellen geförderte Ziel der Vereinigung, die Entwicklung einer humaneren Gesellschaft, sollte durch Vorträge, Veröffentlichungen und praktische soziale Arbeit erreicht werden. Als Vorsitzende der sozialen Kommission gründet Jeanette Schwerin als Bindeglied zwischen Hilfsbedürftigen und Wohlhabenden die «Auskunftstelle der Deutschen Gesellschaft für ethische Kultur». Sie legt eine umfangreiche Materialsammlung über die zahllosen Berliner karitativen Vereine an, die Gustav Herzfeld und Albert Levy 1896 in einem «Auskunftsbuch» über die Wohlfahrtseinrichtungen in Berlin herausgeben; als eine wichtige Arbeitsgrundlage wird es vom Magistrat der Stadt Berlin für die Armenkommissionen angeschafft. Da die Arbeit der «Auskunftstelle» kontinuierlich anwächst, muß sie bald durch bezahlte Kräfte professionell geführt werden. Aus ihr entwickelt sich das «Deutsche Zentralinstitut für soziale Fragen», das 1993 sein hundertjähriges Bestehen feiert. Trotz ihrer Bedenken gegen bürgerliche Wohltätigkeitsunternehmen wird Jeanette Schwerin Mitglied der neugegründeten «Mädchen- und Frauengruppen für soziale Hilfsarbeit», die sie ab 1897 leiten wird. Hier setzt sie richtungweisende Akzente, indem sie die jungen Frauen, die sich für ehrenamtliche Hilfsleistungen melden, in Theorie und Praxis auf eine professionelle Sozialarbeit vorbereitet. Frauen sollten nicht länger als «Statistinnen im Wohltätigkeitssport» Schaden anrichten und von Leitern der behördlichen Armenpflege als inkompetent abgelehnt werden. Aus den «Gruppen für soziale Hilfsarbeit», die nach Jeanette Schwerins Tod von ihrer Schülerin → Alice Salomon konsequent auf diesem Weg weitergeführt werden, gehen zahlreiche qualifizierte Führungspersönlichkeiten hervor; genannt seien Josephine Levy-Rathenau, die die Berufsberatung für Frauen einführt, und die Sozialwissenschaftlerin Elisabeth Altmann-Gottheiner, ein Vorstandsmitglied des «Bundes Deutscher Frauenvereine» und Herausgeberin der «Jahrbücher der Frauenbewegung». Als Vorsitzende der «Kommission für weibliche Gewerbeinspektion» des «Bundes Deutscher Frauenvereine» fordert Jeanette Schwerin 1894 in einer Petition an den Deutschen Reichstag die Zulassung weiblicher Gewerbeinspektoren. Während des großen Streiks in der Konfektionsindustrie 1896 ruft sie die bürgerlichen Frauen zur Solidarität auf, da sie die Lohnforderungen der unterbezahlten Heimarbeiterinnen für gerechtfertigt hält. Die sensible Frau, die bei Meinungsverschiedenheiten unter Frauenrechtlerinnen als Schlichterin auftritt, ist gegen die Spaltung der Frauenbewegung in einen bürgerlichen und einen sozialdemokratischen Zweig. Ihre Vorschläge zur Zusammenarbeit sämtlicher Frauenorganisationen auf dem Berliner «Internationalen Kongreß für Frauenwerke und Frauenbestrebungen» 1896 werden jedoch heftig befehdet. Der seit langem schwerkranken Frau ist es noch möglich, 1899 die ersten Hefte des «Centralblatts des Bundes Deutscher Frauenvereine» herauszugeben, bevor sie im gleichen Jahr, am 14. Juli, an den Folgen einer Operation stirbt.

Veröffentlichungen. Die Auskunftsstelle der Deutschen Gesellschaft für ethische Kultur. In: Mitteilungen der Deutschen Gesellschaft für ethische Kultur 2 (1894),

S. 77–81; Unsere Aufgabe im Streik. In: Die Frauenbewegung 2 (1896), S. 57; Auf welchen Arbeitsgebieten kann sich die gesamte Frauenwelt zu gemeinsamer Arbeit vereinigen? In: Der Internationale Kongress für Frauenwerke und Frauenbestrebungen in Berlin, 19. bis 26. September 1896. Hg. von Rosalie Schoenflies, Lina Morgenstern u. a. Berlin 1897, S. 393–394, S. 409

Literatur. Helene Lange, Friedrich Wilhelm Foerster, Alice Salomon: Jeanette Schwerin zum Gedächtnis. Berlin 1899; Daniela Weiland: Jeanette Schwerin. In: Dies.: Geschichte der Frauenemanzipation in Deutschland und Österreich. Düsseldorf 1983, S. 247–248; Maya Fassmann: Jüdinnen in der deutschen Frauenbewegung 1865–1919. Hildesheim 1994 (Wissenschaftliche Abhandlungen des Salomon Ludwig Steinheim-Instituts, Bd. 6)

Maya Fassmann

Seghers, Anna **Schriftstellerin**

(eigentl. Netty Reiling)

19. 11. 1900, Mainz – 1. 6. 1983, Berlin (DDR)
Vater: Isidor Reiling. 1868–1940, Antiquitäten- und Kunsthändler;
Mutter: Hedwig, geb. Fuld, 1880–1942

Anna Seghers, Tochter eines wohlhabenden Antiquitätenhändlers, studiert von 1920 bis 1924 an den Universitäten zu Heidelberg und Köln Kunstgeschichte, Geschichte und Sinologie. 1925 heiratet sie den Philosophen Laszló Radványi. Nach einem ersten literarischen Versuch mit dem Titel «Die Toten auf der Insel Djal», der in der «Frankfurter Zeitung» erscheint (1924), veröffentlicht sie ebenfalls dort die Erzählung «Grubetsch» (1927). Wie viele junge jüdische Intellektuelle dieser Zeit wendet sie sich der politischen Linken zu und wird 1928 Mitglied der Kommunistischen Partei. Im selben Jahr erhält sie den Heinrich von Kleist-Preis für die Erzählung «Aufstand der Fischer von St. Barbara». Es folgen der Band «Auf dem Weg zur amerikanischen Botschaft und andere Erzählungen» (1930) und der Roman «Die Gefährten» (1932). 1933 emigriert sie nach Frankreich, 1941 nach Mexiko. Die Romane «Der Kopflohn» (1933), «Die Rettung» (1937) und «Das siebte Kreuz» (1942), in denen sie den Aufstieg des Nationalsozialismus schildert, bringen ihr Weltruhm. Mehrere während der Jahre in Mexiko, teils auch später geschriebene Erzählungen sind von der lateinamerikanischen Wirklichkeit inspiriert. «Das siebte

Anna Seghers, 1978

Kreuz» wird 1944 in Hollywood unter der Regie von Fred Zinnemann mit Spencer Tracy in der Hauptrolle verfilmt.
1947 läßt sich Anna Seghers in der SBZ, der späteren DDR, nieder, wo sie dann von 1952 bis 1978 Vorsitzende des Schriftstellerverbandes wird. In der Nachkriegszeit entsteht der Roman «Die Toten bleiben jung» (1949), ein Zeitgemälde der deutschen Geschichte vom Beginn der Weimarer Republik bis zum Ende des Zweiten Weltkrieges. Nicht nur in den Romanen, sondern selbst in einigen Erzählungen ist die Entwicklung von Einzelschicksalen, von Familien oder Personengruppen mit Verzweigungen in alle Bereiche des Gesellschaftslebens hinein dicht gedrängt über mehrere Jahrzehnte hinweg dargestellt. Der Stil der Autorin ist nüchtern, streng narrativ, völlig versachlicht, ohne Ausschmückungen. Die starke dramatische Spannung erwächst aus den geschilderten Grenzsituationen. Anna Seghers beschreibt den Nationalsozialismus nicht aus dem Blickwinkel antisemitischer Unta-

ten, sondern unter dem allgemeinen Gesichtspunkt einer politischen Tragödie der deutschen Nation.
Schon in der Emigration entwickelt Anna Seghers als Mitherausgeberin der Zeitschrift «Neue deutsche Blätter» und späterhin des «Freien Deutschland» sowie als Teilnehmerin an internationalen Schriftstellerkongressen und an anderen bedeutenden antifaschistischen Veranstaltungen intensive politische Aktivitäten. Sie wird mit zahlreichen Literaturpreisen ausgezeichnet, so unter anderem mit dem Georg-Büchner-Preis in Darmstadt und mit dem Nationalpreis der DDR.
Anna Seghers' Werk kann nicht losgelöst von der Realität der «sozialistischen» Gesellschaft der DDR betrachtet werden, auch wenn sie sich punktuell gegen die den Schriftstellern der DDR oktroyierten Dogmen wendet. Die künstlerischen Schwächen der Romane «Die Entscheidung» (1959) und «Das Vertrauen» (1968) verdeutlichen die Unvereinbarkeit der Forderungen des «sozialistischen Realismus» mit der Verwirklichung eines großen Talents.

Veröffentlichungen (Auswahl). Anna Seghers: Gesammelte Werke in Einzelausgaben, 14 Bde. Berlin, Weimar 1977–80; Anna Seghers, Wieland Herzfelde: Gewöhnliches und gefährliches Leben. Ein Briefwechsel aus der Zeit des Exils 1939–1946. Berlin, Weimar 1985

Literatur (Auswahl). Kurt Batt: Anna Seghers. Versuch über Entwicklung und Werke. Frankfurt a. M. 1973; Anna Seghers. Materialienbuch. Hg. von Peter Roos und Friederike J. Hassauer-Roos. Darmstadt 1977; Heinz Neugebauer: Anna Seghers. Leben und Werk. Berlin 1978; Anna Seghers. In: Text + Kritik 38 (1978); Christiane Zehl Romero: Anna Seghers. Reinbek bei Hamburg 1993

Avram Andrei Baleanu
(Deutsch von Hans Joachim Kemper)

Sender, Tony (Toni)

Politikerin, Journalistin

29. 11. 1888, Biebrich/Rhein –
26. 6. 1964, New York
Vater: Moritz Sender, Kaufmann und Vorsteher der Jüdischen Gemeinde;
Mutter: Marie, geb. Dreyfuß

Sidonie Zippora Sender, die sich später Tony nennt, verläßt als Dreizehnjährige, beseelt von einem unbändigen Freiheitsdrang, das Elternhaus und besucht eine Handelsschule in Frankfurt a. M. Seit der Trennung von der Familie bezeichnet sie sich als «Dissidentin».
Nach siebenjähriger Tätigkeit als kaufmännische Angestellte einer Frankfurter Immobilienfirma wechselt sie 1910 für die folgenden vier Jahre in die Pariser Filiale einer Metallfirma über. Dort schließt sie sich der Sozialistischen Partei an, ist fasziniert von Jean Jaurès.
1917 zählt sie zu den Gründungsmitgliedern der USPD und wird während der Novemberrevolution Generalsekretärin des Vorstands des Arbeiter- und Soldatenrats in Frankfurt a. M. Dort wird sie 1919 auch zur Stadtverordneten gewählt und übernimmt im gleichen Jahr die Redaktion des USPD-Blattes «Volksrecht».
Ab 1920 engagiert sich Tony Sender innerhalb der Partei in zahlreichen Funktionen, u. a. von 1927 an als Herausgeberin und Chefredakteurin der «Frauenwelt». Ebenfalls 1920 wird Tony Sender in den Deutschen Reichstag gewählt, anfangs für die USPD, nach der Wiedervereinigung 1922 für die SPD, und ist zuständig für Fragen der Wirtschafts- und Außenpolitik. Zum linken Flügel der SPD gehörend, zählt Tony Sender zu den entschiedensten parlamentarischen Gegnern des nationalsozialistischen und kommunistischen Radikalismus und zu den ersten, die sich politisch mit dem Rechtsradikalismus auseinandersetzen. Von antisemitischen Kreisen wird deshalb die Behauptung aufgebracht, sie wolle mit der Bezeichnung «Dissidentin» bewußt ihre jüdische Herkunft verschleiern.
Kurz nach dem Reichstagsbrand emigriert sie am 5. März 1933 über die Tschechoslowakei und Belgien in die Vereinigten Staaten. Die USA erscheinen ihr als das Land, das ihr die Chance für ein Leben in individueller und politischer Freiheit bietet. Sie klärt über den Nationalsozialismus auf und schreibt u. a. für den «Aufbau», das (deutschsprachige) Organ der deutsch-jüdischen Emigranten. Tony Sender findet

Toni Sender auf einer Veranstaltung des Distrikts Nordost 1 der Frankfurter SPD vermutlich 1928

in der Emigration zum Judentum. Sie engagiert sich in jüdischen Organisationen und Initiativen, leistet praktische Hilfe für die verfolgten Juden in Deutschland. 1941 wird Tony Sender Vorstandsmitglied des sozialdemokratischen «German American Council for the Liberation of Germany from Nazism» sowie Mitglied der «Association of Free Germans». Zehn Jahre nach ihrer Emigration erhält sie 1943 die amerikanische Staatsbürgerschaft. Ab 1944 ist Tony Sender in zahlreichen Kommissionen der UNO tätig, vor allem jedoch in der «Kommission für die Rechtsstellung der Frau» und in der «Menschrechtskommission». Ihre vorrangigen Arbeitsbereiche sind «Slave Labor» – Zwangsarbeit und die Unterstützung von «Displaced persons» im Nachkriegseuropa.

In ihren letzten Lebensjahren wird Tony Sender religiös und schließt sich der Jüdischen Gemeinde an. Sie wird auf dem Beth Israel-Friedhof in Woodbridge, New Jersey nach konservativ-jüdischem Ritus begraben.

Quellen. Nachlaß in der State Historical Society of Wisconsin, Madison; Stadtarchiv Frankfurt a. M.

Veröffentlichungen. Die Frauen und das Rätesystem. Berlin 1919; Diktatur über das Proletariat oder: Diktatur des Proletariats. Frankfurt a. M. 1920; Große Koalition? Gegen ein Bündnis mit der Schwerindustrie. Frankfurt a. M. 1923; Autobiography of a German Rebell. New York 1939, deutsch: Autobiographie einer deutschen Rebellin. Hg. von Gisela Brinker-Gabler. Frankfurt a. M. 1981

Literatur. M. d. R. Die Reichstagsabgeordneten der Weimarer Republik in der Zeit des Nationalsozialismus. Politische Verfolgung, Emigration und Ausbürgerung 1933–1945. Düsseldorf 1991, S. 532; Christl Wickert: Unsere Erwählten. Sozialdemokratische Frauen im Deutschen Reichstag und im Preußischen Landtag 1919 bis 1933, 2 Bde. Göttingen 1986; dies.: Sozialistin, Parlamentarierin, Jüdin. Die Beispiele Käte Frankenthal, Berta Jourdan, Adele Schreiber-Krieger, Tony Sender und Hedwig Wachenheim. In: Ludger Heid, Arnold Paucker (Hg.): Juden und deutsche Arbeiterbewegung bis 1933. Soziale Utopien und religiös-kulturelle Traditionen. Tübingen 1992, S. 155–164; Tony Sender 1888–1964. Rebellin, Demokratin, Weltbürgerin. Hg. vom Historischen Museum Frankfurt am Main. Frankfurt a. M. 1992

Ludger Heid

Simon, Helene (Henriette)

Sozialpolitikerin, Nationalökonomin

16. 9. 1862, Düsseldorf –
8. 12. 1947, London
Vater: Jacob Simon, 1822/23–1911/12, Kaufmann, Bankier;
Mutter: Amalie, geb. Gompertz, 1830–?

Zedakah, die im Judentum traditionell verankerte Wohltätigkeit, wird von Helene Simons Vater, der «von großer Einfachheit und stark orthodoxer jüdischer Frömmigkeit» ist (Friedländer 1962, S. 10), nach außen hin großgeschrieben, doch erlebt ihn die Familie zu Hause oft als engherzig und despotisch. Helene Simon entwickelt dadurch einen ausgeprägten Sinn für Gerechtigkeit. Zur bevorzugten Lektüre der lesehungrigen höheren Bürgerstochter zählen daher die seit 1883 erscheinenden kritischen sozialpolitischen Schriften der englischen linksintellektuellen «Fabian Society». 1895 entschließt sich die Zweiunddreißigjährige, ihren Eltern nicht mehr den Haushalt zu besorgen, sondern in England zu studieren.

Eduard Bernstein vermittelt ihr den Kontakt zu der Sozialwissenschaftlerin Beatrice Webb und ihrem Mann Sidney, beides Fabier, die gerade mit den Gründungsvorbereitungen der London School of Economics beschäftigt sind. 1896 wird Helene Simon Mitglied der «Fabian Society» und nimmt das Studium der Nationalökonomie und Sozialpolitik an der neugegründeten Londoner Universität auf. Sie geht in die Slums des Londoner East End, begleitet Sanitätsinspektorinnen in die Fabriken und Werkstätten und erlebt die krassen Gegensätze zwischen dem «fashionable» London und den «Jammergestalten auf den Bänken». Diese Erfahrungen verarbeitet sie in zahlreichen Aufsätzen und Artikeln.

Vergleichende Arbeiten zur sozialen Frage, vor allem zum Ausbau der Gewerbeinspektion sowie zum Frauen- und Kinderschutz eröffnen ihr nach ihrer Rückkehr nach Deutschland 1897 den Zugang zur Berliner Universität. Drei Semester studiert sie als Gasthörerin bei Gustav Schmoller (1838–1917), einem der führenden sog. Kathedersozialisten und Mitbegründer des «Vereins für Sozialpolitik». Berlin, das «geistige Zentrum der Sozialreformer», bleibt für Helene Simon auch nach dem Studium Wahlheimat. Hier erlebt sie zwischen 1900 und 1914 ihre kreativste Phase, in deren Mittelpunkt ihre Biographien über Robert Owen, William Godwin und Mary Wollstonecraft stehen sowie ihre Studie «Schule und Brot» (1905), mit der sie einen wesentlichen Beitrag zur Entwicklung der Kinderspeisung an deutschen Schulen leistet.

Seit 1907 ist sie Mitglied im betont überparteilichen «Ständigen Ausschuß zur Förderung der Arbeiterinnen-Interessen» (Mitglied der SPD wird sie erst nach dem Ersten Weltkrieg), seit 1911 im «Deutschen Verein für Armenpflege und Wohltätigkeit», dem sie bis zu ihrem Ausschluß 1933 angehört. Die Weiterentwicklung ihres detaillierten Plans zur Vereinheitlichung des Jugendrechts, den sie 1915 vorlegt, wird vorerst durch den Ausbruch des Ersten Weltkriegs verhindert. Ganz deutsche Patriotin, widmet sich Helene Simon ihrer Tätigkeit im «Nationalen Frauendienst». Ihr besonderes Augenmerk gilt dabei der Arbeitsbeschaffung sowie der Kriegerwitwen- und Kriegswaisenfürsorge, die sie als «Wegbereiter für die Entwicklung der Wohlfahrtspflege in Friedenszeiten» versteht. Zusammen mit Ernst Francke gibt sie seit Januar 1917 die Zeitschrift «Soziale Kriegshinterbliebenenfürsorge» heraus. Für ihre theoretische Basisarbeit bei der 1919 gegründeten «Arbeiterwohlfahrt» sowie für ihr umfangreiches sozialpolitisches Werk erhält sie 1922 die Ehrendoktorwürde der philosophischen Fakultät an der Universität Heidelberg.

Nach 1933 meidet Helene Simon zunehmend die Öffentlichkeit. Ihre Wohnung wird zum Zufluchtsort für jüdische Freunde und Bekannte, die ausgegrenzt und verfolgt werden. Helene Simon selbst verdrängt bis 1938, daß es für sie als Jüdin lebensgefährlich ist, weiterhin im nationalsozialistischen Berlin zu bleiben. Erst nach der Pogromnacht entschließt sich die über Siebzigjährige zusammen mit ihrer Schwester Klara Reichmann zur Flucht nach England. In London leben sie bis 1947 in einer Privatpension im Londoner East End. Dort stirbt Helene Simon kurz nach ihrem 85. Geburtstag in einem Privatsanatorium.

Quellen. Ein Nachlaß Helene Simons ist nicht vorhanden. Einzelne Briefe in den Nachlässen Karl Kautsky und Eduard Bernstein im Internationalen Institut für Sozialgeschichte in Amsterdam; in den Passfield Papers, British Library of Economic and Political Science, London; im British Museum, London; im Nachlaß Francke, Zentrales Staatsarchiv Potsdam; im Nachlaß Max Hirsch und in der Dokumentensammlung Ludwig Darmstädter, beide Staatsbibliothek Preußischer Kulturbesitz Berlin

Veröffentlichungen (Auswahl). Robert Owen. Sein Leben und seine Bedeutung für die Gegenwart. Jena 1905; Schule und Brot. Hamburg, Leipzig 1907; William Godwin und Mary Wollstonecraft. Eine biographisch-soziologische Studie. München 1909; Das Jugendrecht. Ein soziologischer Versuch. In: Schmollers Jahrbuch, Jg. 39. München 1915, S. 227–281

Literatur (Auswahl). Walter Friedländer: Helene Simon. Ein Leben für soziale Gerechtigkeit. Bonn 1962 (Schriften der Arbeiterwohlfahrt, Bd. 15); Sabine Klöhn: Helene Simon (1862–1947). Deutsche und britische Sozialreform und Sozialgesetzgebung im Spiegel ihrer Schriften und ihr Wirken als Sozialpolitikerin im Kaiserreich und in der Weimarer Republik. Frankfurt a. M. 1982; Biographisches Handbuch der deutschsprachigen Emigration nach 1933. München u. a. 1980, Bd. I, S. 700

Marina Sassenberg

Spiel, Hilde **Schriftstellerin, Journalistin**

19. 10. 1911, Wien –
30. 11. 1990, Wien
Vater: Hugo F. Spiel, Chemiker;
Mutter: Marie, geb. Gutfeld

Hilde Spiel wird zur Zeit der niedergehenden k. u. k. Monarchie geboren. Ihr Vater, von Haus aus Naturwissenschaftler, ist Offizier und Chargierter. Beide Elternteile stammen aus traditionsreichen jüdischen Familien, sind jedoch konvertiert. Nach Abbruch der Mittelschule besucht Hilde Spiel die reformpädagogische Schule der «Fraudoktor» Eugenie Schwarzwald. Früh kommt sie in den intellektuellen Kreis des Cafés Herrenhof und verfaßt schon als Schülerin zahlreiche kurze Texte, die z. T. auch zur Veröffentlichung in Jugendzeitschriften gelangen. 1930 erlangt sie die Matura und beginnt, nach einer kurzen Visite bei der von ihr als völkisch eingestuften Germanistik, ein Studium der Philosophie und Psychologie. Sie ist Schülerin Moritz Schlicks sowie Karl und Charlotte Bühlers, deren positivistischer Wissenschaftsbegriff sie prägen soll. Bald beginnt sie am Institut für Sozialpsychologie zu arbeiten. 1933 tritt sie in die Sozialdemokratische Partei Österreichs ein und gehört ihr bis zu deren Zerschlagung durch die Dollfuß-Regierung 1934 an. Im selben Jahr erscheint ihr erster Roman «Kati auf der Brücke», der von der Kritik wohlwollend aufgenommen und mit dem Julius Reich-Preis ausgezeichnet wird.
Die Ermordung Moritz Schlicks 1936 gibt ihr den letzten Anstoß, Österreich schnell zu verlassen. Hilde Spiel, ihrer jüdischen Herkunft bewußt, beschäftigt sich in diesem Sommer mit der Kabbala, wendet sich jedoch nicht dem Judentum zu. Frisch promoviert, emigriert sie 1936 nach England und heiratet dort den Journalisten und Schriftsteller Peter de Mendelssohn. In London ist sie als Journalistin für die Wochenschrift «New Statesman» tätig und zusammen mit ihrem Mann aktiv beim PEN-Club. Es gelingt, die Eltern Hilde Spiels nach London in Sicherheit zu bringen, ihre beiden Kinder werden noch während des Krieges geboren. 1945 kehrt Hilde Spiel in englischer Armeeuniform als Kriegskorrespondentin des «New Statesman» nach Wien zurück. Von Herbst 1946 bis Sommer 1948 lebt sie in Berlin, wo sie u. a. für «Die Welt» Theaterkritiken schreibt.
Ab 1955 hat Hilde Spiel wieder einen zweiten Wohnsitz in Österreich in St. Wolfgang im Salzkammergut, 1963 läßt sie sich endgültig in

Wien nieder. In ihren Memoiren bekennt sie sich zu einer «fast blinden Passion für alle Verkörperungen des nur noch rudimentär und illusionär vorhandenen alten Österreich» (Spiel 1990, S. 176), bleibt dabei jedoch stets den Idealen eines liberalen Humanismus verpflichtet. Ausdruck findet ihre «Passion» in der 1963 erschienenen Biographie → Fanny von Arnsteins. 1988 lehnt sie es ab, die Eröffnungsrede der Salzburger Festspiele zu halten, denn: «Es mag genügen, daß ich mich zu jener von Herrn Vizekanzler Mock als fanatische Minderheit bezeichneten Gruppe bekenne, die sich nach dem Bericht der Historikerkommission mit einem Verbleiben Herrn Dr. Waldheims in seinem Amt nicht abfinden kann.» (Frankfurter Allgemeine Zeitung, 13. 2. 1988)

Hilde Spiel. Foto: Isolde Ohlbaum, München

Hilde Spiel erhält zahlreiche Auszeichnungen und Preise, u. a. 1962 das Bundesverdienstkreuz Erster Klasse (BRD) sowie 1970 eine Ehrenprofessur.

Veröffentlichungen (Auswahl). Kati auf der Brücke. Wien 1933, Neuauflage München 1988; Verwirrung am Wolfgangsee. Leipzig 1935 (= Sommer am Wolfgangsee. Reinbek bei Hamburg 1961); Flöte und Trommel. Hamburg 1949; Der Park und die Wildnis. Zur Situation der neueren englischen Literatur. München 1953; Sir Laurence Olivier. Berlin 1958; Welt im Widerschein. München 1960; Fanny von Arnstein oder Die Emanzipation. Ein Frauenleben an der Zeitenwende 1758–1818. Frankfurt a. M. 1962; Lisas Zimmer. München 1965; Rückkehr nach Wien. Tagebuch 1946. München 1968; Städte und Menschen. Wien, München 1972; Kleine Schritte. München 1976; (Hg.:) Die zeitgenössische Literatur Österreichs. Zürich, München 1976; Mirko und Franca. München 1980; In meinem Garten schlendernd. München 1981; Englische Ansichten. Berichte aus Kultur, Geschichte und Politik. Stuttgart 1984; Glanz und Untergang. Wien 1866–1938. München 1987; Der Baumfrevel. Neues Kapitel aus einem ungeschriebenen Buch. Stuttgart 1987; Anna und Anna. Bühnenrevue. Wien 1989; Die hellen und die finsteren Zeiten. Erinnerungen 1911–1946. München 1989; Welche Welt ist meine Welt. Erinnerungen 1946–1989. München 1990

Literatur (Auswahl). S. Lietzmann: Chronistin zweier Welten. Hilde Spiel zum 60. Geburtstag. In: FAZ, 19. 10. 1971; P. Pabisch: Hilde Spiel – Femme de lettre. In: Modern Austrian Literature 12 (1979), 3/4, S. 392–421 (mit Werkübersicht); E. Zeller: Nicht Figur geworden. Laudatio auf Hilde Spiel. In: Jahrbuch Deutsche Akademie für Sprache und Dichtung (1981), 2, S. 63–66 (anläßlich der Verleihung des Johann-Heinrich-Merck-Preises); M. Reich-Ranicki: Laudatio auf Hilde Spiel zum 70. Geburtstag. In: Börsenblatt für den deutschen Buchhandel 38 (1982) 5, S. 148–151; Kurt Klinger: Bekenntnis zu Hilde Spiel. In: Ders.: Theater und Tabus. 1984; Peter Pabisch: Hilde Spiels «Rückkehr nach Wien», eine besondere Thematik der Exilliteratur. In: Exil. Wirkung und Wertung (1985), S. 173–183

Jutta Dick

Spielrein-Scheftel, Sabina

Ärztin, Psychoanalytikerin

1885, Rostow am Don –
1941, Rostow am Don
Vater: Nikolai Spielrein, Kaufmann;
Mutter: Eva, geb. Luyublinskaja,
Studium der Zahnmedizin

Die wenigen zugänglichen Informationen über Sabina Spielrein-Scheftel ergeben kaum mehr als eine Skizze ihres Lebens und Werks, deren einzig scharfe Kontur das Beziehungsgeflecht mit C. G. Jung und Sigmund Freud darstellt. Ihre 1977 im ehemaligen Psychologischen Institut in Genf gefundenen Tagebücher von 1908 bis 1912 und ihre Korrespondenz mit Jung und Freud offenbaren die Position Sabina Spielrein-Scheftels zu und zwischen den beiden Psychoanalytikern.
Als junge Frau kommt Sabina Spielrein-Scheftel in einer schwierigen psychischen Verfassung 1904 nach Zürich, um Medizin zu studieren. Die seit der Pubertät sich manifestierende psychische Krise zwingt sie zunächst zu einem zehnmonatigen Aufenthalt in der Psychiatrischen Klinik Burghölzli, in der C. G. Jung ihre «psychotische Hysterie» psychoanalytisch betreut. Nach dem Klinikaufenthalt entwickelt sich zwischen Therapeut und Patientin 1908/09 eine intime Beziehung und ein reger wissenschaftlicher Austausch (1905–18). Einerseits ermöglicht die therapeutische Hilfe Jungs Sabina Spielrein-Scheftel, ihre psychische Krise produktiv zu verarbeiten, indem sie 1905 ihr Medizinstudium aufnehmen kann und es mit der psychologischen Analyse eines «Falles von Schizophrenie» 1911 beendet. Andererseits aber verwickelt Jung sie in ein Beziehungsgefüge zwischen ihm und Freud, das zunächst durch deren Freundschaft und enge wissenschaftliche Zusammenarbeit, ab 1913 jedoch durch die Verfeindung und ausdrückliche Abgrenzung der beiden Psychoanalytiker gekennzeichnet ist. Innerhalb dieses Gefüges finden Sabina Spielrein-Scheftels theoretische Arbeiten, in denen sie spätere Entwicklungen der Psychoanalyse vorwegnimmt, wenig Anerkennung: Die von ihr 1912 entworfene Konzeption der «Destruktion als Ursache des Werdens» trifft auf großen Widerstand, obgleich Freud sie später in der Todestrieb-Hypothese wieder aufgreift (ohne Sabina Spielrein-Scheftel zu erwähnen). Neben der wissenschaftlichen Auseinandersetzung versucht Sabina Spielrein-Scheftel, durch Übersetzungen einzelner Werke C. G. Jungs ins Russi-

sche, Aspekte psychoanalytischer Theorie in der Sowjetunion zugänglich zu machen.

Bevor Sabina Spielrein-Scheftel 1926 nach Rostow zurückkehrt, hinterläßt sie ihre Spur an verschiedenen Orten: In Wien macht sie die persönliche Bekanntschaft Freuds und nimmt an seiner «Mittwoch-Gesellschaft» teil; in Zürich heiratet sie 1912 den jüdischen Arzt Pawel Scheftel und wohnt mit ihm und ihrer 1913 geborenen Tochter Renata in Berlin, München, Lausanne, Château d'Oex und Genf. In dieser Zeit wendet sie sich in Genf der psychoanalytischen Therapie zu und wird, neben ihrer Arbeit an zahlreichen Publikationen, für acht Monate die Analytikerin von Jean Piaget.

Während ihres dreijährigen Aufenthaltes in Moskau (1923–26) arbeitet Sabina Spielrein-Scheftel als Lehranalytikerin am Psychoanalytischen Institut und tritt der Russischen Psychoanalytischen Vereinigung bei. Ein Jahr nach der Geburt ihrer Tochter Eva kehrt sie nach Rostow zurück, wo sie ein psychoanalytisch ausgerichtetes Kinderheim gründet und leitet. Welche Auswirkungen Stalins Verbot der Psychoanalyse in der Sowjetunion (1936) auf ihr Leben hat und ob der 1935 verhaftete Bruder Isaak und die 1937 verschwundenen Brüder Jan und Emil hingerichtet wurden, ist bislang nicht geklärt. Auch bleibt unklar, unter welchen Umständen ihr Mann und ihr Vater 1938 sterben. Sabina Spielrein-Scheftel wird mit ihren beiden Töchtern 1941 in der Synagoge von Rostow von den Nationalsozialisten erschossen.

Veröffentlichungen (Auswahl). Über den psychologischen Inhalt eines Falles von Schizophrenie (Dementia Praecox, Diss.). In: Jahrbuch für psychoanalytische und psychopathologische Forschungen, 3 (1911), S. 329–400; Die Destruktion als Ursache des Werdens. In: Jahrbuch für psychoanalytische und psychopathologische Forschungen, 4 (1912), S. 465–503; Beiträge zur Kenntnis der kindlichen Seele. In: Zentralblatt für Psychoanalyse und Psychotherapie, 3 (1912), S. 57–72; Die Schwiegermutter. In: Imago 2 (1913), S. 589–591; Die Entstehung der kindlichen Worte Papa und Mama. In: Imago 8 (1922), S. 345–367; Die Zeit im unterschwelligen Seelenleben. In: Imago 9 (1923), S. 300–317; Kinderzeichnungen bei offenen und geschlossenen Augen. In: Imago 16 (1931), S. 259–291

Literatur (Auswahl). Aldo Carotenuto: Tagebuch einer heimlichen Symmetrie. Sabina Spielrein zwischen Jung und Freud. Freiburg i. Br. 1986; Ulli Olvedi: Sabina Spielrein (1885–1941). In: Dies.: Frauen um Freud. Die Pionierinnen der Psychoanalyse. Freiburg i. Br. 1992, S. 117–131; Inge Stephan: «Tauschobjekt» zwischen Jung und Freud. Sabina Spielrein (1885–1941). In: Dies.: Die Gründerinnen der Psychoanalyse. Eine Entmythologisierung Sigmund Freuds in zwölf Frauenporträts. Stuttgart 1992, S. 83–104

Christiane Humrich

Spira-Ruschin, Steffie

Schauspielerin

2. 6. 1908, Wien
Vater: Fritz Jacob Spira, 1879–1943, ermordet im KZ Ruma bei Rijeka/Jugoslawien, Theater- und Filmschauspieler, Operettensänger in Berlin; Mutter: Lotte, geb. Andresen, 1883–1943, Theater- und Filmschauspielerin

Steffie Spira wächst in Berlin auf. Da die streng jüdisch-orthodoxe Familie ihres Vaters die Heirat mit einer protestantischen Frau als Mesalliance verurteilt, sind alle Beziehungen zu den Wiener Großeltern abgerissen. Steffie denkt zunächst keineswegs daran, Schauspielerin zu werden, ihre ganze Liebe gilt von früher Kindheit an dem Tanz. Kurz bevor sie mit dem Tanzunterricht bei Mary Wigman in Dresden beginnen soll, macht ein Unfall ihren beruflichen Plänen ein Ende. Es folgen der Besuch der Schauspielschule Deutscher Bühnenangehöriger, ein erstes Engagement gleich bei Victor Barnowsky am Theater an der Königgrätzer Straße und ein zweites an den Dr. Robert Klein-Bühnen, dem Berliner Theater in der Charlottenstraße.

1928 spielt die junge Schauspielerin neben Heinrich George und → Helene Weigel in Bertolt Brechts «Mann ist Mann» an der Volksbühne am Bülowplatz, dem Theater, dem sie sich zeit ihres Lebens eng verbunden fühlt. Sie unterstützt hier die Bemühungen Erwin Piscators um ein politisches Zeittheater. Als Schauspielerin strebt sie nie danach, ein Star zu sein, sondern sieht sich stets als Mitglied eines Kollektivs. 1931 heiratet sie Günter Ruschin (1904–63), den sie in der Schauspielschule kennengelernt hat; im gleichen Jahr tritt sie in die KPD ein. 1929/30, als die Wirtschaftskrise ihren Höhepunkt erreicht hat, werden beide Schauspieler arbeitslos. Zusammen mit anderen politisch linksorientierten Kollegen gründen sie die «Truppe 1931», die mit der «Mausefalle», einem von Gustav Wangenheim verfaßten Stück über die Arbeitslosigkeit, im Theater Unter den Linden sehr erfolgreich debütiert. Es folgen weitere Agitprop-Stücke der kommunistischen Künstlergruppe: «Da liegt der Hund begraben» und «Wer ist der Dümmste?»; letzteres fällt schon dem Verbot durch die Nationalsozialisten zum Opfer.

Steffie Spira.
Foto: F. H. Bromme, Berlin

Im März 1933 wird Günter Ruschin, der als Jude und Kommunist besonders gefährdet ist, verhaftet. Steffie kann in die Schweiz entkommen. Durch einen glücklichen Zufall gelingt es Ruschin später, sich dem Zugriff der Gestapo zu entziehen. Das Paar geht zunächst nach Paris. Als Steffie ein Kind erwartet, fällt die Entscheidung gegen eine Emigration in die Sowjetunion. In Paris wirkt Steffie Spira im Kabarett «Die Lanterne» mit und vertritt die Schauspieler in dem im Oktober 1933 auf Initiative von Rudolf Leonhard gegründeten «Schutzverband Deutscher Schriftsteller im Exil» (SDS). 1937 spielt sie mit in der Aufführung der Szenenfolge «Furcht und Elend des Dritten Reiches» von Bertolt Brecht und in der Uraufführung von Brechts «Die Gewehre der Frau Carrar». Getrennt von Mann und Kind, wird Steffie Spira bei Kriegsbeginn als «propagandiste dangereuse» im Frauenlager Rieucros bei Mende im Departement Lozère interniert. In letzter Minute gelingt es der Familie, Visa für Mexiko zu bekommen. → Anna Seghers und Bodo Uhse haben die Affidavits besorgt. Der damals linksorientierten mexikanischen Regierung und insbesondere der jüdischen

Hilfsorganisation «Menorah» bezeugt Steffie Spira später stets Anerkennung und Dankbarkeit. Eine Gelegenheit, deutschsprachige Inszenierungen in Mexiko City zu präsentieren, ergibt sich mit der Gründung einer Theatergruppe im dortigen Heinrich-Heine-Club. Steffie Spira wirkt u. a. in folgenden Aufführungen mit: «Die Himmelfahrt der Galgentoni» von Egon Erwin Kisch, «Hundert Kilometer vor Moskau» von Johannes R. Becher, die «Dreigroschenoper» von Bertolt Brecht, Georg Büchners «Wojzeck», Ferdinand Bruckners «Denn seine Zeit ist kurz», William Shakespeares «Ein Sommernachtstraum» und Henrik Ibsens «Gespenster» mit Ernst Deutsch als Gast. Die Familie hält sie mit Gelegenheitsjobs als Kinderpflegerin und Hausgehilfin über Wasser. Besonders eng befreundet ist sie mit Anna Seghers und Egon Erwin Kisch.
1947 folgt Steffie Spira dem Wunsch ihres Mannes und kehrt nach Deutschland zurück. Die Schauspieler lassen sich im Ostsektor Berlins nieder. Steffie ist zunächst nicht in der Lage, ein Engagement anzunehmen: Die Nachrichten über das Schicksal ihrer Familie und Freunde stürzen sie in schwere Depressionen; erst nach einem Krankenhausaufenthalt gewinnt sie ihre seelische Stabilität wieder. Steffie Spiras Nachkriegskarriere als Schauspielerin ist ganz wesentlich mit der Berliner Volksbühne verbunden, wo auch ihr Mann inzwischen als Chefdramaturg tätig ist. Steffie Spira ist ihren kommunistischen Idealen stets treu geblieben, auch über die «Wende» hinaus. Kritische Stellungnahmen hat sie allerdings nie gescheut, und das DDR-System hat es ihr auch nicht leichtgemacht. Günter Ruschin wird 1959 wegen der Aufführung eines stalinismuskritischen Majakowski-Stückes an der Volksbühne entlassen; der Sohn Tomas darf das gewünschte Studium nicht aufnehmen. Zivilcourage und zugleich Gespür für effektvolle Auftritte beweist die vitale alte Dame in ihrem Statement während der großen Demonstration auf dem Alexanderplatz am 4. November 1989, kurz bevor das Honecker-Regime zusammenbricht. Die Schauspielerin ist Mitglied im PDS-Ehrenpräsidium.

Veröffentlichung. Trab der Schaukelpferde. Aufzeichnungen im nachhinein. Berlin (DDR) 1984

Fernsehporträt. So wie es ist, bleibt es nicht. Die Geschichte von Camilla und Steffie Spira, Südwestfunk 1991

Literatur. Interview mit Steffie Spira in: Beate Lause, Renate Wiens (Hg.): Theater-Leben. Schauspieler erzählen von Exil und Rückkehr. Frankfurt a. M. 1991, S. 47–79

Elfi Pracht

Stein, Edith Philosophin und Karmelitin

12. 10. 1891, Breslau –
9. 8. 1942, Auschwitz
Vater: Siegfried Stein, 1843–1893, Holzhändler; Mutter: Auguste, geb. Courant, 1849–?, Holzhändlerin

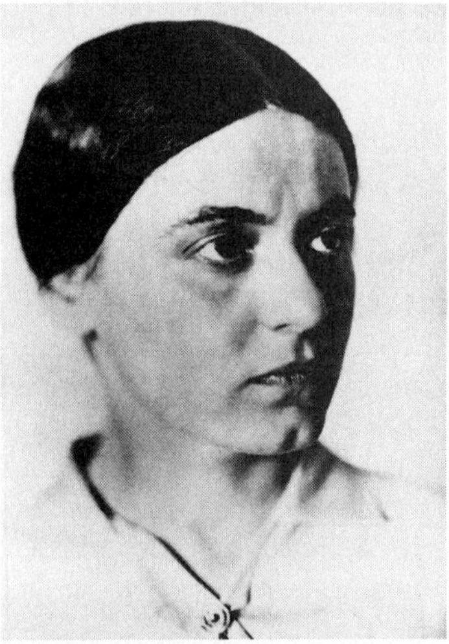

Edith Stein wächst als jüngstes von elf Kindern in einer Kaufmannsfamilie auf. Nach dem frühen Tod des Vaters führt die Mutter, eine deutsche Patriotin und religiöse Jüdin, das Holzgeschäft weiter und erreicht, daß, mit der Hilfe der Verwandten, alle Kinder eine Ausbildung erhalten, einige sogar studieren können. Edith Stein jedoch verläßt, obgleich hochbegabt, nach neun Jahren die Schule und lebt bei ihrer Schwester in Hamburg. Erst 1907 kehrt sie nach Breslau zurück und macht 1911 als Externe das Abitur. Sie entscheidet sich zu dem für eine Frau damals keineswegs üblichen Studium der Philosophie und Psychologie in Breslau, wo der Naturphilosoph Richard Hönigswald und der empirische Psychologe William Stern (der Vater von Günther Anders) ihre Lehrer sind. Schon bald stößt Edith Stein mit ihrem philosophischen Fragen nach dem Sinn menschlichen Seins, der Beziehung zum Anderen, der Entstehung von Gemeinschaft an die Grenzen dessen, was mit Hilfe der empirischen Psychologie aussagbar ist. Sie entschließt sich zum Studium der Phänomenologie Edmund Husserls in Göttingen (1913). In den Kreis seiner Schüler aufgenommen, zu denen Adolf Reinach, Alexander Pfänder, Alexander Koyre, Hedwig Martius, Hans Theodor Conrad und Max Scheler gehören, bleibt sie länger als beabsichtigt in Göttingen und bittet Husserl schon nach einem Jahr um ein Dissertationsthema. Zunächst jedoch meldet sich Edith Stein nach dem Staatsexamen (1915) zum Dienst als Krankenschwester und wird in ein Seuchenlazarett nach Mährisch-Weißkirchen ab-

kommandiert. Danach unterrichtet sie an ihrer alten Breslauer Realschule und schreibt ihre Dissertation, die sie 1916 Husserl vorlegt. Darin analysiert sie das damals durchaus geläufige «Problem der Einfühlung» (Halle 1917), das sie als die «Erfahrung vom fremden Bewußtsein überhaupt» und seinen Konsequenzen für die Konstitution der menschlichen Person auffaßt. Mit den Konsequenzen für die Geisteswissenschaften beschäftigt sich Edith Stein in den Studien «Psychische Kausalität» und «Individuum und Gemeinschaft», die sie 1919 abschließt, die jedoch erst 1922 im «Jahrbuch für Philosophie und phänomenologische Forschung» unter dem Titel «Beiträge zur philosophischen Begründung der Psychologie und der Geisteswissenschaften» publiziert werden. Ihr Wunsch, sich mit diesen Arbeiten zu habilitieren, wird zunächst von Husserl in Freiburg, dann in Göttingen, Kiel und Hamburg abgelehnt.
Edith Stein wird 1916 die erste Assistentin Husserls in Freiburg, der sie mit Editions- und Transkriptionsarbeiten betraut; jedoch derart besitzergreifend, daß sie sich 1918 von ihm trennt. Am 1. Januar 1922 wird Edith Stein, die sich bis dahin als Jüdin und Atheistin verstand, katholisch getauft. Sie steht unter den Schülern Husserls mit diesem Entschluß neben Max Scheler, Adolf und Anna Reinach. Auch mögen der Krieg, das Sterben im Lazarett, der Tod Reinachs, dessen Nachlaß sie ordnet, bei der Entscheidung mitgespielt haben. Ab 1923 lehrt Edith Stein Deutsch am Lehrerinnenseminar des Dominikanerinnenklosters St. Magdalena in Speyer. Angeregt durch den Jesuiten Erich Przywara, übersetzt sie Aristoteles und beginnt wieder theoretisch zu arbeiten. Für die Husserl-Festschrift entsteht ein Vergleich seiner Philosophie mit der thomistischen (Jahrbuch-Ergänzungsband, Halle 1929). 1931 gibt sie ihre Lehrtätigkeit auf. Sie versucht erneut, sich mit einer Arbeit zur aristotelisch-thomistischen Akt-Potenz-Lehre zu habilitieren. Husserl, Heidegger, Honecker, Engelbert Krebs, Eugen Fink lehnen dies ab. Sie nimmt einen Ruf des Deutschen Instituts für wissenschaftliche Pädagogik in Münster an. Im Januar 1933 wird diese für sie sehr schwierige Tätigkeit abrupt beendet. Nun verwirklicht sie, was sie 1922, aus Rücksicht auf ihre Mutter, nicht getan hat: Sie stellt sich im Kölner Karmel vor und wird Karmelitin. Sie tut dies im Bewußtsein der Zugehörigkeit zum jüdischen Volk, dessen Bedrohung durch die Nazis sie von Anfang an erkennt. Ihr philosophisches Hauptwerk entsteht. «Endliches und unendliches Sein», aus den Thomas-Studien hervorgegangen, ist der Versuch, die Philosophie aus den Voraussetzungen des Glaubens zu be-

gründen. Anknüpfend an «Sein und Zeit» (1927), erweitert sie Martin Heideggers auf das endliche Sein beschränkte Frage nach dem Sinn des Seins um die thomistische Perspektive eines ewigen, göttlichen Seins, von dem aus endliches Sein allein zu begreifen sei. Letztlich scheint aber die philosophische Reflexion von der mystischen Erfahrung eingeholt zu werden, auf die Edith Stein wiederholt eingeht und der ihre letzten Werke gelten (Kreuzeswissenschaft, 1942, in: Werke 1). Trotz intensiven Bemühens kann ihr Hauptwerk nicht erscheinen (erst 1950 in: Werke 2; Anhänge über Martin Heidegger und Teresa von Avila in: Werke 6). Am 31. 12. 1938 muß Edith Stein in den Echter Konvent nach Holland übersiedeln, im vollen Bewußtsein, daß sie das «Schicksal des jüdischen Volkes» teilen wird. Edith Stein wird nach der Besetzung der Niederlande am 2. 8. 1942 nach Westerbork und dann nach Auschwitz verschleppt.

Quellen. Edith Stein-Archiv, Karmel Köln

Veröffentlichungen. Werke. 11 Bde. Hg. von L. Gelber, R. Leuven, Louvain, Freiburg i. Br. 1950–1987 (Bd. 7: Autobiographie: Aus dem Leben einer jüdischen Familie, 1935–1939)

Literatur. Waltraud Herbstrieth: Das wahre Gesicht Edith Steins. Aschaffenburg 1971; dies. (Hg.:) Denken im Dialog. Tübingen 1991 (mit Bibliographie); Elisabeth Endres: Christliche Philosophin und jüdische Märtyrerin. München, Zürich 1987; Beat W. Imhof: Edith Steins philosophische Entwicklung. Bd. I: Leben und Werk. Basel, Boston 1987 (Basler Beiträge zur Philosophie und ihrer Geschichte, Bd. 10); Reiner Wimmer: Vier jüdische Philosophinnen. Tübingen 1990, S. 171–236

Hanna Delf

Stern, Grete **Fotografin**

1904, Wuppertal-Elberfeld

Nach ihrem Studium an der Stuttgarter Kunstgewerbeschule Weißenhof, das sie von 1923 bis 1925 in der Abteilung Graphische Künste bei Prof. Schneidler absolviert, geht Grete Stern zunächst als Gebrauchsgrafikerin nach Wuppertal und Berlin. Fotografien von Edward Weston und Paul Outerbridge üben auf sie solch großen Eindruck aus, daß sie beschließt, die Kunst der Fotografie zu erlernen. 1927 beginnt sie ihre fotografische Ausbildung in Berlin bei Walter Peterhans, der sich 1929 die zweite Privatschülerin → Ellen Auerbach anschließt. Nach Peterhans' Berufung ans Dessauer Bauhaus kauft Grete Stern seine Ausrüstung und eröffnet mit Ellen Auerbach das Fotostudio

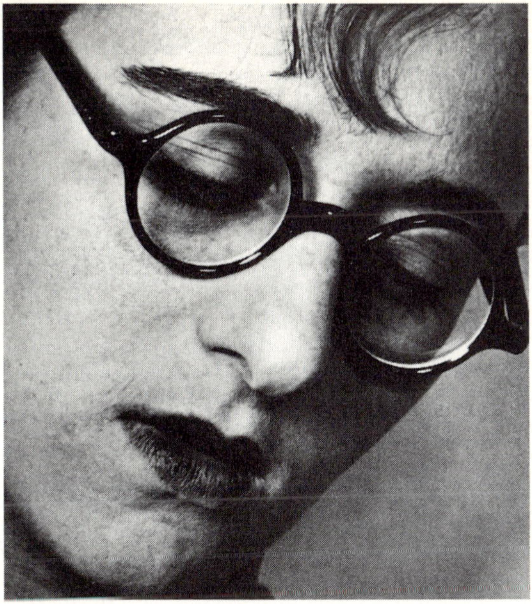

Ellen Auerbach: Ringl [Grete Stern] mit Brille. 1929

Ringl & Pit in Berlin. Die dort entstandenen Werbefotografien zeigen den Einfluß des Lehrers vor allem in der technischen Ausführung; in der formalen Anordnung zeigen sich neben Parallelen zu Fotografien von Peterhans vor allem Anklänge an die Fotografie der «Neuen Sachlichkeit». In den Jahren 1930 bis 1933 nimmt Grete Stern zeitweilig am Bauhaus-Unterricht von Walter Peterhans teil. Während ihrer Abwesenheit führt Ellen Auerbach das Studio allein weiter. 1933 emigriert Grete Stern nach London und arbeitet drei Jahre freiberuflich als Grafikerin, Reklame- und Porträtfotografin. Die Porträtaufnahme von Bertolt Brecht ist die berühmteste Fotografie aus dieser Zeit. 1936 zieht Grete Stern mit ihrem Ehemann Horacio Coppola, ebenfalls ein Bauhaus-Schüler von Peterhans, und ihrer Tochter nach Buenos Aires, wo sie gemeinsam ein Studio für Werbefotografie eröffnen. In ihrem 1934 gebauten Haus treffen sich Künstler und Schriftsteller, von denen Grete Stern zahlreiche Porträtaufnahmen anfertigt. Von 1948 bis 1950 fotografiert sie im Auftrag der Stadtverwaltung für die Stadtplanung, von 1956 bis 1970 ist sie am Nationalmuseum für Bildende Künste in Buenos Aires tätig. 1963 erhält die Fotografin ein dreimonatiges Stipendium für eine Fotodokumentation über die Lebensumstände der Indios im argentinischen Teil des Gran Chaco. Die Fotografien veranschaulichen das Leben dieses Volkes, das immer am Rande der Städte in Isolation gelebt hat. Die den Bildern innewohnende Ruhe sowie die technische Perfektion zeichnen Grete Stern als Schülerin Walter Peterhans' aus. 1985 beendet sie ihre fotografische Arbeit.

Quellen. Archiv Grete Stern, Buenos Aires

Einzelausstellungen (Auswahl). Gebrauchsgrafische Arbeiten, Ruhmeshalle Wuppertal 1926; Portraits, Galeria Müller, Buenos Aires 1943; Portraits und Landschaften, Galeria Kraft, Buenos Aires 1950; Indios aus dem Gran Chaco Argentiniens, Museo de Arte Moderne, Buenos Aires 1967; Portraits und Indios, Bauhaus-Archiv, Berlin 1975; Studio ringl + pit 1928–1933, Goethe-Institut, New York 1985

Veröffentlichungen (Auswahl). (Mit Ellen Auerbach:) The Women's Hospital in London. London 1935; H. R. Klappenbach (Hg.): Buenos Aires. 200 Fotografien von Grete Stern. Buenos Aires 1953

Literatur. Begegnung mit Menschen. Das fotografische Werk von Grete Stern. Hg. vom Bauhaus-Archiv Berlin. Berlin 1975; Jorge Ben Gullco: Grete Stern. Buenos Aires 1983; Sara Facio, Maria Cristina Orive: Grete Stern. Buenos Aires 1988

Susanne Baumann

Stern, Karoline Sängerin

10. 4. 1800, Mainz – ?

Als Tochter eines begabten Geigers erhält Karoline Stern ihre erste musikalische Ausbildung unter Anleitung ihres Vaters. 1816 debütiert sie am Nationaltheater Trier in der Rolle der Myrrha in Peter von Winters Oper «Das unterbrochene Opferfest», einem der größten Opernerfolge der damaligen Zeit. Ihre zweite Bühnenrolle ist dann am selben Theater die der Donna Elvira in Mozarts «Don Giovanni». Mit dieser Rolle wird sie 25 Jahre später ihre Karriere beenden, in deren Verlauf sie in Düsseldorf und Aachen, am Hoftheater Stuttgart (wo sie von 1819–1824 ein Engagement als Primadonna hat), in Mainz, München, Augsburg und Würzburg gefeiert wird.

Sie ist die erste Jüdin, die ihren Fuß auf die deutsche Musikbühne setzt und die überdies unverhohlen ihre jüdische Identität im öffentlichen Leben zu erkennen gibt. Ihre stimmlichen Qualitäten, einhergehend mit einem starken schauspielerischen Talent und einem imposanten Äußeren, führen dazu, daß man ihr überall Hauptrollen anbietet. Zu ihren großen Erfolgen zählen die Minette in Gioacchino Rossinis

«Diebischer Elster» und die Rosine im «Barbier von Sevilla», die Agathe in Carl Maria von Webers «Freischütz» und die Isabella in Giacomo Meyerbeers «Robert der Teufel». Nachdem sie sich von der Opernbühne zurückgezogen hat, singt sie weiter als Konzertsolistin. Ihr Abschiedskonzert gibt sie am 15. März 1855 am Hofe des Prinzen von Hohenzollern-Hechingen, wo sie die Cavatine aus Rossinis «Tancred» singt. Von dem Zauber, mit dem sie bereits in jungen Jahren den Sopranpart dieser Oper sang, schwärmt auch Heinrich Heine, der Karoline Stern sein Gedicht «An eine Sängerin» widmet (übrigens allem Anschein nach Heines erste veröffentlichte literarische Arbeit): «Ich denke noch der Zaubervollen, / Wie sie zuerst mein Auge sah! / Wie ihre Töne lieblich klangen / Und heimlich süß ins Herze drangen, / Entrollten Thränen meinen Wangen – / Ich wußte nicht, wie mir geschah / (...) / Das war ein lautverworrnes Schallen, / Das mich aus meinen Träumen rief. / Verklungen war jetzt die Legende, / Die Leute schlugen in die Hände / Und riefen ‹Bravo!› ohne Ende; / Die Sängerin verneigt sich tief.»

Literatur. Mayer Kayserling: Die jüdischen Frauen. Leipzig 1879, Reprint Hildesheim, Zürich, New York 1991, S. 320–323

Avram Andrei Baleanu
(Deutsch von Hans Joachim Kemper)

Stern-Täubler, Selma

Historikerin

24. 7. 1890, Kippenheim/Baden – 17. 8. 1981, Basel
Vater: Julius Stern, 1861–1908, Chirurg; Mutter: Emilie, geb. Durlacher, 1869–1931

Selma Stern studiert von 1909 bis 1914 an den Universitäten Heidelberg und München; der Titel ihrer Dissertation von 1914 lautet «Anacharsis Cloots, der Redner des Menschengeschlechts als Mitglied des Nationalkonvents». Von 1918 bis zu ihrer Entlassung 1933 forscht Selma Stern an der Akademie für die Wissenschaft des Judentums in Berlin; 1920 beginnt sie auf Anregung Eugen Täublers, der von 1919 bis 1922 der erste Direktor der Akademie ist, mit den Arbeiten zu ihrem großen Werk «Der Preußische Staat und die Juden». Das Wesen

Selma Stern-Täubler.
Foto: Jim Strong

des Judentums sollte hier aus den Wurzeln seiner eigenen und eigentlichen Existenz erfaßt und «mit Hilfe der historischen Selbstbesinnung der Gestaltwandel erforscht werden, den es in der Diaspora durch die Verbundenheit mit einem vielfältig einheitlichen Kulturbereich durch die Anpassung an die seelischen und geistigen Lebensformen Europas erfahren hat» (Stern 1962, S. XII). Die beiden ersten Bände können in Deutschland fertiggestellt werden; der erste wird 1925 von der Akademie veröffentlicht, und der Schokken-Verlag unternimmt es, 1938 den zweiten Band herauszugeben. Aber es kommt nicht zur Veröffentlichung; der Band wird Opfer der Bücherverbrennung. 1941 emigriert Selma Stern mit Eugen Täubler (1879–1953), mit dem sie seit 1927 verheiratet ist, in die USA. Selma Stern kann ihr in zwanzig Jahren gesammeltes Material mitnehmen und forscht im Exil weiter, «unter dem inneren Zwang, Zusammenhänge aufzuspüren, die die Vergangenheit mit der Katastrophe der Gegenwart verknüpften» (Stern 1962, S. XIII). Es entsteht in den Jahren 1942 bis 1944 ein Novellenkranz, der auf historischem Quellenmaterial basierend die Geschichte der Judenverfolgung im Mittelalter erschließt. Einzelne der handelnden Personen sind Vorfahren Selma Sterns.

Von 1947 bis zu ihrer Pensionierung 1957 ist Selma Stern als Archivarin an den American Jewish Archives, Cincinnati/Ohio, tätig. 1960 kehrt sie nach Europa zurück und läßt sich in Basel nieder, um an der Vollendung ihrer Geschichte des «Preußischen Staates und der Juden» zu arbeiten, die von 1962 bis 1975 mit den beiden ersten 1925 und 1938 in Berlin entstandenen Bänden erscheint. In der Einleitung zum Reprint des ersten Bandes schreibt Selma Stern: «Es ist für mich keine leichte Aufgabe, ein Werk zu veröffentlichen, das vor fast einem Menschenalter begonnen worden ist, nicht allein, weil sich inzwischen die Welt und mit ihr mein historisches Weltbild völlig gewandelt hat, sondern weil die Nachkommen der Männer und Frauen, von denen diese Bücher berichten, anderen Ländern, Sprachen und Kulturen nun zugehörig oder heimgekehrt in das alte heilige Land, nicht mehr miteinander verbunden sind an eine leidenschaftlich erlebte, gemeinsame Vergangenheit und eine ehrfürchtig bewahrte gemeinsame Tradition, die einst von Geschlecht zu Geschlecht weitergegeben worden ist.» (Stern 1962, S. XVI)

Quellen. Leo Baeck Institute, New York; Universitätsbibliothek, Basel

Veröffentlichungen. Karl Wilhelm Ferdinand, Herzog zu Braunschweig und Lüneburg. Hildesheim 1921; Der Preußische Staat und die Juden. Darstellung und Akten. Teil I: Die Zeit des großen Kurfürsten und Friedrichs I., Bd. 1. Berlin 1925, Bd. 2. Berlin 1938; Jud Süß. Ein Beitrag zur deutschen und zur jüdischen Geschichte. Berlin 1929, München 1979; The Spirit Returneth. Philadelphia 1946, dt.: Ihr seid meine Zeugen. Ein Novellenkranz aus der Zeit des Schwarzen Todes 1348/49. München 1972; The Court Jew. Philadelphia 1950; Josel von Rosheim. Befehlshaber der Judenschaft im Heiligen Römischen Reich Deutscher Nation. Stuttgart 1959; Der Preußische Staat und die Juden. Teil 1: Die Zeit des großen Kurfürsten und Friedrich I. Tübingen 1962, Teil 2: Die Zeit Friedrich Wilhelms. Tübingen 1962, Teil 3: Die Zeit Friedrichs des Großen. Tübingen 1971, Teil 4: Gesamtregister zu den 7 Bänden der Teile 1–3. Hg. von Max Kreuzberger. Tübingen 1975; (Hg.:) Eugen Täubler: Aufsätze zur Problematik jüdischer Geschichtsschreibung 1908–1950. Tübingen 1977

Literatur. Hans Kühner: Seniorin jüdischer Historiographie. In: Israelitisches Wochenblatt, Juli 1975; Biographisches Handbuch der deutschsprachigen Emigration nach 1933. München u. a. 1980, Bd. II, Teil 2, S. 1128

Jutta Dick

Straus, Rahel — Ärztin, Sozialarbeiterin

21. 3. 1880, Karlsruhe –
15. 5. 1963, Jerusalem
Vater: Gabor Goitein, ?–1883, Rabbiner;
Mutter: Ida, geb. Löwenfeld, 1848–1931, Volksschullehrerin

Nach dem frühen Tod des Mannes arbeitet Ida Goitein in ihrem erlernten Beruf als Volksschullehrerin, um sich und die vier Kinder zu ernähren. Ihre Kinder erzieht sie im Sinne eines orthodoxen Judentums, sorgt jedoch neben der üblichen Schullaufbahn für umfassende Kenntnisse in der Kulturgeschichte sowie für Körperbildung. So ermöglicht sie ihrer Tochter Rahel nach Abschluß der Höheren Mäd-

chenschule ab 1893 den Besuch des ersten deutschen Mädchengymnasiums in Karlsruhe. Mit Hilfe der finanziellen Unterstützung eines Onkels kann Rahel Straus 1899 ein Medizinstudium in Heidelberg beginnen, das sie am 30. Januar 1905 mit dem Staatsexamen, das zur Niederlassung im ganzen Deutschen Reich berechtigt, abschließt. Drei Wochen später heiratet sie den Juristen Elias Straus (1878–1933), der ihr von Kindheit an verbunden ist; das Ehepaar zieht nach München. Rahel Straus durchläuft hier die klinische Ausbildung, promoviert 1908 und läßt sich im gleichen Jahr als Ärztin nieder. In den folgenden Jahren kommen fünf Kinder zur Welt. Ihre eigenen Erfahrungen als berufstätige Ehefrau und Mutter sowie die Einblicke, die sie durch ihre Arbeit in die Lebenssituation anderer Frauen bekommt, veranlassen Rahel Straus, in der Frauenbewegung aktiv zu werden. Sie setzt sich für die Abschaffung des § 218 ein – nimmt jedoch mit Rücksicht auf ihren

Mann, der später stellvertretender Vorsitzender der jüdischen Gemeinde München wird, selbst nie Abtreibungen vor. Schon als Studentin beginnt sie, organisiert zu arbeiten, und tritt 1905 dem «Verein für Stimmrecht» bei, dem → Anita Augspurg und Lydia Heymann vorstehen, aber ihr Engagement gilt jüdischen Organisationen. Sie ist in München im «Verein jüdischer Frauen zur Förderung der Kulturarbeit in Palästina» aktiv, der dem 1904 von → Bertha Pappenheim gegründeten «Jüdischen Frauenbund» (JFB) angeschlossen ist. Durch die Person Rahel Straus', die schon seit frühester Jugend die Positionen Theodor Herzls vertritt, wird die ablehnende Haltung des JFB erkennbar: 1910 verhindert ihr Zionismus die Wahl in den Hauptvorstand des JFB, und 1918 kommt es deshalb zu einer scharfen Auseinandersetzung mit Bertha Pappenheim, der, wie vielen gläubigen Juden, der Zionismus wegen seiner säkularen Tendenzen suspekt ist. 1932 bittet sie jedoch Rahel Straus, die bereits seit 1925 im Hauptvorstand ist, persönlich, für den Vorsitz des Bundes zu kandidieren.

Der Erste Weltkrieg hat auch die Lebenssituation jüdischer Frauen und Mädchen grundlegend verändert, und um dem Rechnung zu tragen, entsteht in Zusammenarbeit mit dem JFB die Haushaltsschule in Wolfratshausen. Hier sieht Rahel Straus ihre Aufgabe darin, jüdisch-religiöses Wissen und Fühlen zu vermitteln. Aus der Arbeit mit den jungen Mädchen entsteht die erste Broschüre zu sexuellen Fragen, in deren Folge sie zahlreiche Vorträge zu dem Themenbereich hält. Darüber hinaus ist sie für die «Women's International Zionist Organisation» (WIZO) aktiv. Schon in den frühen zwanziger Jahren erkennt Rahel Straus den aufkommenden Anisemitismus, aber ihr Mann sieht trotz seiner Verbundenheit mit dem Zionismus keine Möglichkeit, ein Leben in Palästina aufzubauen. Nach dem Tod Elias Straus' emigriert Rahel mit ihren Kindern im November 1933 nach Palästina. In Jerusalem läßt sie sich als Ärztin nieder und führt die Praxis bis 1940; jedoch gewinnt die Sozialarbeit zunehmend an Bedeutung, und sie ist bis ins hohe Alter aktiv. Für ihre Tätigkeiten erhält sie zahlreiche Auszeichnungen, u. a. hat die «Israelische Gesellschaft zur Wiedereingliederung von geistig Behinderten» (AKIM) ihr Lehrzentrum nach Rahel Straus benannt.

Quellen. Leo Baeck Institute, New York

Veröffentlichungen (Auswahl). Wege zur sexuellen Aufklärung, 1931; Wir lebten in Deutschland. Erinnerungen einer deutschen Jüdin 1880–1933. Stuttgart ²1962

Literatur. Marion A. Kaplan: Die jüdische Frauenbewegung in Deutschland. Organisation und Ziele des Jüdischen Frauenbundes 1904–1938. Hamburg 1981; Biographisches Handbuch der deutschsprachigen Emigration nach 1933. München u. a. 1980, Bd. I, S. 744

Jutta Dick

Straus-Ernst, Luise

Kunsthistorikerin, Kunstkritikerin, Publizistin

2. 12. 1893, Köln – 1944, Auschwitz
Vater: Jacob Straus, Hutfabrikant;
Mutter: Charlotte, geb. Meyer

Luise Straus-Ernst ist vor allem bekannt geworden durch ihre Tätigkeit als wissenschaftliche Mitarbeiterin renommierter Publikationsorgane, als Kommentatorin Kölner und rheinischer Kunstereignisse (Museumsarbeit, Porträts der Galerie Flechtheim, der Galeristin Mutter Ey, der Sammlung Haubrich etc.), als Autorin monographischer Aufsätze (über die Edition von Max Ernsts «Femme 100 Têtes», Moise Kogan, Richard Seewald, Max Stern, Arno Breker, Werner Peiner etc.) sowie als Chronistin lokaler Geschehnisse (Kölner Gesellschaft und Karneval, 1927). Das zentrale Anliegen der Publizistin, zeitgenössische Architektur und bildende Kunst der Öffentlichkeit zugänglich zu machen, entwickelt sich bereits während ihres Studiums der Kunstgeschichte in Bonn und Berlin. Nach dem Studium promoviert Luise Straus 1917 in Bonn bei Paul Clemen und ist anschließend bis 1919 als Wissenschaftlerin am Wallraf-Richartz-Museum in Köln tätig. Parallel zur Museumsarbeit vollzieht sich ihr organisatorisches und publizistisches Engagement für die junge Kölner Dada-Szene. 1918 heiratet sie Max Ernst (1891–1976), den sie während der gemeinsamen Bonner Studienzeit kennengelernt hat. Der Ehe, die 1926 geschieden wird, entstammt der Sohn Jimmy (1920–84), späterer Maler und Galerist. Um 1920 entstehen unter Anleitung Max Ernsts einige ironische Collagen Luise Straus-Ernsts, die sich heute überwiegend in Privatbesitz befinden.
Nach Aufgabe der Museumstätigkeit arbeitet Luise Straus-Ernst freiberuflich, zum Beispiel 1926 als wissenschaftliche Mitarbeiterin der Kölner Galerie Becker & Newman bzw. als Ausstellungsgestalterin des Kölnischen Kunstvereins. Von 1926 bis 1933 ist sie für zahlreiche regionale und überregionale Zeitungen und Zeitschriften journali-

stisch tätig, u. a. für den «Kölner Stadtanzeiger», das «Kölner Tageblatt», die «Vossische Zeitung», die «Dresdner Neuesten Nachrichten», das «Wallraf-Richartz-Jahrbuch», den «Querschnitt», das «Kunstblatt», die «Kunst», die «Deutsche Kunst und Dekoration», die «Rheinischen Heimatblätter» sowie für den Nordwestdeutschen Rundfunk (NWDR).

Auch in Paris, wohin sie 1933 emigriert, setzt sie diese Arbeit fort – vornehmlich für jüdische und Schweizer Publikationsorgane. 1939 lebt sie kurzfristig in Cannes und wird in Südfrankreich ins Internierungslager Gurs verbracht. Nach dem Entzug des Wohnrechts in Frankreich bemüht sich Luise Straus-Ernst um Ausreise in die USA, wohin ihr Sohn bereits emigriert ist. Als sie im Juni 1941 das Visum erhält, haben sich die Einwanderungsbestimmungen unmittelbar vorher geändert, so daß sie nicht mehr ausreisen kann. Während ihrer

Wartezeit auf den Emigrationsbescheid in der provenzalischen Kleinstadt Manosque verfaßt Luise Straus-Ernst ihre bisher lediglich auszugsweise publizierte Autobiographie «Nomadengut». Zeitgleich entstehen Übersetzungen von Texten des befreundeten Schriftstellers Jean Giono. Von Manosque wird Luise Straus-Ernst nach Auschwitz deportiert und dort vermutlich im Mai 1944 ermordet.

Ausstellungen. Max Ernst in Köln. Die rheinische Kunstszene bis 1922. Kölnischer Kunstverein, Köln 1980

Veröffentlichungen. Nomadengut. Auszüge in: Max Ernst in Köln. Die rheinische Kunstszene bis 1922. Köln 1980 (Ausstellungskatalog)

Literatur (Auswahl). Susanne Liesenfeld: Luise Straus-Ernst – Erste Skizze zu einer Biographie. In: Max Ernst in Köln. Die rheinische Kunstszene bis 1922. Köln 1980 (Ausstellungskatalog); Vom Dadamax bis zum Grüngürtel. Köln in den 20er Jahren. Köln 1975 (Ausstellungskatalog); Jimmy Ernst: Nicht gerade ein Stilleben. Erinnerungen an meinen Vater Max Ernst. Köln 1985

Hildegard Reinhardt

Susman, Margarete

Philosophin und Schriftstellerin

14. 10. 1872, Hamburg –
16. 1. 1966, Zürich
Vater: Adolph Susman, 1836–1892, Kaufmann; Mutter: Jenni, geb. Katzenstein, 1845–1906

Margarete Susman wächst zusammen mit ihrer älteren Schwester in einem Hamburger großbürgerlichen, ganz an der deutschen Kultur orientierten Elternhaus auf. Sie besucht zunächst eine Privatschule, dann, ab 1883 in Zürich, eine öffentliche Volksschule, später eine höhere Töchterschule. Ihrem Wunsch zu studieren setzt der Vater, obwohl ein «glühender Achtundvierziger», die Angst vor den polnischen Studentinnen in Zürich (eine war → Rosa Luxemburg) entgegen.
Margarete Susman beginnt erst nach seinem Tod ein Kunststudium in Düsseldorf. Hier lernt sie Hanns Heinz Ewers und ihren späteren Ehemann, den Maler und Kunsthistoriker Eduard von Bendemann (geb. 1877), kennen. Sie geht jedoch bald nach München, um hier endlich Philosophie, u. a. die Vorlesungen von Theodor Lipps, zu hören. Sie begegnet Erwin Kircher, dessen «Philosophie der Romantik» (Jena 1906) sie und Heinrich Simon postum herausgeben. Von → Gertrud Kantorowicz wird sie in das weithin berühmte Haus von Karl und Han-

na Wolfskehl eingeführt, wo auch Stefan George verkehrt. Das Studium seiner Gedichte veranlaßt sie, die dritte Auflage ihres Gedichtbandes «Mein Land» (Berlin 1901) zurückzuziehen. Nunmehr in Berlin, wird sie zu den Simmelschen Gesellschaften eingeladen, die auch Ernst Bloch besucht. Heinrich Simon, der Chefredakteur der «Frankfurter Zeitung», bittet sie, für seine Zeitung zu schreiben. Sie beginnt, Essays zu schreiben; zunächst die Reihe «Neue Lyrik» (1907–1909), mit der ihr richtungweisende Bewertungen Hofmannsthals, Rilkes und Momberts gelingen. In den folgenden Jahren schreibt sie über Georg Lukács, Nietzsche, Jean Paul, Spinoza, Martin Buber. Sie lebt mit ihrer Familie zunächst in Berlin, wo 1906 ihr Sohn Erwin zur Welt kommt, dann in Zürich, wo sie eng mit Ernst Bloch befreundet ist. Mit dem Weltkrieg erwacht in ihr das politische Bewußtsein. 1918 erwartet sie, von dem ihr befreundeten Gustav Landauer nach München in die Revolution geholt zu werden. Seine Ermordung durch konterrevolutionäre Truppen stärkt in ihr das Bewußtsein für die Problematik des Judentums. Die Jahre der Weimarer Republik verbringt Margarete Susman in Säckingen. Ihr Mann versucht dort, einen Bauernhof zu bewirtschaften. Nur nachts kommt sie zur philosophischen Arbeit, liest Dostojewski, Goethe, studiert die neue Phänomenologie. Bernhard Groethuysen, Eugen Rosenstock, Franz Rosenzweig gehören zu ihren Gästen. Mit ihrer Philosophie setzt sich Margarete Susman auseinander. Ihr Nachdenken konzentriert sich auf das Bild des Menschen, das bürgerliche Wert- und Denkkategorien in einer durch Krieg, Revolution, Inflation sich radikal verändernden Welt nicht mehr zu erfassen vermögen. Der Chassidismus, vermittelt durch Martin Buber, eröffnet ihr die Gestalt eines religiösen Bewußtseins, an dem sie ihre existentiell-mystische Konzeption des modernen Menschen entwickeln kann (Botschaft der chassidischen Mystik an unsere Zeit. In: Der Jude 1928, S. 140–147). Nach der Trennung von Eduard von Bendemann geht Margarete Susman nach Frankfurt a. M. Sie setzt sich jetzt mit Freuds Psychoanalyse auseinander und schreibt richtungweisende Analysen zur Situation der Frau (Frau und Geist. In: Die Literarische Welt 12, 20. 3. 1931; Wandlungen der Frau. In: Die Neue Rundschau 44, Nr. 1, 1933). → Rahel Varnhagen und die Romantikerinnen beschäftigen sie. 1933 muß Margarete Susman über England und Holland in die Schweiz fliehen. Sie lebt bis zu ihrem Tode in Zürich, Krönleinstr. 2a. Die Emigrantin findet Zugang zum Kreis der religiösen Sozialisten um Leonhard Ragaz. Sie begegnet Karl Wolfskehl wieder und verlebt eine sehr intensive Zeit mit ihm. Durch seine Auseinandersetzung mit dem Judentum bestärkt, nimmt Margarete Susman das Hiob-Thema wieder auf, das sie schon an Franz Kafka entfaltet hatte (in: Der Morgen V, Januar 1929). Hiob, jene «die Urbeziehung des Judentums zu Gott» ausdrückende Denk- und Erfahrungsfigur, wird auch zur paradigmatischen Denkfigur ihres Versuches, die Vernichtung der europäischen Juden durch die Nationalsozialisten zu verstehen.

Veröffentlichungen: Das Wesen der modernen Lyrik. Stuttgart 1910; Vom Sinn der Liebe. Jena 1912; Lieder von Tod und Erlösung. München 1922; Frauen der Romantik. Jena 1929; Das Buch Hiob und das Schicksal des jüdischen Volkes. Zürich 1946; Deutung einer großen Liebe. Goethe und Charlotte von Stein. Zürich 1951; Gestalten und Kreise. Zürich 1954; Deutung biblischer Gestalten. Zürich 1956; die geistige Gestalt Georg Simmels. Schriftenreihe wissenschaftlicher Abhandlungen des Leo Baeck Institute 3, Tübingen 1959; Ich habe viele Leben gelebt. Erinnerungen. Stuttgart 1964; Vom Geheimnis der Freiheit. Darmstadt 1964

Literatur. Auf gespaltenem Pfad. Festschrift zu Margarete Susmans 90. Geburtstag. Hg. von Manfred Schlösser. Darmstadt 1964 (mit Bibliographie); Das Nah- und Fernsein des Fremden. Essays und Briefe. Hg. von Ingeborg Nordmann. Frankfurt a. M. 1992: Hanna Delf: «In diesem Meer von Zeiten». In: Jutta Dick, Barbara Hahn (Hg.): Von einer Welt in die andere. Jüdinnen im 19. und 20. Jahrhundert. Wien 1993

Hanna Delf

Triesch, Irene **Schauspielerin**

13. 4. 1877, Wien – 24. 11. 1964,
Schloß Hünigen, Kanton Bern/Schweiz

Die Tochter eines Wiener Kaufmanns will schon in jungen Jahren zur Bühne. Friedrich Mitterwurzer entdeckt schließlich ihre schauspielerische Begabung und gibt ihr einige Monate Unterricht. Irene Triesch hat es sehr schwer, sich als Schauspielerin durchzusetzen. Die

Irene Triesch als «Königin Christine»

ersten kleineren Engagements 1894 am Residenztheater in Berlin, in Prag, Reichenberg und Olmütz bringen eher Mißerfolge: Die junge Schauspielerin gilt als «Aschenbrödel des Personals». Mit Talent, Ehrgeiz und Begeisterung schafft sie aber doch 1896 den Durchbruch am Deutschen Theater in München, wo sie der neue Intendant Emil Drach sehr fördert. Zwischen 1898 und 1901 gehört Irene Triesch zum Ensemble des Franfurter Stadttheaters. 1901 gewinnt sie Otto Brahm, der Bahnbrecher des naturalistischen Aufführungsstils, für das Deutsche Theater in Berlin. Irene Triesch bietet fortan ihrem Publikum vor allem bedeutende Interpretationen der Frauenrollen in Ibsen- und Hauptmann-Stücken. Ihr Debüt gibt sie als Ibsens «Nora». Als Kollegin von Else Lehmann, Emanuel Reicher, Albert Bassermann, Rudolf Rittner und Oskar Sauer gehört Irene Triesch zu den ganz großen Darstellerinnen der Theaterstadt Berlin. Sie folgt Brahm dann ans Les-

sing-Theater; nach seinem Tode 1912 geht sie auf Gastspielreisen und tritt auch bei Max Reinhardt auf. Vor dem Hintergrund ihres späteren Wirkens ist anzunehmen, daß sie die realistische Darstellungsweise schon lange als unzureichend empfindet. Die schauspielerischen Fähigkeiten der Triesch kommen erst voll zur Geltung, als sie von den jungen Direktoren Rudolf Bernauer und Carl Meinhard an das Theater in der Königgrätzer Straße engagiert wird. Hier spielt sie Strindberg und Schnitzler, interpretiert aber auch mit leidenschaftlichem Pathos die klassischen Rollen: Lady Macbeth, Iphigenie, die Jungfrau von Orléans, Maria Stuart, Hebbels Mariamne u. a. Sie ist die große Tragödin, die «deutsche Duse», sublimiert allerdings durch Züge zeitgemäßer Nervosität. Sie verbreitet eine «Aura der Traurigkeit», so empfand es Kurt Pinthus und ähnlich auch Alfred Kerr: «Ihre Natur geht nach der Seite des Dunklen; da ist sie am größten. Ich sah einen köstlich gespielten Leichtsinn – und wußte: sie ist kein Falter. Und wußte: sie schlägt das Leben nicht in den Wind. Und wußte: sie bleibt geschaffen für den Schmerz.» (Kerr 1917, S. 471)
1925, als Meinhard und Bernauer die Direktion ihrer Theater aufgeben, zieht sich Irene Triesch völlig von der Bühne zurück. Sie begeistert ihr Publikum aber weiterhin mit eindrucksvollen Rezitationen aus der Bibel, den Psalmen und Propheten. Irene Triesch ist stets eine bewußte und selbstbewußte Jüdin gewesen. 1927 tritt sie Gerüchten um ihre Konversion mit einer Verlautbarung in einer jüdischen Zeitung entgegen.
1933 geht Irene Triesch mit ihrem Ehemann, dem Pianisten Frederic Lamond, nach England; seit 1938 lebt sie mit ihm zurückgezogen auf Alan Grange House bei Glasgow. Die ehemals berühmte Schauspielerin gerät bald in Vergessenheit; das «Deutsche Theater-Lexikon» vermerkt fälschlich, daß sie um 1950 verstorben sei. Seit 1960 lebt Irene Triesch sehr einsam in der Schweiz. Aus Angst vor der völligen Erblindung wählt sie im Alter von 87 Jahren den Freitod.

Literatur. Arnold Zweig: Juden auf der deutschen Bühne. Berlin 1928, S. 174–176; Alfred Kerr: Das Mimenreich. Berlin 1917, S. 468–471; Rudolf Bernauer: Das Theater meines Lebens. Berlin 1955; Kurt Pinthus: Irene Triesch – vergessen und unvergessen. Eine große Schauspielerin wird 85. In: Aufbau, New York, 11. 5. 1962

Elfi Pracht

Tumarkin, Anna **Philosophin**

16. 2. 1875, Dubrowna/Westrußland –
7. 8. 1951, Bern
Vater: Paul Tumarkin, Kaufmann;
Mutter: Sophie, geb. Herzenstein

Anna Tumarkin besucht, nachdem sie zunächst Privatunterricht erhält, von 1885 bis 1891 das Mädchengymnasium von Kischinjow und legt dort 1892 das Lehrerinnenexamen ab. Sie immatrikuliert sich in Bern und hört u. a. Philosophie, Geschichte sowie deutsche und französische Literaturgeschichte bei Salomon Hirzel und Michaud. 1895 promoviert Anna Tumarkin mit einer Arbeit über «Herder und Kant» bei Ludwig Stein, der die Befähigung weiblicher Studierender für Fragen der Philosophie im Vorwort ausdrücklich hervorhebt. Stein stand nicht nur dem Frauenstudium offen gegenüber, bei ihm studierten auch viele der zahlreichen russisch-jüdischen Studenten Berns. Auf Steins Rat hin setzt Anna Tumarkin ihre Studien in Berlin fort. Sie hört bei dem Psychologen Carl Stumpf, bei Georg Simmel, Ulrich von Wilamowitz-Moellendorff, Friedrich Paulsen, dem Germanisten Erich Schmidt, für den Arbeiten zu Goethes Dramentheorie und zu Justinus Kerner entstehen, sowie bei Wilhelm Dilthey, der sie nachhaltig beeinflußt. Im Kontext seines Seminars schreibt sie eine Arbeit zur ästhetischen Theorie Franz Grillparzers und Friedrich Hebbels, schließlich ihre Habilitationsschrift zum «Assoziationsproblem in der Geschichte der Ästhetik», die sie in Bern einreicht. Hier erhält Anna Tumarkin gegen den Widerstand etlicher Philologen die Venia docendi; nicht für Philosophie, aber für Ästhetik und Geschichte der Poetik. 1898/99 beginnt sie ihre Lehrtätigkeit mit einer Vorlesung über die «Ästhetik der deutschen Klassiker» und ist damit «der erste weibliche Privatdozent an einer europäischen Hochschule» (Die Schweiz, H. 21, 1898). 1908 erhält Anna Tumarkin die Titularprofessur und nun auch die allgemeine Lehrbefähigung für Philosophie. Während ihrer 46jährigen Lehrtätigkeit stehen zunächst Fragen der Ästhetik, dann der Psychologie und zuletzt der Schweizer Philosophie (Sulzer, Rousseau, Hebler) im Vordergrund. In ihrer weithin beachteten Studie «Die romantische Weltanschauung» (Bern 1920) nimmt sie die Auseinandersetzung mit Dilthey wieder auf, als dessen Schülerin sich Anna Tumarkin zeitlebens verstand. In ihren psychologischen Studien setzt sie sich mit den methodischen Aporien seiner lebensphilosophischen Begrifflichkeit auseinander. Ihr Philosophieren steht in der Spannung zwischen lebensphilosophischer Unmittelbarkeit und platonischem Idealismus; weshalb vielleicht eine ihrer letzten Vorlesungen Spinoza gewidmet ist. Neben ihrer akademischen Tätigkeit arbeitet Anna Tumarkin auch mit der Schweizer Frauenvereinigung «Saffa» zusammen und setzt sich für das Frauenstimmrecht ein (Frauenzeitung Bern, 2. 3. 1945).

Quellen. Nachlaß in der Stadt- und Universitätsbibliothek Bern

Veröffentlichungen. Herder und Kant. Bern 1895 (Berner Studien zur Philosophie und ihrer Geschichte, hg. von L. Stein, Bd. 1); Das Assoziationsproblem in der Geschichte der Ästhetik. Bern 1899 (Berner Studien, Bd. 12); Spinoza. Acht Vorlesungen. Leipzig 1908; Prolegomena zu einer wissenschaftlichen Psychologie. Leipzig 1923; Die Methoden der psychologischen Forschung. Leipzig 1929; Der Ästhetiker Johann Georg Sulzer. Frauenfeld 1933; Wesen und Werden der Schweizerischen Philosophie. Frauenfeld 1948

Literatur. Hans Strahm: Die Dilthey-Schülerin Anna Tumarkin. Vortrag vom 25. 1. 1952 im Nachlaß von Anna Tumarkin

Hanna Delf

Turnowsky-Pinner, Margarete

Soziologin, Sozialarbeiterin, Publizistin

27. 2. 1894, Kosten/Posen – Januar 1982, Tel Aviv
Vater: Sigismund Pinner, 1857–1940, Rechtsanwalt; Mutter: Elisabeth, geb. Bernstein, 1859–1936, Lehrerin

Ihrer Posener Familie, aus der zahlreiche Akademiker hervorgegangen sind, verdankt Grete Pinner ihre starke geistige und religiöse Prägung: Der Vater, Vorstandsmitglied der jüdischen Gemeinde, bestärkt nicht nur die Söhne, sondern auch Tochter Grete darin, zu promovieren. Dies geschieht nach Abschluß des Lehrerinnenseminars und anschließendem Soziologiestudium in Berlin, wohin die gesamte Familie übergesiedelt ist. Den Einstieg in die Praxis der Sozialarbeit findet sie, die ein Kollege (R. Weltsch) als «schönes, stolzes Mädchen, geistig und ästhetisch gebildet und feinfühlig, von unnahbarer Würde» bezeichnet, durch die Bewegung «Jüdisches Volksheim», in welcher Fürsorge primär als gezielte Einzelhilfe im Rahmen mitmenschlicher Kommunikation verstanden und betrieben wird. Seit 1919 ist sie in dem von der «Zionistischen Vereinigung für Deutschland» (ZVfD) eingerichteten «Jüdischen Arbeitsamt» tätig, zunächst als Angestellte, dann als Leiterin.

Bereits in Berlin beginnt Margarete Turnowsky-Pinner zu theoretischen und praktischen sozialwissenschaftlichen Fragen zu publizieren: Ihre Analysen und Essays erscheinen in den Zeitschriften jüdischer Wohlfahrtsinstitutionen wie auch in der «Jüdischen Rundschau» (später kommen hinzu: «Jedioth Chadashoth», «Forum», «Mitteilungsblatt des Irgun Olej Merkas Europa», «Wizo-Schriften»). Von 1928 bis 1930 engagiert sie sich in der Öffentlichkeitsarbeit des «Kulturverbandes jüdischer Frauen für Palästina» und leitet anschließend bis 1933 den Wohlfahrts- und Stipendienfonds von Salman Schocken.

Da Margarete Turnowsky-Pinner zwischen 1925 und 1927 in Jerusalem gelebt hat, liegt es für sie nahe, 1933 nach Palästina zu emigrieren. Dort kann sie ihre in Deutschland gesammelten Erfahrungen verwerten und, durchdrungen von der «zionistischen Grundeinstellung, daß Landwirtschaft die Grundlage für ein erneuertes jüdisches Volk in Israel» sei, in ihrer Doppelfunktion als Fürsorgerin und Publizistin zum Aufbau des Landes entscheidend beitragen. Ungezählte Studien, Handbücher und Informationsschriften über die soziale und berufliche Integration der vor allem aus dem nationalsozialistischen Deutschland kommenden Einwanderer stammen aus ihrer Feder, ebenso wie zahlreiche Analysen zu Fragen der israelischen Sozialpädagogik, die sie später verfaßt. 1982 stirbt sie in Tel Aviv, geschätzt als «Hüterin der jüdischen Tradition des sozialen Gewissens und als Musterbild einer Frau, die ihr Leben als Dienst an der Volks- und Staatsgemeinschaft verstand» (Mitteilungsblatt, 29. 1. 1982).

Veröffentlichungen. Jewish Women of Palestine in Trades and Professions, Zur Einwanderung in Israel. Neue Methoden der Fürsorge; One year unlimited immigration; Die zweite Generation mitteleuropäischer Siedler in Israel. Tübingen 1962; Die Geführte. Ein Geschehnis aus dem Jahre 1964 (Erzählung)

Literatur. Mitteilungsblatt, Wochenzeitung des Irgun Olej Merkas Europa (MB), 28. 2. 1969 (Robert Weltsch); MB, 29. 1. 1982 (Eli Rothschild); Desider Stern: Bücher von Autoren jüdischer Herkunft. Wien 1969; Dov Amir: Leben und Werk der deutschsprachigen Schriftsteller in Israel. München 1980

Bettina Kratz-Ritter

Ubisch, Gerta von

Pflanzengenetikerin

3. 10. 1882, Metz –
31. 3. 1965, Heidelberg
Vater: Edgar Eduard von Ubisch-Koleva, Offizier

Gerta von Ubischs Eltern kommen aus Danzig, ihr Vater ist Katholik und preußischer Offizier. Jüdische Lebenswelten lernt sie nur noch durch ihre Großeltern mütterlicherseits kennen. Ihr 1905 begonnenes Physikstudium in Heidelberg, Freiburg und Straßburg schließt sie 1911 mit der Promotion ab; parallel dazu arbeitet sie sich in die Biologie ein. Anschließend beginnt sie – zu einer Zeit, als genetische Forschung in Deutschland noch keine Anerkennung gefunden hat – unter Erwin Baur am Institut für Vererbungslehre der Landwirtschaftlichen Hochschule in Berlin über Fragen der Faktorenanalyse der Gerste zu arbeiten. Nach mehrjähriger Forschungstätigkeit am Kaiser Wilhelm-Institut für Biologie sowie bei privaten Pflanzenzuchtfirmen erhält sie 1921 eine Assistentenstelle bei Ludwig Jost am Institut für Botanik in Heidelberg. 1923 habilitiert sie als erste Frau in Baden und als eine der ersten in Deutschland überhaupt mit einem genetischen Thema im Fach Botanik und erwirbt 1929 den Titel eines außerordentlichen Professors. Gerta von Ubisch, die als einzige Dozentin in Heidelberg Genetik lehrt, erhält in den zehn Jahren ihrer Dozententätigkeit von 1923 bis 1933 keinen Ruf auf ein Extraordinariat, einerseits, weil es für Frauen generell sehr schwer ist, eine Mehrheit in der Fakultät zu erhalten, andererseits aber auch, weil der Universitätshaushalt sehr wenige Stellen für Genetiker vorsieht.

Im Rahmen ihrer Forschungsarbeiten untersucht Gerta von Ubisch Kopplungsverhältnisse bei Gerste und findet eine genetische Erklärung für die Heterostylie (unterschiedliche Griffellänge) und die unregelmäßige Geschlechterverteilung von Antennaria. Nach Inkrafttreten des «Berufsbeamtengesetzes» wird ihr wegen «nichtarischer» Abstammung zum 20. April 1933 gekündigt. Da ihr Vater Frontkämpfer war, wird ihr offiziell (bis zum Inkrafttreten des Reichsbürgergesetzes von 1935) die Venia legendi zurückgegeben, ihre Vorlesungen werden aber durch einen Boykott des nationalsozialistischen Studentenbundes seit April 1933 verhindert. Eine neue Stelle kann sie zunächst nicht finden; auch ihre Bemühungen, über den «Academic Assistance

Council» in London, eine Hilfsorganisation für entlassene Akademiker, vermittelt zu werden, bleiben ohne Erfolg. Im Sommer 1933 geht sie für ein Semester nach Utrecht, 1934 in die Schweiz, von wo aus sie im Dezember desselben Jahres eine Stelle am «Schlangenseruminstitut» Butantan in São Paulo antritt. Dort wird ihre Abteilung jedoch 1938 aufgelöst, und nach einer weiteren kurzen Anstellung ist Gerta von Ubisch seit 1940 ohne feste Stelle.

Nach Kriegsende bemüht sie sich in Norwegen, wo ihr Bruder lebt, Fuß zu fassen, was aber ebenso erfolglos bleibt wie der anschließende Versuch, durch Haushaltsarbeiten und Kinderbetreuung bei Bekannten noch einmal eine Existenz in Brasilien aufzubauen. Im Mai 1952 trifft sie, fast siebzigjährig und völlig mittellos, in Heidelberg ein. Ihr Antrag auf eine laufende Unterstützung auf dem Wege der Wiedergutmachung wird mit der Begründung abgelehnt, daß sie weder als Privatdozentin noch als Assistentin in einem Beamtenverhältnis zur Universität Heidelberg gestanden habe. Erst als 1955 auch ehemaligen Privatdozenten und nichtbeamteten Professoren Wiedergutmachungsansprüche zugestanden werden, wird ihr 1956, vier Jahre nach ihrer Rückkehr nach Deutschland, die Rechtsstellung einer beamteten Dozentin a. D. gewährt und damit der Bezug von Ruhegehalt zugestanden. Die naturwissenschaftliche Fakultät der Universität entscheidet am 25. Juni 1956, Gerta von Ubisch nicht in das Personalverzeichnis aufzunehmen.

Quellen. Universitätsarchiv Heidelberg, Personalakte Gerta von Ubisch; Gerta von Ubisch: Lebenserinnerungen. Unveröffentlicht, o. D. (ca. 1955)

Literatur. Ute Deichmann: Biologen unter Hitler – Vertreibung, Karrieren, Forschung. Frankfurt a. M. 1992, S. 303–309

Ute Deichmann

Ullmann, Regina Schriftstellerin

14. 12. 1884, St. Gallen/Schweiz – 6. 1. 1961, Ebersberg
Vater: Richard Ullmann, 1842–1889;
Mutter: Hedwig, geb. Neuburger, 1859–1938

Der Vater, ein aus einer jüdischen Arztfamilie aus Hohenems/Vorarlberg stammender Geschäftsmann, hatte am amerikanischen Unabhängigkeitskrieg teilgenommen, dann in England und Deutschland gelebt, bevor er in St. Gallen eine Stickwarenfabrik gründet. Hier wächst Regina Ullmann zusammen mit der älteren Schwester Helene (1883–1929) auf. Der frühe Tod des Vaters prägt die Kindheit Regina Ullmanns, eines Mädchens, das auffällt wegen seiner Langsamkeit im Lernen, seiner extrem schielenden Augen und stockender, stotternder Sprechweise. Regina Ullmann besucht ein Privatinstitut für gehemmte Kinder, dann die öffentliche Primar- und Sekundarschule in St. Gallen und schreibt, zur Freude ihrer Mutter, Gedichte. In München, wohin sie 1902 mit Mutter und Schwester umzieht, nimmt Regina Ullmann am literarischen Leben teil und fällt durch ihre große Erzählbegabung auf. Ab 1905 lebt sie in Wien. Dort kommt ihre Tochter Gerda nichtehelich zur Welt (23. 1. 1906, Vater: der Münchner Wirtschaftswissenschaftler Hanns Dorn). Mit Mutter und Tochter lebt Regina Ullmann auf einem Bauernhof in der Steiermark. In der bäuerlichen Umgebung entsteht die dramatische Dichtung «Feldpredigt» (1907), ihre erste Buchveröffentlichung. Rainer Maria Rilke, dem sie das Bändchen zusendet, reagiert begeistert und wird ihr literarischer Mentor. 1907 wieder in München, verkehrt Regina Ullmann in der Schwabinger Boheme, mit Erich Mühsam, den Richthofen-Schwestern Else Jaffé und Frieda Weekley sowie dem Psychoanalytiker Otto Groß. Der ebenso genialische wie labile Groß, von Regina Ullmann fasziniert wie sie von ihm, beginnt mit ihr eine psychoanalytische Kur und wird der Vater der Tochter Camilla (geb. 18. 7. 1908). Die enge Freundschaft zu Anna und Ludwig Derleth bewegt Regina Ullmann, 1911 in Altötting zum Katholizismus zu konvertieren. 1912 begegnet sie ihrem Förderer Rilke persönlich. Mit ihm wird sie in den Kriegsjahren häufig zusammensein. Neue Freunde kommen hinzu: Hans Carossa, Lou Andreas-Salomé, die Malerin Lou Albert-Lazard, Rudolf Kassner, Wilhelm Hausenstein, Ellen Delp. Ihre ungewöhnliche Erscheinung, die welt-

Regina Ullmann.
Foto: Atelier Veritas, München

abgewandte, fast tumbe Stummheit, in der sie lebt, und ihre eruptiv-prophetische Erzählgabe, wenn sie einmal spricht, beeindrucken Thomas Mann und Karl Wolfskehl wie all ihre Freunde: «Sie rang mit den Worten wie ein zwölfjähriges Mädchen. Wenn jedoch das Erzählen, womit sie begnadet wurde, in Fluß geriet, wuchs sie zu einer Skaldin. Dann stockte sie wieder und glich einer beschämten Bäuerin.» (Albert Steffen) In Mariabrunn, wo Regina Ullmann im Schlößchen des Malers Igor von Jakimow lebt, entstehen die Erzählungen der Bände «Die Landstraße» (Leipzig 1921) und «Die Barockkirche» (Zürich, Leipzig 1925). Immer wieder folgen auf Ausbrüche der Produktivität langanhaltende, düster depressive Stimmungen, die Regina Ullmann, wie der ihr ähnliche Robert Walser, in langen, ziellosen Wanderungen ein-

zuholen sucht. Nachdem sie 1935 aus dem Schriftstellerverband ausgeschlossen worden war, emigriert Regina Ullmann zusammen mit ihrer kranken Mutter nach Salzburg und nimmt nach deren Tod im St. Gallener Marienheim des Menzinger Ordens ihren Wohnsitz.
Fast unbekannt sind die Erzählungen dieser eigentümlich unzeitgemäßen Schriftstellerin, die, geschätzt und bewundert von den größten ihrer Kollegen, es niemals vermochte, von ihrer Kunst des Schreibens zu leben. Die Hilfe Rilkes, der Freunde, der Mutter, die Versuche, sich handwerklich, als Gärtnerin, Imkerin, mit dem Gießen und Bemalen von historischen Wachsmodeln den Lebensunterhalt zu verdienen, gehorchen einem anderen Gesetz als die Art des Schreibens, die ihr zu Gebote stand. Sie schreibt diktathaft, in Schüben ihren «Unerbittlichkeitsstil». Sie schreibt keinen urbanen literarischen Stil. Ihre Bildwelt lebt aus der Empathie und Sprachfrömmigkeit des Kindes. Doch bleiben Verstörung, Schrecken, Angst der «Zurückgebliebenen» den Figuren ihrer Erzählungen eingeschrieben: der blinden Bäckersfrau, dem beschränkten Schweinehirt, der kinosüchtigen Wäscherin, dem buckligen Geigenbauer. Die Ich-Erzählerin der «Landstraße» sagt: «Wenn ich der Vertreibung aus dem Paradies gedenke, so ist es mir, als sei das noch nicht lange her.»

Quellen. Stadtbibliothek München; Regina Ullmann-Archiv in der Stadtbibliothek St. Gallen

Veröffentlichungen. Von der Erde des Lebens. 1910; Erzählungen, Prosastücke, Gedichte in 2 Bden. Neu hg. von Friedhelm Kemp. München 1978 (mit Bibliographie); Rainer Maria Rilke: Briefwechsel mit Regina Ullmann und Ellen Delp. Hg. von Walter Simon. Frankfurt a. M. 1987

Literatur. Lou Albert-Lazard: Wege mit Rilke. Frankfurt a. M. 1985; Ellen Delp: Regina Ullmann. Eine Biografie. Einsiedeln, Köln, Zürich 1960; Peter Hamm: Die Zurückgebliebene. Etwas über Regina Ullmann. In: Allmende 28/29 (1990)

Hanna Delf

Ury, Else **Schriftstellerin**

1. 11. 1877, Berlin –
12. 1. 1943, nach Auschwitz deportiert
Vater: Emil Ury, 1835–1920, Tabakfabrikant; Mutter: Franziska, geb. Schlesinger, 1847–1940

Else Ury verlebt ihre Kindheit und Jugend in Berlin, wo der Großvater Levin Elias Ury bis 1862 Vorsteher der Alten Synagoge Heidereutergasse, der Vater Schnupf- und Kautabakfabrikant ist. Ihre älteren Brüder gehen aufs Gymnasium und studieren Jura und Medizin; Else Ury besucht bis zum siebzehnten Lebensjahr das Mädchenlyzeum und lebt anschließend im elterlichen Haus im Berliner Westen. Dort beginnt sie ihre Karriere als Schriftstellerin, zunächst mit Feuilletonbeiträgen für die «Vossische Zeitung», 1905 mit ihrem ersten Kinderbuch «Was das Sonntagskind erlauscht». Der Durchbruch gelingt ihr 1906 mit «Studierte Mädel», worin sie für das Recht der Mädchen auf Selbstentfaltung und Studium plädiert.
Im Ersten Weltkrieg patriotisch und kaisertreu, begeistert sie sich für die Kriegsfürsorge der Frauenorganisationen und schreibt Kriegsromane für Kinder. 1918 bis 1925 veröffentlicht Else Ury ihre zehn Bände umfassende «Nesthäkchen»-Serie, die sie zu einer der erfolgreichsten Kinderbuchautorinnen Deutschlands macht. Mit Ausnahme des nicht mehr neuaufgelegten, kriegsverherrlichenden Bandes «Nesthäkchen und der Weltkrieg», hat die Serie bis heute eine Auflage von fast 7 Millionen erreicht. 1933 schreibt Else Ury ihren letzten Roman «Jugend voraus». Darin beschreibt sie ein durch Arbeitslosigkeit gestörtes Familienglück, das durch die Machtübernahme der Nationalsozialisten wiederhergestellt wird. Hitler stellt sie, ihre eigene bedrohte Situation als Jüdin nicht realisierend, als politischen Hoffnungsträger dar.

Zwei Jahre später wird Else Ury aus dem «Reichsverband Deutscher Schriftsteller» ausgeschlossen. Ihr Bruder Hans begeht Selbstmord, ihre Schwester wird mit der Familie von Amsterdam aus nach Auschwitz deportiert, ihr Bruder Ludwig und ihre Neffen können noch nach London emigrieren. Am 12. Januar 1943 wird Else Ury nach Auschwitz deportiert und ermordet.

Veröffentlichungen (Auswahl). Was das Sonntagskind erlauscht. Erzählungen und Märchen im Alter von 6–9 Jahren. Berlin 1905; Studierte Mädel. Eine Erzählung für junge Mädchen. Stuttgart, Berlin, Leipzig 1906; Goldblondchen. Märchen und Erzählungen für Kinder von 7–11 Jahren. Berlin 1908; Das graue Haus. Stuttgart, Berlin, Leipzig 1914; Nesthäkchen-Serie, Band 1–10. Berlin 1918–25; Lieb Heimatland. Stuttgart, Berlin, Leipzig 1919; Flüchtlingskinder. Eine Erzählung für Kinder von 7–11 Jahren. Berlin 1924; Professors Zwillinge, 5 Bände, 1923–29; Jugend voraus. Erzählung für Knaben und Mädchen. Berlin 1933

Literatur. Christa Rotzoll: Die Frau in der Literatur. Berlin 1980 (mit einem Nachwort: «Zu Nesthäkchen stehe ich»); Dietmar Grieser: Die kleinen Helden. München 1987; Sylvia Rogge: Späte Erkenntnis – das Verhältnis der jüdischen Nesthäkchen-Autorin Else Ury zu Deutschland. In: Tribüne, 28. Jahrgang, Heft II, 1989; Marianne Brentzel: Nesthäkchen kommt ins KZ. Das Leben der Else Ury 1877–1943. Dortmund 1992 (mit einer ausführlichen Bibliographie von Barbara Asper)

Marianne Brentzel

Varga, Lucie **Historikerin**

21. 6. 1904, Baden bei Wien –
26. 4. 1941, Toulouse

Lucie Varga (geb. Rosa Stern) gehört zu den vielen Frauen, deren wissenschaftliche Leistungen übergangen wurden – erst 1991 erscheint ein Band mit ihren originellen und ungewöhnlichen Aufsätzen. Lucie Varga stammt aus einer wohlhabenden bürgerlichen Familie, in der auch die Töchter sorgfältig erzogen wurden. Nach dem Abschluß der berühmten Schwarzwald'schen Schulanstalten in Wien heiratet sie 1924 den Arzt Josef Varga, mit dem sie 1925 eine Tochter Berta bekommt. Von 1926 bis 1931 studiert sie in Wien Geschichte und Kunstgeschichte und promoviert 1931 mit einer Arbeit über das Schlagwort vom «finsteren Mittelalter». Nach ihrer Scheidung heiratet sie 1933 Franz Borkenau und zieht mit ihm nach Paris, wo sie bald eng mit Lucien Febvre und der Zeitschrift «Annales d'histoire économique et

Lucie Varga, um 1930

sociale» zusammenarbeitet. Hier erscheinen grundlegende Aufsätze Lucie Vargas: einer über die Genese des Nationalsozialismus, der «zum ersten Mal die symbolische und emotionale Dimension der NS-Bewegung erschließt, die heute von vielen Historikern als eine der wichtigsten Momente für den Massenerfolg und den Machterhalt der Nazis angesehen wird» (Schöttler 1991, S. 54 f.). Ihre Studie «Hexenglauben in einem ladinischen Tal» (1939) nimmt mentalitätsgeschichtliche Ansätze vorweg, da Hexerei nicht als Wahn oder Aberglaube verstanden wird, sondern als kulturelle Praxis: «Die Technik der Verhexung entspricht der klassischen Verzauberei durch Analogie ... mein Aufenthalt war zu kurz, als daß ich sie hätte lernen können, aber ich bezweifle nicht, daß es möglich ist.» (Zeitenwende, S. 175) Sie entwickelt das Konzept der «unsichtbaren Autoritäten», die «auf die Welt und auf die Autoritäten dieser Welt einwirken» und diese «erschüttern oder verteidigen» (ebenda, S. 76). Seit 1934 arbeitet sie an einem Buch über die Religion der Katharer, von dem einige Vorstudien erscheinen; das Manuskript ist verlorengegangen. 1940 flieht sie aus dem besetzten Paris, wo sie zuletzt bei einer Presseagentur arbeitete. In der Nähe von Toulouse versucht sie als Sprachlehrerin und mit landwirtschaftlicher Arbeit zu überleben. Sie stirbt, geschwächt durch schlechte Ernährung und ohne das nötige Insulin, im diabetischen Koma, das ein Arzt irrtümlich als illegale Abtreibung diagnostiziert.

Veröffentlichungen. Das Schlagwort vom «finsteren Mittelalter». Baden bei Wien 1932, Nachdruck Aalen 1978; Zeitenwende. Mentalitätshistorische Studien 1936–1939. Hg., übersetzt und eingeleitet von Peter Schöttler. Frankfurt a. M. 1991 (darin eine Bibliographie aller Zeitschriftenaufsätze)

Literatur. Peter Schöttler: Lucie Varga – eine österreichische Historikerin im Umkreis der «Annales» (1904–1941). In: Lucie Varga: Zeitenwende. Frankfurt a. M. 1991, S. 13–110

Barbara Hahn

Varnhagen, Rahel Friederike Antonie

Salonière, Schriftstellerin

19. 5. 1771, Berlin – 5. 3. 1833, Berlin
Vater: Levin Markus, Juwelenhändler

Rahel (Levin) Varnhagen, sicher die bekannteste Berliner Jüdin des 19. Jahrhunderts, hat bereits zu ihren Lebzeiten dafür gesorgt, daß ihre vielen Briefe ebenso wie die ihrer über dreihundert Korrespondenten die Zeiten überdauern. Sie überliefert ein großes kommunikatives Netz, in dem die unterschiedlichsten Menschen miteinander verbunden sind, die weder kulturell noch sozial oder gar politisch zusammengehören. In der «Sammlung Varnhagen», ihrem Nachlaß, finden wir alle: von der Gräfin bis zur Köchin, vom einflußreichen Politiker bis zum erfolglosen Schriftsteller. Bereits als junges Mädchen bildet Rahel Levin um sich einen Kreis von Schauspielerinnen und Adligen, von akkulturierten Jüdinnen und jungen Intellektuellen. Nach unglücklichen Liebesgeschichten reist sie 1800 nach Paris, wo es ihr «ordentlich eine Art contenance giebt..., aus Berlin zu sein und Jude» (Gesammelte Werke I, S. 237). Zurück in Berlin, wird sie nach 1806, gerade weil sie Jüdin ist, von vielen Freunden nicht mehr besucht. 1808 zieht sie aus der gemeinsamen Wohnung mit der Mutter und lebt

Rahel Varnhagen. Nach einem Pastell von Michael Moritz Daffinger, 1817

allein. 1813 flieht sie nach Prag, wo sie Verwundete pflegt. 1814 läßt sie sich taufen und heiratet Karl August Varnhagen von Ense, mit dem sie nach Aufenthalten in Wien, Frankfurt und Karlsruhe 1819 nach Berlin zurückkehrt. In den zwanziger Jahren versammeln sich in ihrem Salon Künstlerinnen und Schriftstellerinnen, Politiker und Wissenschaftler. 1812 beginnt sie, immer größere Auszüge aus ihren Briefwechseln anonym in Zeitschriften zu veröffentlichen; kurz nach ihrem Tod erscheint das «Buch des Andenkens», eine Sammlung ihrer Briefe an Familie, Freunde und Geliebte. Große Teile ihres Nachlasses, vor allem Briefwechsel mit Freundinnen und der Familie sowie ihre Tagebücher, sind bis heute unpubliziert.

Quellen. Sammlung Varnhagen, Biblioteka Jagiellonska, Krakau

Veröffentlichungen. Eine Bibliographie aller bis 1983 erschienenen Ausgaben von Rahels Texten sowie der Literatur über Rahel in: Rahel-Bibliothek, Rahel Varnhagen: Gesammelte Werke in 10 Bänden. Hg. von Konrad Feilchenfeldt, Uwe

Schweikert, Rahel E. Steiner. München 1983, Bd. X, S. 451 ff.; Rahels erste Liebe. Rahel Levin und Karl Graf von Finkenstein in ihren Briefen. Nach den Originalen herausgegeben und erläutert von Günter de Bruyn. Berlin (DDR) 1985; Briefe an eine Freundin. Rahel Varnhagen an Rebekka Friedländer. Hg. von Deborah Hertz. Köln 1988; Edition Rahel Levin Varnhagen. Hg. von Barbara Hahn und Ursula Isselstein mit der italienisch-deutschen Arbeitsgruppe von Birgit Bosold, Renata Buzzo Margari, Marianne Schuller und Consolina Vigliero. München 1994 ff. (in Vorbereitung)

Literatur (Auswahl). Rahel Levin Varnhagen. Die Wiederentdeckung einer Schriftstellerin. Hg. von Barbara Hahn und Ursula Isselstein. Göttingen 1987; Heidi Thomann Tewarson: Rahel Levin Varnhagen. Reinbek bei Hamburg 1988; Barbara Hahn: Antworten Sie mir! Rahel Levin Varnhagens Briefwechsel. Frankfurt a. M. 1990

Barbara Hahn

Wachenheim, Hedwig

Sozialpolitikerin

27. 8. 1891, Mannheim –
8. 10. 1969, Hannover
Vater: Eduard Wachenheim, 1855–1898, Bankier, Stadtverordneter und Stadtrat in Mannheim;
Mutter: Marie, geb. Trautmann, 1870–1934

An ihren Vater kann sich Hedwig Wachenheim kaum erinnern. Ihre Mutter läßt beide Töchter nach dem Tod des Ehemannes protestantisch taufen. Hedwig besucht die in bürgerlichen Kreisen übliche Schule für Höhere Töchter in Mannheim und absolviert von 1912 bis 1914 eine Ausbildung als Wohlfahrtspflegerin bzw. Fürsorgerin an der von → Alice Salomon geleiteten Sozialen Frauenschule in Berlin-Schöneberg. Anschließend arbeitet sie zunächst ein Jahr lang im Jugendamt Mannheim, beim Nationalen Frauendienst in Berlin (1916/17) und in der Berliner Milchversorgungsbehörde (1917–19). Aufgrund enger Freundschaften in der Sozialdemokratie tritt sie 1914 in die SPD ein und engagiert sich zunehmend in der sozialdemokratisch orientierten Sozialarbeit. Auf ihre Initiative hin wird nach 1916 der «Deutsche Verband der Sozialbeamtinnen» gegründet. Neben ihrer sozialarbeiterischen Tätigkeit stellt sie sich zunehmend sozialpolitischen Herausforderungen, so 1919 bei ihrer Mitarbeit am Aufbau einer

eigenständigen Wohlfahrtsorganisation der deutschen Arbeiter- und Frauenbewegung, der Arbeiterwohlfahrt (AWO). Von 1919 bis zur Auflösung 1933 ist sie Mitglied des Hauptausschusses und von 1926 bis 1933 Redakteurin des AWO-Organs «Arbeiterwohlfahrt». Seit 1928 leitet sie die Arbeiterwohlfahrtsschule, zu der mittlerweile auch Männer zugelassen sind, und wird im gleichen Jahr noch in den Preußischen Landtag gewählt. Darüber hinaus engagiert sie sich als Mitglied im Hauptausschuß des «Deutschen Vereins für öffentliche und private Fürsorge», der Vereinigung aller öffentlichen und privaten Sozialhilfeträger in Deutschland, von 1919 bis 1922 als Frauenreferentin bei der Reichszentrale für Heimatdienst, 1922–1933 als Leiterin einer Kammer der Filmprüfstelle des Reichsinnenministeriums und als Regierungsrätin in der gleichen Behörde. Nach ihrer Entlassung aus dem Innenministerium muß sich Hedwig Wachenheim sofort in Sicherheit bringen. Im Sommer 1933 flüchtet sie über Stationen in der Schweiz, Frankreich, Italien und England nach New York. Dort schließt sie sich sozialdemokratischen Immigrantinnen-Kreisen an und arbeitet an Schriften über eine kontrollierte Entwaffnung Deutschlands sowie über die Schaffung eines wirksamen Völkerbundes.

Als amerikanische Staatsbürgerin vertritt Hedwig Wachenheim von 1946 bis 1949 die Militärregierung in Stuttgart im Bereich der Wohlfahrtspflege und der Jugendwohlfahrt und übernimmt anschließend bis 1951 die Wohlfahrtssektion des US High Commissioner in Frankfurt a. M. In den USA erhält sie einen interuniversitären Forschungsauftrag und gibt 1967 eine Untersuchung zur deutschen Arbeiterinnenbewegung heraus. Anhand von Notizen beginnt sie ihre Memoiren zu schreiben, stirbt aber, bevor ihre Lebenserinnerungen vollständig niedergelegt sind, 1969 auf einer Besuchsreise in Hannover. Ihre Asche ist im Familiengrab des jüdischen Friedhofs in Mannheim beigesetzt.

Quellen. Teilnachlaß bei der Historischen Kommission, Berlin (Korrespondenzen, Erinnerungen, Materialien zur Geschichte der Arbeiterbewegung); Teilnachlaß (1 Manuskript) sowie Zeitungsausschnittsammlung in der Friedrich Ebert Stiftung, Bonn; einzelne Schriften im Leo Baeck Institute, New York, und im Institut für Zeitgeschichte, München
Veröffentlichungen. Vom Großbürgertum zur Sozialdemokratie. Memoiren einer Reformistin. Berlin 1873; Die deutsche Arbeiterbewegung 1844 bis 1914. Köln, Opladen 1867
Literatur. Susanne Zeller: Hedwig Wachenheim – Mitbegründerin der AWO. In: Theorie und Praxis der sozialen Arbeit 2 (1992), S. 70–73

Joachim Wieler

Weigel, Helene **Schauspielerin, Intendantin**

12. 5. 1900, Wien –
6. 5. 1971, Berlin (DDR)
Vater: Siegfried Weigl, Prokurist einer Textilfirma; Mutter: Leopoldine, geb. Pollak, 1866–1927, Inhaberin eines Spielwarengeschäfts

Als Helene Weigel sich als Achtzehnjährige entschließt, zum Theater zu gehen, kann sie ihren Wunsch nur gegen den erbitterten Widerstand ihrer Eltern durchsetzen. Das wenig attraktive Äußere der jungen Frau scheint eine Bühnenlaufbahn in Frage zu stellen. Im Dezember 1918 gelingt es Helene Weigel, bei Arthur Rundt, dem Direktor der Wiener Volksbühne, vorzusprechen. Rundt urteilt begeistert: «Eines der größten dramatischen Genies, die jemals geboren wurden.» Dem nervösen Prüfling teilt er mit: «Unterricht brauchen Sie nicht zu nehmen!» Trotz ihrer großen Begabung kann sich die Schauspielerin Helene Weigel nur langsam durchsetzen. Von 1919 bis 1921 spielt sie am Neuen Theater in Frankfurt a.M. unter der Direktion von Arthur Hellmer u.a. die Marie in Georg Büchners «Woyzeck», das Weib in «Der Weibsteufel» von Karl Schönherr und die Greisin in Georg Kaisers «Gas II». In der Spielzeit 1921/22 ist sie am Frankfurter Schaupielhaus engagiert und folgt 1922 einem Ruf an das von Leopold Jeßner geleitete Staatstheater Berlin. Seit 1923 wirkt sie an verschiedenen Berliner Bühnen, so am Deutschen Theater, an der Komödie Berlin, bei der Jungen Bühne, an der Volksbühne und im Berliner Schauspielertheater, wo sie u.a. die Latkina in dem Stück «Sonkin und der

Helene Weigel als Pelagea Wlassowa in Brechts «Die Mutter», 1951. Foto: Vera Tenschert, Berlin

Haupttreffer» des russisch-jüdischen Dichters Semen Juschkewitsch spielte. Mit der Rolle der Klara in Hebbels «Maria Magdalene» 1925 im Renaissance-Theater erfolgt der Durchbruch als Bühnenschauspielerin. 1927 spielt die Weigel zum erstenmal in einem Stück von Bertolt Brecht: die Leokadja Begbick in einer Hörspielproduktion von «Mann ist Mann». Die Freundschaft mit dem Dichter besteht schon seit 1923. 1929 läßt sich Brecht endlich auf eine Heirat ein; aus der Beziehung gehen die beiden Kinder Stefan und Barbara hervor. Helene Weigel teilt das politische Engagement ihres Mannes für die deutschen Kommunisten. 1930 ist sie eine der Agitatoren in «Die Maßnahme» von Bertolt Brecht und Hanns Eisler, 1931 steht sie zusammen mit Peter Lorre, Alexander Granach und Theo Lingen in Brechts «Mann ist Mann» auf der Bühne des Berliner Staatstheaters. 1932 spricht die Weigel die Frau Luckerniddle in Brechts «Die heilige Johanna der Schlachthöfe» für eine Hörspielaufführung der Berliner Funk-Stunde,

die mit Carola Neher, Fritz Kortner, Ernst Busch und Peter Lorre prominent besetzt ist.
Im gleichen Jahr tritt sie zum erstenmal als Pelagea Wlassowa in Brechts «Die Mutter» auf, eine ihrer späteren Paraderollen; am 17. Januar 1932 wird das Stück im Komödienhaus am Schiffbauerdamm uraufgeführt.
Als Helene Weigel im Februar 1933 mit Brecht ins Exil gehen muß, folgen für die Schauspielerin lange Jahre der Unfruchtbarkeit und des Wartens. Nur ganz selten steht sie auf der Bühne: 1937 kann sie in Paris und 1938 in Kopenhagen in einer Emigrantentruppe die Teresa Carrar in «Die Gewehre der Frau Carrar» spielen. 1938 in Paris ist sie die Judith Keith in «Die jüdische Frau» und die Frau in «Arbeitsbeschaffung» aus der Szenenfolge «Furcht und Elend des Dritten Reiches». Hollywood hat für Helene Weigel 1944 nur eine stumme Rolle in der Verfilmung von → Anna Seghers Roman «Das siebte Kreuz» (Regie: Fred Zinnemann).
Während die Familie vor den Nationalsozialisten durch halb Europa flüchtet (Prag, Wien, Carona/Schweiz, Dänemark, Schweden, Finnland), zieht die Weigel ihre Kinder auf, bewirtet in ihrem jeweiligen Domizil die zahlreichen Gäste und bereitet für Bertolt Brecht das behagliche Ambiente, das ihm in den Jahren der Emigration ein äußerst produktives schriftstellerisches Schaffen ermöglicht. 1941 reisen die Brechts über Moskau und Wladiwostok in die USA und lassen sich schließlich in Santa Monica/Kalifornien nieder.
Die eigentliche Karriere der Weigel beginnt erst, als sie im Oktober 1948 nach einem Zwischenaufenthalt in der Schweiz nach Berlin zurückkehren kann. Am 11. Januar 1949 spielt sie die Rolle ihres Lebens: die Anna Fierling in Brechts «Mutter Courage und ihre Kinder». Sie kann nun auch ihre große organisatorische Begabung als Intendantin des Berliner Ensembles – der Experimentierbühne Bertolt Brechts – unter Beweis stellen. Die Schauspielkunst der Weigel ermöglicht eine kongeniale Umsetzung der Brechtschen Theaterkonzeption, des epischen Theaters, das anstelle von Illusion, Sicheinfühlen und kulinarischem Erlebnis eine Distanz des Schauspielers gegenüber Rolle und Publikum und zwischen Publikum und Stück postuliert und beim Zuschauer eine kritische Haltung, einen genußvollen Denkprozeß auslösen will.
Das epische Theater gilt als Theater einer neuen – sozialistischen – Zeit; der Kampf um die Durchsetzung des epischen Theaters präsen-

tiert sich als Medium der Gesellschaftsveränderung. Helene Weigel fungiert – vor allem nach Brechts Tod 1956 – als Bewahrerin seiner Kunst: Sie ist die große Schauspielerin, die als Intendantin des Berliner Ensembles die DDR-Kultur auch international salonfähig macht, eine durch zahlreiche Ehrungen anerkannte Neuberin des sozialistischen Theaters.

Quellen. Nachlaß in Bertolt Brecht-Archiv bei der Akademie der Künste, Berlin

Literatur. Wolfgang Pintzka (Hg.): Die Schauspielerin Helene Weigel. Ein Photobuch. Berlin (DDR) 1959; Werner Hecht, Siegfried Unseld (Hg.): Helene Weigel zu Ehren. Frankfurt a. M. 1970; Werner Hecht, Joachim Tenschert (Hg.): Helene Weigel zum 70. Geburtstag. Berlin (DDR) 1970; Klaus Völker: Bertolt Brecht. Eine Biographie. München, Wien 1976; Vera Tenschert: Die Weigel. Berlin (DDR) 1981

Filmporträt. Christa Mühl und Werner Hecht: Helene Weigel, DEFA-Dokumentarfilm, 1975

Elfi Pracht

Wohlwill, Gretchen **Malerin**

27. 11. 1878, Hamburg –
17. 5. 1962, Hamburg
Vater: Emil Wohlwill, 1835–1912, Chemiker, Historiker;
Mutter: Luise, geb. Nathan

Die Faszination durch Farbigkeit, die Gretchen Wohlwills Arbeiten der zwanziger Jahre und auch ihre späten, in Portugal entstandenen Bilder kennzeichnen, zählt zu ihren frühen Kindheitserlebnissen. In ihren Lebenserinnerungen schildert sie ihre Besuche im Laboratorium des Vaters, des Chemikers und Entdeckers des «Wohlwill-Prozesses» zur Gold-Silber-Scheidung: «Über eine knarrende Treppe gelangte man in das Laboratorium (...). Auf Regalen standen Gläser mit grünen und blauen Flüssigkeiten, die mir höchst märchenhaft erschienen.» (Wohlwill 1984, S. 25) Gretchen Wohlwill wächst als viertes von acht Kindern in der aufgeklärten Atmosphäre einer Hamburger Akademikerfamilie heran. Ihr Großvater ist der jüdische Reformpädagoge Immanuel Wohlwill (1799–1847). Ihre künstlerische Ausbildung beginnt sie 1894 an der Kunstschule Valesca Röver in Hamburg, bei Ernst Eitner und Arthur Illies. 1909/10 geht sie nach Paris in die Schule von Henri Matisse. In Berlin läßt sie sich zur Kunsterzieherin

Gretchen Wohlwill als junges Mädchen

ausbilden, um anschließend 1910 als Lehrerin an der Emilie-Wüstenfeld-Mädchenschule in Hamburg zu arbeiten. 1919 wird sie Mitbegründerin der «Hamburgischen Sezession». Zu ihrem Freundeskreis zählen vor allem die Frauen der «Sezession», u. a. Alma del Banco, Alexandra Povorina und → Anita Rée. Bis 1933 beteiligt sie sich an mindestens 15 Ausstellungen im In- und Ausland, vor allem mit künstlerischen Umsetzungen ihrer Eindrücke von Reisen nach Italien, Frankreich, Holland, Belgien und England, die sie seit 1927 zusammen mit ihrem Künstlerfreund Eduard Bargheer unternimmt. Zu den bevorzugten Motiven der Künstlerin, die stark beeinflußt ist von der französischen Malerei (Paul Cézanne), zählen Landschaften, Stilleben und Portraits, vor allem von Frauen und Mädchen. Mit Bargheer teilt sie die Jahre ihrer inneren Emigration in Finkenwerder, in die sie sich gezwungenermaßen begibt, nachdem sie 1933 aus dem Schuldienst entlassen wird. Fast verborgen lebt sie dort bis 1940, weigert sich, ihre Bedrohung als Jüdin wahrzunehmen. In dieser Zeit ist jedoch in ihren Bildern ein Stilwandel zu verzeichnen: Die Farbgebung wird dunkler, Fenstermotive nehmen auffallend zu – «Das Leben ist nur noch in Teilaspekten und Ausschnitten erfahrbar, begrenzt durch die politische und wirtschaftliche Realität.» (Rosenkranz 1989, S. 60) Nach langem Zögern entschließt sie sich 1940 zur Emigration nach Portugal. Dort kann sie nur mit Mühe ihren Lebensunterhalt bestreiten. In Lissabon fühlt sie sich nie heimisch, empfindet das Land als «dumpf» und «provinziell», und «wie um sich in der Fremde einen Halt zu schaffen» (ebenda, S. 68), malt sie hier zahlreiche Familienbilder wie «Hauskonzert», «Cellist» oder «Cembalospielerin».

Obwohl sie in Portugal ihren eigentlichen künstlerischen Durchbruch erlebt (1948 und 1952 erhält sie dort den Premio Francisco da Holanda), zieht es sie nach Hamburg zurück, 1950 besuchsweise, 1952 endgültig. Ihr Werk wird erst nach ihrem Tod 1962 durch mehrere Ausstellungen rehabilitiert.

Quellen. Der Nachlaß Gretchen Wohlwills, ein Œuvre von ca. 450 Gemälden, Aquarellen und Radierungen, befand sich bis 1991 im Staatsarchiv Hamburg, geordnet und katalogisiert durch Brigitte Rosenkranz, wurde aber von den Nacherben zurückgefordert.

Ausstellungen. Sezession, Hamburg, jährlich 1919–33; Kunstverein, Hamburg 1932; Künstlerklub «die insel», Hamburg 1958; Völkerkundemuseum, Hamburg 1962; Kunsthaus, Hamburg 1977; Marquardt und Noack. Hamburg 1988; im Rahmen der Ausstellung «Jüdische Künstler der Hamburgischen Sezession», Bonn und Hamburg 1989

Veröffentlichung. Lebenserinnerungen einer Hamburger Malerin. Bearbeitet von Hans-Dieter Loose. Hamburg 1984

Literatur. Maike Bruhns (Hg.): Gretchen Wohlwill. Eine jüdische Malerin der Hamburgischen Sezession. Hamburg 1989; Brigitte Rosenkranz: Stilistische Entwicklung der Arbeiten. In: Maike Bruhns 1989, S. 48–69

Marina Sassenberg

Gretchen Wohlwill: Arbeiter auf der Fähre, Aquarell

Wolff, Charlotte

Ärztin, Chirologin, Sexualforscherin

30. 9. 1897, Riesenburg/Westpreußen – 12. 9. 1986, London
Vater: Hans W. Wolff, 1871–?, Getreidehändler;
Mutter: Irene, geb. Engel, 1874–?

Obwohl sich Charlotte Wolff schon als Kind für Poesie, Literatur und Philosophie begeistert, wählt sie zu ihrer finanziellen Absicherung den Beruf der Ärztin. Während ihres Studiums von 1920 bis 1928 in Freiburg i. Br., Königsberg, Tübingen und Berlin und ihres «praktischen Jahres» als Ärztin am Berliner Virchow-Krankenhaus werden einige ihrer Gedichte in der Monatszeitschrift «Vers und Prosa» (hg. von Franz Hessel) veröffentlicht. Nach ihrer Ausbildung setzt Charlotte Wolff ihre ärztliche Tätigkeit in der Schwangerschaftsfürsorge und Schwangerschaftsverhütung der Allgemeinen Krankenkassen Berlins fort. Als Jüdin kann sie diese Position ab 1931 nicht mehr bekleiden, so daß Charlotte Wolff bis zu ihrer endgültigen Entlassung 1933 in einem Institut für elektro-physikalische Therapie arbeitet. Die kurzzeitige Festnahme durch die Gestapo im Februar 1933 gibt den Ausschlag für ihre Emigration nach Frankreich (26. Mai 1933).

Ein Kurs in Chirologie, noch in Deutschland bei Julius Spier absolviert, ermöglicht es Charlotte Wolff, sich in Paris den Lebensunterhalt zu sichern. Da sie in Frankreich keine Zulassung als Ärztin erhält, führt sie privat Handanalysen durch. Interessierte findet sie hauptsächlich unter Künstlern, Schriftstellern und Aristokraten, unter ihnen zum Beispiel André Breton und Virginia Woolf. Ihre intensive Beschäftigung mit der Chirologie inspiriert Charlotte Wolff, die Methode der Handinterpretation wissenschaftlich zu untermauern. Nach ihrer Emigration nach Großbritannien 1936 erhält sie die Möglichkeit, ihre grundlegenden Arbeiten über die menschliche Hand in umfangreichen Forschungsprojekten verschiedenster Gruppen und in Vergleichsuntersuchungen mit Menschenaffen zu systematisieren. Charlotte Wolff legt 1939 ihre deutsche Staatsangehörigkeit ab und wird 1947 britische Staatsbürgerin. Fortan bezeichnet sie sich, obwohl sie weder religiös noch politisch dem Judentum nahesteht, ausdrücklich als «internationale Jüdin mit einem britischen Paß» und fühlt sich einer verfolgten Minderheit zugehörig (Wolff 1990, S. 152, S. 190, S. 256).

Mit Forschungen zur weiblichen Homosexualität greift Charlotte Wolff in den sechziger Jahren ein Thema auf, das sie seit ihrer Studienzeit beschäftigt. Im Laufe ihrer Untersuchungen stellt sie einen Zusammenhang zwischen Lesbianismus und Feminismus her, indem sie auf die emotionale Unabhängigkeit lesbischer Frauen gegenüber Männern hinweist, und entwickelt im weiteren, daß der Mensch von Natur aus bisexuell sei und Homo- wie Heterosexualität sekundäre Entwicklungsstufen darstellen. Infolgedessen verteidigt sie die Homosexualität gegen jede Stigmatisierung und sieht in der bisexuellen Anlage der Menschen deren Chance, sich von Abhängigkeitsverhältnissen zu befreien. Das Interesse der deutschen Frauenbewegung an Charlotte Wolffs Forschungen über Homo- und Bisexualität führt sie 1978 nach Berlin zu Lesungen und Diskussionsforen und ermöglicht ihr erstmals seit ihrer Emigration wieder den Zugang zu Deutschland: «Berlin war wieder ein Ort auf meiner emotionalen Landkarte geworden.» (Ebenda, S. 316)

Veröffentlichungen (Auswahl). Studies in Hand Reading. London 1936; The Human Hand. London 1942, deutsch: Die Hand des Menschen. München 1973; A Psychology of Gesture. 1945; The Hand in Psychological Diagnosis. 1950; On the Way to Myself. 1969, deutsch: Innenwelt und Außenwelt. Autobiographie eines Bewußtseins. München 1971; Love between Women. 1971, deutsch: Die Psychologie der lesbischen Liebe. Eine empirische Studie der weiblichen Homosexualität. Reinbek bei Hamburg 1973; An Older Love. 1976, deutsch: Flickwerk. München 1977; Bisexuality: A Study, deutsch: Bisexualität. Frankfurt a. M. 1979; Handsight. London 1980, deutsch: Augenblicke verändern uns mehr als die Zeit. Eine Autobiographie. Frankfurt a. M. 1990

Literatur (Auswahl). Biographisches Handbuch der deutschsprachigen Emigration nach 1933. München u. a. 1980, Bd. II, S. 1260; Renate Wall: Verbrannt, verboten, vergessen. Kleines Lexikon deutschsprachiger Schriftstellerinnen 1933 bis 1945. Köln 1989, S. 211–213

Christiane Humrich

Wolff, Jeanette **Politikerin, Erzieherin**

22. 6. 1888, Bocholt – 19. 5. 1976, Berlin
Vater: Isaac Cohen, Textilhändler, Lehrer; Mutter: Dina Cohen

Jeanette Wolff stammt aus einem liberalen, religiösen und sozialistischen Elternhaus. Trotz ihrer guten schulischen Leistungen kann sie aus finanziellen Gründen und weil Hochschulen den Frauen noch nicht offenstehen, ein Studium nicht aufnehmen. Verwandte in Brüssel ermöglichen ihr 1904 den Besuch der Fröbel-Schule und damit eine Ausbildung als Kindergärtnerin. In Brüssel lernt sie den belgischen Sozialisten Emile Vandervelde, «einen ihrer wichtigsten politischen Lehrmeister» (Lange 1988, S. 18), kennen. Er ermutigt sie, für die sozialistische Tageszeitung «Le Peuple» zu schreiben. In Abendkursen holt sie 1909 das Abitur nach und lernt im selben Jahr bei einem Besuch in Brüssel Hermann Wolff, ihren späteren Mann, kennen. 1910 heiratet sie den Kaufmann, der in Bocholt eine kleine Textilfabrik erwirbt, in der sie mitarbeitet.

Ihr politisches und soziales Engagement schlägt sich zunächst auf kommunalpolitischer Ebene nieder, aber auch in der Mitarbeit in verschiedenen jüdischen Organisationen. So wird sie zum Beispiel 1919 Stadtverordnete in Bocholt für die SPD, ist Gründungsmitglied der lokalen Arbeiterwohlfahrt, Vorstandsmitglied im «Jüdischen Frauenbund» und arbeitet aktiv im «Centralverein deutscher Staatsbürger jüdischen Glaubens» mit, in dessen Vorstand sie 1920 aufrückt. Jeanette Wolff erkennt früh die Gefahr, die der Nationalsozialismus für Rechtsstaat und Demokratie bedeutet, und warnt ihre Genossen unermüdlich.

Der sich verschärfende Antisemitismus bringt die Fa. Wolff in wirtschaftliche Nöte, so daß 1931 der Betrieb und das Haus unter erheblichen finanziellen Verlusten verkauft werden müssen. Die Familie zieht nach Dinslaken und baut dort ein Textilgeschäft auf. Mit der Be-

gründung «Frau Wolff ist Mitglied und Agitatorin der SPD und hat sich besonders für die Herstellung der Einheitsfront SPD-KPD eingesetzt» (ebenda, S. 36) wird sie bereits im März 1933 in «Schutzhaft» genommen. Als sie zwei Jahre später entlassen wird, ist die Familie nach Dortmund verzogen. Ihr Mann findet bei einer Versicherung eine Anstellung, sie selbst richtet einen Mittags- und Abendtisch für Juden ein. Am 10. November 1938 wird ihr Mann verhaftet und in das KZ Sachsenhausen gebracht, aus dem er im Februar 1939 zurückkehrt. Ihre Tochter Käthe wird ebenfalls verhaftet und in das KZ Ravensbrück verschleppt. Dort wird sie Anfang 1944 von der SS erschossen. Obwohl die Familie Wolff ein Affidavit von Bekannten aus den USA bekommt, bleibt sie in Deutschland, zum einen, weil die finanziellen Mittel für die Reise fehlen, zum anderen weil Jeanette keine Ausreisegenehmigung erhalten hätte. Am 25. Januar 1942 wird die Familie Wolff in das Rigaer Getto deportiert. Jeanette Wolff durchlebt die Torturen in verschiedenen Konzentrationslagern und wird mit ihrer Tochter Edith um die Jahreswende 1944/45 im Zuchthaus Koronowo durch Russen befreit. Ihr Mann und die Tochter Juliane erleben die Befreiung nicht mehr, Hermann Wolff wird am 23. April 1945 von einem Kommando aus SS und Werwolf erschossen, ihre Tochter Juliane wird in der Gaskammer getötet. Ende 1945 erhalten Jeanette und Edith Wolff die Reisepapiere für ihre Rückkehr nach Deutschland, am 2. Januar 1946 treffen sie in Berlin ein.
Erste Orientierungspunkte für Jeanette Wolff sind die SPD und die jüdische Gemeinde in Berlin. Mit Ruth Galinski belebt sie den «Jüdischen Frauenbund» wieder, der sich neben der Beratung und Betreuung der Gemeindemitglieder auch der aus Polen vor Pogromen flüchtenden Juden annimmt. In dieser Zeit verfaßt sie auch ihre Erinnerungen an die letzten zwölf Jahre.
Das Angebot von Dorothy Thompson, nach Amerika zu kommen und für die Illustrierte «Life» zu arbeiten, lehnt sie ab, «da ich der Ansicht war, daß ich in Deutschland notwendiger gebraucht würde, als Jüdin, als aufrechter Demokrat und als Sozialdemokrat» (ebenda, S. 67). Sie arbeitet im Bezirksamt Neukölln in der Entschädigungsstelle und wird Mitglied im Freien Deutschen Gewerkschaftsbund. 1946 wird sie Stadtverordnete in Berlin. Als überzeugte Demokratin lehnt sie den Zusammenschluß von SPD und KPD in Berlin zwar ab, setzt sich aber für die Urabstimmung in dieser Frage ein. Das Übergehen dieses Votums und die Tatsache, daß sie im Zuge der Auseinandersetzung um die

Einführung der Währungsreform in West-Berlin im Anschluß an eine Versammlung von Kommunisten verprügelt wird, prägen ihre antikommunistische Haltung. 1951 wird sie als Abgeordnete der SPD Mitglied des Deutschen Bundestages, dem sie bis 1961 angehört. Ihr parlamentarisches Engagement gilt der Frauenpolitik und insbesondere der Auseinandersetzung mit der nationalsozialistischen Vergangenheit. Sie kann nicht akzeptieren, daß ehemalige NS-Beamte und Mitläufer wieder in wichtige Positionen gelangen und ihre Interessen durchsetzen, bevor eine angemessene Entschädigung der Nazi- und Kriegsopfer vollzogen ist. Trotzdem spricht sie sich auf dem SPD-Parteitag in Nürnberg im Sommer 1947 gegen die Kollektivschuld der Deutschen aus und erhält daraufhin von der jüdischen Gemeinde heftige Kritik.
Einen weiteren Schwerpunkt ihres politischen Engagements bildet die Gewerkschaftsarbeit. Sie versteht Gewerkschaft als Organisation, die sich politisch einmischt, aber unabhängig von Parteien ist. Freiheit, soziale Gerechtigkeit und sozialer Frieden sind für sie die Voraussetzungen für das Funktionieren der Demokratie. 1951 wird sie in den Hauptvorstand der Deutschen Angestelltengewerkschaft (DAG) delegiert.
Nach dem Ausscheiden aus dem Deutschen Bundestag wendet sie sich stärker der Arbeit in der jüdischen Gemeinde und deren Organisationen zu. So ist sie von 1955 bis 1975 stellvertretende Vorsitzende des «Zentralrats der Juden in Deutschland» und Vorsitzende der «Zentralwohlfahrtsstelle der deutschen Juden».
Für ihr politisches und soziales Engagement wird Jeannette Wolff mit Auszeichnungen geehrt. So erhält sie 1961 das Große Bundesverdienstkreuz, wird 1968 Stadtälteste von Berlin. 1973 wird ihr die Ernst-Reuter-Plakette in Silber und 1975 der Leo-Baeck-Preis verliehen.

Quellen: Stadtarchiv Dinslaken; Archiv der sozialen Demokratie der Friedrich-Ebert-Stifung, Bonn

Veröffentlichungen. Sadismus oder Wahnsinn. Erlebnisse im deutschen KZ. Dresden 1946; Mit Bibel und Bebel. Ein Gedenkbuch. Hg. von Dr. Hans Lamm unter Mitarbeit von G. David Grossmann und Nora Walter. Bonn ^{2}1981

Literatur. Gunter Lange: Jeanette Wolff 1888–1976, Eine Biographie. Bonn 1988; H. G. von Dam: Die Bundestagsabgeordnete Jeanette Wolff. In: Allgemeine Wochenzeitung der Juden in Deutschland, 28. 6. 1957; siehe auch die Nachrufe und Artikel anläßlich ihres Todes von Alexander Ginsburg, Ernst G. Lowenthal u. a. in: Allgemeine jüdische Wochenzeitung, 28. 5. 1976

Monika Hübsch-Faust

Wolff Schneider, Ursula

Fotografin, Fotojournalistin

*14. 8. 1906, Berlin –
4. 8. 1977, Chicago
Vater: Fritz Wolff, 1880–1943, Auschwitz, Professor für Sanskrit;
Mutter: Minna, geb. Pfeffer, 1884–?, Auschwitz*

Ursula Wolff wächst in Berlin auf und genießt eine freizügige Erziehung, die ihre eigenständige Entwicklung fördert. 1918 zieht die Familie nach Gießen, in die Geburtsstadt der Mutter, wo der Vater an der Universität lehrt. Ursula Wolff beendet hier die Mittelschule und besucht im Anschluß daran eine Hauswirtschaftsschule, was ihr überhaupt nicht behagt. Ihrem Wunsch, von zu Hause fortzugehen, kommt der Vater entgegen und vermittelt ihr eine Stelle als «Haustochter» in Hamburg bei seinem alten Schulfreund, dem Operndirektor Leopold Sachs. Hier begegnet sie vielen Künstlern aus dem In- und Ausland, was in ihr den Entschluß reifen läßt, Mitte der zwanziger Jahre in Wien eine Lehre als Fotografin im Atelier zu beginnen. Nach anschließenden Tätigkeiten in verschiedenen Foto-Ateliers, u. a. auch in Berlin, geht Ursula Wolff schließlich nach Hamburg zurück, wo sie 1928 ein eigenes Atelier, die Foto Wolff Lichtbildwerkstatt, eröffnet. Sie spezialisiert sich darauf, für Fachbücher und Magazine Kunstgegenstände zu fotografieren und Architektur aufzunehmen, besonders solche, die dem seinerzeit modernen Funktionalismus zuzurechnen ist, und begegnet in diesem Zusammenhang dem Hamburger Architekten Karl Schneider (1892–1945), den sie 1942 in Amerika heiratet. In den dreißiger Jahren arbeitet sie für führende Hamburger Zeitschriften und kann Fotoreportagen in der «Hamburger Illustrierten» und dem «Hamburger Fremdenblatt» veröffentlichen. Ihr Thema sind die Menschen im Alltag, auf der Straße, das Leben im Hafen, die Hafenarbeiter. Das Genre der Fotoreportage betreibt Ursula Wolff mit Leidenschaft. Zusammen mit der Journalistin Eva Leidermann durchstreift sie die Stadt, unternimmt Reisen, immer auf der Suche nach interessanten Straßenszenen für aktuelle Bildberichte. Eine Weile ist sie auch als offizielle Porträtistin bei den Hamburger Kammerspielen tätig, doch wird durch die Politik der Nationalsozialisten ihre Arbeitsmöglichkeit eingeschränkt, auch wenn sie der Chefredakteur der «Hamburger Illustrierten», O. E. Kiesel, unter Pseudonymen zunächst weiterarbeiten läßt. Die immer bedrohlicher werdende Lebenssituation für Juden in Deutschland und die Diffamierung als «Kulturbolschewistin» zwingen Ursula Wolff, nachdem sie sich zusammen mit Karl Schneider ein halbes Jahr bei dem Kunsthistoriker Richard Thuengel versteckt gehalten hat, Ende 1937 nach Amerika zu emigrieren. Sie geht nach Chicago zu ihrem Bruder Dr. Emanuel Wolff und findet als Fotografin Arbeit im medizinischen Bereich, was sie innerlich ganz und gar ablehnt. 1942 erhält Ursula Wolff Schneider am Oriental Institute an der Universität Chicago die Stelle einer Cheffotografin und bleibt dort bis 1975 angestellt. Auch im Anschluß daran ist sie noch bis zu ihrem Tod durch einen Autounfall 1977 für das Institut tätig. Das bedeutendste Werk der letzten Jahre sind ihre Fotografien von Persepolis, die in einer dreibändigen Publikation des Archäologen Erich Schmidt veröffentlicht wurden.

Quellen. Ursula Wolff Schneider Photo-Archiv und Dokumenten-Nachlaß, Special Collections, Dimond Library, University of New Hampshire, Durham, New Hampshire, USA

Fotojournalistische Tätigkeit. Hamburger Illustrierte; Zeit im Bild; Hamburger Fremdenblatt; Die Woche; Frankfurter Neueste Zeitung; The Illustrated London News; Die Funkstunde; Neue Illustrierte; Reisereportage; Frau im Bild; Die Berliner Hausfrau

Einzelausstellungen. Kunstverein, Hamburg 1933; Art Institute, Chicago 1938; Renaissance Society of the University of Chicago 1941; Bergmann Gallery, Chicago 1977; Oriental Institute of the University of Chicago 1978; Staatliche Landesbildstelle, Hamburg 1979; The Putnam Arts Council, Chicago 1981; Images of the Thirties, Ingber Gallery, New York 1983

Veröffentlichungen. Licht-Effekte in der Griechischen Skulptur. Hamburg [ca. 1930]; Die Baukunst der Neuesten Zeit. Gustav Adolf Platz. Berlin 1927; Persepolis, Erich Schmidt, Chicago ca. 1976

Literatur. From Germany to America. The Art Gallery University of New Hampshire, Durham, New Hampshire 1991 (Ausstellungsfolder)

Marion Beckers

Wolfstein-Frölich, Rosi (Rose)

Partei- und Gewerkschaftspolitikerin

27. 5. 1888, Witten/Ruhr – 11. 12. 1987, Frankfurt a. M.
Vater: Samuel Wolfstein, 1843–1901, Kaufmann; Mutter: Klara, geb. Adler, 1851–1938

1908 tritt Rosi Wolfstein in die SPD ein. In diesem Jahr wird das reaktionäre Preußische Vereinsgesetz aus dem Jahre 1850 reformiert, und Frauen ist nunmehr gestattet, sich politischen Organisationen anzuschließen. Auf der SPD-Parteischule in Berlin 1912/13 erhält sie ihre parteipolitische Ausbildung; ihre Lehrerin ist → Rosa Luxemburg. Neun Jahre sind die beiden Frauen Weggefährtinnen im Kampf für Sozialismus, Frauenrechte, Emanzipation der Arbeiter, gegen Militarismus und Krieg. Für die Polizeibehörden und bei ihren politischen Gegnern gilt Rosi Wolfstein als die «zweite Rosa Luxemburg».
In parteieigenen Abendkursen bildet Rosi Wolfstein sich fort, und auf Bitten der Partei hält sie im Reichstagswahlkampf 1912 allein 35 Kundgebungen ab. Die Abschlußveranstaltung des SPD-Wahlkampfes in Berlin wird von Rosa Luxemburg und Rosi Wolfstein bestritten, die sich in ihren Vorträgen über Außen- und Innenpolitik jeweils ergänzen.
1913 orientiert sich Rosi Wolfstein beruflich wie politisch zum Niederrhein: In Duisburg arbeitet sie beim sozialdemokratischen Konsumverein, innerhalb der Partei engagiert sie sich für Frauen-, Jugend- und Friedenspolitik und avanciert zur Sprecherin der Parteilinken im Rheinland. Mit dem Einschwenken der sozialdemokratischen Reichstagsfraktion auf den «Burgfrieden» ist der Prozeß ihrer Lösung von der Partei eingeleitet. Während des Weltkrieges rückt sie immer mehr nach links, als radikale Pazifistin wird sie mehrfach verhaftet.
Beeinflußt von Rosa Luxemburg, mit der sie bis zu deren Ermordung mehrfach im Ruhrgebiet für die Revolution agitiert, schließt sie sich der Spartakusgruppe an. Im April 1917 gehört sie zu den Gründungsmitgliedern der USPD. Während der Novemberrevolution wird sie Mitglied des Arbeiter- und Soldatenrates in Düsseldorf. Auf dem 2. Weltkongreß der «Komintern» (Juli 1920) in der UdSSR begegnet sie Lenin, mit dem sie über die «Gewaltfrage» streitet. Als Mitbegründe-

rin der KPD und Mitglied der Zentrale leitet sie das Frauensekretariat. 1921 erhält Rosi Wolfstein ein Mandat als KPD-Abgeordnete im Preußischen Landtag und rechtspolitische Sprecherin ihrer Partei. Mit 85 Reden und Wortbeiträgen ist sie eine der profiliertesten Abgeordneten der KPD. Wie polemisch scharf Rosi Wolfstein im Parlament sein kann, belegen zahlreiche Zwischenrufe und Redebeiträge, die ihr regelmäßig Ordnungsrufe, Sitzungsausschlüsse und Untersuchungshaft einbringen.
In Opposition zur linken → Ruth Fischer-Fraktion demissioniert Rosi Wolfstein 1924 von ihren Parteiämtern und konzentriert sich danach auf ihre Tätigkeit als Lektorin des renommierten Berliner Malik-Verlages. 1929 wird sie aus der Kommunistischen Partei ausgeschlossen. Von nun an beteiligt sie sich am Aufbau anderer sozialistischer Gruppierungen und wird 1932 Mitglied der Sozialistischen Arbeiterpartei Deutschlands (SAP). Daneben fungiert sie zusammen mit ihrem Lebensgefährten Paul Frölich (den sie 1948 heiratet) als Nachlaßverwalterin Rosa Luxemburgs und ist redaktionell beteiligt an der ersten

Rosi Wolfstein. Foto: Barbara Klemm, Frankfurt a. M.

Rosa-Luxemburg-Gesamtausgabe. Im März 1933 gelingt ihr die Flucht nach Belgien, von wo aus sie als Mitglied der Auslandsleitung der SAP gegen das nationalsozialistische Deutschland arbeitet. Bei Kriegsbeginn ist sie für schweizerische und norwegische sozialistische Presseorgane in Frankreich journalistisch tätig. Beim Überfall deutscher Truppen wird sie, wie alle Emigranten, in Paris festgenommen. Nach mehreren Internierungen – so in Rieucros und Bompard – wird 1941 New York ihr Zufluchtsort. Zusammen mit Paul Frölich ist sie in amerikanischen Wohlfahrtsverbänden tätig und organisiert innerhalb des «Jewish Labor Committee» Hilfe für politische Freunde in Deutschland. 1950 kommt sie in die Bundesrepublik und tritt 1951, vom Stalinismus längst desillusioniert, 43 Jahre nach ihrem ersten Parteieintritt erneut der SPD bei. In Frankfurt a. M. ist sie bis ins hohe Alter partei- und gewerkschaftspolitisch (IG Druck und Papier) aktiv und setzt sich für die Gründung der «Deutschen Journalisten-Union» ein.

Ihr Leben gilt dem Kampf gegen Krieg, Rassenhaß und soziale Ungerechtigkeit. Persönlich sieht sich Rosi Wolfstein als Jüdin nicht diskriminiert. Sie fühlt sich als deutsche Staatsbürgerin gleichberechtigt. Dennoch beobachtet sie den sich radikalisierenden Antisemitismus aufmerksam und zieht Konsequenzen, indem sie «die sozialistische Bewegung unterstützt (...), weil sie alle Differenzen aus dem Wege schaffen» wolle. Als «Internationalistin» stellt sich für Rosi Wolfstein keine «Judenfrage». «Obwohl ich selbst Jüdin bin», meint sie rückblickend, «habe ich mich nicht so sehr auf der jüdischen Linie bewegt.» Allerdings: «Solange es ein Judentum gibt», sagt sie als Siebenundneunzigjährige, «soll es existieren. Ich unterstütze kein spezielles Judentum, aber ich bekämpfe es auch nicht. Man muß den Juden selbst überlassen, welchen Weg sie wählen.» Das will sie für Zionisten wie Antizionisten gleichermaßen gelten lassen. Am 11. Dezember 1987 stirbt Rosi Wolfstein-Frölich in Frankfurt a. M., ein halbes Jahr vor ihrem 100. Geburtstag.

Quellen. Der Nachlaß befindet sich im Besitz von Hermann Weber, Mannheim

Veröffentlichung. Rosa Luxemburg als Lehrerin. In: Die Junge Garde, 2. Jg., Heft 10, 1920

Literatur. Bibliographisches Handbuch der deutschsprachigen Emigration nach 1933. München u. a. 1980, Bd. I, S. 203 f.; Esther Dischereit: Rose Frölich – ein Leben für den Sozialismus. In: Die Neue Gesellschaft/Frankfurter Hefte 2 (1988): Ruth Fischer, Arkadij Maslow: Abtrünnig wider Willen. Aus Briefen und Manuskripten des Exils. Hg. von Peter Lübbe. München 1990; Martina Kliner-Lintzen: «... vergessen kann man das nicht». Wittener Jüdinnen unter dem Nationalsozialismus. Witten 1992; Annelies Laschitza: Briefe Rosa Luxemburgs an Kampfgefährten. In: Beiträge zur Geschichte der Arbeiterbewegung, 23. Jg., Heft 1. Berlin 1981; Klaus-Dieter Vinschen: Jüdische Frauen in der Arbeiterbewegung. Rosi Wolfstein-Frölich. In: Ludger Heid, Arnold Paucker (Hg.): Juden und deutsche Arbeiterbewegung bis 1933. Soziale Utopien und religiös-kulturelle Traditionen. Tübingen 1992, S. 165–176

Ludger Heid

Wronsky, Siddy (Sidonie)

Sozialarbeiterin

20. 7. 1883, Berlin –
8. 12. 1947, Jerusalem
Vater: Max Moses Neufeld, 1850–1931;
Mutter: Thekla, geb. Kleinmann

Über Siddy Wronskys Leben und die Geschichte der Familie Neufeld, die in Berlin lebte, wissen wir wenig. Als zweitältestes von sieben Kindern geboren, legt Siddy Wronsky 1903 das Lehrerinnenexamen ab, ergänzt durch ein zweijähriges Studium der Heilpädagogik, und arbeitet nebenbei ehrenamtlich mit behinderten Kindern.

1908 wird sie Leiterin des Archivs für Wohlfahrtspflege, eine Abteilung der seit 1893 bestehenden Zentrale für private Fürsorge – beides Vorläufer des heutigen Deutschen Zentralinstituts für soziale Fragen (DZI) in Berlin. Ziel ist es, Materialien auf dem Gebiet der Sozialarbeit zu sammeln, um damit die Wohlfahrtspflege wissenschaftlich zu fundieren, zu reformieren sowie die Ausbildung zur sozialen Arbeit zu fördern. Während ihrer Tätigkeit als Archivleiterin bis zu ihrer Entlassung 1933 ist sie Mitherausgeberin der «Deutschen Zeitschrift für Wohlfahrtspflege». Seit 1917 lehrt Siddy Wronsky an der von → Alice Salomon gegründeten Sozialen Frauenschule in Berlin-Schöneberg und später an der Deutschen Akademie für soziale und pädagogische Frauenarbeit, und zwar mit Schwerpunkt zu historischen und methodischen Fragen in der sozialen Arbeit. Zu diesen und anderen Themen entstehen zahlreiche Veröffentlichungen, u. a. eine Reihe von Aufsätzen unter dem Stichwort «Soziale Kasuistik» zu den neuen Methoden individualisierender Fürsorge.

Siddy Wronsky ist seit 1920 Mitglied des Hauptausschusses des «Deutschen Vereins für öffentliche und private Fürsorge», bleibt aber der jüdischen Wohlfahrtspflege besonders eng verbunden. Als Vorstandsmitglied der 1917 gegründeten «Zentralwohlfahrtsstelle der Juden in Deutschland» gilt sie dort als profilierte Vertreterin einer reformorientierten Sozialarbeit. Zum Zionismus wendet sie sich nach ihrer Erfahrung sozialen Elends unter den ostjüdischen Flüchtlingen in Berlin. Gegen Ende des Ersten Weltkrieges findet sie Anschluß an das für jüdische Flüchtlinge aus dem Osten gegründete Jüdische Volksheim im Berliner Scheunenviertel und wird Mitglied der «Poale Zion» (hebräisch für «Arbeiter Zions») in der jüdischen Sozialdemokratie. Von 1920 bis 1923 wird Siddy Wronsky Vorsitzende des «Bundes zionistischer Frauen Deutschlands». 1933 verliert sie ihre Existenzgrundlage. Im Winter 1933/34 flüchtet Siddy Wronsky nach Palästina, wo sie unter schwierigen Bedingungen und zusammen mit anderen Sozialarbeiterinnen, zum Beispiel Henrietta Szold, maßgeblich an der Entwicklung der Ausbildung zur sozialen Arbeit beteiligt ist. 1934 beginnt sie in einer Zimmerecke, wo die aus Berlin mitgebrachte Bibliothek steht, mit einer Studentin das Ausbildungsprogramm. Aus diesem Neubeginn entwickelt sich die Sozialschule Jerusalem des Vaad Leumi (politisch-administratives Selbstverwaltungsorgan der Juden in Palästina). 1947, kurz vor Gründung des Staates Israel, stirbt Siddy Wronsky, sie wird unter dem Schutz von Soldaten der Mandatsherrschaft auf dem Ölberg begraben.

Veröffentlichungen. (Zusammen mit Alice Salomon:) Leitfaden der Wohlfahrtspflege. 1921; Quellenbuch zur Geschichte der Wohlfahrtspflege zum Gebrauch an Berufsschulen, Seminaren und Universitäten. 1925; (zusammen mit Arthur Kronfeld und Rolf Reiner:) Soziale Therapie und Psychotherapie in den Methoden der Fürsorge. 1932

Literatur. Gertrud Heitz: Siddy Wronsky. Pionierin sozialer Arbeit. In: Leo Baeck Institute Bulletin 80 (1988), S. 19–36; Franz-Michael Konrad: Paradigmen sozialpädagogischer Reform in Deutschland und Palästina. Zur Erinnerung an Siddy Wronsky 1883–1947. In: Soziale Arbeit 12 (7/1987), S. 459–470 (Bibliographie)

Joachim Wieler

Wurm, Mathilde

Politikerin, Journalistin, Sozialarbeiterin

30. 9. 1874, Frankfurt a. M. – 30. 3./1. 4. 1935, London

Seit 1896 Fürsorgerin in Berlin, engagiert sich Mathilde Wurm, geb. Adler, in der Lehrstellenvermittlung und Berufsberatung für schulentlassene Mädchen. 1903/04 leitet sie die Frauenabteilung des «Zentralverbandes für Arbeitsnachweise» in der Reichshauptstadt. Politisch schließt sich Mathilde Wurm zunächst der Sozialdemokratie an und gehört im Jahre 1917 zu den Gründungsmitgliedern der USPD. Schon bald nimmt sie innerhalb der sozialdemokratischen Frauenbewegung einen wichtigen Platz ein: Von 1917 bis 1921 ist sie Bürgerdeputierte bzw. Stadtverordnete in Berlin, 1919 übernimmt sie die Redaktion der USPD-Frauenzeitung «Die Kämpferin» und rückt im Oktober 1920 als Beisitzerin in die Zentralleitung der USPD auf. Journalistisch tritt sie durch ihre redaktionelle Mitarbeit an der «Gleichheit» (1922/23) sowie durch die Herausgabe der «Sozialdemokratischen Pressekorrespondenz» (1928–30, zusammen mit Dora Fabian) hervor. Von 1927 bis 1933 gehört sie dem Parteiausschuß der SPD an. Zwischen 1920 (bis 1922 für die USPD) und 1933 ist sie ohne Unterbrechung Mitglied der sozialdemokratischen Reichstagsfraktion.

Mathilde Wurm setzt sich zeit ihres Lebens für bedrohte und verfolgte Juden ein, wobei sie oft ihre politisch-moralische Autorität in die Waagschale wirft. Über diese Fragen gerät sie einmal mit ihrer Freundin → Rosa Luxemburg in einen heftigen Konflikt. Sie will die 1917 inhaftierte Rosa Luxemburg auf die Notlage der osteuropäischen Juden aufmerksam machen und wird von dieser wegen ihrer «speziellen Judenschmerzen» abgekanzelt.

Mathilde Wurm gebührt das Verdienst, antisemitisch motivierte Aus-

schreitungen gegen Ostjuden im Konzentrationslager Stargard (Mai/Juni 1921) im Reichstag zur Sprache und damit an die Öffentlichkeit gebracht zu haben. Sie initiiert einen parlamentarischen Untersuchungsausschuß, prangert die Vorfälle in einem scharfen Artikel in der «Jüdischen Arbeiterstimme» unter der Überschrift «Kulturschande!» an. Bis 1924 ist sie Mitglied der jüdischen Kultusgemeinde und gibt seitdem ihr Glaubensbekenntnis als «Dissidentin» an.
Im Mai 1933 verläßt sie Deutschland zunächst mit dem Ziel Genf, wo ihre Schwester lebt; im Februar 1934 emigriert sie nach London, wo sie eine Arbeits- und Lebensgemeinschaft mit Dora Fabian eingeht. Von dort aus setzt sie sich für deutsche politische Gefangene ein, protestiert gegen die schlechte Behandlung von deutschen Emigranten auf britischen Schiffen und kämpft gegen die Benachteiligung jüdischer Kinder in deutschen Schulen. Mathilde Wurms Freitod, den sie gemeinsam mit Dora Fabian in London vollzieht, bleibt bis heute mysteriös. Der Hintergrund dieses Doppelselbstmords könnte, Gerüchten zufolge, eine unglückliche Liebesaffäre sein, es könnte sich aber auch um einen vertuschten Mord durch gedungene Gestapo-Agenten handeln. Die Spekulationen um den Tod führen zu umfangreichen Ermittlungen durch Scotland Yard, bleiben jedoch ohne Ergebnis. Mathilde Wurm ist auf dem jüdischen Friedhof von East Ham begraben.

Veröffentlichungen. Die Frauen und der preußische Landtag. Berlin 1913; Die Frauenerwerbsarbeit. Berlin 1920; Reichstag und Frauenrechte. Berlin 1924
Literatur. Charmian Brinson: The Strange Case of Dora Fabian and Mathilde Wurm. In: German Life and Letters 45 (1992), S. 323–344; [Paul Hertz:] Frauentragödie: zum Tode von Mathilde Wurm und Dora Fabian. In: Neuer Vorwärts, 14. 4. 1935; M. d. R.: Die Reichstagsabgeordneten der Weimarer Republik in der Zeit des Nationalsozialismus. Politische Verfolgung, Emigration und Ausbürgerung 1933–1935. Eine biographische Dokumentation. Düsseldorf 1991, S. 629 f.; Christl Wickert: Unsere Erwählten. Sozialdemokratische Frauen im Deutschen Reichstag und im Preußischen Landtag 1919 bis 1933. 2 Bde. Göttingen 1986

Ludger Heid

Zuckerkandl, Berta

Journalistin

13. 4. 1864, Wien – 16. 10. 1945, Paris
Vater: Moritz Szeps, 1833–1902;
Mutter: Amalie, geb. Schlesinger

Berta Zuckerkandl ist von Kind an in die journalistische Arbeit ihres Vaters Moritz Szeps, Begründer des «Neuen Wiener Tagblattes» und Vertrauter des Kronprinzen Rudolf, eingebunden. Szeps läßt seinen Töchtern Berta und ihrer älteren Schwester Sofie durch Privatunterricht, für den er Spezialisten ihres Faches engagiert, eine umfassende Bildung zukommen. Berta wird Sekretärin und Vertraute des Vaters. 1889 heiratet sie den Chirurgen Emil Zuckerkandl, und als dieser einen Lehrstuhl für Anatomie an der Wiener Universität erhält, führt sie in ihrem Haus die Tradition des Salons ihrer Mutter fort.
Den Sommer des Jahres 1900 verbringt sie auf dem Landsitz ihres Schwagers Paul Clemenceau in der Vendée. Mit dessen Bruder Georges besucht sie die Jahrhundertausstellung französischer Malerei. Durch Clemenceau lernt sie den Bildhauer Auguste Rodin sowie Vertreter der modernen Malerei kennen und wird zur Vorkämpferin der «Wiener Secession». In ihrer täglich erscheinenden Kunstkolumne in der «Wiener Allgemeinen Zeitung» verbreitet sie den Gedanken eines spezifischen modernen österreichischen Kunsthandwerks, wie es in den «Wiener Werkstätten» entwickelt wird, und engagiert sich insbesondere für den Jugendstilmaler Gustav Klimt. 1902 hat Berta Zuckerkandl Gelegenheit, Rodin und Klimt miteinander bekannt zu machen, und diese Begegnung kann als exemplarische für ihren Salon gelten. Dort sollen sich auch Gustav Mahler und Alma Schindler kennenlernen. Durch ihre Freundschaft mit Max Reinhardt und Hugo von Hofmannsthal erfährt der «Jedermann» seine erste öffentliche Lesung in Berta Zuckerkandls Salon, und sie setzt sich vehement für die Idee der Salzburger Festspiele ein.
Der Ausbruch des Ersten Weltkriegs zerstört ihre Hoffnungen auf ein friedliches Europa, das ihrer Vorstellung nach von der Vielfalt der Kulturen der einzelnen Länder belebt sein sollte. Berta Zuckerkandl setzt sich auf diplomatischem Wege für einen Separatfrieden zwischen Österreich und den westlichen Alliierten ein. Sie trifft deshalb 1917 zweimal in geheimer Mission in Genf ihre Schwester Sofie, und diese informiert ihren Schwager Georges Clemenceau und den französi-

Berta Zuckerkandl, 1908. Foto: Madame d'Ora, Wien

schen Kriegsminister Paul Painlevé über Österreichs Verhandlungsbereitschaft. Zwar kann das Bündnis der beiden Schwestern den Verlauf des Krieges nicht aufhalten, doch gelingt es Berta Zuckerkandl, die Alliierten zu überzeugen, dem besiegten Österreich Unterstützung zu gewähren. Das Kriegserlebnis schlägt sich in Berta Zuckerkandls journalistischer Arbeit nieder, sie äußert sich zur Außenpolitik im «Neuen Wiener Journal», schreibt für Frieden und Völkerverständigung. Als ein Beitrag dazu können auch ihre Übersetzungen französischer Literatur gelten, die sie seit den zwanziger Jahren anfertigt. Dazu zählen u. a. Übersetzungen von Werken Paul Géraldys, Henry Lenormands und Jacques Bousquets. Sie entdeckt Jean Anouilh für Österreich. Entfernt sie sich auch in den zwanziger Jahren zunehmend vom Liberalismus und wendet sich konservativen Gedanken zu, so stellt sie sich doch selbstverständlich gegen den Kanzler Engelbert Dollfuß, der 1934 die

Arbeiterbewegung zerschlägt. 1938, nach dem «Anschluß» Österreichs, kann Berta Zuckerkandl mit Hilfe der Brüder Clemenceau aus Österreich nach Frankreich fliehen. Als Trägerin der Ordens der Ehrenlegion bleibt ihr die Internierung erspart, jedoch muß auch sie flüchten, als die deutschen Truppen in Frankreich einmarschieren. Sie folgt ihrem Sohn nach Algier, wo sie sich nach der Befreiung Nordafrikas durch die Amerikaner über eine von den Alliierten eingerichtete Radiostation für Frieden und Völkerverständigung einsetzt. 1945 kann sie noch die Niederlage des Nationalsozialismus erleben, stirbt jedoch im Oktober des gleichen Jahres. Berta Zuckerkandl ist in Paris auf dem Friedhof Père Lachaise begraben.

Quellen. Nachlaß im Besitz von Dr. Fritz Zuckerkandl, Paris; Handschriftensammlung der Wiener Stadtbibliothek; Handschriftensammlung der Österreichischen Nationalbibliothek; Haus-, Hof- und Staatsarchiv, Kriegsarchiv, Polizeiarchiv, alle Wien

Veröffentlichungen (Auswahl). Die Pflege der Kunst in Österreich 1848–1898. In: Dekorative Kunst und Kunstgewerbe. Wien 1900 (Separatdruck aus dem Jubiläumswerk «Österreichische Wohlfahrtseinrichtungen»); Zeitkunst Wien. 1901–1907; Ich erlebte fünfzig Jahre Weltgeschichte. Stockholm 1939; Souvenirs d'un monde disparu. Autriche 1878–1938, Paris 1939

Literatur. Renate Redl: Berta Zuckerkandl und die Wiener Gesellschaft. Diss. Wien 1978 (enthält Verzeichnis aller Veröffentlichungen); Rachel Salamander: Die Jüdische Welt von gestern: Text- und Bildzeugnisse aus Mitteleuropa. Wien 1990, S. 150

Jutta Dick

Die Autorinnen und Autoren

Avram Andrei Bâleanu, geb. 1931. Journalist und Theaterkritiker an Zeitungen in Bukarest, danach Theaterdirektor und Dramaturg; seit 1985 in der Bundesrepublik Deutschland als Publizist und Hochschuldozent

Marion Beckers. Studium der Theaterwissenschaften, Publizistik und Germanistik; Geschäftsführerin des Vereins «Das Verborgene Museum» in Berlin

Beatrix Borchard. Studium der Musikwissenschaften, Germanistik, Geschichte und Philosophie; Promotion über Clara Wieck und Robert Schumann

Marion Brandt, geb. 1960. Studium der politischen Wissenschaft, Rechtswissenschaft und Wirtschaftspolitik, Doktorandin an der Universität/Gesamthochschule Duisburg

Marianne Brentzel, geb. 1943. Studium der Politologie und Pädagogik, lebt als Schriftstellerin in Dortmund

Hanna Delf von Wolzogen. Studium der Philosophie, Germanistik und Psychoanalyse; Wissenschaftliche Mitarbeiterin am Fachbereich Geschichte der Universität Potsdam und am Moses Mendelssohn-Zentrum für Europäisch-Jüdische Studien

Ute Deichmann. Studium der Biologie, Wissenschaftliche Mitarbeiterin am Institut für Genetik der Universität zu Köln, Dr. rer. nat.; Gymnasiallehrerin für Biologie

Jutta Dick, geb. 1953. Studium der Germanistik, Geschichte und Philosophie, seit 1989 Wissenschaftliche Mitarbeiterin am Salomon Ludwig Steinheim-Institut für deutsch-jüdische Geschichte, Duisburg

Ute Eskildsen, geb. 1947. Studium der Fotografie und Fotogeschichte; Kuratorin der fotografischen Abteilung am Museum Folkwang, Essen; seit 1990 stellvertretende Direktorin des Museums

Hildegard Feidel-Mertz, geb. 1930. Professorin für Jugend- und Erwachsenenbildung im Fachbereich Sozialwesen der Gesamthochschule Kassel

Ludger Heid, geb. 1945. Dr. phil., stellvertretender Direktor des Salomon Ludwig Steinheim-Instituts für deutsch-jüdische Geschichte, Duisburg

Christiane Humrich, geb. 1961. Studium der Sozialwissenschaften, Dipl. Sozialwissenschaftlerin; Wissenschaftliche Mitarbeiterin am Institut für Sozial- und Kulturforschung in Duisburg

Lothar Jaenicke. Professor für Biochemie an der Universität zu Köln

Katharina von Kellenbach. Studium der evangelischen Theologie, PhD.; Wissenschaftliche Mitarbeiterin am Religion Department der Temple University, Philadelphia/USA

Bettina Kratz-Ritter, geb. 1957. Studium der Pädagogik, Evangelischen Theologie und Klassischen Philologie. Promotion über den deutschen Reformrabbiner Salomon Formstecher

Elisabeth Lembeck, geb. 1961. Dr. phil.; Wissenschaftliche Mitarbeiterin an der TU Braunschweig

Ruth Lewin Sime, geb. 1939. Promotion an der Harvard University über Röntgenkristallographie; seit 1968 Dozentin für Chemie am Sacramento City College

Petra Lindner, geb. 1964. Studium der Philosophie, Geschichte und Anglistik. Editorische und publizistische Arbeiten, derzeit historische Beraterin des Filmprojekts «In the Hitlertime»

Elfi Pracht, geb. 1955. Studium der Geschichte, Germanistik und Theater-, Film- und Fernsehwissenschaft; Promotion über ein historisches Thema. Wissenschaftliche Mitarbeiterin und Archivarin im Salomon Ludwig Steinheim-Institut für deutsch-jüdische Geschichte in Duisburg und Leiterin eines Forschungsprojekts «Jüdisches kulturelles Erbe in Nordrhein-Westfalen»

Sibylle Quack, geb. 1951. Studium der Politikwissenschaft, Germanistik und Philosophie, Dr. phil.; Referentin im Europa-Referat des Bundespresseamtes Bonn, Habilitation an der Universität Hannover

Hildegard Reinhardt, geb. 1942. Diplom-Übersetzerin, Promotion in Kunstgeschichte; freischaffende Publizistin

Rolf Sachsse, geb. 1949. Dr. phil., seit 1985 Professor für Fotografie am Fachbereich Design der Fachhochschule Niederrhein in Krefeld

Marina Sassenberg, geb. 1958. Studium der Sozialwissenschaften; seit 1989 Wissenschaftliche Mitarbeiterin am Salomon Ludwig Steinheim-Institut für deutsch-jüdische Geschichte, Duisburg

Joachim Wieler, geb. 1938. Diplom-Sozialarbeiter, Dr. phil. und Professor an der Fachhochschule Erfurt

Wolf von Wolzogen, geb. 1947. Diplom-Pädagoge; Museumspädagoge und Kulturwissenschaftler am Historischen Museum, Frankfurt am Main

Quellennachweis der Abbildungen

Akademie der Künste, Berlin: 59, 343
Anna Riwkin, Stockholm: 322
Anne Frank Foundation, Amsterdam: 121
Archiv der Alten Synagoge, Essen: 194
Archiv der sozialen Demokratie der Friedrich-Ebert-Stiftung, Bonn: 123, 189, 389, 398
Archiv für Kunst und Geschichte, Berlin: 276
Archiv Klaus Wagenbach, Berlin: 45
Atelier E. H. Martine, Paris: 150
Atelier Lotte Meitner-Graf, Wien: 274
Atelier Veritas, München: 381
Aus: Anna Plothow: Die Begründerinnen der deutschen Frauenbewegung, Leipzig 1907: 94, 176, 284, 340
Aus: Das jüdische Sportbuch. Weg, Kampf und Ziel der jüdischen Sportverbände. Berlin 1937: 56
Aus: Desi Halban: Selma Kurz. Die Sängerin und ihre Zeit. Stuttgart, Zürich o. J.: 226
Aus: «Die Bühne», November 1929. Foto von Annie Schulz: 117
Aus: Fanny Lewald: Römisches Tagebuch 1845/46. Hg. von Heinrich Spiero, 1927: 244
Aus: Journal des Albert Einstein College of Medicine, Yeshiva University, Spring/Summer 1989: 144
Aus: Lotte H. Eisner: Ich hatte einst ein schönes Vaterland. Memoiren, geschrieben von Martje Grohlmann. Heidelberg 1984: 107
Aus: Rahel Straus: Wir lebten in Deutschland. Erinnerungen einer deutschen Jüdin 1880–1933. Stuttgart 1962: 366
Aus: Rita Wolfenberger: Clara Haskil. Bern, Stuttgart 1961: 162
Barbara Klemm, Frankfurt a. M.: 36, 404
Berlin Museum, Berlin: 51, 52
Berliner Ensemble, Berlin: 141, 391
Bibliothek und Archiv zur Geschichte der Max-Planck-Gesellschaft, Berlin: 187, 274
Bildarchiv der Österreichischen Nationalbibliothek, Wien: 128, 411
Bildarchiv preußischer Kulturbesitz, Berlin: 39, 62, 122, 179, 213
Bodenwieser Archives, Vaucluse, Australien: 74
Börsenverein des Deutschen Buchhandels, Frankfurt a. M.: 322
Brigitte Schilmann, Hamburg: 103
Bryn Mawr College, Pennsylvania: 224
Collection Jewish Historical Museum, Amsterdam: 327
Deutsche Presse-Agentur, Frankfurt a. M.: 311
Deutsche Staatsbibliothek, Berlin: 387
Edith Stein-Archiv, Köln: 358
Erica Loos, Pforzheim: 19
Erich Fromm – Literary Estate, Dr. Rainer Funk, Tübingen: 133
Erika Kampe, Hamburg: 282
Eva Besnyö, Amsterdam: 64, 65
Exilarchiv der Deutschen Bibliothek, Frankfurt a. M.: 101
F. H. Bromme, Berlin: 356
Fred Stein, New York: 114
Georg-August-Universität Göttingen, Universitätsarchiv: 297
Gertrude Goroncy, Berlin: 185
Gidal-Bildarchiv im Salomon Ludwig Steinheim-Institut für deutsch-

jüdische Geschichte e. V., Duisburg: 27, 41, 45, 56, 90, 91, 111, 131, 138, 164, 175, 208, 217, 237, 254, 262, 264, 265, 267, 271, 278, 288, 291, 302, 306, 316, 324, 329, 336, 348, 370, 373, 406

Hainer H. Hill, Karlsruhe: 141

Hamburger Kunsthalle, Hamburg: 309, 395

Hamburger Theatersammlung, Archiv Brigitte Schilmann, Hamburg: 103

Hans Piper, München: 99

Heinrich Heine-Institut, Düsseldorf: 109

Ilse Bing, New York: 71

Internationaal Instituut voor Sociale Geschiedenis, Amsterdam: 210, 256, 408

Isolde Ohlbaum, München: 249, 351

Jerry Bauer: 24

Jim Strong, New York: 76, 205, 364

Jüdisches Museum im Berlin-Museum, Herbert Sonnenfeld-Archiv, Berlin: 290

Käthe Augenstein: 234

Klaus Friedrich, Amriswil: 173

Ladengalerie Karoline Müller, Berlin: 155, 156

Leo Baeck Institute, New York: 76, 205, 364

Marianne Breslauer, Zürich: 80

Martin-Luther-Universität, Universitäts-Film- und Bildstelle, Halle/Wittenberg: 165

Mathias Michaelis: 161

Museum Folkwang, Essen: 69, 118, 361

Privatbesitz Charlotte Auerbach: 32

Privatbesitz Dirk Krüger, Wuppertal: 314

Privatbesitz Dr. Alex Alon: 181

Privatbesitz Dr. Maike Bruhns, Hamburg: 394

Privatbesitz Ellen Auerbach, New York: 36, 37

Privatbesitz Gisela Zoch-Westphal, Zürich: 201

Privatbesitz Inge Deutschkron: 93

Privatbesitz Marianne Brentzel, München: 383

Privatbesitz Marion Brandt, Duisburg: 29

Privatbesitz Netta Fürth: 135

Privatbesitz Prof. Dr. Hildegard Feidel-Mertz: 158, 222, 250

Privatbesitz Prof. Dr. Joachim Heusinger von Waldegg: 299

Privatbesitz Stefan Bauer-Mengelberg, New York: 114

R. Piper Verlag, München: 24, 99, 173

Sächsisches Staatsarchiv, Leipzig: 146

Sammlung Christian Brandstätter, Wien: 259

Sammlung Gershon Biermann: 68

Schiller-Nationalmuseum, Deutsches Literaturarchiv, Marbach a. N.: 19, 150, 161, 192, 219, 229, 234, 381

Staatsarchiv Hamburg: 148

Stadtarchiv Frankfurt a. M.: 22, 199, 346

Stefanie Herken, Berlin: 93

Stichling Castrum Peregrini, Amsterdam: 203, 231

Stiftung Deutsche Kinemathek, Berlin: 304

Stiftung Neue Synagoge, Centrum Judaicum, Berlin: 197

Suhrkamp Verlag, Frankfurt a. M.: 385

Vera Tenschert, Berlin: 391

Verein für Geschichte der Arbeiterbewegung, Wien: 17, 242, 331

Verlag der Nation, Berlin: 246

Verlag Hoffmann & Campe, Hamburg: 269

Verlag Kiepenheuer & Witsch, Köln: 249, 369

Verlag Neue Kritik, Frankfurt a. M.: 320

Volksbühne, Berlin: 356

Zentrum für Antisemitismusforschung, Berlin: 294

Die Rechte einiger Abbildungen konnten trotz intensiver Nachforschungen leider nicht ermittelt werden. Die Urheber oder deren Rechtsnachfolger werden gebeten, sich beim Verlag zu melden.